地域名菓の誕生

橋爪伸子
Nobuko Hashizume

思文閣出版

目次

〔凡　例〕

一、史料引用に際し、体裁については原則として原本の記載様式によったが、読点を付す等適宜改めている。また（　）、〈　〉、「　」は原文の通りとし、ルビは難読語以外は省略した。

二、聴取調査結果は、調査当時の状況を示している。

三、図の写真は、註記のあるもの以外は著者の撮影である。

四、内国勧業博覧会関係資料のうち全五回の出品、受賞両目録については出典を特に明記しない限り原則として次の資料によ る。また、明治文献資料刊行会刊『明治前期産業発達史資料』勧業博覧会資料については『発達史』と略す。表の出典についても同様とする。『明治十年内国勧業博覧会出品目録』ⅩⅠ～ⅩⅥ（『発達史』一八六～一八九）、『明治十年内国勧業博覧会賞碑褒状授与人名録』Ⅰ～Ⅱ（『発達史』一八九～一九〇）、『第二回内国勧業博覧会出品目録』初篇五Ⅰ～Ⅳ（『発達史』一六七～一七〇）、『第二回内国勧業博覧会褒賞授与人名表』（『発達史』一七五）、『第三回内国勧業博覧会出品目録』第三部Ⅰ～Ⅹ（『発達史』一三二～一四二）、『第三回内国勧業博覧会褒賞授与人名録』Ⅰ～Ⅱ（『発達史』一五〇～一五一）、『第四回内国勧業博覧会出品目録』三上巻Ⅰ～Ⅳ、下巻Ⅰ～Ⅳ（『発達史』七三～八〇）、『第四回内国勧業博覧会授賞人名録』Ⅱ～Ⅳ（『発達史』一〇八～一一〇）、第五回内国勧業博覧会事務局編刊『第五回内国勧業博覧会出品目録』（第一部農業及園芸第九、一九〇三年）。小倉政次郎編『第五回内国勧業博覧会受賞人名録』（東浪館書房、一九〇三年）。

五、明治～戦前期の刊行物の一部は国立国会図書館デジタルコレクション〈http://dl.ndl.go.jp/〉、早稲田大学図書館所蔵の史料は早稲田大学図書館古典籍総合データベース〈http://www.wul.waseda.ac.jp/kotenseki/index.html〉を、朝日新聞、読売新聞については朝日新聞記事データベース「聞蔵Ⅱビジュアル」〈https://database.asahi.com/〉、読売新聞記事データベース「ヨミダス歴史館」〈http://www.yomiuri.co.jp/database/rekishikan/〉を利用した。

六、次の資料はジャパンナレッジによった。『日本国語大辞典』第二版（小学館、二〇〇〇～二〇〇二年）、『国史大辞典』（吉川弘文館、一九七九～一九九七年）、『日本歴史地名大系』（平凡社、一九七九～二〇〇四年）、『世界大百科事典』改訂新版、（平凡社、二〇一四年）、『デジタル大辞泉』（小学館、二〇一二年）。

地域名菓の誕生

序章

第一節　菓子で味わう歴史

（1）「再現」という甘い錯覚

二〇一六年四月、熊本地震で熊本城が被災した。天守閣や宇土櫓等の被害状況については詳細に報道されているが、明治一〇年（一八七七）に消失して後、九年間にも及ぶ復元事業を経て二〇〇八年に完成したばかりの本丸御殿も、建物内壁の亀裂や地盤沈下の被害により休業中である。

本丸御殿は、近世には藩主の居間・対面所・台所等の機能を備えた建物で、その大台所間では震災前、近世の熊本藩に因む料理を再現した「本丸御膳」の食体験が人気を博し、熊本城の新しい名物の一つとなっていた。筆者はこの企画に監修者として関わり、「熊本藩にちなむ飲食物製法書の料理再現を中心とし、熊本名物も取り入れ、現代の嗜好に合わせた季節の御膳」というコンセプトにもとづいた料理を提案した。「再現」には同藩主細川家の御料理頭の手控え「料理方秘」を始めとする製法記録の翻刻や、それをレシピ化した『熊本藩士のレシピ帖』を活用した。料理は例えば、ポルトガル語のコジイド（cozido ゆでたもの）に由来する異国料理のくしいと（鴨の汁）、藩主の菩提寺の寺納豆である妙解寺納豆、醤油普及以前の調味料の煎酒、菓子は、近世において同藩から将軍への献上品だった朝鮮飴やかせいた等が出された。また特別企画「初入国の宴」では、最後の熊本藩主細川慶順（韶邦）の初入国御祝御能の饗宴記録「御入国御拝任御祝」から、万延元年（一八六〇）花畑屋敷で慶順及びその弟二人に供された本膳料理「御三方様　御料理二汁七菜」（同所では模型が常設展示されていた）の料理も出された。この「本丸御膳」を本丸御殿で食べた人びとは「甦った往時の食文化を体験」、「殿様の気分を味わえる」と評した(1)。

食文化史研究の成果によって地域の歴史に光があたり貢献できることは、研究者にとってこのうえない喜びである。しかしこうした「再現」では、実のところ史料から得られる文字情報は限られており、実際はわからないことの方が多い。食べもの自体は史料のように後世に残すことができないうえ、食材や器具、作り食べるひとの味覚も変化し続けており、その味の再現性をだれも証明できない。わずか二〇〇年前の料理の「再現」をめざしても、それは近世のものではなく、当然ながら現代の食材と器具、味覚で仕立てた現代の料理である。

我々は縁やつながりを重視し、存続や伝統に憧れを抱く。そして伝統を認識できるものが歴史と結びついた時、それが当時から変わらず存続しているように錯覚する。特に食文化は地域の歴史と親和性が高く、そこに実食体験が伴うとそうした錯覚が生じやすい。二〇一四年に現れた「歴食」と称する商品群が注目されている理由(2)の一つもそこにある。「本丸御膳」も開始後まもなく観光の目玉となっている。

（2）最も文化的な食べもの――菓子の歴史を研究する意義

本書で対象とする菓子は、同じ家で相伝されることが多く、また料理に比して材料が単純で、食のなかでは比較的変わりにくいものともいえる。従って料理以上にこうした錯覚の対象となりやすく、結果として存続年だけが注目され、認識された現状の実態が固定観念として定着する傾向にある。しかし、菓子にも時代の流れに対応して変容、消失または中断しながら栄枯盛衰を経た歴史があり、その長さは菓子屋が時には新しいものをとり入れながら、歴史的変遷に対応し続けてきた努力と工夫の積み重ねを意味する。またその間には消失した多くの多様な菓子と菓子屋もあったはずで、それらの全てが現在の菓子につながる尊い歴史である。そうした多様なすがたに照射し、その価値を現代的視点で評価し、将来へつなげることが、菓子の歴史研究の意義である。

ところが歴史研究の対象として、食のなかでも菓子はどちらかというと軽視される傾向にあり、好事家の趣味的な教養の対象として扱われることも多かったように思われる。それは、菓子が米のように主穀ではなく、同じく嗜好品と位置づけられる酒や煙草のように国家に管理されず、産業としては家族を中心とする小規模経営で、いろいろな意味で周辺に位置することによると思われる。またその食品的な特質に目を向けると、砂糖が菓子の主材料となった近世にはその希少性が重視されたが、近世末期にはすでにそれを有害とする説がみられた[3]。戦時体制下では無駄なものとしてまっ先に制限され、現在は過剰摂取による健康上の害が問題視されている。菓子は全般的に栄養価が高く、主材料の砂糖は、伏木亨によれば「やみつきになるおいしさ」を有し、体を害するほどに過剰摂取を導く性質をもつ[4]。従って社会背景や需給量に左右されながらも、負の側面に偏った評価が主流となりやすい。

それでも菓子が存続してきたのは、先達が「（菓子は）心の栄養素[5]」と指摘したように、必要とされたからである。老若男女全ての人びとにとって身近な存在で、それぞれの人生において思い出と重なり時代性と密接に関わる。つまり菓子は、動物にはないといわれる食文化のなかでも最も人間らしい文化的な食べもののといえる。

(3) 混ざる、ふくらむ、型どられる――菓子の歴史の本質

ここで歴史研究対象としての菓子の特殊性を確認しておきたい。菓子は食品名ではなく、菓子として位置づけられるある特定の食べものをさす概念であり、そのように認識される対象や根拠が時々の社会背景や価値観に応

図１　「百味」佐牙神社山本御旅所（京都府京田辺市、2014年10月12日）
神に供えられるさまざまな果実類と餅

じて変遷してきた。従ってその歴史研究では、どのような社会背景においてどのような食べものが菓子と認識されるのかという問題、すなわち対象や枠組の変遷、その画期となる諸要因の変動について、時代ごとの価値認識にも注意しながら探ることが重要である。こうした視点で、通説となっている菓子の歴史をみなおしてみる。

まず菓子の始まりについて、「菓子」という用語の初出は、島田勇雄によれば律令の制定に伴い規定された「行政担当者の職務内容に関連」する法典用語で、「養老律令」職員令の宮内省大膳職「主菓餅二人　掌三菓子造二雑餅等一事」とされる。(6) 一方「今日の菓子の概念に相当するもの」の起源について、原田信男は、農耕による安定的な食料供給の定着を経て古代人に「社会的に認識」されるようになった「神に供え祈るために特別に調理し、後に儀式に参加した人々が口にする食べ物」で、日常とは異なる「特別な形や味覚」を有する「ハレの食べ物」とする。(7) そしてその対象は「菓子」（木の実・草の実。以下、果実類）と「雑餅」（穀類を加工した餅や団子。以下、餅団子類）とされる。現在神饌としてさまざまな植物の実や種で調えられる「百味」（図1）は、それを継承する一つの事例といえるかもしれない。

以降、菓子は外来の食べものを受容しながら「変化」していったとされる。七世紀、大陸より流入したある種の加工食物が唐菓子、造菓子（加工菓子）と呼ばれ、加工、外来という新しい根拠によって菓子と認識される食べものの枠組がふくらみ、対する従来の果実類を木菓子(自然菓子)とする分類が生じた。一二世紀、大陸から喫茶習慣とともに伝来した料理の点心を受容することで菓子の枠組はさらにふくらみ、一六世紀に砂糖及びそれを用いる南蛮菓子が初めて欧州から伝来すると、砂糖を使用する加工食物が菓子の対象の主体を占めていく。同時に輸入品である砂糖の独占により階層性が生じ、砂糖を主材料とする菓子が一七世紀後期の京都で上菓子として完成する。これに対し一九世紀以降、国産の砂糖や飴を材料とする菓子は駄菓子(雑菓子)とされ、上下観による分類が生ずる。近代以降は、欧米より西洋菓子(以下、洋菓子)が流入することで、既存の菓子が和菓子と呼ばれるようになり、これに洋の素材をとり入れた和洋折衷菓子が展開した、という概要の通史が定着している。(8)

以上のように概説されてきた菓子の「変化」とは、異文化との接触によって菓子と認識される対象が、混在化・多様化しながら、枠組がふくらみ、そのなかで新たに分類が生じ、あるいは再編され、類型化されるという変遷である。分類やカテゴリーの発生は、菓子の歴史上の画期であり、同時に菓子と認識される根拠となる特別な要素(以下、特別性と称す)の出現ともいえる。一方、菓子と認識される特別な食べものという本質は連続性を有していることに気づく。つまり、菓子の歴史研究では、時代によって変遷する対象・枠組・分類及びそれらの根拠(不連続性)と、時代を越えて通底する特別な食べものであるという本質(連続性)の、双方への視点が必要であることがわかる。

(4) 地域という菓子型——問題の所在

そして現状に目を向けると、全国名菓(または銘菓、以下同)・地方名菓・伝統名菓、郷土菓子等と称される、地域的な特徴をもつ多様な菓子の全国的な広がりと、それを一つの主要なカテゴリーとする認識が認められる。菓子の紹介では地域別の分類が散見され、(9)地域区分は都道府県・旧藩領国・地方等さまざまであるが、日本地図上の各地に菓子名をのせて分布を示す例もみられる。その菓子には地域性の表出が認められる。例えば特産を材料に、歴史や名所を意匠・菓子名に用いる、あるいは地名を菓子名に付す等による。また、起源を地域の近世以前の歴史的事象、例えば名所や旧街道宿場の名物や歴史上の人物と結びつけ、由緒とする事例も散見される。そしてこのような現状に対し、地域性を和菓子の主要な特徴とする認識が定着している。(10) こうした地域性を主軸とする展開は、菓子の歴史上どのように位置づけられるのであろうか。地域的な特徴をもつ多様な菓子の全国的な分布と、それによって生じる地域別の分類視点、すなわち本書で地域名菓と称する体系が菓子の歴史上いつどのような経緯で成立したのかは、明らかにされていない。(11) 各地の菓子の展開を実証する個別事例の分析と、菓子の全体像における地域性の意味の検証という両視点から、地域名菓の成立を歴史的に探る必要がある。

また、近代の転換期において、近世以来の菓子(和菓子)が、近代をどのように迎え、展開していったのかについて、食物としての実態に加え、需要者の価値認識も含めて総合的にとらえ、社会背景との関連で実証していく必要がある。特に近世の上菓子の主体であった砂糖の価値と主要な需要者の変動は、菓子の上下観に影響を及ぼしたと思われる。

加えて、明治期に欧米から流入した菓子を洋菓子と位置づけた際に生じたとされる和菓子は、「洋」の対置概念であると同時に、自国の全体像「日本」をさす初めての概念である。新たな異文化の「洋」と同時に「和」にも菓子の特別性が認識されたと考えられ、そこでは菓子における国や地域の位置づけに、近世とは異なる意識が生じた可能性もみえてくる。同様の対置概念は洋食・和食、洋服・和服、洋紙・和紙等とほかにも散見され、(12) 同時代的な共通の背景も考えられる。またその際「和」にそれまでの外来菓子が含まれるという意識は、南蛮と呼ばれた近世以前の「洋」に対する異文化としての認識の変化を示し、新たな異文化との接触によるカテゴリーの再編成を意味する。では一六世紀において欧州文化との初の接触によってもたらされた南蛮文化は、既存の菓子にどのような影響を与えていたのだろうか。異文化との接触については、これまで主として新たに受容された菓子に焦点があてられ、それが既存の菓子に及ぼす影響や価値観の変動については積極的に論じられてこなかった。従来の研究では前述した菓子の歴史研究に必要な両視点からの検証が不充分で、変遷の背景にある需要者の価値観やその要因等の問題が未解決のまま残っていると考えられる。

第二節　課題と対象

（1）課題と三つの分析視点

◈課題——地域名菓の成立と菓子屋の挑戦

そこで本書では、概念としての菓子を時代区分を越えて通観する総合的な視野をふまえ、近世に完成したとされる日本固有の菓子の、近代の転換期における変容と展開を、近世からの連続性と、異文化との接触とにも目配りしつつ、地域性という分析視点で検討する。具体的には、菓子の製造販売者（以下、菓子屋）が製造販売する菓子の実質（材料・製法、形状、意匠、菓子名、包装等）と、それに対する需要者の価値観の指標となり得る菓子の用途や位置づけを分析する。そのうえで、現在日本の菓子の主体をなす地域名菓が、菓子の歴史上近代において新たに成立したことを検証したい。

◈分析視点——近世から近代への転換、内国勧業博覧会、異文化認識

分析視点として、次の三点を設定したい。第一に、近世から近代の転換期における菓子の変容・展開を、地域性に注目して検証することである（第一～八章）。近世に完成したとされる菓子が、近代への転換期をどのように迎え、展開したか、その過程で菓子の枠組や分類の編成がどのように動き、そのなかで地域がどのように位置づけられていくかについて、近世からの連続と断絶を、菓子の製造地における実態とそれに対する地域外からの客

観的評価の両面を注視しながら検討する。

第二に、そうした展開に影響を及ぼす一つの画期として内国勧業博覧会（以下、内国博）に注目し、転換期における意義を明らかにする（第三・五〜八章）。内国博についての詳細は第二章で述べるが、明治政府が殖産興業政策の一環として明治一〇〜三六年（一八七七〜一九〇三）、計五回にわたって開催した日本初の全国規模の博覧会で、明治初期の主要な産物調査でもあり、在来産業を奨励し、近代の技術発展に貢献したとされる(13)。本書では特にその出品物を、近世からの変容を読みとる共通の指標とする。出品に伴う移動・展示の期間中品質が保持され得るという条件によって菓子の種類は限定されるが、その条件こそは地域外へ運ばれて評価を受けるという地域名菓のそれにも通ずるものである。

第三に、異文化との接触が、既存の菓子に及ぼす影響を検証することである（第五・七・九章）。外来の食文化に対する異文化という認識及びその価値観（以下、異文化認識）は、菓子と認識される対象・枠組、分類等の概念を位置づける要因となり、新たな異文化との接触は菓子の歴史上、その画期とされてきた。その際受容の方向性を左右し、またそれ自体が歴史社会的な背景によって流動する異文化認識に注目し、菓子の枠組や分類の認識、価値観の変化との連関を検討する。なお、異文化についてはこれまで主に異国の文化として論じられてきたが、例えば上菓子が完成地の京都から江戸や各地城下町へ下ることにより、伝播地で京菓子や下り京菓子（以下、下り菓子）と呼ばれる現象からは、「京」を異文化でかつ「上」とする認識が窺える。また、菓子の地域性については一般的には国内が範疇とされるが、歴史上特定の地域が有する異国との関係が、地域性として認識される場合もある。このように諸要因で流動する異文化認識と、菓子の地域性や価値観との関係について考えてみたい。加えて南蛮文化との接触を契機に菓子の主体となった砂糖が菓子の特別性に及ぼした影響を、同じく甘味食物の飴との関係にも注目して考えてみたい。

（2）　用語の定義及び分析対象

◈「地域名菓」：土地固有の名高い菓子

本研究の主対象とする地域名菓とは、和菓子の辞書的解釈である「日本固有の菓子の通称」のうち、[14]「名菓：名高い菓子、すぐれた菓子」、「名物：その土地特有の名高い産物。その地方の名産品」、「名産：その土地で産する有名なもの。その土地で産するすぐれたもの」を参考に、[15]その土地固有のものと認識された名高い菓子と、そのような菓子が全国に分布するという体系的な広がりによって生じた一つのカテゴリーをさす。

個々の菓子は地域固有という特徴（地域性）と、それが広く知られているという特徴の両方を有する。前者については、特定の地域でその地の菓子屋によって製造されることを前提とし、地域固有の個性を有する菓子とする。その地域とは、菓子が有する地域性に対し、特定の地が連想される「しるし」としての意味が共有される範囲であり、菓子によって異なり、また時代によって動く可能性がある。例えば、旧城下・宿場町、門前や、府県・市町村等である。後者については、主として当該地域外における客観的な視点による認識をさし、実物または情報の地域外への移動、流通により生ずる側面である。すなわち、地域性を有する菓子またはその情報が地域外へ運ばれ、地域外で特定地域の固有の産物と認識され、その価値が評価され名声を得て地域性が確立し、名高い産物としての地域名菓が成立する。その際、実物の移動性（地域外への輸送に伴う時間経過や環境変化による品質変化の起こりにくさ）と情報の伝達性は、それを左右する要因となる。[16]

◈「地域」：生活に密着した地縁的な社会集団に共有される菓子の範囲

地域という語については、本書の地域名菓とおおむね同様の意味の呼称として地方や郷土を冠する例も散見されるが、辞書的解釈によれば、「地方：首都など中心となる大きな都市以外の土地」は都市との対比性を含み、「郷土：自分の生まれ育った土地、自分を育てた地理的環境」は主観性を含むのに対し、地域は「区画されたある範囲の土地」とされる。(17)その概念に関し、渡辺尚志は「都市と農村の両者を包括して論じられるところに地域概念の有効性」があるとする。(18)塚本学は、地域史研究の課題は「地域住民の主体的な歴史形成過程を明らかにする」ことにより「「中央」「地方」意識を否定」するところにあり、対象は「地縁的な社会集団」であると論ずるなかで、地域を単に地理的な概念だけでなく「生活の実際的基盤に密着して形成された地縁的な社会集団」とし、具体的には一郡、数郡、一県でも地域になり得るとする上原専禄の論をとりあげている。(19)本書では両氏の論にもとづき、各地をより並列的、客観的に扱う意図で、また地縁的な社会集団に共有される菓子の範囲として、地域の語を用いる。

◈対象――九州から京を中心とする菓子と菓子屋

本書では菓子の近世から近代への変遷と展開を分析するため、近世以前に起源をもち、おおむね砂糖を主材料とする造菓子を対象とするが、現在の一般的な認識に即し、飴も含む。

また具体的な分析を行う個別事例の対象地については、近世の菓子の完成地である京都、対外関係の窓口で砂糖の輸入地や蔗糖の栽培地及び砂糖の輸送通過地を含み、菓子の先進地域とされる九州と、同じく蔗糖の栽培地讃岐を含み、九州と三都を結ぶ交通の要衝であった瀬戸内及び中国四国の旧城下町を中心とする諸地域を対象とする。他の地域についても同様に重視し、第二章において先行研究の成果に依拠してとりあげるが、個別事例としては以下のような理由から対象とはし得なかった。江戸については第一章で後述する通り、近世後期に多くの名物が知られたが、内国博記録ではその製造者の近代の動向を確認できる事例が少なく、また多くの出品は洋菓子類が主流で、その地域性は顕著ではない。それ以外の関東と中部以東については、後述する近世の状況において、全国規模の主要な産物記録では事例がみられない。しかし本書で個別事例とする菓子文化の先進地の検証を通して、それ以外の地域を含む全体像についても見通すことができると考える。

（3）多様な資料と分析方法

◈近世の武鑑、地誌、製法記録

近世の菓子の分析には、『毛吹草《けふきぐさ》』の諸国名物、大名武鑑（以下、武鑑）の時献上を始めとする全国的な産物記録と、各地の地誌、往来物、名所・名物記、番付、農書、随筆、諸日記、製法記録を用いる。特に名物・名所記、地誌、農書等の出版物や日記には、土産《どさん》、名産、名物と記される多彩な産物とその産地の記録があり、産物の有する地域性が、客観的に認識されていた根拠となり得る。そのうち全国的な記録上の産物は、その認識度がより広く、地域性が確立されていた事例といえる。なかでも時献上は、一八世紀中期以降の武鑑に記される各地の諸大名家から将軍に対する領国内産物の献上品で、武鑑を通しその名と地域性が情報化されて広がり、名実ともに諸国産物の頂点であった[20]。

◈近代の博覧会記録と現代の聴取調査

近代以降については、前記の通り内国博記録を共通の資料とし、その他各種産業別博覧会・共進会・品評会や、地域ごとの諸博覧会、陸軍大演習、行幸・行啓の諸記録、各地の商工案内・観光案内、新聞記事、菓子屋所蔵の諸資料を、各事例で必要に応じてとりあげる。

なお内国博の資料としては、主として主催者事務局による出品及び受賞記録（目録）、事務報告、審査評語、審査報告を用いる。出品目録には出品者氏名・住所、出品物名、受賞目録には褒賞名、受賞品名、受賞者氏名・住所が記載されている。審査報告には、出品物全体の総評、審査の要点、改良に向けての課題が、審査官主任によって編述されている。また第四回以降の審査報告では、主要な出品物（主として高位の受賞品）の出品解説書が掲載され、それにもとづき、評価の要点や改良を要する点が具体的に示された。出品解説書は出品者が主催者事務局へ提出する定められた書式の書類で、出品物名・出品者氏名・住所のほか、原料、製造方法・用品（器機）、効用（主用及応用）、沿革、年間産出数量・価格及其販路、褒賞（博覧会・共進会の受賞歴）、審査請求ノ主眼が記載されていた。[21]

こうした内国博の資料は、近世から近代への転換期の掌握には必須の素材と考える。全五回の記録の分析を通して、会期ごとの全国的な傾向や地域の動向をみることができる。また、出品・受賞状況、審査報告の分析から、菓子に対する主催者の価値基準を探ることができる。記載内容には開催回や菓子の種類によって精粗の差があり、具体的な分析が困難な事例もあるが、記述の有無や具体性も主催者の重視度の一指標とみなすことができる。

なお同記録としては出品者側と主催者側、両記録からの分析が望ましいが、出品者側の記録は主として個人蔵で調査に限界があるため、主催者側の記録を中心に分析を進める。ただし本書は前記の通り菓子屋が製造販売した菓子と、それに対する需要者の評価の分析を主体とするため、その指標となり得る菓子の実質や、需要者の動向は、むしろこうした調査結果を微細にみることによって分析できると考える。またそれぞれの菓子が、名菓として発展していく経緯を実証するには、生産・販売量の推移についても分析する必要があるが、同じく史料上の限界があり、可能な範囲内で参照している。

以上のような文献調査に加え、内国博出品歴のある菓子屋を中心に聴取調査を行い、国内外博覧会の出品受賞や菓子の変遷の実際、知名度が向上した画期等を探る。所蔵資料には各種博覧会の賞牌や、出品物を始めとする明治大正期の菓子の記録もみられ、近代の変容を分析するうえで極めて有用である。

第三節　先行研究の整理と「和菓子」の課題

本書の課題に即して先行研究を整理すると、①菓子の時代的変遷を地域性、異文化認識に注目して分析する研究、②各地の菓子についての個別の事例研究、③菓子の展開における内国博の影響についての研究に分類できる。

（1）　菓子の時代的変遷と地域性、異文化認識

◈砂糖の受容以前

菓子の歴史を概念、すなわち菓子として認識される対象や枠組、根拠等の視点でとらえようとする研究は少ないが、ここではその重要な画期といえる砂糖の受容前後で二分し、主なものを紹介する。

前出の島田勇雄は国語学の視点で「菓子」という用語の「内実」が、「幾次もの外来文化の伝来とそれに即応する国内の政治的文化的態勢」のなかでどのように変遷していったか、古代から中世を中心に、近世初頭に菓子の主体が砂糖を材料とする造菓子となるまでを分析した(22)。この一連の研究は、菓子の対象や枠組の変容を国内外の諸因子との関係において時代区分を超えて通観している。また、原田信男は字義の解釈を中心とする従来の菓子の定義をみなおし、前記の通り現在の菓子の概念に相当する位置づけの食べものの、日本の食生活史における始まりを、食事体系の中心となる米との関係で考察し、菓子を「特別な」食べものとした(23)。本書では菓子の定義としてこの原田の論を継承している。

なお唐菓子については青木直己が近世における位置づけを分析し、菓子から神饌へと移行し儀礼の場で象徴的に使われていたことを明らかにした(24)。また木菓子から造菓子への移行過程については、谷晃、秋山照子、江後迪子が、一六〜一七世紀の茶会や饗応記録で「菓子」とされている食物の変遷を分析し、一七世紀以降砂糖を用いた造菓子がその主流になることを明らかにした(25)。

これらの研究で、南蛮菓子の受容を契機に菓子の中心が砂糖を材料とする造菓子になっていくことについては実証されたが、南蛮という新たな異文化との接触が、菓子の枠組の広がりや分類の再編成、既存の異文化認識へ及ぼした影響は充分に検討されていない。例えば前出の茶会や饗応記録の分析で未検討の菓子のなかには(26)、一六世紀において南蛮文化以前に朝鮮から伝来した造菓子があるが、朝鮮由来の菓子は他の外来菓子に比して伝来や

受容の実態が解明されてこなかった。一因には南蛮菓子の影響を受けた異文化認識の変化があると考えられるが、これについては本書第九章で論じる。

なお、価値観の変動を食品を通して分析する研究については、春田直紀が室町将軍への進上品の出現傾向を「食品としてのモノ」から分析し、社会的需要の背景に共通してみられる「モノに対する価値観」に注目し、「同時代に生きる人々の意識が社会の仕組みや変化にどう関わるのか」を考察している(27)。

◈砂糖の受容以後

砂糖を用いる造菓子から発展した上菓子については、菓子屋所蔵の史料を分析した研究が蓄積されている。中山圭子は菓子絵図帳から、古典文学や季節感の重視が投影された意匠や銘をもつ日本独自の菓子が、一七世紀後期に京都で成立することを明らかにした(28)。青木直己は菓子が意匠や銘をもったことを「視覚と聴覚で菓子を味わうという変化」であるとし、上菓子（＝和菓子）の大成と位置づけ、上菓子は「日本の自然・文化・歴史を取りこんだもの」としている(29)。また、上菓子屋仲間の動向を分析し、その具体的な特権や、上菓子の需要層及び使途について明らかにした(30)。

続く段階として、概略的な通史においては、上菓子の技術や知識・文化の広まりや地域的な伝播が指摘されている。また、享保期の徳川吉宗による甘藷栽培奨励に伴い、一九世紀以降に生産が増大する国産砂糖や飴を用いる、駄菓子や雑菓子と称する安価な菓子が成立したという指摘がみられる(31)。

上菓子の地域的な伝播に関し、藩主の茶会や贈答に関する論考としては、佐藤光恵が松江藩主松平治郷の茶会記録、岡崎寛徳が彦根藩主井伊直憲の贈答記録を分析し、藩主に需要された菓子について考察している(32)。一方、岡村龍男は、幕府直轄地駿府において寺社や町人を主な顧客とする非御用菓子商の史料から、近世の主要な商品と消費を分析した(33)。これらは近世の菓子の地域性に関する重要な研究であるが、現在の地域名菓には直結しない。

本書ではこうした近世の菓子にみられる地域性を地域名菓の前段階として重視し、第一章で概況を俯瞰し、第三～六章で個別の事例を通して検証している。なお、近世における献上・贈答儀礼の領主による需要を中心に、諸藩の国元産物を分析する研究が蓄積されている。そのなかで菓子に関するものはごく一部であるが、国元産物調達の実態や地域社会との関連、近代以降の展開等、本書の視点と関連が深い。先行研究については関連する第三、四、六各章で述べる。

また、上菓子を中心とするこの動向は、白砂糖を用いる菓子の完成地である、京都を「上」、伝播地を「下」とし、白砂糖を「上」、国産砂糖と飴を「下（雑、駄）」とし、主として白砂糖とその甘味を軸とする上下観にもとづく、上から下への広まりといえる。ここで砂糖と同じく甘味を呈する飴が砂糖の「下」に位置づけられていることに気がつくが、飴について砂糖や菓子との関係に注目して論じる研究はない。本書では、第五章で飴の変遷を菓子との関係で分析している。

なお近世の外来菓子については、上野晶子が南蛮菓子、唐菓子、阿蘭陀菓子に大別し、その「異国」観に注目して考察し、阿蘭陀菓子は西洋由来の新しい菓子ではなく南蛮菓子と混同されたため一般に流通しなかったと指摘している[34]。これは、前記した朝鮮菓子にみる異文化認識の問題に通ずる重要な指摘である。

近代以降については、新たに生じたとされる洋菓子、和菓子、和洋折衷菓子に関する具体的な検証は進んでおらず、未検討の課題も多い。なかでも和菓子の近代以降の展開については、和洋折衷菓子が指摘されるのみであるが、本書ではそれ以外の多様な動向に注目し、第三～八章の個別事例でその具体的な状況を検証する。また、欧米文化との接触を契機とする、既存の異文化認識の変化について第七章で検討している。

(2) 各地の菓子についての個別事例研究

各地の菓子の近世から近代への変容や展開を、社会的な背景との関連で分析する個別の事例研究をみておきたい。菓子の一用途であるみやげに関する研究では、神崎宣武がその原型から「手みやげ」「旅みやげ」の発達について、近世を中心に近代の展開までを論じた(35)。鈴木勇一郎はみやげの近代における展開を、特に鉄道の発達との関係に注目し、東海道沿線を中心に各地の個別事例を通して検討した。鈴木は旅行時間の短縮が近世以来の名物をみやげに転化させたことを明らかにし、全国的な規模でそれを進展させた「近代的装置」として、鉄道、戦争と軍隊、博覧会をあげている(36)。これらは地域名菓の成立過程においても重要な視点であるが、みやげという菓子の一用途に焦点をあてた分析といえる。

特定の地域の菓子については、八百啓介が北部九州を中心に、近世の長崎街道の砂糖流通、近代の筑豊の石炭産業との関連で社会史の視点からまとめている。そこでは近世の砂糖流通については実証されているが、個々の菓子の実態については、地域や菓子屋に伝わる伝承を中心に概説を紹介している(37)。個別の菓子の研究については、近代以降の事例が中心であるが、例えば加原奈穂子が「岡山名物きびだんご」、川満直樹が「沖縄土産の琉球菓子ちんすこう」について、明治期から現在に至る社会的背景のなかで、鉄道開通、日清戦争、沖縄返還等を契機に変容しながら同地の代表的な旅みやげとして成立するまでの経緯を明らかにしている(38)。こうした個別事例の実証の蓄積は、近代以降の実態の解明には不可欠であるが、特定の地域、菓子、用途を対象とする研究だけでは、菓子の歴史における地域性の意義はみえてこない。

(3) 菓子の展開における内国勧業博覧会の影響

菓子の歴史上、近代の展開における内国博の意義を体系的に分析する研究はないが、個々の菓子の展開において内国博を含む博覧会・共進会の出品・受賞を一つの契機と指摘する研究はみられる。[39] 特に山形の「のし梅」の製造者である佐藤屋の佐藤正三郎は、同家所蔵の佐藤松兵衛家文書の明治二二年以降の出品解説書の控を中心に、大正期までの商品改良の過程を分析し、博覧会への出品が商品の改良を促したことを明らかにしている。[40] 出品解説書は前述の通り、出品物の実態が具体的に判明する重要な史料であるが、出品者から事務局に提出され関係者間で展示・審査に用いられた後は、主催者に注目されたごく一部のものが、審査報告で部分的に掲載され公表されるのみであった。従って本史料は極めて貴重であり、出品者の近親者ならではの意義ある研究といえる。

一方研究が進展している他分野では、まず國雄行が内国博全五回を政策を中心に総合的に分析し、内国博の変質・拡大及びその要因、効果・機能を明らかにした。そのうえで機械出品の分析を通して日本の産業における段階的な機械化の進展を実証し、「この時期の機械出品が一堂に集まる内国博のデータを分析することは、日本の工業化を分析する上で有効な方法」であるとしている。[41] 他には農具、和紙、織物、美術等において、出品分析を通して博覧会の意義を考察する研究がある。[42] これらは、菓子の近代の展開を分析する際に同記録を主素材とする意義を裏づけるものである。本書では、近代の転換期における変化の全体像を概観する指標として、特に詳述された第五回の審査報告を第二章でとりあげ、第二部以降各章の個別事例では具体的な諸相を全五回の出品・受賞記録、審査報告で探り、また内国博自体がその方向性に与えた影響を考察している。

第四節　本書の構成

本書では近世から近代の菓子の変容の、特に地域性に注目し、その認識の範囲や確立段階の異なる地域の菓子の事例を通し、近世の実態と、それぞれの近代における展開の具体像を分析することにより、近世と近代の相違を明らかにする。そのうえで、地域名菓の体系が近代の社会背景において新たに成立することを検証したい。

第一部では総論として、菓子における地域性の近世と近代それぞれの概況の全体像を俯瞰する。第一章で近世の菓子における地域性を、主として全国的な産物記録の名産を通して検証する。第二章では近代において政権交代に伴う社会変動の影響を受けた菓子の展開を、内国博の記録を通して概観する。またその直接・間接的な要因と背景を、同時期の菓子税をめぐる同業者の動向から考察する。

第二部以降では、近世から近代の転換期における多様な展開の具体的な様相を、諸地域の個別事例を通して検証する。第二部「近世の名産から近代の名菓へ」では、近世において全国的な産物記録に記され、特定地域の名産として地域性が確立していた菓子に注目し、生産・流通が領主の管理下におかれた時献上と、一般に需要された参詣地の名物を事例として考察する。

第三・四章では、近世、大名家から将軍への時献上として地域性が最も確立していた名産の菓子が、明治維新、幕藩体制の崩壊で主要な需要層を失い、近代以降旧城下町の名菓へと展開し（第三章）、あるいは中断を経て創出（第四章）される様相を、それぞれ熊本の朝鮮飴、かせいたの事例を通して検証する。

第五章では、近世において諸国名産・参詣地のみやげとして、地域性が確立していた金毘羅の飴の、近代以降の変容を検証する。またその要因を、飴という食物自体の変容、周辺地域の菓子の展開との関係性において考察する。

第三部「非名産の菓子の近代」では、近世において実質的には地域性を有しながら、その認識が需要者間にとどまり、客観的な地域性が未確立だった非名産の菓子に注目する。

第六章では、領主の贈答で「御国元の菓子」として地域性を有しながら、その認識が贈答者間に限定的に共有されていた菓子が、近代になり菓子名を付され広く全国的に認識されていく実態を、菓子名と地域性の関係に注目して、美作津山の初雪を事例として明らかにする。

第七章では、近世には南蛮菓子と認識され、特定の地域性の認識は希薄だった外来菓子のかすてらが、近代以降長崎名菓として名実ともに定評を得て地域性を確立していく実態を、異文化認識の変化にも注目して検証する。

第八章では、特定の地域性を有さない普遍的な菓子の代表として羊羹をとりあげ、近世の実態をふまえたうえで、近代以降の展開を、現代の羊羹にみる地域性と普遍性の両面に注目して検証する。

第九章では、対馬藩で作られ日朝外交で需要されていた朝鮮菓子くわすりが、実質的には対馬固有の地域性を有しながらそれが客観的には認識されることなく、近代以降消失する実態を検証する。そのなかで異文化としての受容の位置づけを、日本の食文化史、近世対馬の日朝交流史において検討し、くわすりに内在する対馬の地域性について考察する。

終章では、菓子の歴史上に地域名菓の成立を位置づけ、内国博の意義を考察し、成立以降の展開を指摘する。加えて近世から近代への菓子の展開を通し、菓子における地域性の意味と、特別な食べものとしての菓子の本質について考えてみたい。

（1）橋爪伸子監修・著、北村香代子編『熊本藩士のレシピ帖』（熊本城築城四〇〇年記念事業実行委員会、二〇〇八年）、橋爪伸子「熊本における食文化史の活用——近世の料理書、献立記録の再現を事例に」（『会誌食文化研究』一〇、二〇一四年）七六～八〇頁。

（2）「歴食」を最初に提唱したとされる、山口商工会議所内に事務局を置く歴食JAPANによれば、「歴食」とは「歴史的なストーリーを有した価値ある食」のことを指す（「「歴食」とは」〈http://reki-shoku.jp〉、最終閲覧日：二〇一七年五月一九日）。

（3）例えば儒者の中井履軒が「老婆心」で砂糖の害を述べている。懐徳堂堂友会編刊『懐徳』二〇（一九四二年）一～一七頁、湯浅邦弘編著『懐徳堂事典』（大阪大学出版会、二〇〇一年）一三四～一三五頁。

（4）伏木亨「「おいしさ」のしくみ――人間の嗜好の構造と食文化」（味の素食の文化センター『vesta』八九、二〇一三年）八～九頁。

（5）原田信男「「菓子と米」試論」（虎屋文庫編『和菓子』一一、二〇〇四年）四五頁。

（6）島田勇雄「「菓子」の歩いた道」（『全集日本の食文化』六、雄山閣出版、一九九六年、一七～三八頁〔『甲南女子大学国文学公開講座ノート』一九七八年、一三～二七頁の再録〕）。「主菓餅」の職務は「菓子」の管理と「雑餅」の製造で、「雑餅」については「人工の造菓子」の「唐菓子、粉餅」としている。井上光貞他校注『律令』（日本思想大系三、岩波書店、一九七六年）一七八頁。

（7）前掲原田信男「「菓子と米」試論」四五～五二頁。

（8）通史の概説書は例えば中村孝也『和菓子の系譜』（国書刊行会、一九九〇年）、青木直己『図説和菓子の今昔』（淡交社、二〇〇〇年）、赤井達郎『菓子の文化誌』（河原書店、二〇〇五年）等。

（9）例えば『城下町のお菓子　郷土菓子に残る日本の味と形』（暮らしの設計一二七、中央公論社、一九七九年）、山本候充『日本銘菓事典』（東京堂出版、二〇〇四年）、鈴木晋一監修『和菓子風土記』（別冊太陽日本のこころ、平凡社、二〇〇五年）、太陽の地図帖編集部編『郷土菓子ふるさとの味を旅する』（平凡社、二〇一三年）、若菜晃子『地元菓子』（新潮社、二〇一三年）等。

（10）例えば虎屋文庫が和菓子関連の学術雑誌として一九九四年創刊した『和菓子』は、その巻頭で「和菓子の中には日本文化がさまざまな形で取りこまれている（略）和菓子は地方文化の表れ」と述べ（黒川光博「和菓子文化の発展をめざして」、虎屋文庫編『和菓子』一、一九九四年、一頁）、以後菓子の地域性に注目する特集をたびたび組んでいる。『和菓子』四（特集地域文化としての和菓子）（一九九七年）、同前二二（特集地域資料に見る菓子）（二〇一五年）等。

（11）全国の菓子を地域別に分類し、地域性を「和菓子」の主要な特徴とする刊本の初見は、昭和一〇年刊、野村白鳳著『郷土名物の由来　菓子の部』（郷土名物研究會）で、北海道・沖縄以外の約六〇の地域名、各地の菓子名ごとに種類・由緒来歴を記す。地名は主に府県名、一部市町名と統一されておらず、また地域に偏りがあるが、当初予定しながら収載できなかった名物として巻末に二六府県の菓子名が列挙され、全国の菓子を網羅しようとしていた意図が窺える。次いで全国の菓子の都道府県別分類の初見は、昭和一六年刊、鈴木宗康著『諸国名物菓子』である。昭和二五年改訂版の著者の序文に、明治末期より蒐集したもので「この種のものとしては創めて」の出版とあり、沖縄以外の四〇都道府県別に、複数菓子のそれぞれについて種類形状等の紹介文が記されている（鈴木宗康『諸国名物菓子』改訂版、河原書店、一九五〇年）。一方こうした菓子を一堂に集めて販売する事例では、同じく昭和二五年に発足した「全国銘産菓子工業協同組合」が、同年百貨店の三越日本橋本店で「全国銘菓復興展示即売会」を開催し、以降「全国銘菓展」として毎年一回開催し、昭和五九年それをもとに開設された常設売場「伝統銘菓」が最初とされる。なお昭和六三年に現行の「菓遊庵」と改称した（「菓遊とは」菓遊庵〈http://mitsukoshi.mistore.jp/store/common/kayuan/concept.html〉、最終閲覧日：二〇一七年五月一九日）。

(12) 例えば村上弥生は、近代「和紙」は「伝統的な紙種」と「新しい改良紙・特殊紙」とに分けることができ、後者は従来の「伝統的和紙」とも「洋紙」とも異なる分野の新しい紙種と述べている（「明治期における改良・特種和紙の開発と展開」、一般社団法人日本森林学会『日本森林学会誌』八八–六、二〇〇六年、四六五〜四七二頁）。また岩本真一は、一九二〇年代の和服を含む「伝統服」の改良（簡素化）と洋服の普及とを「二重の洋服化」として論じ、洋服と伝統服との形態の違いを述べた研究は少ないと指摘している（『ミシンと衣服の経済史——地球規模経済と家内生産』思文閣出版、二〇一四年、一〇三〜一一二、一二五頁）。

(13) 國雄行『博覧会の時代——明治政府の博覧会政策——』（岩田書院、二〇〇六年）一〇、二七六頁。

(14) 『広辞苑』第五版（岩波書店、一九九八年）。

(15) 『日本国語大辞典』「名菓」「名物」「名産」。

(16) これに関連し、江戸遺跡研究会が名産品や商標の発生を検証した研究で課題としている「モノ」と「名」それぞれの「広がり」と「評価」は、本視点と共通している。そこでは「モノの広がり」は「モノ」の経済活動、人の移動等に伴う移動、「名の広がり」はそれに付された「名」が「モノ」とともに、あるいは刊行物や広告等による移動で「特産品が名産品となっていく過程」とされる。「評価」は「モノや名の広がり」に随伴する側面で、「モノの評価」の高まりにつれて「名の評価」も高まり、またその「名」は、類品との競争の過程で「一見して他との区別ができるような記号の類である商標」へ発達するとしている。小川望「はじめに——江戸時代の名産品と商標——」（江戸遺跡研究会編『江戸時代の名産品と商標』吉川弘文館、二〇一一年、三〜六頁）。なお商標については菓子の種類、製造の規模等によっても重要度が異なると考えられるが、本書では第六章でとりあげる。
(17)『日本国語大辞典』「地方」「郷土」「地域」。
(18)渡辺尚志『近世の豪農と村落共同体』(東京大学出版会、一九九四年)一五〜一八頁。
(19)塚本学「地域史研究の課題」(『岩波講座日本歴史』二五、岩波書店、一九七六年)三三四〜三六八頁。
(20)東昇「日本近世における産物記録と土産・名物・時献上——伊予大洲藩の伊予簾と鮎——」(『洛北史学』一二、二〇一〇年)二五〜四五頁。
(21)『第四回内国勧業博覧会事務報告』(第四回内国勧業博覧会事務局、一八九六年)一一八、一二六〜一二七頁、遠藤与七郎編『第五回内国勧業博覧会出品解説書書式案内』(駸々堂、一九〇二年)九〜一六頁。
(22)島田勇雄「食物儀礼史における「菓子」「鳥類」」(同前訳注『本朝食鑑』二解説、平凡社、一九七七年)二六七〜二九七頁、前掲同「「菓子」の歩いた道」、同「食物研究史における「菓子」とその食礼——「干菓子」について」(『甲南女子大学研究紀要』一四、一九七七年)三一〜九三頁、同「食物研究史における「菓子」とその食礼——「唐菓子」について」(『甲南国文』二五、一九七八年)一五三〜一八〇頁。
(23)前掲原田信男「「菓子と米」試論」四五〜五二頁。
(24)前掲青木直己『図説和菓子の今昔』三四〜五二頁。青木直己「近世の唐菓子」(虎屋文庫編『和菓子』一二、二〇〇五年)六五、六八頁。
(25)谷晃「茶会記に見る菓子」(虎屋文庫編『和菓子』六、一九九九年)六〜一四頁、秋山照子「『松屋会記』・『天王寺会記』・『神屋宗湛日記』・『今井宗久茶湯日記抜書』にみる中世末期から近世初頭の会席(第一報)会席の菓子」(『日本家政学会誌』五一—九、二〇〇〇年)三一〜四〇頁、江後迪子・山下光雄「一六世紀から一七世紀における菓子について」(『日本調理科学会誌』三〇—二、一九九七年)一〇六〜一一三頁。
(26)例えば前掲秋山照子「『松屋会記』・『天王寺会記』・『神屋宗湛日記』・『今井宗久茶湯日記抜書』にみる中世末期から近世初頭の会席(第一報)」では(三四頁)、茶会記で菓子として記録された朝鮮の造菓子「くわすり」について論考上特に言及せず菓子ではなく「食品類」に分類している。
(27)春田直紀「モノからみた一五世紀の社会」(『日本史研究』五四六、二〇〇八年)二二〜四五頁。

(28) 中山圭子「元禄時代と和菓子意匠」(虎屋文庫編『和菓子』三、一九九六年)二二一~三四頁。

(29) 前掲青木直己『図説和菓子の今昔』七四~七六頁。青木直己氏によれば、黒川光博が提唱する、和菓子は「五感の総合芸術」「日本文化を具象化したもの」という表現(黒川光朝『菓子屋のざれ言』虎屋、一九七八年、八二、八六~八七頁)をふまえた記述とされる(二〇一七年三月三日確認)。

(30) 前掲青木直己『図説和菓子の今昔』九四~九八頁、青木直己「上菓子屋仲間と禁裏御用菓子屋」(虎屋文庫編『和菓子』三、一九九六年)四七~五七頁。

(31) 前掲青木直己『図説和菓子の今昔』七八~八三頁。中山圭子『事典和菓子の世界』(岩波書店、二〇〇六年)二八〇~二八一頁。国産砂糖については奥田修三「京菓子の歴史」(『立命館大学人文科学研究所紀要』七、一九五九年)九頁。

(32) 佐藤光恵「不昧公の茶会を通して」(不昧公生誕二百五十周年記念出版実行委員会編『松平不昧と茶の湯』二〇〇二年)二五七~二六五頁、岡崎寛徳「大名と菓子――慶応二~四年の彦根藩主井伊直憲を事例として」(虎屋文庫編『和菓子』一六、二〇〇九年)五~一三頁。また江後迪子は臼杵藩因幡家、鹿児島藩島津家、平戸藩松浦家等における利用状況を分析した(江後迪子「江戸時代の九州の菓子」〈虎屋文庫編『和菓子』四、一九九七年、九~二五頁〉、同前「九州の大名家の菓子」〈同前九、二〇〇二年、三三~四四頁〉)。

(33) 岡村龍男「駿府・静岡の菓子商「扇子屋」と町方社会」(虎屋文庫編『和菓子』二二、二〇一五年)六~二四頁。

(34) 上野晶子「江戸時代の阿蘭陀菓子にみる「異国」」(虎屋文庫編『和菓子』一七、二〇一〇年)四一~五三頁。

(35) 神崎宣武『おみやげ――贈答と旅の日本文化』(青弓社、一九九七年)一四一~二〇三頁、同前『江戸の旅文化』(岩波書店、二〇〇四年)一二九~一三二、一六五~一七六頁。

(36) 鈴木勇一郎『おみやげと鉄道　名物で語る日本近代史』(講談社、二〇一三年)六八~九四頁。

(37) 八百啓介『砂糖の通った道　菓子から見た社会史』(弦書房、二〇〇一年)。例えば愛媛松山のタルトについて、松山藩主松平定行が長崎警備の際「南蛮菓子の製法を学ばせて国もとに伝えた」と典拠は示さずに記す(三六頁)。

(38) 加原奈穂子「旅みやげの発展と地域文化の創造――岡山名物「きびだんご」の事例を中心に」(『旅の文化研究所研究報告』一三、二〇〇四年)三七~五六頁、川満直樹「沖縄の代表的な菓子土産〝ちんすこう〟――ちんすこうと新垣家、新垣菓子店の関係を中心として――」(市場史研究会『市場史研究』二七、そしえて、二〇〇七年)六二~八二頁。

(39) 例えば須川妙子「『はな橘』にみる明治期の菓子業界——一九〇〇年巴里万国博覧会への出品から学んだこと」(『民俗と風俗』一九、日本風俗史学会中部支部、二〇〇九年)二〇～三五頁、同「『はな橘』にみる明治期の菓子業界——上菓子屋の権威」(同前二〇、二〇一〇年)七九～九一頁、五十嵐雪佳「一九〇〇年パリ万国博覧会が京都菓子業界に与えた影響」(『日本文化史研究』四一、帝塚山大学、二〇一〇年)一二三～一四〇頁。

(40) 佐藤正三郎「博覧会出品解説書に見る「のし梅」の製品改良——山形市十日市町佐藤松兵衛家文書を中心に——」(虎屋文庫編『和菓子』二二、二〇一五年)二五～四五頁。

(41) 前掲國雄行『博覧会の時代』。

(42) 農具、和紙、織物に関する論考については、井上善博「内国勧業博覧会における稲扱の出品について」(『名古屋市博物館研究紀要』一一、一九八七年)、前掲村上弥生「明治期における改良・特種和紙の開発と展開」四六五～四七二頁、赤羽光「山辺里織と明治期勧業博覧会——博覧会が山辺里織の発展に果たした役割」(『共立女子短期大学生活科学科紀要』五五、二〇一二年)五九～七六頁。また美術については、東京国立文化財研究所美術部が、「日本近代美術の発達に関する明治後半期の基礎資料集成」の研究報告書として、内国博全五回の美術工芸品関連の目録をまとめている(東京国立文化財研究所美術部編『内国勧業博覧会美術品出品目録』東京国立文化財研究所、一九九六年)。

第一部　総論

第一章　近世の名産にみる菓子の地域性――地域名菓の萌芽

はじめに

本章では近世の菓子における地域性を、主として全国的な産物記録にみる名産を通して検証する。

近世の名産の菓子に関する研究としては、江戸遺跡研究会が名産品や商標の発生・流通・普及の実態を考古資料の分析を通して検証し、そのなかで佐藤浩司が小倉名物の三官飴《さんかん》の生産と流通状況を明らかにしている[1]。個別の事例研究では、溝渕利博が金比羅宮の飴の時代的変遷について[2]、西嶋晃が東海道小夜中山とその周辺の名物であった「飴餅」の販売実態について明らかにしている[3]。

時献上については菓子を中心に論ずる研究はないが、近世武家社会における領主をめぐる産物の献上・贈答の分析を中心に諸藩の国元産物の研究が蓄積されている。大友一雄は産物献上・贈答儀礼における幕藩関係と村役、将軍・大名・地域のつながりを、尾張藩の美濃蜂屋《はちや》柿を中心に分析した[4]。籠橋俊光は国元産物の領主の需要とその調達システムの実態を、仙台藩の水産物を通して検証した[5]。東昇は地域における産物の認識や階層について、伊予大洲藩の伊予簾《すだれ》と鮎を中心に検討し、領内の産物には幕府への時献上を頂点として、領外へ販売する名物、藩の台所への献上、それ以外の土産という階層があったことを明らかにしている[6]。以上の研究は献上・贈答品としての国元産物と地域社会とのつながりについて明らかにしてきたが、これらの研究から近世の菓子における地域性の実態をとらえることはできない。

そこで本章では、近世の菓子の地域性を、全国的な産物記録の名産を中心に検証したい。第一節では、一般的な産物記録における名産の菓子の地域性を概観する。第二節では時献上について、品目の時代的変遷、諸藩の特徴を概観して全体像をとらえたうえで、時献上の菓子の地域性を分析し、熊本藩の時献上の特異性を考察する。第三節では、全国的な産物記録にみられず客観的な地域性認識はより低いと考えられるが、実質的には地域性が内在する菓子の事例を指摘する。

なお、本章で分析対象とする「菓子」については、序章で述べた通り砂糖を主材料とする造菓子を中心とし、菓子昆布と総称される昆布類と、（当時菓子と認識されていたかどうかが不明のものを含む）餅、団子、粽、煎餅、飴、炒豆の類についても現在の菓子の一般的な認識に準じて検討する。

第一節　産物記録の名産と菓子の地域性

（1）『毛吹草』の諸国名物

諸国の名産を記した最初の記録は、一四世紀後半に成立した『庭訓往来《ていきんおうらい》』の「四月状返」とされる。(7) そこでは京都及びその近在から全国にわたり名産が記されているが、菓子はみられない。(8)

近世に入り、京都の商人で俳人の松江重頼が編纂した俳諧書、寛永一五年（一六三八）自序の『毛吹草』の巻四「従諸国出古今名物」で、山城を始めとする五畿七道の国別に産物が列挙されている。(9) そのなかから菓子餅類を抽出し、後出する時献上との比較のための参考として「蜜」も加え、表1に示す。以下詳しくみていく（『毛吹草』の名物のカタカナのルビは原典ママ）。

国別では、点数の多い順に山城に二二、大和・摂津・近江に各三、和泉・伊勢・遠江に各二、河内・駿河・陸

表1　『毛吹草』の諸国名物にみる菓子類

国名（名物数）	地名：菓子名	種類別数＊					
		餅団子	粽	飴	煎餅	おこし	饅頭
山城（22）	冷泉通：南蛮菓子、ミスカラ〈昆布ニテ作之〉 六條：煎餅 醍井：分餅（ヘギモチ） 七條：編笠団子〈小麦ニテアミ笠ノナリニスル也〉 小川：饅頭 松本：洲濱、糈（ヲコシ） 烏丸：内裏粽、麩炙（フノヤキ） 桂：糖（カツラアメ） 北野：茶屋粟餅、真盛衣大豆（シンセイノコロモマメ）〈比丘尼ノ業ナリ〉 愛宕：粽〈参詣之道者土産ニ用之〉 賀茂：御手洗団子（ミタラシダンゴ） 田中：鮨餅 祇園：甘餅（アンモチ） 清水坂：炙餅（ヤキモチ） 大佛餅 東福寺門前：地黄煎 稲荷：染団子 深草：茶屋鶉餅	10	2	2	1	1	1
大和（3）	奈良：溜糖（シルアメ）、饅頭 箸中：糖粽（ハシナカノアメヂマキ）〈根本ト云〉			2			1
河内（1）	平野：糖（アメ）			1			
和泉（2）	海會寺：鬼煎餅 ヤスマサ飴			1	1		
摂津（3）	住吉：御祓団子（ヲハラヒダンゴ） 西宮：烏帽子糖〈金アメトモ云〉 勝尾寺：冰餅（コホリモチ）	2		1			
伊勢（2）	宇治：興米（ヲコシゴメ） 合道：餳（アヒノミチノアメ）			1		1	
遠江（2）	西坂：葛餅 菊川：糖（アメ）	1		1			
駿河（1）	宇都山：十団子	1					
近江（3）	堅田：煎餅 志賀：袖解餅（ソデトキモチ） 坂本：柳団子	2			1		
陸奥（1）	仙台：糒（ホシイヒ）	1					
出羽（1）	秋田：霰煎餅（アラレノイリモチ）	1					
加賀（1）	煎餅				1		
石見（1）	白蜜（ハクミツ）						
紀伊（1）	熊野：白蜜						
淡路（1）	煎餅餳（センベイアメ）				1		
肥前（1）	長崎：蜜漬生姜						
		18	2	9	5	2	2

出典：新村出校閲、竹内若校訂『毛吹草』（岩波書店、1943年）。
註：割り注は〈　〉、ルビの一部は（　）に示した。＊飴粽は飴、洲浜は菓子に分類した。

奥・出羽・加賀・石見・淡路・紀伊・肥前に各一点ずつ、計一六の国に四六点がみられる。うち二点は石見・紀伊の白蜜で、これは後出の『和漢三才図会《わかんさんさいずえ》』によれば蜂蜜と思われる。

種類別の最多は、餅団子類一八点である。例えば山城では北野の茶屋粟餅《チャヤノアハモチ》、深草の茶屋鶉餅《チャヤノウズラモチ》、賀茂の御手洗《ミタラシ》団子、祇園の甘餅《アンモチ》、清水坂の炙餅《ヤキモチ》、摂津では住吉の御祓《ヲハラヒ》団子、遠江では西坂（日坂）葛餅、駿河では宇都山（宇津ノ谷）十団子《トヲダンゴ》、近江志賀の袖解餅《ソデトキモチ》、坂本の柳団子である。神崎宣武は、近世における徒歩の旅でも旅みやげを持ち帰る習慣はあったが、名物の「餅・団子・饅頭の類」は現地消費され、その対象にはなり得なかったと述べている。[10] 粽《ちまき》については、医師の黒川道祐の著で貞享元年（一六八四）刊の山城の地誌『雍州府志《ようしゅうふし》』土産門「角黍《ちまき》」に、もとは茅、今は篠の葉で米粉団を裹《つつ》み藺殻《ゐがら》で纏い蒸したものとあり、[11] 団子に比して品質保持性は比較的高いが、基本的には同類といえる。なお餅類のうち山城の醒井分餅《サメガイヘギモチ》、摂津の勝尾寺 氷餅《カチオデラノコホリモチ》、陸奥の糒《ホシイヒ》は、後述する通りいずれも乾燥させた餅で移動性を有するが、菓子と認識されていた可能性は低い。

一方、移動性を有する菓子、すなわち品質が変わりにくく重量・容量が小さく壊れにくいため運搬が容易な種類の主流は、飴（または糖。以下、飴）である。第五章で後述する通り、飴には製造の段階により水飴（または汁飴。以下、水飴）と、それを煉り固めた固飴（堅飴）、引いて空気を入れた引飴（または白飴。以下、引飴）があり、移動性は固形の固飴や引飴が高いと思われるが、小倉名物三官飴の外容器である陶製壺の発掘状況が全国的に分布していることから、[12] 水飴も移動性を有していたことが判明する。『毛吹草』では固飴と水飴の区別が不明の事例も含むが、山城の桂糖《カツラアメ》、東福寺門前地黄煎《ヂワウセン》、大和の溜飴《シルアメ》、河内の平野糖、和泉のヤスマサ飴、摂津西宮の烏帽子飴、[13] 伊勢の合道餳《アヒノミチノアメ》、遠江の菊川糖の九点がみられる。

桂飴は前出の『雍州府志』に「形、竹管の如し、これを桂飴といふ、あるいは管飴と称す」とあり、固形と思われる。地黄煎は同じく「古へ禁裏、医家に命じて地黄煎を製せしむ、その法、穀芽末粉を地黄汁に合して鐺の内に入れ、慢火にてこれを錬り、しかうしてこれを用ゆるときは腸胃を潤し気血を益す、今は地黄汁を用ひず清水をもつてこれを煎錬す（略）また東福寺門前、菊一文字屋の滑《しる》飴、精品とす」とあり、(14)もとは生薬を加えていたが清水で作る水飴で、東福寺門前の飴屋製が名高いとわかる。地黄煎は後世固飴をさすともいわれる。(15)固飴については、宝暦四年（一七五四）刊の平瀬徹斎撰『日本山海名物図会』に「摂州平野飴　大坂天王寺の東、平野の町より出る飴名物なり、風味よし、小児に用ひて毒なし、薬地黄煎なり」とあり、「根本平野餹」の看板がある店頭で、二人の男が向かい合って飴を引きのばしている固形の引飴が描かれている。(16)菊川飴も同類で、元禄一〇年（一六九七）刊『本朝食鑑《ほんちょうしょくかん》』に、よく煉って膏《ねりもの》にし冷水に投じ「膠固《こちこち》」になるまで冷やした飴を取り出し「両人が向き合って手で互いに数回ひき伸ばして、極白になったものを、切ったり、撚《ひね》り揉んだりして、方円や筋《すじ》条の形につくる」とある。(17)

糖粽《アメヂマキ》は前出の粽と同様に笹で包まれた形状であるが、内容物が異なる。文政一三年（一八三〇）、江戸の喜多村筠庭《きんてい》の自序がある随筆『嬉遊笑覧《きゆうしょうらん》』に「洲浜は、其形によりての名也、飴ちまきと同物也、麦芽・大豆を粉にしてねり竹籜《たけのかわ》に包める物にて、豆飴ともいふとかや」とあり、(18)飴と炒大豆の粉をねった「豆飴」を竹皮で包んだ粽である。従ってここでは飴の類としているが、品質保持性はより低いと思われる。この豆飴を洲浜《すはま》形に成形したものは洲浜と呼ばれる。

移動性を有する品目で、飴に次いで事例が多い煎餅は、当時小麦粉製で砂糖を用いるものが主流だったとされる。(19)また少例ではあるが、山城の冷泉通のみずから（水辛）は昆布菓子の一種で、享保三年（一七一八）刊『御《ご》前菓子秘伝抄《ぜんかしひでんしょう》』に、小四角に切った昆布で朝倉山椒を包み干したものとある。ただこれらはいずれも軽いが壊れやすく、移動や運搬には適当な容器を要する。これに対し、おこしや炒豆は壊れにくく、保持性も高く、移動性がより高いといえる。おこしは山城、伊勢に二例みられる。その実態は不詳であるが、『本朝食鑑』によれば、炒った糯米《もち》を水飴で固めたもので方形や、球形の形状であった。[20] 炒豆の事例は北野の真盛《シンセイ》衣《ノコロモ》大豆《マメ》で、前出の『雍州府志』によれば同寺の尼僧が黒豆を炒って「青芥」の葉を磨り水で溶いて衣とした。[21]

砂糖を使用する造菓子は多くはないが、肥前の蜜漬は輸入砂糖を主材料とする砂糖漬で、南蛮菓子の類である。長崎の特産であり、菓子蜜漬屋敷で漬物師数名が「天門冬《てんもんどう》、仏手柑、其外種々之菓物を蜜漬に製し」、毎年「江府に進献」していたとされる。[22] 他にざぼん、桃、橙子、金柑、柿、林檎、棗、くるみ、竜眼、生姜、冬瓜でも製造された。[23] なお南蛮菓子はほかに山城にもみられるが、具体的な菓子名は不詳である。

その後刊行された全国的な産物記録は、ほぼ『毛吹草』を参照しているとされる。[24] 以下、産地の記載がある主要な記録をみる。『和漢三才図会』は、大坂の医師・寺島良安が編纂した図説百科事典で、正徳二年（一七一二）の自序がある。六四～八〇巻の諸国の「土産」には、菓子餅飴の類が計九点、すなわち平野・大坂・菊川の飴、安部川（駿河）の餅、宇津谷の十団子、近江の姥餅、仙台の糒、長崎の蜜漬沙糖漬（生姜・蜜柑・天門冬・仏手柑等）・沙糖糕（乾菓子）と、蜂蜜が石見、紀伊熊野、土佐檮原にみられる。[25] 平野・菊川の飴や、宇津谷の十団子、肥前の各種砂糖漬は、『毛吹草』と共通している。また大坂の飴とは、『毛吹草』で摂津の烏帽子糖をさす可能性がある。なお飴については一〇五巻の造醸類で飴の項に、平野・伏見の飴のほか、「豊前小倉膠飴」に関する記載がある。[26] 小倉膠飴は、小倉の名産で御用飴だった「三官飴」をさす。[27]

ほぼ同時期の史料で、寛文九年（一六六九）刊、医師の奥村久正が著した『料理食道記』もみておく。自序に「食も道を不正ハ右ニしるすかことし、忽身命をやふる食の道を正さんかために則食道記と名付能々食を改可味者也」とあり、「正しい食生活」を送るための方法を、広く家庭医学・衛生の分野から述べた食物本草書である。[28] 下巻の「国々の名物」では海産物、鮨、菓子等の食品種類別に諸国の名物が列挙され、「菓子分」としては計八五点が記されている。ただし産地の記載があるのは三六点のみで、そのうち二七点は『毛吹草』にもみられ、参照した可能性がある。産地が記された産物の種類は、餅団子と粽で計一八点で五割を占め、次いで飴が多く一〇点、他は煎餅・おこしの類で、種類・産地ともに前例とほぼ同様である。

刊行年不明であるが、近世末期の成立と考えられる『諸国名物往来』では、山城の二口屋菓子《ふたくちやくわし》、愛宕笹粽《あたごのさゝちまき》、駿河の富士川栗粉餅《くりのこもち》、宇都谷十糰子《うつかやとうだんご》、遠江の日坂蕨餅《にっさかわらびもち》、近江の草津姥餅《くさつうばがもち》、武蔵江戸の金龍山鶉焼《きんりうざんうずらやき》・求肥飴《ぎゅうひあめ》・薢煎餅《あさがほせんべい》、芝三官飴《しばさんかんあめ》の一〇点である(29)（ルビは原典ママ）。種類別では餅団子及び粽の類が六点で最も多く、そのうち山城の愛宕粽、駿河の十団子は『毛吹草』にみられ、日坂蕨餅も同じく同地の葛餅をさしている可能性がある。

（2）『進物便覧』の土産物

文化八年（一八一一）大坂で刊行された隴西大隠《ろうせいたいいん》著『進物便覧《しんもつべんらん》』は、進物についての注意点や具体的な贈答品名を記す挿絵図付の手引書である。「祝儀之部」以下「見舞之部」「土産之部」等の分類があり、「土産物之部《みやげもの》」には三都の土産に加え「参宮土産」「大和巡土産」「紀州巡土産」「高野詣土産」「金比羅詣土産」「播磨巡土産」「善光寺詣土産」「本願寺詣土産」「廿四輩詣土産」「長崎土産」の項目ごとに、品名が列挙されている(30)。この「土産」の意味については、巻頭の「音物大意」に「みやげハ土産にして其土地に産する物を遠路持帰り贈るを専一とすべし」とあり、旅人が遠路持ち帰ることが可能ということ、すなわち移動性が重視されている。

そこで「土産物之部」から菓子を抽出したものが表2である。地域別の数は京一七、大坂一一、東都（江戸）二〇、参宮（伊勢）一、大和一、金比羅詣一、廿四輩詣六、長崎一、計五八点である。まず地域に注目すると京都以外、特に江戸で点数、種類ともに増えている。次に種類は、従来の傾向と同様、餅・団子類が主流で一三点であるが、全体に占める割合は少なくなり、饅頭や移動性を有す菓子の割合が増えている。その種類をみると飴が六で（うち二点は飴粽）、おこし・煎餅が同等になり、少例ながら落雁・白雪糕《はくせっこう》等の干菓子（押物）や「月餅《げっぴん》」

表2　『進物便覧』の「土産之部」にみる菓子類

土産（数）	菓子名	餅団子	饅頭	飴	煎餅	おこし
京土産（17）	松本すハま、同おこし米、真盛豆、粘ぢまき、道喜牡丹餅、同笹ちまき、一文字や白糸、大徳寺きんとん、つばゐもち、桂あめ、大仏餅まんぢう、求肥こんぶ、ころ柿こんぶ、同（丸山）かきもち、よねまんちう、東寺ふのやき、菓子類一切	5	2	2		1
大坂土産（11）	虎屋まんぢう、高岡菓子、大江橋岩おこし、坂町茶巾餅、相合橋けし餅、平野橋白玉、古川松原屋あん餅、あん入麩、岸部屋饅頭、いなば小豆餅、金槌せんべい	5	2		1	1
東都土産（20）	塩瀬まんぢう、包せんべい、白せつかう、鈴木唐くハし、丸屋求肥、金沢松風、いくよ餅、介惣やき、きんとん、翁せんべい、米まんぢう、鳥飼まんぢう、竹村上あん、同最中月、同大通やき、玉屋おこし、せいがんじまへかるやき、金りうざん、大佛もち、まきせんべい	2	3		3	1
参宮土産（1）	木の下おこし					1
大和巡り（1）	箸中ちまき			1		
金比羅詣 四国巡（1）	さや橋飴			1		
廿四輩詣并よし崎まいり（6）	十団子、さよの中山粘、煎豆、墨形らくがん、つくばね、菊川あめ	1		2		
長崎土産 九州土産（1）	月餅					
		13	7	6	4	4

出典：「進物便覧」神戸大学附属図書館デジタルアーカイブ住田文庫
註：飴粽は飴に分類した。

もみられ、多様化している。地域や種類に前出の『毛吹草』、『和漢三才図会』とは異なる傾向が表れている。なお大和の箸中ちまきは、前出の『毛吹草』の箸中糖粽をさすと判断し、表中では飴として分類した。

飴は従来の京の桂飴、廿四輩詣の菊川飴に加え、金比羅詣のさや橋飴がみられる。この飴は金毘羅大権現の参詣名物である。鞘橋は門前町琴平を流れる潮川にかかり、屋根で覆われ、刀の鞘のような形の浮橋で、近世は琴平への五街道が集まる参詣の本道にあった(31)。また天保一五年（一八四四）刊『重《ちょう》修《しゅう》本草《ほんぞう》綱目《こうもく》啓蒙《けいもう》』一七造釀「飴餹」で「本邦處々ニ多クコレヲ造ル、讃州ノ金毘羅、城州ノ桂村等ハ名産ナリ」とあり[32]、本邦を代表する名産として山城の桂飴と併記されている。なお同地に現存する参詣名物の飴については第五章で後述する。

以上より、近世の一般的な産物記録の名産にみる菓子の地域性の実態をまとめる。種類については餅団子類が主流で、地名を冠する事例も散見された。それらは名高く地域性は確立していたが、主に現地または道中で消費される軽食で、遠路を持ち運べる移動性は有していなかった。一方、移動性を有する種類の主流は飴であったが、一九世紀になると多様化し、特に煎餅、おこしの事例が認められた。またその主産地は三都、宿場、参詣地、名所等、ひとの動きが活発な特定の地域に限られ、全国的な分布はみられなかった。

第二節　大名武鑑の時献上と菓子の地域性

（1）九州諸藩の時献上の特徴

◈武鑑の時献上

本節では時献上の菓子に注目する。分析に先立ち、時献上の概要を大友一雄の研究を中心に確認しておきたい。時献上とは、諸大名・交代寄合及び大名家臣、そのほか家ごとに毎年定まった季節の、幕府に対する献上で、その用語は武鑑に記された項目名である。武鑑は諸大名の姓名、本国、居城、石高、官位、家系、参勤交代の時期、献上及び拝領品目、家紋、旗指物、重臣等を掲載したもので、寛永年間から幕末まで記載事項を増やしながら継続的に出版された。時献上の項目には、各大名家の献上品が季節順に記され、献上品目や年間の回数は家によって異なるが、五節句や暑中・歳末など季節の折節に多くみられる[33]。

献上の品は、当初は領国のみならず各地から調達されておりその内容は多種多様であったが、享保七年（一七二二）三月、幕府の法令「被下献上御礼物員数減少之覚大概（略）領分土産ニあらさる物ハ献上相止候事」を受けて領国内の産物に限られるようになった(34)。従って、それ以降の時献上の品目は国元産物といえる(35)。

続いて、本章で分析の対象とする武鑑を検討する。まず、時献上の項目が記載され始める時期を確認する。『江戸幕府大名武鑑編年集成』に収録された寛永二〇年（一六四三）の『御大名衆御知行十万石以上迄』から慶応四年（一八六八）の『大成武鑑《たいせいぶかん》』まで一〇三点の武鑑について調査したところ、初出は明和二年（一七六五）の『明和武鑑』であった。以降慶応四年の最後の武鑑までみられるが、幕末の武鑑で印刷が鮮明で判読可能なのは嘉永三年（一八五〇）の『大成武鑑』であった。また、時献上という項目はないが、享保五年（一七二〇）の『享保武鑑』は食品の献上品が確認できる最初の武鑑であり、その品目は後の時献上に継承されているものが多い(36)。

そこでまず時献上の全体像をつかむため、ここでは主としてこの三点の武鑑をとりあげ、時献上の品目の時代的変遷、藩ごとの時献上の品目を九州諸藩を中心に確認する。九州諸藩の事例には、後述する通り諸地域の地理的環境に由来する海、川、山野等の多様な産物や、対外関係の窓口である対馬、薩摩各藩の交流国に因んだ特徴的な産物が散見され、諸藩の時献上の品目に地域の歴史や地理に因む個性が表れていることを具体的に確認できる。従って九州の事例から全国の傾向を見通すことができるといえよう。

◈献上品の概要

まず品目の時代的変遷をみておきたい。『明和武鑑』と『大成武鑑』で九州諸藩の時献上を比較したところ、いずれの藩も品目には大きな違いはない。武鑑に時献上がみえ始める明和二年には品目はほぼ定まっており、以後もそれを継承していたといえる(37)。例えば、唐津、島原両藩は転封により藩主が交代したが、品目はほとんど変わっていない。なかでも唐津藩の唐津焼茶碗、島原藩の氷砂糖・わかめは、享保五年より継承されている。時献上は領国内産物であるから、大名家ではなく藩領に属するものであり、各地域でもそれらの産物を献上品として調える体制が整っていたことが窺える。

続いて諸藩の品目に注目する。表3（五八頁）に明和二年の『明和武鑑』における九州諸藩全三五の国について藩、石高、江戸からの距離（里数）、藩主、時献上の品目及び献上時期を示した。藩と献上時期の掲載順は、基本的に武鑑に記されている通りである。なお、帰国御礼や在着御礼は本来時献上とは別の献上とされるが(38)、ここでは各武鑑で時献上の項目に記されている品目を全て示した。献上品には陶磁器、織物、武具、紙の工芸品等非食品も含まれるが、大半は食品であり、農水産物及びその加工品、例えば魚鳥の塩干物、農産物の塩蔵・糖蔵、果実、茶、葛、素麺、砂糖、菓子、酒である。

時献上には藩の領内産物のなかから特に重視されたもの、つまり領内産物の序列の最上位にあったものが選ばれたとされている(39)。なかでも享保五年の『享保武鑑』から幕末まで継続して時献上に選定された産物は、熊本藩の八代蜜柑・桑酒・素麺・かせいた、福岡藩の素麺・博多練酒・博多織帯・素麺、柳河藩の海茸《うみたけ》、日出藩の浅茅酒、杵築藩の豊後梅、佐賀藩の花毛氈《はなもうせん》・生蜜・梅干・焼物・白蜜、島原藩の砂糖、対馬藩の朝鮮緑豆粉・朝鮮寒塩鶴・朝鮮寒塩鰤、平戸藩の長ひじき・平戸焼物、五島藩の鯣《するめ》等である。現在各地に継承される特産や名物も散見される。なお後述する菓子のかせいたについては、享保五年には肥後新田藩・細川利恭からの献上品であるが、二年後の享保七年四月には熊本藩の献上品となっている。

こうした産物と産地の関係には、二つの型が看取される。一つは諸藩の置かれた地域の自然環境に由来する産物、もう一つは諸藩の歴史や社会的な位置づけに由来する産物である。特に対外交流の窓口だった対馬、薩摩各藩の献上品には、異国由来の産物がみられ、交流国との関係が表れている。例えば朝鮮と交易していた対馬藩の朝鮮寒塩鴨や豹《ひょう》皮、琉球と交易していた薩摩藩の琉球芭蕉《ばしょう》布細布、同煎海鼠《いりこ》、同紬七島《つむぎしちとう》等である。オランダ、中国との交易地である長崎は幕府直轄地で武鑑に記載はないが、近隣の肥前諸藩では輸入品の砂糖、白砂糖、氷砂糖、もしくは砂糖漬を献上する藩が多い。朝鮮より陶工を連行して陶業を開始したとされる佐賀、平戸両藩で献上される焼物も、対外交流のうえに成立した品目といえる。異国との交流による産物は希少価値が高く、領内産物の序列において最上位と評価されたといえる。加えて時献上とされた食品の実質的な特徴としては、滋養性の高さを指摘できる。例えば熊本藩の桑酒・麻地《あさち》生酒等の薬酒に用いられる生薬や佐賀の薏苡仁《よくいにん》は、その薬効が重視されていたと考えられる。

ここで諸藩の献上回数と献上品目の数に注目すると、熊本、薩摩、福岡等の大藩については比較的多い傾向にあり、なかでも熊本藩は回数、品目数ともに最も多い。正月から一二月まで毎月二品目ずつ、海と山野の産物を組み合わせ、(40)一一月には計四品目の献上を二度に分けて行っている。(41)その結果として計二六品目もの多様な献上品となっている。時献上の品目・数量の多寡は必ずしも石高・格式によって照応しなかったとされるが、(42)熊本細川家の五四万石より石高の大きい全国の大名、例えば外様大名の加賀前田家一〇二万石、薩摩島津家七二万石、仙台伊達家六二万石、一門大名の尾張徳川家六一万石、紀伊徳川家五四万石においても毎月行っている藩はない。つまり、品目数と種類が熊本より多い藩はなく、菓子の数と種類の多さも全国諸藩で随一である。そこで熊本藩の時献上について、以下で詳細にみてみたい。

（2）　熊本藩の時献上

◈品目の成立時期

まず、熊本藩の時献上の品目が定まった時期を確認するため、品目の時代的変遷を『江戸幕府大名武鑑編年集成』所収の全武鑑で改めて確認したところ、時献上が最初に記された『明和武鑑』から幕末まで変化していなかった。またそれ以前に、熊本藩の記録である「続跡覧」の正徳三年（一七一三）五月一三日「年中御献上物之品書付被指出候事」に、「年中献上来候品覚」として「御しなひ一二組、八代蜜柑三五箱、賀世以多、朝鮮飴、蜜漬、砂糖漬天門冬、砂糖漬梅、大和柿、梨、銀杏、素麵、葛粉、菊池苔、清水苔、塩蕨、桑酒、麻地生酒、鮮鯛、浜塩鯛、糟漬鮎、糟漬鰤、佐賀関鯣、鮑、丸熨斗、煎海鼠、鰹節、四塩鱈、干鱈、干鯛、塩鴨」とある。[43] このうちの約八割が後の時献上の品目である。次いで、前記した享保七年（一七二二）三月に幕府から出された献上品削減の法令を受けて整理された献上品に関し、「続跡覧」の同年四月二一日に次のような記載がある。[44]

一年中御献上物并御帰国之御礼御献上物之儀御伺之事
享保七年御献上物之儀公儀ゟ御減少付而、四月御用番水野和泉守様へ四月廿七日御留守居佐分利又兵衛左之御伺書持参仕候処、段々御好有之其通調直被指上置候処、同廿一日和泉守様ゟ又兵衛被為呼左之通御付札ニ而御渡被成候

年中献上物之覚

正月	国物	桑酒	二樽
	同	浜漬鯛	五簀巻
二月	国物	砂糖漬梅	一壺
	同	銀杏	一箱
三月	国物	麻地生酒	二樽
	同	塩鴨	一桶
四月	国物	加世以多	一箱
	同	干鯛	一箱
五月	国物	砂糖漬天門冬	一壺
	同	糟漬鰤	一桶

六月　暑気御機嫌伺在国之節者以使札指上申候
　国物　朝鮮飴
　同　　佐賀関鯣
ⓐ七月　国物　八代染革　一箱十五枚
　同　　丸熨斗蚫　一捲
八月　国物　素麪　一箱
　同　　清水苔　一箱
九月　国物　御しなひ　一箱十二組
　同　　海茸　一桶
十月　国物　蜜漬　一壺
　同　　塩蕨　一桶
十一月　寒気御機嫌伺在国之節者以使札差上申候
　国物　菊池苔　一箱
　同　　粕漬鰷　一桶
　同　　八代蜜柑　二十箱　蜜柑ハ熟次第十二月差上申儀も御座候
　　　　唐海月　一桶
ⓑ十二月　国物　白芋茎　一箱
　同　　塩煮蚫　一捲
右之品国物故只今迄献仕来之間、向後在府在国共右之通献上仕候ニ而可有御座哉奉伺候

（後略）

（註記）

ⓐ「御付札ニ八代染革、御しなひ右者隔年ニ可被差上候、但御しなひ二組完可被献候」

ⓑ「御附札ニ右之義只今迄之通可被差上候」

これらの品目は、そのまま時献上の品目である。また、全ての品目に「国物」と明記されている。この後に続いて記される「保多織、御扇子、御羽織、桁煎海鼠、干鱈、鮑、鮮鯛」の品目については「右之品ハ国物ニ而は無御座候、只今迄献上仕来候付而書記申候以上」とあり、「右之分可被相止候」の御付札がある。つまり、領国内産物ではないため献上を中止したことが判明する。従って、『明和武鑑』以降幕末まで継続される熊本藩の時献上の品目は、この享保七年の法令後まもなく成立していたことがわかる。

◈品目の特徴

時献上の品目に改めて注目し、種類別にまとめると次の通りである（農水産物にはその加工品も含む）。

・水産物　一一：浜漬鯛（正月）、干鯛（四月）、粕漬鮒（五月）、佐賀関鯣（六月）、丸熬海鼠（七月）、清水苔《のり》（八月）、丸熨斗鮑（九月）、粕漬鮎（一一月）、唐海月（一一月）、菊池苔（一一月）、塩煮鮑（一二月）

・農産物　四：素麺（八月）、塩蕨（一〇月）、八代蜜柑（一一月）、白芋茎（一二月）

・鳥獣類　二：しなひ（九月）、塩鴨（三月）

・酒　二：桑酒（正月）、麻地生酒（三月）

・菓子　六：砂糖漬梅（二月）、砂糖漬銀杏（二月）、砂糖漬天門冬（五月）、かせ板（四月）、朝鮮飴（六月）、蜜漬（一〇月）

・工芸品　一：八代染革（七月）

前記した全体的な傾向と同じく、農水産物の加工保存食品が中心であるが、ここでは固有の地域性を有する食品に注目する。[45]まず、同藩の献上品として最も早くからみられる産物は八代蜜柑である。慶長一二年（一六〇七）一二月一六日付の加藤清正の書状によれば、[46]八代蜜柑三箱を将軍徳川秀忠へ献上している。また、忠利が熊本入して間もない寛永九年（一六三二）一二月一〇日付の書状では、徳川家光と酒井雅楽（忠世）ほか四名の年寄へ蜜柑を、[47]同一六日の書状では小林時喬へ八代蜜柑を進上している。[48]寛永一〇年正月八日、勘定頭伊丹康勝へ「肥後みかん」を進上した時の書状には「いつも肥後ミかん被上候ハ十月始比青き所之交候を被上候へハ漸々其元へ届候由」とあり、[49]細川氏入国以前、加藤氏の時から恒例になっていることがわかる。

水産物のうち清水苔については、古川古松軒《こしょうけん》による天明三年（一七八三）成立の紀行文『西遊雑記』の水前寺成趣園についての記述にある水前寺海苔であろう。[50]菊池苔も川苔で、前出の『毛吹草』には、肥後の名物として八代蜜柑等と共にあげられ「菊池苔　川ニ有之」と記されている。[51]全国的な産物記録や紀行文でもとりあげられていることから、いずれも地域性が確立されていることがわかる。

そして次に菓子に注目すると、かせいた、朝鮮飴、梅・銀杏・天門冬の各種砂糖漬、蜜漬の六品目である。かせいたと朝鮮飴は現存し、熊本名菓とされている。詳しくは第三、四章でとりあげるが、かせいたとはポルトガルから渡来した果実のマルメロと砂糖を煮つめて作る南蛮菓子である。[52]朝鮮飴は糯米・水飴・上白糖を煉り詰め、板状に冷まして一口大に切った求肥飴の一種である。

続く各種砂糖漬と蜜漬は、同類と思われる。銀杏については、武鑑を参照すると「砂糖漬梅銀杏」とあり、砂糖漬けかどうか不明である。しかし、熊本藩士の松本恒正が、肥後国の産物を相撲番付に見立て六段階に分類した、天保一四年（一八四三）の「肥の後州名所名物数望附《すもう》」で、第一段に朝鮮飴・加世以多、第二段に砂糖漬梅、第三段に砂糖漬天門冬・砂糖漬銀杏と記されている。[53]これらの材料は、天門冬は享保二〇年（一七三五）の「豊後国之内熊本領産物帳」に、それ以外はマルメロと並び同年の「肥後国之内熊本領産物帳」にも確認できる国元産物であった(54)。

以上より熊本の時献上は、品目の数と種類が多いだけではなく、固有の地域性を有することが判明した。特に菓子については、六品目の全てが砂糖を使う造菓子であった。そこで次に時献上の菓子の地域性に焦点をあて、そのなかで熊本藩の菓子の特異性を確認しておきたい。

（3）時献上にみる菓子の地域性

全国の時献上の菓子の全体像を確認する武鑑については、最初の『明和武鑑』と近世末期の『大成武鑑』で品目に若干の違いがあるが、次章以降で分析する近代の展開以前の概況を把握するために、近代により近い時期の史料として、『大成武鑑』を用いる。表4（六三頁）に砂糖を用いる造菓子と、参考として餅類、砂糖及び蜜等の甘味食物に加え、果実類も合わせて示す。なお同じく甘味食物の飴は、一般的な産物記録では名産としては散見されたが、時献上には事例がない。

まず全体を通覧すると菓子の献上は四藩九件のみで、時献上においては特異であることがわかる。またその種類は砂糖漬・蜜漬が七件で、それ以外の造菓子は熊本のかせいたと朝鮮飴のみである。さらに砂糖漬を献上している藩は、薩摩、熊本、豊後杵築、肥前の島原と全て九州の藩であり、砂糖についても筑前福岡、肥前佐賀、同小城、同蓮池、同島原、美濃今尾藩で、今尾藩以外は全例で九州に限定され、特に肥前が中心である。

餅類については氷餅一一、寒晒餅一、醒ヶ井餅一、御鏡餅一、御鏡菱餅一件である。このうち最多の氷餅は、名古屋、和歌山、陸奥会津、同二本松、同白川、信濃小諸、同高島、同飯田、美濃高富、同苗木の諸藩からも献上されている。日向飫肥藩の寒晒餅も同類である。餅を寒中にさらして凍結乾燥し、材料に砂糖は用いない。それ自体が菓子と認識されていた事例は少なくとも近世の史料では認められず、その可能性は低い。

彦根藩の醒井餅は、近江国醒井宿（現、滋賀県米原市）の名物としても知られるかき餅の類である。膳所藩主本多康敏の命で同藩士の寒川辰清が編纂した享保一九年成立の地誌『近江輿地志略《おうみよちしりゃく》』に「紅黄白の片餅　大さ堅四五寸はゞ一寸四五分厚さ一分に及ばず、甚薄し」[55]とある。製法記録では、享保三年刊の『御前菓子秘伝抄』に「さめかいもち　唐餅米壱粒つゝゑり、餅にしてのし、一日一夜影ほしにしてしやうじき（正直鉋、訳者註）にてけつり申候」[56]、寛延三年（一七五〇）刊『料理山海郷』に「近江醒井餅　極上の餅米を一臼に三升ばかり入れつき、其上にてうる交なきやうに一つぶ撰にして常のごとくむし、水なし二つき餅にしてかわかし切、藁にてあみて風のあたらざる所へ釣おく也」とあり、砂糖は使われていない薄いかき餅であることがわかる[57]。岡崎寛徳によれば、最後の彦根藩主となった井伊直憲の「殿様御用」の「醒ケ井餅」は「彦根藩御用菓子商」の伏見屋権六が納めていたとされる[58]。しかし前藩主井伊直弼や同藩士等による茶会記では、菓子とは別に「湯　割醒ヶ井」として香之物とともに出されているため[59]、これも菓子と認識されていたかどうか不詳である。

果実類については、多い種類は柿二〇、栗一七、蜜柑九件で、他に梨、瓜、銀杏、榧《かや》、胡桃も複数の藩から献上されている。柿、蜜柑、梨、栗、榧には地名を冠するものも散見される。例えば美濃柿、大和柿、西條柿、奈良柿、富山柿、八代蜜柑、桜島蜜柑、筑後蜜柑、大庭梨、松尾梨、上條瓜、小布施栗、丹波栗、吉野榧等である。また、後述するかせいたの主材料であるマルメロが、陸奥会津藩から献上されている。なお名古屋藩、和歌山藩、水戸藩の水菓子は果実をさしていると思われるが、具体的な産物名は不詳である。

以上、時献上における菓子の地域性についてまとめる。砂糖を使う造菓子自体の事例が少なく、その種類は砂糖漬・蜜漬が主流で、産地は肥前を中心とする九州諸藩に集中していた。そのなかで熊本藩の菓子の多様性は顕著であり、特にかせいたと朝鮮飴は砂糖漬以外の造菓子で、またいずれも同地の名菓として現存し、極めて特異であるといえる。

第三節　地域性が内在する非名産の菓子

（1）領国内の産物記録の土産

前節では全国的な産物記録を中心に近世の菓子の地域性について検討し、地域性の認識が確立されていた菓子の種類や主産地を確認した。本節では近世において地域性を有してはいたが、全国的な産物記録にはみられない菓子の事例に注目する。その客観的な認識の程度は比較的低いと考えられるため、本書では「非名産」とするが、近代以降に地域名菓へと展開する可能性もあるため、重視する。

まず、諸地域の地誌、往来物、名所記、見聞録等、藩領国内の産物記録の産物記録では、前出の山城国の地誌『雍州府志』でもみた通り、全国的な記録に比してより多くの産物の、より詳細な記述があり、三都や参詣地以外の諸地域の産物が確認できる。

例えば筑前の事例では、福岡藩の儒者貝原益軒が著した地誌、元禄一六年（一七〇三）刊『筑前國續風土記』巻二九に土産として、「とち餅、玉子索麪、牛蒡餅、油堆《ひりやうす》、松餅、東京《とんきん》餅、辻堂餅、饅頭、寒具《ひくはし》、鶴せんへい」（ルビは原典ママ）と記されている。[60] これらは『毛吹草』や時献上には記載がなかったが、地域性を有する菓子といえる。このうち玉子素麪、牛房餅、ひりょうずについては「国君の厨にても製す」とある。[61] 特に玉子素麪は、近世には長崎を始め他国にもみられる南蛮菓子であるが、福岡では近世同藩主黒田家の御用商であった松屋の松江利右衛門[62]が、近代

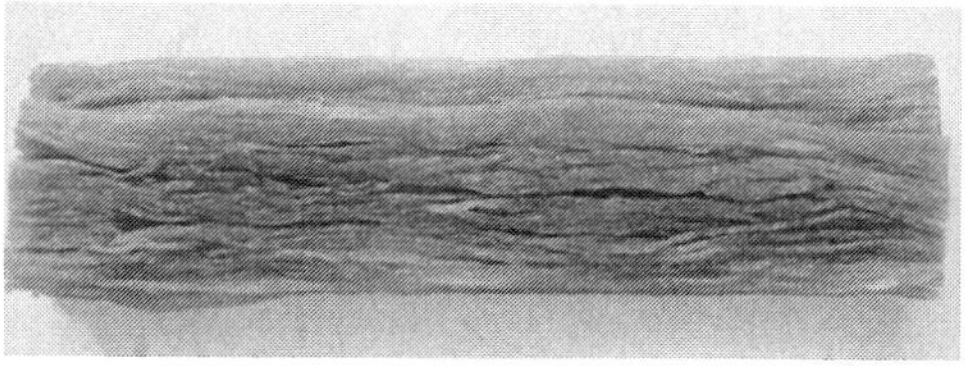

図1　「鶏卵素麺」松屋利右衛門（福岡市）
沸騰させた砂糖蜜に卵黄液を細く落として素麺状に熱凝固させた南蛮菓子

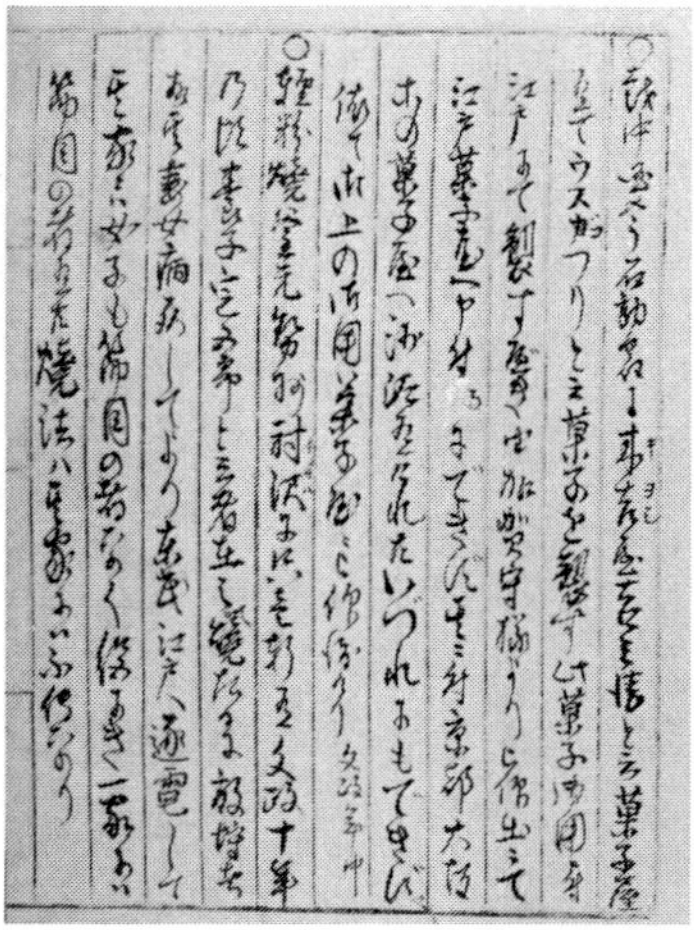

図2　「尚志軒新話」（石川県立図書館蔵村松蔵書）

以降、内国博第二・三回に「鶏卵素麵」として出品し、現在は同地博多の名菓として知られている（図1）。松屋の一二代当主松江國秀氏によれば、始祖の松屋利右衛門はもとは博多商人大賀の番頭だったが延宝年間に菓子屋を始め、長崎で明人からその製法を伝授されたという(63)。

越中の事例では、加賀藩士竹中邦香が著した地誌「越中遊覧志」に今石動の産物の菓子について「薄氷ハ文政ノ初年今石動菓子業中町木吉屋吉兵衛〈今笹川松蔵トモ〉金沢旧藩二ノ御丸御慶式真竜院殿御用被仰付江戸表へ献物ニ相成居候、今不相変製造ス、風味能ク売路広シ、其後同町同業五郎丸ヤ八左衛門〈今渡辺八右衛門ト云〉方ニモ製造候ヘドモ御用ハ無之候〈百六十目壱斤ニ付参拾弐銭〉」とある(64)。関連する近世の記録では、加賀の百姓で本草学者の村松標左衛門による天保年間（一八三〇～一八四四）の見聞録「尚志軒新話(65)」にも、「越中国今石動宿に木吉屋吉兵衛と云菓子屋有てウスゴフリと云菓子を製す（略）文政年中」と記されている（図2）(66)。この木吉屋・笹川吉兵衛は、内国博の第一・二回に、紅色・白色二色の薄氷を出し、明治二一年刊『中越商工便覧』に「菓子砂糖商　今石動町　笹川松蔵」として「根本薄氷笹川」の看板の店が描かれている(67)。また同二八年の第四回には同町の渡邉八左衛門、三六年の第五回には同町から笹川、渡邉に加えもう一名と、富山県内からは他に二名の計五名が薄氷を出品している。その後は『小矢部市史』によれば、木吉屋（笹川）と五郎丸屋（渡邉）の両店が戦前期まで主要な製造者だったが、ともに戦時下の統制により中断し、戦後木吉屋は転職し、五郎丸屋は再開して唯一の製造店となったとされる(68)。五郎丸屋の渡邉克明氏によれば、同店は宝暦二年（一七五二）創業で、薄氷を現在も製造販売している（図3）(69)。

図３　「薄氷」五郎丸屋（富山県小矢部市）
糯米製の薄い煎餅に和三盆を数度塗って乾かし、氷に見立てた菓子

（2）地域における需要の記録

一方、特定地域で作られ需要が定着していた菓子も、地域性を有する菓子といえる。例えば、領主の贈答・饗応や行事の記録で需要の定着が認められる特定の菓子である。贈答・饗応記録の事例では、佐藤光恵が、松江藩主松平治郷（不昧）が明和四年（一七六七）藩主就任後、死去する文政元年（一八一八）までの五一年間で行った茶会一三九回に使用された菓子の記録一三一回分を分析し、使用回数が多かった「山陰」、「松金煎餅」、「腰高朧饅中」を「不昧公の好みに適った菓子」としている。なお、このうち「山陰」は、現在松江名菓となっている紅白の押物「山川」の白色の呼称とされる。(70)

また彦根藩主井伊直憲の、諸家への贈答や御用商人に関する慶応二～同四年（一八六六～一八六八）の記録「当座日記留帳」で、江戸の家族や藩領を通行する他家へ、同藩の御用菓子商糸屋重兵衛（現、いと重菓舗）の「益寿《えきじゅ》糖《とう》」が贈られていた記録が、前出の岡崎寛徳によって確認されている。(71) 近代以降は、内国博の第三～五回に滋賀彦根の藤田徳三が益寿糖を継続出品し、第四回には褒状を受けている。いと重菓舗の七代当主藤田武史氏によれば藤田徳三は同店の四代で、同店では現在も「益壽糖」が作られている（図４）。(72) なお第四回には京都の徳岡忠五郎も同じく益寿糖を出品し、褒状を受けている。この菓子は嘉永五年（一八五二）に京都で出された菓子製法書、国華山人《こっかさんじん》著『鼎左秘録《ていさひろく》』にも「益寿糕《えきじゅとう》」として記されている。(73) 菓子自体は地域固有のものではないが、彦根の益寿糖は同地で作られ領主の需要が定着していたことから、地域性を有する菓子といえる。(74)

こうした事例は、現在旧城下町の地域名菓の紹介に際し散見される由緒来歴の典型（例えば、藩主が好んだ、茶

図4　「益壽糖」いと重菓舗（滋賀県彦根市、写真提供：いと重菓舗）
求肥に和三盆糖をまぶして短冊状に切った菓子

会や贈答で用いた、菓子名をつけた、藩主の命で創製した等）の典拠ともなり得る。ただしそのためには、菓子や製造者の近世から近代の実態について、諸史料の分析を通して実証する必要がある。

おわりに

近世において客観的な地域性の認識が確立していた菓子は、一般的な名産では餅団子類、飴、おこし等の限られた種類で、その主流は茶店の餅団子類であった。しかしそれは現地で消費されるもので移動性を有さず、移動性を有する種類としては主に飴であった。また、産地は三都及び名所・参詣地門前等特定の地域に限られていた。一方、時献上は諸藩で最も重視された諸国産物が中央に集められ、その地域性が、領主の献上行為で付加された権威を伴い武鑑を通して情報化されるという点で、内国博の前身とも位置づけられるが、そのうち菓子の種類は砂糖漬が主流で、産地は砂糖の生産流通に関与していた九州諸藩に限られていた。そのなかで熊本藩の朝鮮飴とかせいたは、砂糖漬以外の造菓子という点で他に例をみない特異な菓子であった。このように近世の名産の菓子は種類、産地ともに限定され、全国的な広がりと多様性を特徴とする現在の地域名菓の体系は認められないことが明らかとなった。

こうした名産は基本的に産地以外には流通せず、遠国の産物は多くの一般の人びとにとって随意に入手できない非日常の品であった。特に時献上は領主の需要に限定された国元産物でもあり、一部献残屋《けんざん》による流通も考えられるが[75]、その量は極めて希少であった。従って近世の名産の菓子の地域性の認識は、実物を実見・実食する体験よりも伝聞や産物記録による仮想が主で、またその価値の根拠は希少性であったと考えられる。こうした点も現在の地域名菓との違いといえる。そこで近世のこれらの菓子、すなわち全国的な出版物を通し広く他地域から客観的な認識を得ていた名産を、地域名菓の萌芽と位置づけ、第二部において近世から近代への展開を個別事例の分析を通して検討する。

一方、近世において地域性は有するが、その客観的な認識度が低い菓子の事例も確認できた。諸地域の地誌を始めとする国内の産物記録にみられる菓子や、特定地域で習慣化された需要がみられる菓子である。その一部は近代以降地域名菓へと展開する可能性を指摘した。こうした菓子も広い意味では地域名菓の萌芽といえるものであり、個別の事例ごとに地域の社会背景の変化との関係をふまえて実証を重ねていく必要がある。本書では第三部において、個別事例の分析を通して近代における名菓への展開を検討する。

（1）　佐藤浩司「小倉名物三官飴壺の生産と流通」（江戸遺跡研究会編『江戸時代の名産品と商標』江戸遺跡研究会、吉川弘文館、二〇一一年）八～三九頁。

（2）　溝渕利博「江戸時代の金毘羅ブランド――近世地誌類に見られる金毘羅の名物・名品・土産――」（『こと比ら』六四、金刀比羅宮、二〇〇九年）三八〇～三八六頁。

（3）　西嶋晃「近世における名物販売の確立と地域への影響――東海道小夜中山飴の餅を中心として」（『駒澤大学大学院史学論集』三八、二〇〇八年）五〇～七一頁。

（4）　大友一雄『日本近世国家の権威と儀礼』（吉川弘文館、一九九九年）一八～九六頁。初出は同「近世の献上儀礼にみる幕藩関係と村役――時献上・尾張藩蜂屋柿を事例に――」（徳川林政史研究所『研究紀要』二三、一九八九年）、同「近世の産物献上における将軍・大名・地域」（虎屋文庫編『和菓子』二、一九九五年）。

（5）　籠橋俊光「仙台藩における国元産物の献上・贈答について」（東北史学会『歴史』一〇七、二〇〇六年）二五～五六頁、同「仙台藩の国元魚・鳥類産物の調達システム」（斎藤善之・高橋美貴編『近世南三陸の海村社会と海商』清文堂出版、二〇一〇年）九一～一二八頁、同「「留物」・「御見抜」と産物――仙台藩の水産物流通と領主的需要――」（入間

田宣夫監修、熊谷公男・柳原敏昭編『講座東北の歴史』三、清文堂出版、二〇一三年）一一〇～一三〇頁、同「「御見抜」と地域社会：仙台藩における領主的需要と漁業政策」（東北史学会『歴史』一二七、二〇一六年）七二～九五頁。
（6）東昇「日本近世における産物記録と土産・名物・時献上――伊予大洲藩の伊予簾と鮎――」（『洛北史学』一二、二〇一〇年）二五～四五頁。
（7）前掲東昇「日本近世における産物記録と土産・名物・時献上」二七頁。
（8）石川松太郎校注『庭訓往来』（平凡社、一九七三年）一一二～一一三頁。
（9）新村出校閲、竹内若校訂『毛吹草』（岩波書店、一九四三年）三～七、一五七～一八七頁。
（10）神崎宣武『おみやげ――贈答と旅の日本文化』（青弓社、一九九七年）一四一～一〇三頁、同『江戸の旅文化』（岩波書店、二〇〇四年）一二九～一三二、一六五～一七六頁。
（11）立川美彦編『訓読雍州府志』（臨川書店、一九九七年）二一八、二一九頁。
（12）前掲佐藤浩司「小倉名物三官飴壺の生産と流通」八～三九頁。
（13）寛政八～一〇年の『摂津名所図会』で「西宮名産」に「麦芽膏《あめ》」とある（秋里籬島『摂津名所図会』続編・花、早稲田大学図書館蔵、請求記号：ル04 03651）。
（14）前掲立川美彦編『訓読雍州府志』二一八、二一九頁。
（15）宗田一『日本の名薬』（八坂書房、二〇〇一年）一三六～一三七頁。喜多村信節「筠庭雑考」（一八四三年）に千歳飴との関係が記されている（日本随筆大成編輯部編『日本随筆大成』第二期八、吉川弘文館、一九七四年、一九三～一九四頁）。
（16）平瀬徹斎撰、長谷川光信画『日本山海名物図会』巻之三、早稲田大学図書館蔵、請求記号：文庫06 02154。
（17）島田勇雄訳注『本朝食鑑』一（平凡社、一九七六年）一一一頁。
（18）長谷川強・江本裕・渡辺守邦・岡雅彦・花田富二夫・石川了校訂『嬉遊笑覧』四（岩波書店、二〇〇五年）三一六頁。
（19）鈴木晋一・松本仲子編訳注『近世菓子製法書集成』一（平凡社、二〇〇三年）三九～四〇頁。
（20）前掲島田勇雄訳注『本朝食鑑』一、一一二～一一三頁。
（21）前掲立川美彦編『訓読雍州府志』二二三頁。

（22）香月薫平『長崎地名考』下（安中書店、一八九三年）一四頁。
（23）越中哲也『長崎学・食の文化史』（長崎純心大学博物館、一九九五年）一〇一頁。
（24）前掲東昇「日本近世における産物記録と土産・名物・時献上」二七頁。
（25）島田勇雄・竹島淳夫・樋口元巳訳注『和漢三才図会』一一（平凡社、一九八八年）三一、五一、二一三頁。同一三（一九八九年）一三〇、一九一頁。同一四（一九八九年）一三五頁。
（26）前掲島田勇雄他訳注『和漢三才図会』一八（一九九一年）一二六頁。
（27）前掲佐藤浩司「小倉名物三官飴壺の生産と流通」一〇、一三頁。
（28）上野益三監修、吉井始子編『食物本草本大成』四（臨川書店、二〇〇七年）五～七（解説：島田勇雄・吉井始子）、二五五～二五七頁。
（29）『諸国名物往来』東京学芸大学附属図書館蔵、望月文庫往来物目録・画像データベース、目録番号：二〇四六〈http://hdl.handle.net/2309/8377〉（最終閲覧日：二〇一七年七月二七日）。
（30）『進物便覧』神戸大学附属図書館デジタルアーカイブ住田文庫、請求記号：1A-22-MID：00020377〈http://www.lib.kobe-u.ac.jp/directory/sumita/00020377/〉（最終閲覧日：二〇一七年七月二七日）。
（31）近藤喜博『金毘羅信仰研究』（塙書房、一九八七年）二三八頁。
（32）小野蘭山『重修本草綱目啓蒙』一七、菱屋吉兵衛、一八四四年、五二（国立国会図書館デジタルコレクション）。
（33）前掲大友一雄『日本近世国家の権威と儀礼』一九～二〇、四三～四五頁。『国史大辞典』「時献上」。
（34）『御触書寛保集成』四九（二九三二）（高柳真三・石井良助編『御触書寛保集成』（岩波書店、一九八九年）一三二三～一三二四頁。
（35）「甲子夜話」に「松平土佐守より恒例献上する土佐節と称する国産、近頃は御当地小網町に居る魚売大坂屋武兵衛と云より、上品をかの侯に調進して、これを献上せらる、となり、松平下総守より桑名の大蛤を貢しも、運送の手数掛るとて、房州の大蛤を以て換貢す、博多の練酒も府の溜池の別荘にて、今は造ると云、薩摩の泡盛昔より気の薄くなりたるも、中山酒に無き故なりと云、此類夥きことなるべし」とあり（中村幸彦・中野三敏校訂『甲子夜話』一、平凡社、一九八二年、一七五～一七六頁）、表向きには国産としながら実状は異なる例もあった。

(36) 深井雅海・藤實久美子編『江戸幕府大名武鑑編年集成』一～一八（東洋書林、一九九九～二〇〇〇年）。時献上の初出については、藤實久美子『武鑑出版と近世社会』（東洋書林、一九九九年）九三頁によれば延享四年（一七四七）の武鑑（版元・武鑑名不明、東京大学史料編纂所蔵）とされているが、同書収録分では明和二年以前の元文五年（一七四〇）『元文武鑑』、延享二年（一七四五）『延享武鑑』、寛延三年（一七五〇）『寛延武鑑』、宝暦五年（一七五五）『宝暦武鑑』、同一〇年『大成武鑑』等に確認できなかった。また食品の献上もみられなかった。

(37) ただし全国的には完全には固定化されておらず、例えば徳島藩の場合『明和武鑑』、『大成武鑑』とも藩主は同じ蜂須賀氏であるが品目はかなり入れ替わっている。前掲大友一雄『日本近世国家の権威と儀礼』（二五～三二頁）では、藩域の移動により献上品を調達する山野や海川が藩域から離れる場合、献上品の異同があることが指摘されている。

(38) 前掲『国史大辞典』「時献上」。

(39) 前掲東昇「日本近世における産物記録と土産・名物・時献上」三二～四三頁。

(40) 「新続跡覧」巻二三二ノ一八（熊本県立図書館蔵、上妻文庫：二四一）によれば、寛政一一年「一例月御進上之御品両種之内、御残被進御品」とあり、時献上は両種という認識がすでにみえている。

(41) 一一月に二度献上が行われる理由について確証はないが、細川忠利は、一〇月に熊本入国の命を受けて、一二月に入国したことから、在着御礼の意が含まれるのかもしれない。

(42) 前掲『国史大辞典』「時献上」。

(43) 「続跡覧」巻九ノ一〇（熊本県立図書館蔵、上妻文庫：二四一）。

(44) 「続跡覧」巻二一ノ七（熊本県立図書館蔵、上妻文庫：二四一）。

(45) 他の各品目については以下で解説している。橋爪伸子「時献上から名菓への変遷――熊本のかせいたを事例に――」（『香蘭女子短期大学研究紀要』四九、二〇〇六年、五～七頁）。

(46) 東京大学史料編纂所編『大日本史料』第一二編之五（東京大学出版会、一九九五年）二五四頁。

(47) 東京大学史料編纂所編『大日本近世史料細川家史料』一六（東京大学出版会、一九九八年）三四八頁。

(48) 前掲東京大学史料編纂所編『大日本近世史料細川家史料』一六、三五九頁。

(49) 東京大学史料編纂所編『大日本近世史料細川家史料』一七（東京大学出版会、二〇〇〇年）一三頁。

(50)「地中より清水を吹出す事おびたゞしく其流れ川となりて（略）当国の名産御献上となる水前寺海苔は此川の流に生ぜる海苔なり」とある（宮本常一・原口虎雄・谷川健一編『日本庶民生活史料集成』二、三一書房、一九七二年、三六九頁）。

(51)『毛吹草』の肥後名物にも記載されている時献上の品目は、八代蜜柑、御免革（八代染革）、菊池苔である（前掲新村出校閲『毛吹草』一八五～一八六頁）。

(52) 牧野富太郎『牧野新日本植物図鑑』（北隆館、一九六一年）二六一頁。

(53) 熊本県編刊『熊本県史』近代編第一（一九六一年）五三〇～五三五頁。人吉藩と天草を除く肥後国の名勝地二七四箇所の産物二五八品目が記されている。

(54) 盛永俊太郎・安田健編『享保・元文諸国産物帳集成』一三（科学書院、一九八九年）九四、二三五、二四〇、二四一頁。

(55) 寒川辰清『近江国輿地志略』下（日本歴史地理學會校訂『大日本地誌大系』大日本地誌大系刊行会、一九一五年、三七六～三七七頁）。

(56) 前掲鈴木晋一他編訳注『近世菓子製法書集成』一、四〇～四一頁。

(57) 吉井始子編『翻刻江戸時代料理本集成』四（臨川書店、一九八〇年）七七頁。

(58) 岡崎寛徳「大名と菓子――慶応二～四年の彦根藩主井伊直憲を事例として」（虎屋文庫編『和菓子』一六、二〇〇九年）八～一〇頁。

(59) 例えば井伊直弼の嘉永四～安政四年（一八五一～一八五七）の自会記「彦根水屋帳」を始めとして「東都水屋帳」、「毎回水屋帳」、「順会水屋帳」等では茶会記録の全例で確認できる。彦根藩資料調査研究委員会編『史料井伊直弼の茶の湯』下（彦根城博物館、二〇〇二年）一三七～一九九頁。懐石の構成における「湯」については、筒井紘一「会席料理の近世的展開」（芳賀登・石川寛子監修『全集日本の食文化』七、雄山閣出版、一九九八年）六三～六八頁。

(60) 伊東尾四郎校訂『筑前國續風土記』（文献出版、二〇〇一年）六五九～六六二頁。

(61) 関連する史料として、製法が詳述されている同藩士の手控について以下で報告している。橋爪伸子「「萬菓子作様并香物漬様薬酒造様之事」について――「くわすり」および「やうひ」に関する一考察」（『香蘭女子短期大学研究紀要』

四五、二〇〇三年）一五、一六、二四頁。

（62）近世の松屋については、福岡藩士加藤一純、鷹取周成編の地誌『筑前國續風土記附録』巻之四六「土産考」の「寒具《ひくはし》」にも「近年博多中間町に松屋と云寒具屋あり、寒具・蒸くハし数品を製す、就中一口香・胡麻餅此二種の菓子殊によく、他の製これに及ハす（略）鶉餅　博多中間町松屋か製よし」とあり（川添昭二・福岡古文書を読む会校訂『筑前國續風土記附録』下、文献出版、一九七八年、一一六～一一七頁）、一八世紀後半には国内では名高い菓子屋であった。また、博多年行司会所の記録、原田安信撰『博多津要録』にも、寛延元年（一七四八）御前様（黒田継高室）御用に松屋が納めた三好餅が気に入られ褒美として白銀一枚拝領した、宝暦三年（一七五三）には常々の御菓子御用が評価されて三人扶持を受けることになった等とある（秀村選三校訂『博多津要録』二、西日本文化協会、一九七六年、四七八頁。同三、一九七八年、七七頁）。

（63）聴取調査：松屋利右衛門（福岡市博多区上川端町）、松江國秀氏、二〇〇四年一〇月四日。宮本又次『近世商人風土記』（日本評論社、一九七一年）三一二頁。聴取調査の詳細と、近世及び近代の玉子素麺については、以下で報告している。橋爪伸子「「萬菓子作様并香物漬様薬酒造様之事」について二――くわすり、牛蒡餅、玉子素麺、博多練酒――」（『香蘭女子短期大学研究紀要』四七、二〇〇五年、一三～一六頁）。橋爪伸子「名菓成立の要因と背景」（『日本食生活文化調査研究報告集二四、平成一八年度助成対象』二〇〇七年、二～一一頁）。

（64）廣瀬誠校訂解題『越中遊覧志』（言叢社、一九八三年）一一、六〇頁。

（65）清水隆久『百万石と一百姓　学農村松標左衛門の生涯』（農山漁村文化協会、二〇〇九年）三三六、三六〇頁。

（66）「尚志軒新話」石川県立図書館蔵。

（67）川崎源太郎『中越商工便覧』（川崎源太郎、一八八八年）一二三頁。

（68）小矢部市史編集委員会編『小矢部市史』上（小矢部市、一九七一年）五〇三～五〇四頁。

（69）聴取調査：株式会社五郎丸屋（富山県小矢部市中央町）、渡邉克明氏、二〇一七年四月二〇日。

（70）佐藤光恵「不昧公の茶会を通して」（不昧公生誕二百五十周年記念出版実行委員会編『松平不昧と茶の湯』二〇〇二年）二五七～二六五頁。

（71）前掲岡崎寛徳「大名と菓子」五～一三頁。

（72）聴取調査：有限会社いと重菓舗（滋賀県彦根市本町）、七代当主藤田武史氏、二〇一七年四月一四日。
（73）鈴木晋一・松本仲子編訳注『近世菓子製法書集成』二（平凡社、二〇〇三年）九九頁。
（74）なお現在同名の菓子は、いと重菓舗の他に京都の複数の菓子屋でも作られている。例えば百万遍かぎや政秋「益寿糖」、井筒八ッ橋本舗「仙菓益壽糖」。
（75）宇佐美英機校訂『近世風俗志（守貞謾稿）』一（岩波書店、一九九六年）一八六頁。

表3　明和２年『明和武鑑』にみる九州諸藩の時献上

国	藩	石高	里数	藩主	月	時献上
薩摩	鹿児島	770,800	411	松平薩摩守重豪	正月元日 正月三日 正月七日 二月 帰国御礼 四月 暑中 七夕 七月十五日 八月 九月 十月 寒中 十二月	御鏡菱餅 御盃台 生鯛 鰑昆布、御樽 琉球芭蕉布細布三種二荷 丸熨斗、香餅寿帯香龍涎 香長寿大官香 琉球布、砂糖漬天門冬 赤貝塩辛、泡盛 御鯖代黄金 蓮御飯刺鯖 国許干肴 干鱠残魚 琉球煎海鼠 琉球紬七島、鰹節 桜島蜜柑、焼鮎
日向	佐土原	27,070	393	島津淡路守久柄	在着御礼 寒中	鰹節御樽 塩鮎
肥後	熊本	540,000	280	細川越中守重賢	年頭 正月三日 端午 八朔 重陽 歳暮 正月 二月 三月 四月 五月 六月 七月 八月 九月 十月 十一月 十一月 十二月	御太刀、御馬代 御盃代 御帷子、御単物 御太刀、御馬代 御小袖 同断 桑酒、浜漬鯛 砂糖漬梅、銀杏 麻地生酒、塩鴨 かせ板、干鯛 砂糖漬天門冬、粕漬鮒 朝鮮飴、佐賀関鰑 八代染革、丸熬海鼠 索麪、清水苔 御しなひ、丸熨斗蚫 蜜漬、塩蕨 菊池海苔、粕漬鮎 八代蜜柑、唐海月 白芋茎、塩煮蚫
肥後	新田	35,000	280	細川若狭守利寛	（なし）	三節之外献上物無之
肥後	宇土	30,000	292	細川中務少輔興文	正月三日 暑中 寒中	御盃台 葛粉 串海鼠
筑前	福岡	520,000	298	松平筑前守継高	正月三日	御盃台

					三月 五月 六月 八月 十月 十一月 帰国御礼 十二月 長崎当番之年、帰城之上四月 長崎当番之年、帰城之上七月 長崎当番之年、帰城之上九月	博多織御帯 氷砂糖 博多索麪 切熨斗蚫 博多織嶋 博多煉酒 巻物・二種一荷 牛蒡、老海鼠 干鯛 干鯛 干鯛、丁香龍脳
筑前	秋月	50,000	288	黒田豊松長恵	三月 在着御礼 暑中 八月 十一月	干鱈 二種一荷 葛粉 鰑 清狗脊
豊後	佐伯	20,000	266	毛利彦三郎高代	正月在邑 三月在府 在着御礼 土用 寒中	干鯛 塩鴨 干鯛 串海鼠 鰹節
肥前	佐賀	357,000	290	松平信濃守重茂	正月三日 正月 二月 三月 四月 暑中 七月 十月 十一月 帰国御礼 寒中	御盃台 花毛氈 白蜜 薏苡仁 塩海茸、氷砂糖 梅干 水母 串蚫 鉢大皿小皿中皿猪口 巻物五・二種一荷 御土器
肥前	小城	73,250	313	鍋島伊三郎直喬	在着御礼 十一月	鰑、煎海鼠、御樽 氷砂糖、串蚫
肥前	蓮池	52,600	313	鍋島摂津守直寛	在着御礼 十月 十一月	二種一荷 氷砂糖 海月
肥前	鹿島	20,000	347	鍋島和泉守直煕	在着御礼 十一月	一種一荷 串海鼠、栗
筑後	久留米	210,000	292	有馬中務大輔頼僮	正月三日 二月	御盃台 塩鴨

					四月 在着御礼 暑中 九月 十月 十一月 十一月 端午 重陽 歳暮	風呂前土器 晒布二種一荷 塩海茸 半田土鍋 御茶鯛 筑後九年母 蜜柑 御単物御帷子 御熨斗目御小袖 御熨斗目御小袖
豊前	中津	100,000	268	奥平大膳大夫昌邦	正月三日 正月在邑之節 六月隔年 在着御礼 十月隔年 寒中在邑之年斗	御盃台 塩雁 絹縮 二種一荷 干鱧 塩鰡
豊前	小倉	150,000	266	小笠原左京大夫忠総	正月三日 年頭 二月 四月 暑中 六月 在着御礼 九月 寒中	御盃台 二種一荷 干小鯛 塩雁 干鱧 絹紬 二種一荷 鱲子 塩鮑
豊前	小倉新田	10,000	266	小笠原弾正少弼貞顕	（なし）	年始八朔三節之外献上物無之
豊後	臼杵	50,000	378	稲葉能登守恭通	在着御礼 暑中 十月 寒中	二種一荷 海雲 白干鮎 蜜柑
筑後	柳河	119,600	290	立花左近将監鑑通	正月三日 正月三日 三月 在着御礼 五月 暑中 九月 十月在府之節斗 寒中	御盃台 干鯛 御風呂前土器、塩鴨 晒布一種一荷 塩海茸 和紙 底取灰土鍋、海月 鯛御茶、海茸 干白芋茎、鮮塩辛
筑後	三池	10,000	299	立花出雲守種周	年頭八朔 三節 在着御礼	御太刀御目録 御時服 海月
肥前	島原	77,850	301.5	戸田因幡守忠寛	正月	干鯛

					正月三日 三月 三月 暑中隔年 七月 九月 十一月 寒中 在邑之節長崎見廻相済候上	御盃台 海蘊 若和布 白砂糖 粕漬梅 鹿尾藻 白蜜 蜜柑 砂糖漬
対馬	府中	100,000	331.5	宗対馬守義暢	二月 三月 帰国御礼 暑中 寒中	朝鮮塩鶴、昆布、御樽 寒塩鰤 豹皮二種一荷 長鹿尾藻、朝鮮寒塩鴨 鯛
豊後	岡	70,440	271	中川修理大夫久植	正月三日 在着御礼 土用中 寒中	御盃台 二種一荷 葛 鯛
豊後	府内	21,200	262.5	松平主膳正近形	正月 六七月之内 在着御礼 十月 十一月 十二月	寒干鯛 粕漬梅 二種一荷 粉糠漬鮎 蜜柑 蜜柑
豊後	杵築	32,000	263	松平対馬守親盈	年始 正月三日 正月 五月 在着御礼 土用中 十月 寒中	御太刀銀馬代 御盃台 生肴干鯛 生肴 二種一荷 干鱈 砂糖漬梅 漬わらび
肥前	唐津	60,000	311	水野和泉守忠任	正月三日 正月 三月 在着御礼 土用中 十月 十月 十一月 寒中	御盃台 二種一荷 串海鼠 二種一荷 葛干鯛 唐津焼御茶碗 鰑 串蚫 鯛
日向	延岡	70,000	295	内藤能登守政陽	正月三日御在府之時斗 二月中	御盃台 干小鯛一籠

					土用中 寒中	塩狗脊一桶 塩鮎一箱
肥前	平戸	61, 700	319	松浦肥前守誠信	年始 在府年斗 御暇年旅中ヨリ 在着御礼 暑中 十月 寒中	干鯛 在所焼物 長鹿尾藻 二種一荷 串海鼠 白干鰑 串蚫
肥前	平戸新田	10, 000	319	松浦大和守致	（なし）	在着御礼之外時献上無之
日向	飫肥	51, 000	342	伊東豊後守祐福	在着御礼 暑中 十一月	二種一荷 寒晒餅、栗 丸熨斗串蚫
日向	高鍋	30, 000	382. 5	秋月山城守種茂	正月 在着御礼 暑中 寒中 八朔 端午 重陽 歳暮	御太刀馬代 串海鼠 串海鼠 串海鼠 御太刀馬代 御帷子一、御単物一 御小袖一重 御熨斗目一、御小袖一
肥前	大村	27, 970	350	大村新八郎純鎮	暑中 在着御礼 寒中	雲丹 二種一荷 切熨斗鮑
豊後	日出	25, 000	262	木下大和守俊泰	正月在邑之年斗 在着御礼 暑中 暑中 在邑十月＊ 寒中	干鯛 干鯛 鰹節 串蚫 麻地酒 串海鼠
肥後	人吉	22, 100	351	相良長次郎頼完	在着御礼 寒中	二種一荷 塩鮎粕漬一桶、同子籠粕漬一桶、同渋腸一壺
豊後	森	12, 500	223	久留島信濃守通祐	在府年 在着 暑中 寒中	鮮鯛 煎海鼠 漬狗脊 銀杏
肥前	五島	12, 600	395	五島淡路守盛道	年始御礼 十一月中 在着御礼	干鯛 鰑 鰹節

出典：深井雅海・藤實久美子編『江戸幕府大名武鑑編年集成』11、東洋書林、2000年。
註：藩の記載は同史料の掲載順である。＊は印刷不鮮明のため、他の武鑑を参考にした。

表4　嘉永3年『大成武鑑』の諸藩時献上にみる菓子、餅、砂糖、蜜、果実類

国	藩	石高	里数	藩主	月	時献上
尾張	名古屋	619,500	86	尾張宰相慶恕卿	六月 六七月 九十月三度 十月在府御時斗 十二月	氷餅 上條瓜 甘干柹、美濃柹 御水菓子 枝柹
紀伊	和歌山	555,000	146	紀伊菊千代	六月 十月 十月在府御時斗 十月	氷餅 大和柹 御水菓子 蜜柑
常陸	水戸	350,000	30	水戸宰相慶篤卿	十月	御水菓子
美作	津山	100,000	171	松平越前守齋民	十月	銀杏
越前	福井	320,000	137	松平越前守慶永	年頭	御鏡餅
出雲	松江	186,000	223	松平出羽守齋貴	八月	真梨子、大庭梨子
武蔵	川越	170,000	12	松平誠丸	七月 八月 九月 十二月	熟瓜 梨子 栗 枝柹
陸奥	会津	230,000	65	松平肥後守容敬	三月 五月 七八月之内 九十月内 十月	榧子 氷餅 榲桲 松尾梨子 胡桃
上野	七日市	10,000	29	前田丹後守利豁	寒中	胡桃
薩摩	薩摩	770,800	411	薩摩宰相齋興卿	正月元日 暑中 十二月	御鏡菱餅 砂糖漬天門冬 桜島蜜柑
肥後	熊本	540,000	288	細川越中守齋護	二月 四月 五月 六月 十月 十一月	砂糖漬梅、銀杏 加世板 砂糖漬天門冬 朝鮮飴 蜜漬 八代蜜柑
筑前	福岡	520,000	298	松平美濃守齋博	五月	氷砂糖
安芸	広島	426,000	231	松平安芸守齋粛	二月在国之時斗 十二月	西條枝柹 西條枝柹同串柹
肥前	佐賀	357,000	290	松平肥前守齋正	二月 三月 四月	白蜜 薏苡仁 塩海月、氷砂糖

肥前	小城	73,250	313	鍋島紀伊守直尭	十一月	氷砂糖、串蚫
肥前	蓮池	52,600	313	鍋島甲斐守直統	十月	氷砂糖
肥前	鹿島	20,000	347	鍋島熊次郎直彬	十二月	串海鼠、栗
近江	彦根	350,000	119	井伊掃部頭直亮	寒中	醒井餅
伊勢	津	323,950	103	藤堂和泉守高猷	九月	大和柿
筑後	久留米	210,000	292	有馬中務大輔慶頼	寒中	筑後蜜柑・九年母
出羽	米沢	150,000	75	上杉弾正大弼齋憲	十月在府	松尾梨子
伊予	今治	35,000	207	松平駿河守定保	十一月	蜜柑
大和	郡山	151,288	116	松平時之助保徳	四月 九月	吉野榧 大和柹
越後	高田	150,000	72	榊原式部大輔政恒	六月	龍眼肉
三河	田中	40,000	48	本田豊前守正寛	八九月之内	三度栗
上野	伊勢崎	20,000	24	酒井志摩守忠恒	三月	榧子
相模	小田原	112,129	20	大久保加賀守忠穀	寒中	蜜柑
相模	荻野山	13,000	20	大久保長門守教義	十一十二月	蜜柑
豊後	臼杵	50,060	378	稲葉富太郎観通	寒中	蜜柑
陸奥	二本松	100,700	66	丹羽左京大夫長富	四月 五月	氷餅 氷餅
信濃	松代	100,000	53	真田信濃守幸貫	九十月之内	小布施栗
陸奥	白川	100,000	48	阿部播磨守正耆	五月中	氷餅
美濃	大垣	100,000	99	戸田采女正氏正	九十月之内	柿
常陸	土浦	95,000	18	土屋采女正寅直	九月 十月	栗 銀杏
下総	古河	80,000	16	土井大炊頭利則	十月	胡桃
信濃	小諸	15,000	41	牧野遠江守康哉	五月	氷餅
常陸	笠間	80,000	28.5	牧野越中守貞久	寒中	枝柹
美濃	高富	10,000	97	本庄安芸守道貫	暑中	氷餅
信濃	松本	60,000	61.5	松平丹波守光則	九月	栗
豊後	府内	21,200	263	松平左衛門尉近説	十一月十二月之内	銀杏
信濃	上田	53,000	46.5	松平伊賀守忠優	九十月	大和柹
丹波	亀山	50,000	128	松平紀伊守信篤	十一月	栗
豊後	杵築	32,000	263	松平市正親良	十月	砂糖漬梅

肥前	島原	70,000	302	松平主殿頭忠精	暑中隔年 十月 寒中 在邑之節長崎見廻相済候上	白砂糖 白蜜 蜜柑 砂糖漬
出羽	新庄	68,200	110	戸沢上総介正実	寒中	胡桃
伊勢	亀山	60,000	104	石川日向守総和	九月	奈良柹
遠江	浜松	60,000	65	井上英之助正直	二月	枝柹
播磨	龍野	51,819	160	脇坂淡路守安宅	寒中在国之年斗	栗
日向	飫肥	51,080	343	伊藤修理大夫祐相	暑中	寒晒餅、栗
丹波	笹山	60,000	127	青山下野守忠良	暑中 寒中	熟瓜 丹波栗
美濃	八幡	48,000	96	青山大膳亮幸哉	十一月	金柑一箱
備中	松山	50,000	186	板倉周防守勝静	二月	銀杏
陸奥	福島	30,000	71	板倉内膳正勝顕	寒中	東金蜜柑柑子
美濃	加納	32,000	104	永井肥前守尚典	十二月	枝柹
摂津	三田	36,000	137	九鬼長門守隆徳	九月 十月	柹 栗
丹波	綾部	19,500	141	九鬼式部少輔隆都	十月	丹波栗
遠江	横須賀	35,000	58	西尾隠岐守忠受	正月七日 十一月	白輪柑子 白輪柑子
信濃	高島	30,000	54	諏訪因幡守忠誠	五月	氷餅
信濃	須坂	10,053	50	堀長門守直武	十月	杏仁
信濃	飯田	17,000	75	堀石見守親義	五月 九月 寒中	氷餅 外山柹 搗栗
丹波	園部	26,711	131	小出信濃守英教	四月 十月	茅栗 栗
大和	高取	25,000	134	植村駿河守家貴	正月 九月	芳野榧 大和柹
丹波	柏原	20,000	136	織田出雲守信敬	十月	丹波栗
豊後	森	12,500	223	久留島安房守通容	寒中	銀杏
三河	田原	12,000	71	三宅土佐守康直	暑中	熟瓜
美濃	苗木	10,021	84	遠山美濃守友詳	三月 五月 九月	榧 氷餅 大和柹

					十一月	栗
上総	一宮	13,000	15	加納備中守久微	暑中	熟瓜
河内	狭山	10,000	135	北条相模守氏久	暑中	瓜
美濃	今尾	30,000	95	竹腰兵部少輔正富	暑中 寒中	氷砂糖 銀杏

出典：深井雅海・藤實久美子編『江戸幕府大名武鑑編年集成』16、東洋書林、2000年。
註：藩の記載は同史料の掲載順である。

第二章　近代における地域名菓誕生の画期——内国勧業博覧会を中心に

はじめに

本章では、近世の菓子が近代における政治社会的変動の影響を受け、変容し展開していく全体像を、内国博の記録を通して概観し、全国的な傾向を地域性に注目して分析する。

明治維新を経て近代を迎えると、菓子をとりまく状況は大きく変化する。さまざまな直接的・間接的要因による影響が考えられるが、直接的な影響が想定される動向としては、廃藩置県に伴う上菓子の需要層崩壊、砂糖の輸入自由化による供給量増大、西洋文化の流入による新たな異文化接触、鉄道を始めとする交通網の発達によるひと・ものの移動拡大と情報交流の活発化等をあげることができる。

なかでも安政六年（一八五九）の開港以降輸入された機械精白砂糖（以下、洋糖）の供給量の増大は、菓子の需給者拡大に極めて大きな影響を与えた。特に明治前期、香港に英国商社が設立した中華火車糖局（ジャーディン・マジソン商会）、太古糖房（バターフィールド・スワイア商会）は、近代的な機械製糖による精製度の高い良質な精白糖を、国産糖より廉価で販売し、洋糖の消費の拡大を導いた(1)。開港後の砂糖の輸入額は日清戦争以前までは総輸入額の約一割に達し、貿易収支の赤字は明治政府の主要な問題であったとされる(2)。

こうした砂糖を多用する菓子は課税の対象となり、明治一八年（一八八四）七月一日、陸海軍備拡充財源として菓子税が国税として課せられる。五月八日太政官布告第一一号によって、全二二条からなる菓子税則とともに布告された。納税者は菓子営業者で、菓子製造人、菓子卸売人、菓子小売人とされ、雇人の数に応じて一定の年税が営業税として賦課された。さらに菓子製造人にはこれとは別に製造税として売上金高百分の五の比例税が、その他営業者には鑑札料が課された。[3] 同二一年の一部改正を経て、同二九年いずれも廃止された。菓子営業税は国税として同年採用された営業税と重複し、菓子製造税は税収が少額であるのに対し、課税上の手続きが繁雑で国税に不適当であるためとされている。[4]

近代の菓子の転換期に関する論考は多くはないが、西洋文化の接触の影響を中心に概略的な記述がみられる。主なものをあげると、青木直己は、明治以降もたらされた欧米の菓子は、それまでの「日本の菓子の体系」のなかに「吸収」されず「〝洋菓子〟という一ジャンルを確立」させ、結果としてそれと既存の菓子を区別する「和菓子」の語が発生したと指摘した。[5] 虎屋文庫がまとめた「和菓子の歴史」によれば、幕末から明治維新洋風の食文化が広まり「和の菓子」に西洋の素材や製法を部分的にとり入れた和洋折衷菓子が考案され、大正期にかけて洋菓子が浸透していった。また、「和菓子」の語については明治中頃から「和洋菓子」の表記が製法書名等にみえ、大正期の和製菓子、日本菓子、邦菓を経て、昭和以降菓子業界で和菓子の用語が使われ、国語辞典採録の初見は昭和三〇年（一九五五）刊『広辞苑』初版の「和菓子：わが国固有の菓子の通称」、「菓子：和菓子と洋菓子に大別される」とされる。[6] これらの指摘は菓子の近代の通説として定着しているが、それぞれの実態、特に「和菓子」の「和洋折衷」以外の展開については具体的な検証は充分になされているとはいえない。

一方、菓子屋の動向に焦点をあてた研究では、岡村龍男が幕府直轄地の城下町である駿府の「非御用菓子商」の近世の主要な商品と、明治維新によるその変化を分析した。[7] また、青木直己は朝廷及び幕府の御用菓子屋の近世から明治期における動向を分析し、京都で朝廷の御用を務めた菓子屋が東京奠都による変動を経て現在まで存続しているのに対し、幕府の御用菓子屋は廃業したことを指摘している[8]。

菓子税に関しては、宮川泰夫が愛知名古屋の和菓子産業の存続機構を分析し、菓子税撤廃運動を産業構造の変動に影響を与えた一因と指摘している[9]。黒崎千晴は、菓子税負担率を最終需要の指標としてその地域的な特性を分析した[10]。また池田文痴菴（信二）編著『日本洋菓子史』には、大阪、東京の同業者組合を中心とする一連の動向が詳述されている[11]。しかしこれらの研究では、菓子税及びそれをめぐる同業者の動向が、菓子の展開に及ぼした影響については言及されていない。

そこで本章では次のように論考を進めてみたい。第一節では内国博全五回の菓子の出品受賞状況を通し、近世から近代への変化の全体像を、特に地域性に注目して分析する。これをふまえ、第二節ではその直接的・間接的な要因と背景を、菓子税をめぐる同業者の動向に注目して考察する。

第一節　内国勧業博覧会記録にみる明治期の菓子の変容

（1）　菓子の出品受賞の概況

まず、内国博の概要を國雄行の研究に依拠しながら確認しておきたい。内国博は、明治政府内務省が明治一〇から三六年（一八七七〜一九〇三）にかけて計五回にわたって開催した日本初の全国規模の博覧会である。第一回内国博を開催した内務卿大久保利通は、殖産興業政策として海外で開催されていた万国博覧会事業に着目し、国内版にアレンジして実現させた。全国から出品された物産を種類別・府県別に陳列し、調査・審査を経て優良な出品物に褒賞を与えることで、物産調査と産業奨励を同時に行う目的をもっていた。主催者は出品・入場者ともに産業発展の担い手となることを期待し、出品者には将来的な需要がみこめるものの出品を促し、入場者には出品物の観察・評価方法を示すことによって観察力の向上を図った。その効果としては、出品物の実見・比較及び褒賞による等級化が出品者の知識増進、情報交流を活発化させ、競争心誘発が出品物の改良を促し、褒賞による信用度の向上が商品の需要を高めた。また会場には天皇が行幸し、賞牌には菊の紋章が刻まれる等、内国博は天皇に密接に関わる「国家的行事」として「国民統合の一手段」としても利用された(12)。

全五回の概況について、開催期、開催地、出品区分、出品・受賞数、菓子の出品数・出品者数・受賞数を表1、府県別の出品者数・出品数を表2に示す。出品数については菓子と、第五章で後述する餡の内訳を示す。

明治一〇年八月二一日〜一一月三〇日、東京上野公園で開催された第一回では、同年二月に西南戦争が勃発し、また開会後のコレラ流行や、内国博の存在がまだ一般に周知されていなかったことから、出品物の収集が進まず、出品しない県も多かった(13)。菓子は出品数六四〇点、褒賞数六五点で、出品数の約七割、四三三点は東京からで、次いで大阪が二二点、以下一三〜二一点が七県、一〜八点が二一県であった。全府県の三割からは出品がなかった。

同一四年同じく東京で開催された第二回にも自発的な出品者は少なく、博覧会への出品が有益であるという認識は浸透していなかったとされる(14)。菓子の出品数は六六四点、褒賞数は一六点で、出品は東京からが三〇二点で出品総数の約五割を占め、次いで愛媛が六四、大阪二八、新潟二三点であった。

第三回は同二三年東京で開催され、菓子の出品数は一〇八〇点、褒賞数は一一一であった。府県別では依然として東京が最も多く二一二点で、以下大阪八七、新潟八三点、京都五九と続くが、出品しない県は一県に減り、他府県からの出品も増えている。

第四回は明治二八年初めて東京以外の地、京都で開催され、菓子の出品数は二〇五五点、褒賞数は二三三点であった。府県別で出品点数が最も多いのは京都で四二五、次いで大阪三三〇、愛媛一三六、東京八七、岡山六六、新潟六四点と続くが、開催地周辺の兵庫、岐阜、愛知、山口からも各五〇〜七〇点が出品され、東京からの出品

表1　内国勧業博覧会における菓子出品受賞の概要

回	第1回	第2回	第3回	第4回	第5回
開催年	明治10年（1877）	明治14年（1881）	明治23年（1890）	明治28年（1895）	明治36年（1903）
開催日	8.21～11.30	3.1～6.30	4.1～7.31	4.1～7.31	3.1～7.31
開催地	東京	東京	東京	京都	大阪
出品区分	1鉱業・冶金術、2製造物、3美術、4機械、5農業、6園芸	1鉱業・冶金術、2製造品、3美術、4機械、5農業、6園芸	1工業、2美術、3農業・山林・園芸、4水産、5教育・学芸、6鉱業・冶金術、7機械	1工業、2美術・美術工芸、3農業・森林・園芸、4水産、5教育・学術、6鉱業・冶金術、7機械	1農業・園芸、2林業、3水産、4採鉱・冶金、5化学工業、6染織工業、7製作工業、8機械、9教育・技術・衛生・経済、10美術・美術工芸
農業区分における食品の分類	第五区／六類動植物製品	第五区／第五類貯蔵食品	三部／三類製造及貯蔵ノ飲食品	三部／二五類製造飲食品	一部／三類製造飲食品
細目分類における菓子			其六砂糖、蜜、飴及檸檬水、蜜柑水類其七菓子、砂糖漬、麵包類	其六砂糖、菓子、飴、砂糖漬、菓膏、麵包其他食料及飲料	其五蔬菜果実等ノ貯蔵品其六菓子飴
出品数＊	14,455	85,366	167,066	169,098	276,719
褒賞数＊	4,321	4,031	16,119	17,729	36,487
菓子出品数	640	664	1,080	2,055	4,436
菓子出品者数	355	202	380	619	1,703
菓子褒賞数	65	16	111	233	560

出典：＊は國雄行『博覧会の時代――明治政府の博覧会政策――』（岩田書院、2006年、275頁）による。菓子出品数・出品者数・褒賞数は第1～5回出品受賞目録（凡例参照）、他は『明治十年内国勧業博覧会出品解説』（『発達史』第7集1）、『第二回内国勧業博覧会場案内』（内国勧業博覧会事務局、1881年）、農商務省『第二回内国勧業博覧会報告書　第五区』（農商務省博覧会掛、1883年）、『第三回内国勧業博覧会事務報告』（第三回内国勧業博覧会事務局、1891年）、『第四回内国勧業博覧会事務報告』（第四回内国勧業博覧会事務局、1896年）、『第五回内国勧業博覧会要覧』上巻、（第五回内国勧業博覧会要覧編纂所、1903年）により作成。
註：第5回の菓子飴出品数は台湾分を除去している。

表2　内国勧業博覧会における菓子の府県別出品者数・出品数

No.	回	第1回				第2回				第3回				第4回				第5回			
	県名	出品者数	出品総数	菓子	飴	出品者数	出品総数	菓子	飴	出品者数	出品総数	菓子	飴	出品者数	出品総数	菓子	飴	出品者数	出品総数	菓子	飴
1	北海道	2	6	6	0	1	2	2	0	2	11	11	0	3	10	10	0	10	37	33	4
2	青森県	0	0	0	0	0	0	0	0	6	13	8	5	17	38	19	19	23	53	43	10
3	岩手県	1	4	4	0	7	15	15	0	19	43	38	5	13	35	30	5	64	218	180	38
4	宮城県	5	11	11	0	1	2	2	0	1	5	4	1	2	7	5	2	17	51	38	13
5	秋田県	6	7	4	3	8	9	5	4	12	32	29	3	31	64	57	7	32	111	98	13
6	山形県	3	5	5	0	3	5	4	1	3	7	7	0	8	39	34	5	24	76	66	10
7	福島県	1	1	0	1	0	0	0	0	5	13	9	4	2	2	1	1	27	83	73	10
8	茨城県	0	0	0	0	1	1	1	0	2	3	3	0	0	0	0	0	2	8	7	1
9	栃木県	2	2	2	0	4	8	8	0	3	7	7	0	4	12	12	0	15	42	40	2
10	群馬県	0	0	0	0	0	0	0	0	3	4	4	0	4	14	12	2	13	25	23	2
11	埼玉県	0	0	0	0	4	8	7	1	2	11	11	0	0	0	0	0	1	3	3	0
12	千葉県	0	0	0	0	2	2	0	2	3	11	11	0	0	0	0	0	7	9	7	2
13	東京都	238	433	417	16	48	302	293	9	32	212	193	19	9	87	85	2	24	212	210	2
14	神奈川県	6	14	13	1	4	20	15	5	8	21	19	2	7	38	30	8	14	65	58	7
15	新潟県	15	19	10	9	11	23	20	3	28	83	53	30	24	64	32	32	71	232	192	40
16	富山県	1	2	2	0	2	2	2	0	3	7	7	0	5	11	5	6	30	86	85	1
17	石川県	2	4	4	0	3	9	9	0	11	23	19	4	6	18	17	1	63	69	67	2
18	福井県	0	0	0	0	0	0	0	0	0	0	0	0	9	17	17	0	64	221	215	6
19	山梨県	5	18	18	0	4	16	16	0	9	28	27	1	6	32	31	1	12	43	37	6
20	長野県	8	18	18	0	10	19	19	0	9	26	25	1	2	2	2	0	5	8	7	1
21	岐阜県	1	14	14	0	1	1	1	0	7	17	17	0	18	56	56	0	57	196	188	8
22	静岡県	1	1	1	0	8	13	9	4	3	4	2	2	6	23	20	3	28	53	47	6

23	愛知県	8	16	16	0	5	12	12	0	11	29	29	0	26	60	56	4	100	165	147	18
24	三重県	1	2	2	0	4	4	4	0	4	11	11	0	17	33	29	4	80	183	172	11
25	滋賀県	0	0	0	0	2	2	0	2	7	14	9	5	24	41	25	16	41	74	64	10
26	京都府	1	1	1	0	4	18	18	0	21	59	55	4	97	425	420	5	87	340	333	7
27	大阪府	20	22	21	1	12	28	27	1	16	87	81	6	50	330	316	14	184	373	358	15
28	兵庫県	2	4	3	1	4	6	4	2	11	21	14	7	29	64	52	12	70	134	116	18
29	奈良県	1	1	1	0	1	1	1	0	3	12	12	0	11	39	38	1	21	36	35	1
30	和歌山県	3	5	5	0	2	9	9	0	3	6	6	0	7	19	18	1	18	31	29	2
31	鳥取県	0	0	0	0	0	0	0	0	6	7	3	4	3	5	1	4	0	0	0	0
32	島根県	0	0	0	0	5	8	8	0	8	8	5	3	2	3	1	2	29	43	39	4
33	岡山県	2	2	2	0	5	12	12	0	16	37	34	3	29	66	64	2	51	89	82	7
34	広島県	5	7	5	2	6	8	8	0	5	12	12	0	12	24	18	6	36	149	140	9
35	山口県	3	3	2	1	10	18	12	6	13	18	11	7	31	63	47	16	96	200	173	27
36	徳島県	2	2	2	0	1	1	1	0	3	4	4	0	19	28	19	9	22	50	44	6
37	香川県	1	1	1	0	2	3	3	0	11	32	28	4	14	36	34	2	40	94	85	9
38	愛媛県	3	3	3	0	8	64	64	0	12	23	21	2	13	136	136	0	42	111	104	7
39	高知県	0	0	0	0	0	0	0	0	10	17	9	8	9	13	9	4	18	65	55	10
40	福岡県	0	0	0	0	5	9	5	4	4	5	4	1	7	13	11	2	30	55	48	7
41	佐賀県	0	0	0	0	0	0	0	0	1	1	1	0	5	5	3	2	9	19	19	0
42	長崎県	2	7	7	0	1	1	1	0	1	7	7	0	9	34	29	5	24	58	54	4
43	熊本県	3	3	3	0	2	2	2	0	13	21	19	2	16	33	29	4	38	73	70	3
44	大分県	1	2	2	0	1	1	1	0	7	13	10	3	10	10	6	4	51	118	95	23
45	宮崎県	0	0	0	0	0	0	0	0	3	3	3	0	2	4	3	1	9	62	61	1
46	鹿児島県	0	0	0	0	0	0	0	0	13	43	39	4	1	2	1	1	2	9	9	0
47	沖縄県	0	0	0	0	0	0	0	0	7	9	9	0	0	0	0	0	2	4	4	0
計		355	640	605	35	202	664	620	44	380	1,080	940	140	619	2,055	1,840	215	1,703	4,436	4,053	383

出典：第１～５回出品目録（凡例参照）により作成。
註：県については現在の名称、県域で示す。単位は出品者数は人、それ以外は点。

が中心だった前回までの状況と一変している。また秋田、山形、青森、岩手等東北からの出品が増えている。

第五回は同三六年に大阪で開催された。菓子の出品数は四四三六点、褒賞数五六〇点で、出品数は前回から倍増している。府県別では出品・受賞数とも最多は開催地の大阪で、以下京都、新潟、福井、岩手、東京等であった。

全五回を通し菓子の出品者数、出品・受賞数は増加している。出品府県別では第一・二回は東京が中心であり偏りがあったが、次第に他府県からの出品も増え、特に第四回以降は、開催地となった京都、大阪の周辺や東北からの出品が増加した。なお、第四～五回における出品数の増加の一因は、同二八年日清戦争で領有した台湾総督府保護下での製糖業による砂糖供給の影響と考えられる。(15)

(2)　出品区分と分類の変遷にみる菓子の多様化

◈動植物製品→貯蔵食品→製造飲食品

出品物の増加に伴い、展示・審査のための分類の必要性が強くなっていった。ここでは全五回の出品区分と審査報告にみる分類の変遷から、出品される菓子の種類を概観し、合わせて菓子の分類に対する主催者の認識を探ってみたい。

出品区分については、表1に示した通り、第一・二回は六区分、第三・四回は七区分、第五回は一〇区分と、回を重ねるごとに細分化が進んでいる。(16)菓子及び飴を含む食品が属する農業の区分は、第一・二回が五区、第三・四回が三部、第五回が一部と前方に移行し、重視度の高まりが窺える。

そのなかで菓子は、第一回は六類「動植物製品」に属する。そこでは食品と非食品は区分されておらず、菓子類を含む農水産物の加工食品と、動物の骨・皮・角・爪、亀甲の加工品、例えば牛角板、牛爪板、牛馬皮、三味線皮、動物黒焼類等が同類である。第二回は五類「貯蔵食品」として食品が独立するが、菓子類はそのなかで第一回と同じく農水産物の加工食品として扱われている。第三回では第三類「製造及ヒ貯蔵ノ飲食品」、第四回は第二五類「製造飲食品」、第五回は第三類「製造飲食品」で、農水産物の加工食品という位置づけは変わらないが、第三回以降、下位の細目分類に菓子、飴、砂糖漬の記載が現れる。また第五回には初めて農産物だけで独立した一館の展示会場となった(17)。

◈「菓子ノ品類名目ハ頗ル煩雑」

審査報告では、第一・二回は菓子が立項されず、記載も少ない。第一回は「飲食物之雑」として飲食物全体に関する報告が府県別に記されているが、そのなかで菓子に関する記載は「大阪府ノ砂糖漬物ハ外観美ナリ」、「長崎県ニハ菓物ノ漬ケタルモノ多シ」、「埼玉県葡萄ノ砂糖漬ハ美ナリ」、「栃木県柚ノ砂糖漬ハ美ナリ」、山梨県の「菓物ノ漬物類ハ先ツ可ナリ」、「山形県松茸ノ砂糖漬」の六件のみで(18)、対象はいずれも砂糖漬である。主催者による分類は明記されていないが、主要な出品物の出品解説を編集した解説書でまとめ方をみると（表記・ルビとも原典ママ）、乾糕《ヒクワシ》、嵌製糕《ウチモノ》、糖纏《アルヘイトウ》、糖衣糕《カケモノ》、毬糖《コンペイトウ》、金花糖、鬆糕《センベイ》、油餅《カリントウ》、落雁、カステーラ、粔《オコシ》、羊羹、饅頭、糖蔵《サトウヅケ》、麵包《パン》、兵糧麵包《ヒスクイ》、飴等の名称で、おおよそ同類ごとに列挙されている(19)。主催者はこれらの分類を認識していたが、そのなかから審査報告でとりあげたのは砂糖漬のみであったことから、重視する菓子は第一章でみた近世の名産と大きな違いはないことがわかる。第二回の立項品目は、海産物、鑵蔵《クワンヅメ》製造、茶、酒類、砂糖、蜂蜜である(20)。菓子に関する記載はみられず、主要な品目と認識されていなかったと考えられる。第一・二回には出品される菓子の種類が少なく、分類も必須ではなかったことが窺える。

第三回以降は菓子が立項される。細目分類では飴、砂糖漬が菓子とは別記されているが、ともに菓子類と認識されていたことが読みとれる。そこで第三～五回の細目分類の項目と審査報告から、種類や区分についての主催者の認識を追ってみたい（以下、細目分類の項目中菓子類に傍線を付す）。第三回の分類では「其六砂糖、蜜、飴及檸檬水等」、「其七菓子、砂糖漬、麵包」とある。審査報告では飴、砂糖漬の記載はないが、菓子については「本会出品ノ菓子ハ凡ソ三種ニ之ヲ大別スルコトヲ得ヘシ　第一本邦固有ノモノ、第二西洋風ノモノ、第三装飾用ノモノ」とある。第一は「種々ノ図形ヲ打出シタルモノ」で打物、第二は「ビスケット、ボンボン、ガトー」等の洋菓子、第三は「飾菓子」に関する報告であり、[21]これらが重視された種類と考えられるがその記載は少ない。

第四回の分類では「其六砂糖、菓子、飴、砂糖漬、菓膏、麵包其他食料及飲料」と一括されている。審査報告では、砂糖、菓子、飴が立項され、菓子では「我国菓子ノ分類法ハ未タ精確ノモノアラスト雖モ、普通当業者間ニ行ハル、モノハ、乾菓子、中乾、蒸菓子、棹物、焼物、掛物、細工菓子及ヒ飾菓子、西洋菓子ノ八種トス」とある。これに続き実際の審査報告では「今重ナル出品ニ就キテ之ヲ評論スルコト左ノ如シ」として、二三の項目（御所落雁、塩釜、蚕・蛹・繭類ニ模シタル菓子、蒸菓子、煉羊羹、柿製菓子、梅肉君子糖、薯蕷製菓子、翁餅、豆飴、豆銀糖、長壽煎餅、油製菓子、カステラ、蓬莱豆、黎檬沙糖漬、文旦砂糖漬、胡麻糖纏《カケモノ》、胡桃製菓子、茸類蔬菜類ノ沙糖漬、海産物沙糖漬、飾菓子及ヒ細工菓子、能勢餅）について記されている。[22]前回に比してとりあげられる菓子の種類が増えているが、分類は飾菓子、蒸菓子、煉羊羹、油製菓子等の種類名、御所落雁、塩釜、長寿煎餅等の菓子名や特殊な形状による分類が混在し、系統的ではない。

第五回は「其五蔬菜果実等ノ貯蔵品」、「其六菓子、飴」とされている。審査報告「菓子、飴類及ヒ其原料」の冒頭に次のように記されている。[23]

> 従来菓子ノ品類名目ハ頗ル煩雑ヲ極メ、未タ之ヲ系統的ニ分類シタルモノアルヲ見ス、近来当業者間ニ於テハ湿性、乾性、趣味ノ三種ニ大別セルモノアリ、又或ハ乾菓子、押物、焼物、蒸物、棹物、掛物、有平糖並ニ飴菓子雑種等ニ区分セルモノアレトモ、内外ヲ折衷セルモノ或ハ複雑ナル、新式ノ製品日ニ出テヽ究極ナ

キノ今日ニ在リテハ此等ノ名称ハ未全ク之ヲ包括シ尽スニ足ラス（略）今回出品ノ菓子ハ普通ノ名称ニ拠リテ其重ナルモノヲ配列スレハ左ノ如シ　饅頭類、羊羹類、蒸菓子類、餅菓子類、焼物類、押物類、掛物類、飴菓子類、雑種、飾菓子、洋式菓子

続く報告は目次にそって、饅頭類、蒸菓子類、餅菓子類、羊羹類、乾菓子類、焼物類、洲濱、熨斗梅・甘露、掛物類、砂糖漬、飴菓子、飾菓子、洋式菓子、麵包、飴類、菓子種の一六項目で記されている。分類の未確立が指摘されているが、項目は前回に比して細かく、系統的である。

このように全五回を通し、出品区分ではまず食品、次いでそのなかから菓子が独立し、さらにその分類が細分化された。同時に審査報告では、重視する菓子を中心に項目が増え、次第に系統的な分類にもとづく記述となっていったことがわかる。出品される菓子の数と種類の増加に伴い、系統的な分類と細分化が必要になり、主催者も分類に対する認識を深めていったと考えられる。

◈飴と砂糖漬の両属性

菓子の枠組については、近世の上菓子類である羊羹、饅頭、干菓子類と、雑菓子または駄菓子とされていた軽焼、おこし、煎餅、飴が、現在加工食品と称される部類に併置され、近世にみられた「菓子＝上菓子」の意識は特に認められない。また菓子類のなかで細目分類の枠組が流動し、第三回では飴が六、菓子と砂糖漬が七で、飴と菓子が分かれていたが、第四回では六に統合されている。第五回では菓子と飴が同じ六に属すが、砂糖漬の類は五の「蔬菜果実等ノ貯蔵品」に属す。そこには砂糖漬、塩漬、酢漬、酒精漬、粕漬、麹漬、芥子漬、味噌漬、糠漬等の漬物類、「ジャム、ジェリーヲ含ム」蜜（砂糖）煮や佃煮の類が含まれ、第三・四回では菓子と同類に扱われていた砂糖漬、ジャムが塩蔵品類と同じ貯蔵品に入れられている。ただし蜜煮や砂糖漬は六の菓子や七の「飲食品製造及貯蔵ノ方法」にもみられ、これらと五の砂糖漬との区別は明確ではない。また六の「菓子、飴」

の具体的な対象は、報告書によれば「蒸菓子、乾菓子、掛物、コーヒー入角糖、パン、ビスケット、菓子種、餡及其製品」とあるが[24]、このうち角砂糖は二「糖、蜜」、菓子種、餡は三「粉、麺」にもみられる。特に餡と砂糖漬が動いていることがわかる。これに関し審査報告で砂糖漬には次のように記されている[25]。

砂糖漬　砂糖漬ニ二種アリ、一ハ貯蔵食品ニ属スルモノニシテ、一ハ菓子ニ属スルモノトス、而シテ両者ノ区別ハ初ヨリ判然セサルモノアリ、此ノ如キハ出品人ノ意旨ニヨリテ其用途ヲ定メ或ハ菓子ノ出品目録ニ記入セルモノアリ、或ハ他ノ貯蔵食品中ニ編入セシモノコレアリ、又或ハ出品目録編製ノ際其名称ノ疑似ニ渉レルモノハ、彼此混淆セルモノモ亦コレアリ、例ヘハ甘露梅ノ如キ或ハ菓子ノ出品目録ニ入リ、又或ハ果実ノ部ニモ混シタルモノアルカ如キ是ナリ、又台湾ニ於ケル蜜蔵糖蔵ノ如キ殊ニ両属ノモノアリ

餡と砂糖漬は菓子であると同時に、砂糖漬は貯蔵食品として、餡は一原料としての両属性を有するために、完全な分類が難しいことが指摘されている。特に第五回は出品数が多く、審査ではより細かい分類が必要になったが、両属性を有する事例に対する厳密な区分に限界が生じた状況が窺える。近世以来の産物を中心に出品されていた初期には種類が少なく、分類の必要もなかったが、出品物の増加・多様化に伴い、菓子の分類が試行錯誤されながら更新されていった。こうした多様化すなわち枠組の拡大は、近世から近代の主要な変化の一つといえる。

（3）　第五回審査報告にみる菓子の変化動向

ここでは近世から近代の変化の動向について、第五回の審査報告を通して全体像を概観する。検討に先立ち本史料を素材とする意義を確認しておきたい。第三類製蔵飲食品「其六菓子飴類」が属する第一部農業の序に、審査総長の大鳥圭介が次のように記している[26]。

審査報告書ハ実ニ将来産業ノ指針ニシテ出品者ヲシテ其製産ノ改良進歩ニ資セシムル所以ノモノタルノミナ

ラス、之ヲ前回ノ報告書ニ照シテ各種産業発達ノ状態ヲ明ニスルコトヲ得ヘキモノトナルヲ以テ、審査官タル者、亦皆責任ヲ分チテ、有益ナル材料ヲ提供シ、報告書ヲシテ重キヲ産業界ニ致サシムルコトヲ期セサルヘカラサルナリト、其後褒賞授与式ヲ挙行セラルルニ際シ、審査ノ概況ヲ具シテ陳奏スル所アリ、爾来更ニ各部ノ僚員ヲ督励シテ、審査報告書ノ編成ニ従事シ、今日ニ至リテ方ニ之ヲ完了スルコトヲ得タリ、初メ各部長ハ部内ノ分掌ニ従ヒテ審査官中ニ於テ報告員ヲ定メ、以テ各類ノ報告ヲ提出セシメ、部長自ラ指示纂輯シテ篇ヲ成シ、而シテ予モ亦尽ク之ヲ通覧シテ批正スル所少カラス、其説述講評皆是深邃ナル各専門ノ学識経験ニ基カサルハナク（略）若夫褒賞ハ審査ノ結果ノ標識ニ過キス、出品者タル者此報告書ヲ読ミテ以テ始メテ其褒賞ノ真意ト審査ノ内容トノ存スル所ヲ知悉スルコトヲ得ヘシ

審査報告書は、出品者の生産改良の指針となることを目的に書かれたことがわかる。特に第五回はそれまでに比べ最も具体的に記述され、主な内容は、主催者が重視する菓子及びその出品者の解説と、それに対する評価とからなる。出品物の実態や由緒、製造上の工夫、出品までの経緯、製造者の沿革が、出品者が提出した出品解説書も示しながら詳述され、出品受賞目録にはない具体的な情報が得られる。また主催者が示す評価・改善策は「殖産興業上有益ノ出品」を目的とする内国博の性格上、[27]政府の指向性に偏向する側面はあるが、そこからは菓子の位置づけと、背景にある社会の諸状況を窺うことができる。そして編述者は菓子飴類の審査主任を務めた農商務省の半井《なからい》榮で、審査部長の田中芳男とともに初回から菓子の審査に関わっていた。[28]冒頭には「前回ニ比スレハ幾分カ改良上進ノ色アルモノノ如シ、今請フ其実例ヲ挙ケン」とし、次の一〇項目が列挙されている。[29]

第一　菓子ノ範囲ハ漸次拡張セラレツツアル事

第二　奇僻劣等ノモノ大ニ其数ヲ減セシ事

第三　果実応用ノ必要ヲ感シタル事

第四　各種ノ香料ヲ配合スルノ傾キアル事
第五　甘蔗糖ノ外、果実糖、澱粉糖或ハ乳糖及ヒ蜂蜜等ヲ用フルノ傾キアル事
第六　風味過甘濃厚ノ弊ヲ看破シ漸次軽淡中和ヲ努ムルノ徴アル事
第七　衛生ニ有害ナル色素濫用ノ跡漸ク減シ形状温雅ニシテ色相ノ純潔ヲ尚フノ徴アル事
第八　水飴製ノ増加セシ事
第九　汽力ヲ利用シ器械ヲ装置シ労費ヲ節約スルノ方針ニ近ヅキツツアル事
第一〇　容器、貼紙等ノ稍〃旧套ヲ改メタル事

この一〇項目は、これまでの回に比した「改良上進」の実例とあることから、初回以来の経時的な変化動向（以下、「変化動向」と称す）といえ、明治期の展開の特徴とみなすことができる。そこで以下詳しくみていきたい。一〇項目から要点をまとめた菓子の多様化（前掲の一〇項目のうち、第一）、それに連動する材料の多様化（第三、四、五、七）、製造の機械化（第九）、容器の工夫（第一〇）に加え、本書の課題である地域性にも注目し、以下の七つの視点、①特産物の材料への活用、②近代以降の材料、③機械化、④意匠・菓子名、⑤容器・包装、⑥用途、⑦価値認識から変化の実態を概観する。なお出典については、特に註記しない場合は『第五回内国勧業博覧会審査報告』第一部巻之一〇菓子・飴とする。(30)

①特産物の材料活用

特産物については、柿、栗、林檎、桃、葡萄、無花果《いちじく》、梅、榲桲《まるめろ》、苺、枇杷、柚等の果実、桑、胡桃、銀杏等の木の実のほか、葛、茶、西瓜、百合、薯蕷、岩茸、昆布、蓮根等さまざまな農水産物、温泉地の鉱泉等の多様な事例が、主として羊羹（煉羊羹）、求肥、砂糖漬、掛物、煎餅、飴の種類で材料に活用されている。羊羹については第七章で後述するが、「果実ヲ応用セシモノ最多キヲ占メ」ており「今回顕著ナル新現象」とあり、主な種

類として従来の特産の柿、栗、梅、柚子のほか、明治期導入され新たに特産となった林檎、桃や、果実以外の岩茸、昆布があげられている。例えば青森弘前産の林檎を用いた羊羹は、出品者の創意も含めて評価されている。

砂糖漬には「近来、柑橘、菜果等、有用果樹ノ栽培漸ク各地ニ行ハレ産出増殖スルニ従ヒ、之ヲ利用シテ需要ノ一生面ヲ開カントスルノ意嚮モ亦東西一轍ニ出ツルノ結果ナルヘシ」とあり、文旦（鹿児島）や檸檬（東京小笠原島）が例示されている。レモンの砂糖漬は出品者・村田常吉の創案により「該島ノ特産ヲ利用」したものとあり、明治期に導入された同地の新しい特産の活用である。掛物は糖衣を主体とする金平糖、五色豆、蓬萊《ほうらい》豆等以外に、糖衣を掛けた木の実や豆類も含み、砂糖漬と明確に区別されない事例もある。このほか、筍玉糖（三重）、早蕨《さわらび》（栃木）、初昔《はつむかし》（愛知・茶）、蜂ノ誉《ほまれ》（秋田・蕈類）、初雪（青森・にんじん）、昆布（北海道）、栗納豆（京都・丹波栗）と多様な事例が示される。そのうち昆布は北海道・青森・福井を中心として羊羹や求肥のほかさまざまな種類に用いられ、出品目録、審査報告では「昆布菓子」の総称もみられる。なお、審査報告では「菓子ノ材料トシテハ適当ナラス」と評されている。

煎餅については、雲丹・海老・蟹等の動物性海産物を材料とする福井・長崎の事例が示されている。特に福井では先の昆布菓子に加え、雲丹製ビスケット、雲丹煎餅、蟹煎餅と多数出品され、「海産物ヲ菓子ニ応用シテ地方ノ特産ヲ標榜ス」と、特産が菓子の地域性を示すしるしとなっていることが指摘されている。出品記録による同様の事例としては、群馬磯部、長崎小浜、岩手花巻、宮城玉造、大分別府、兵庫城崎等の温泉地で、鉱泉を用いる煎餅の出品もみられた。

②近代以降の新材料

近代以降西洋より流入した新しい材料について、まず地域や種類の違いによらず最も顕著だったのは、「変化動向」第七にあげられた「有害ナル色素」で、いずれも過度な使用を否定する主旨である。第三回における菓子で初めての審査報告にも、色彩の美を追究した「有毒ノ染料」の使用が批判されていた。主な種類をあげると前出の煉羊羹のほか、押物等の乾菓子類や、飴菓子（砂糖製）、飾菓子、掛物のうちの金平糖類である。各種香料の併用事例も飾菓子以外で指摘されている。

　菓子の着色事例は近世にもみられるが、ここで指摘されている色素は明治以降渡来した西洋由来の合成顔料である。例えば煉羊羹に「加色セルモノ多シ、中ニモ五色羊羹ノ如キハ濃厚ニ失シ、一見厭フヘキモノアリ、近来舶斎（載）ノ顔料ハ各種殆ト備ハラサルモノナク、従テ煉羊羹ノ如キ亦濫用ノモノ多シ」とある。乾菓子類では「本品中色素ノ応用適当ナルモノ極メテ少シ、殊ニ紫色、緑色、青色、紅色等其濃厚ナルモノニ至リテハ仮令有害顔料ニアラサルモ、猶且一見人ヲシテ眉ヲ顰メ手ヲ歛メシムルモノ往々コレアリ」とあり、押物の例として「今回出品中貝殻類ニ模セルモノ各地往々コレアリ、強ヒテ其真ニ逼ランコトヲ求ムルノ余リ妄リニ各種ノ顔料ヲ用ヒテ醜怪ニ陥リタルモノアリ」と記されている。なお飾菓子については後述するが、その品質を左右する写実性の追求に色素は必要不可欠で、第三回の審査報告以降も一貫して使用を否定し続ける主催者の方針には応じない方向で、出品者は飾菓子の精巧を極めていく。

　そしてこうした鮮やかな彩色にはまた、洋糖が必須であった。洋糖は国産砂糖より安価でありながら精製度が高く、純白で、菓子の材料として大量に消費され、菓子の製造量及び種類の増加を導いた。一方で国内糖業を著しく圧迫した[31]。そのため、内国博でも政府は抑制策として毎回過度な洋糖の使用を批判しながら代替材料を提案していた。「変化動向」第三の「果実応用」、第五の「果実糖、澱粉糖或ハ乳糖及ヒ蜂蜜等」の使用は、砂糖の代替品としての指導でもあった。

　そのほかに、少例であるが合成材料として、饅頭の促成に「炭酸アンモニヤ或ハ炭酸曹達」を醴《あまざけ》の代用とする事例も指摘されている。

また、この時期受容された西洋の食物である乳及び珈琲の事例を指摘できる。乳については牛乳煎餅（岩手）、牛乳飴（岐阜）、牛乳入カステーラ・バタカステーラ（長崎）等がみられた。煎餅の報告では「牛乳、乳油類ヲ加ヘタルモノハ猶若干種アリ、其風味ハ概シテ粗劣ナルヲ例トシ、甚キハ為ニ腐敗ヲ招ケルモノアリ」とあり、適切に使いこなせていない状況が窺える。そのなかで岩手の養田弥太郎の牛乳煎餅のみは品質が「精良」で、「小岩井農場産ノ牛乳」を使い「良好新鮮ノ原料ヲ得ルノ便宜ヲ有スル」とあり、各地の菓子屋で従事してきた養田の手腕によると評されている。出品記録には同じく明治期に乳の産地となった兵庫神戸からも三事例が確認でき、これらは近代の新規産業による新しい特産の応用ともいえる。(32)

珈琲は同じく神戸の珈琲煎餅がとりあげられている。同地は「東洋著名の開港場トシテ外人雑居ノ地」と記され、近代の歴史に因む地域性の表れともいえる。

同様の事例は出品記録では、同じく開港地となった神奈川・新潟からの珈琲落雁のほか、珈琲糖（富山、愛媛、大阪）、珈琲飴（愛知、徳島）、櫻珈琲（岐阜）もみられた。

③機械化

機械化については「変化動向」の第九にあげられている通り、近代の大きな変化の一つといえる。特に勧業政策としての内国博では、要覧に「殖産興業に於ては製造盛大にして内外販額の多きものを選抜するは勿論、殊に外交輸出の多量なるものは特に優点を与へ輸出奨励の道を講し」と述べられているように、(33)輸出に向けて生産費を抑えながら均質な製品を大量生産できる機械化を初回から継続して奨励していた。そこには、菓子を物産化する狙いがあったと思われる。

その導入については菓子の種類による適否はあるが、特に高評価を受けた煎餅、おこし、飴については出品解説書を提示して詳細に紹介されている。例えば新潟の久保田五郎兵衛の村雲煎餅は、近世東京浅草で作られていた東煎餅を伝習した他地域の菓子屋が第四回に漣《さざなみ》煎餅として出品したが、時間と手工の熟練を要す手延《てのべ》による生地作りは製造費がかかるため、機械化を考出し、試験を重ねて「旧套を脱シ専ラ機械的ノ製造ト規則的即学理的ノ製法」に達した。また大阪の阿弥陀池・大黒の小林林之助の粟おこしは「近来英国製クリッピン式蒸気機関及ヒ英国製大臼二基ニ装置シ鋭意製費節減」により、前回には同等だった同地の同業者、二ツ井戸・津ノ清の丹野清藏よりも高い賞を得ている。機械化が第四・五回頃より本格的に導入されている。

④意匠・菓子名

一七世紀後期に完成した上菓子の意匠と菓子名（菓銘）は、当時の主要な需要層の文化を反映し、「古典文学や日本の歴史、風土、四季の移ろいなどの自然」を題材としていたが、(34) 近代以降需要者の拡大に伴いその文化を映した展開が考えられる。そこで報告書で指摘された意匠・菓子名の主な題材に注目すると、地域に関するもの、滋養に関するもの、その他に大別できる。なお意匠化は、菓子型や焼き印により意図的な形・文字・紋様をつけることが可能な種類の菓子（例えば押物、煎餅等）に限られる。

地域に関する題材は最も多く、特産、地理、歴史が表現されている。特産を文字で表現した意匠の例では、秋田・岩手両県で複数出品された片栗落雁は、片栗を材料とし、さらに「表面ニ片栗若クハ（略）「カタクリ」ノ四字ヲ凸起セルヲ例トス」というものである。また非食品の特産、例えば滋賀の大津絵を表した大津絵落雁、同煎餅や、青森の泥炭菓子のほか、出品記録では養蚕、製糸、織物、焼物に因む、例えば福井の羽二重落雁、胡桃羽二重もみられた。

地理については、名所旧跡の地名や景色の付された煎餅や押物が散見された。例えば大分の宮田玄の耶馬溪糖は、「南書ノ筆意」でその景色を写し「頼山陽ノ詩書ノ墨跡」を添付した落雁製で、静岡の小幡藤吉の富士名産菓子は「打物ノ粉添加シテ富士ノ雪ニ擬シタル」というおこしである。(35) 出品記録上の同類事例としては近江八景、寒霞渓裏八景、熊野八景、薩摩八景、土佐十景等がある。

　歴史を題材とする事例では、愛知名古屋の早川半兵衛が、尾張藩に仕えた明人・陳元宝が伝えた同地の特産とされる焼菓子の元宝焼を、「劣品ニシテ小児ノ間食ニ止マリシカ、斯ル歴史ヲ有セル菓子ノ発達セサルヲ遺憾」として改良し、陳元宝の居宅・松菊庵に因み松菊焼と改称した結果、それは「貴紳雅客」に需要されたという。陳元宝が菓子と地域の関係を示すしるしとして使われ、その菓子名によって菓子の位置づけや用途が変化している。また、三重の橋本治郎兵衛が明治三四年に創製した御裳濯《みもすそ》は、同地の御裳濯川に三角柏を流して葉の浮き沈みにより豊凶を占う伊勢神宮神事に因んで、三角柏及び御裳濯川の橋を図示した押物で、主催者には「神都ニ縁アル歴史的趣味ヨリ出テタル乾菓子」と評価されている。このように、具体的な表現が可能である押物については「押物中歴史的意匠ヲ応用セシモノ前回既ニ二三種アリシカ、今回ハ更ニ多シ、是亦一種ノ流行ニヤアラム、例ヘハ豊太閤、新田左中将、山内一豊、本居宣長、頼襄（頼山陽）、藤田東湖等ノ故事ニ因テ着想セシモノ」とあり、歴史上の人物の出身地や滞在地等、特定地域との関係性を示す伝承や説話が、菓子名や意匠に用いられる事例が散見された。

　これらは地域に関する題材が、地域性に加え固有性や貴重性を菓子に付与する事例といえる。主催者もそれを「歴史的着想」「歴史的地理的ノ趣味ヲ応用」と肯定的に評価した。一方、そこで採択される人物やその説話には当時の社会通念が反映され、例えば戦に因む神話を通して皇国史観が窺われる事例も認められた。

　滋養に関する題材としては、健康や体力の増進、保全の効用を連想させる滋養、衛生、養老、養生の語を冠する菓子名が、初回から継続して散見された。第三回の審査報告で「名ヲ滋養、若クハ衛生ニ托シテ種々ノ薬品或ハ鉱泉等ヲ混用シタルモノアリ、仮令幾分カ効能ヲ有スルモ風味ヲ損スルヲ免レス」とあり、菓子は「売薬」ではなく「喫茶ノ媒」であるから「風味ヲ専一トシテ且其雅潔ナルヲ貴フ」と指導されているが[36]、第五回にも同様の菓子名が多くみられる。出品目録上で特に多い事例は、滋養飴、滋養煎餅、滋養菓子、衛生飴、衛生ボーロ、養老飴のほか、こうした語を組み合わせた衛生新菓滋養糖、衛生滋養葡萄羹、小判煎餅衛生滋養であった。なお養生糖は新潟のみの事例で、第五回には七件の出品があった。それぞれの実態は菓子名のみで不詳だが、それに寄与する材料、例えば前記の薬品や鉱泉のほかに乳、卵（鶏卵）、牛・鶏肉の使用が考えられる。実態が判明するいくつかの事例をみると、大阪の日野彌三の「雞肉飴滋養特効」はその菓子名から鶏肉を、香川の松岡庫太郎の滋養糖は審査報告によれば卵黄を混和していた。[37] 卵の菓子への使用については「鶏卵サヘ用フレハ直ニ滋養アルモノト妄想セルカ如シ」で濫用とする指摘もみられる。

その他としては、西洋自体も近代の新しい題材である。事例は多くはないが、審査報告では前出した名古屋の早川半兵衛による英字形の落雁である教育糖落雁製英字ノアルハベットがとりあげられている。出品目録の同事例では同じく名古屋の教育英字カステーラがある。ほかに西洋由来の材料名を冠した菓子名や、英語、フランス語のカタカナ表記の菓子名も当該事例といえる。

⑤容器・包装

菓子の容器や包装に関する記載は、審査報告では第四回からみられる。例えば容器については、旧来は江州の信楽製壺または瀬戸、清水そのほか窯地の陶器が用いられたが、近来鐵葉《ぶりき》または硝子瓶になり、特に廉価で軽く運搬が容易な鐵葉は輸入が年々増加し不経済とある。また包装については、海外輸出向のレッテルには欧米文字より漢字を使うべきであるとの指摘がある。[38] 欧米文字に対する否定的な指摘については、明治二七年から翌年の日清戦争前後の政治社会情勢による、国粋主義的な潮流の反映とも考えられる。

第五回の審査報告では、容器の項目が別個に立項されている。全体の傾向と個々の出品物に対する指摘がなされ、容器や包装に関する状況がより具体的に記されている。報告の冒頭には「容器ノ精粗モ亦之ヲ軽忽ニ附スへ

カラス　何トナレハ容器ハ独菓子ノ貯存ニ関係アルノミナラス、趣味体裁ノ巧拙ニ至ルマテ直接ニ菓子ノ価値ニ影響スレハナリ」とあり、菓子の価値に直接影響するものとして器の精粗が注目されていたことがわかる。これに続けて、従来菓子の箱は木製が主流で煉羊羹の包装は竹皮包が通例だったが、近頃木箱に代わって紙箱または紙台に木片を貼付したものや、鐵葉製缶で種々の画葉を焼き付けたもの、方形や円形、硝子瓶、書帙形が現れて材料や形が多様化し、今回の出品ではその種類が極めて多いと記されている。

例えば、紙箱では大阪の藤田善助の歌仙煎餅は六歌仙を描いた韻致ある小形紙箱で携帯にも便利とある。包紙では秋田落雁は「硫酸紙ニ包ミ尚吉野紙モテ更ニ之ヲ包メルモノ往々コレアリ」とあり、同地で共通する包みがその菓子の地域的な特徴となっている。なお評価としては、二重包で無駄であると指摘されている。また宮城仙台の玉澤伝蔵の葡萄羹の包紙は、二色刷ヌーボー式デザインが図示され、高評価されている。この教育館内に展示されていた大阪の印刷業者による画様緻密で色彩複雑な「菓子用貼紙」標本についても言及があることから、菓子の袋や容器・貼紙（レッテル類）・包紙の機能性に加え、菓子の「趣味体裁ノ巧拙」にも影響するデザイン・見栄えが重視されてきた状況が窺える。主催者が菓子の進物・輸出品としての機能に注目する傾向といえる。

⑥用途

近世上菓子の主な用途は限定需要層の饗応・進物で、特定の地域の限られた種類の菓子は旅みやげにも用いられたが、近代には菓子の種類や需要層の拡大に伴い、用途も拡大したと考えられる。ここでは酒肴と鑑賞用（飾菓子）に注目する。前者の事例は少ないが、愛知の水野吉兵衛の葛煎餅、熊本の有澤七次郎の鷹ノ爪は、「麦酒ノ媒」に適すとある。麦酒の需要が倍増し「将来菓子ハ茶ノミニ隷属スルモノニアラス、茶葉ノ外飲酒ニ伴フヘキ新用途ヲ増シツヽアリ」とあり、現代のスナック菓子にもつながる萌芽といえる。

飾菓子は基本的には食用を前提とせず、飾るために作られるもので、細工菓子、工芸菓子とも呼ばれる。これらは、有平糖《あるへいとう》や、粉糖に寒梅粉を混ぜて作る雲平《うんぺい》（雲平糖、生砂糖ともいう）、餡を混ぜた餡平《あんぺい》（餡平糖）の生地を着色した菓子の素材を主体として、花鳥等の自然や静物を写実的に表現する観賞用の菓子である(39)。現在も菓子屋の店頭や菓子関連の資料館・博覧会では精巧な作品が展示され、技術の高さを示す主要な指標として重視されている。

飾菓子の起源は近世後期とされる。菓子木型の発達により干菓子の表現力が高まり、成形しやすい材料や生地で魚鳥や花等を立体的に表現することが可能になり、それら数種の菓子を組み合わせて飾り、進物や献上品とした。ただしそれらは観賞した後食べるものであった。また材料の砂糖は、分蜜糖であったため色は純白ではなかったとされる。明治以降、純白の洋糖と合成顔料を用いることで鮮明な色彩が随意になり、京都の菓子屋の若狭屋・高濱平兵衛が、生家の家業だった造花から発想を得て写実性を追求し、食用を前提としない現在の飾菓子を完成させたといわれる(40)。従ってその実質的な始まりは近代以降といえるが、実証はされていない。そこで、ここでは出品目録も参照しながらその経緯を概観しておきたい。まず、全五回の出品目録をみる。

第一回には東京から飾菓子と考えられる七点が出品されている。出品物名は細工菓子が一点で、他は「菓子　山水景模造」、「菓子　有平糖珊瑚樹盆栽形模造」、「菓子　籠花活草花模造」、「砂糖細工　鯉魚月梅蘭模様（ママ）」、「菓子　箱庭山水模造」、「金花糖　三盆砂糖・燕茶具一式模造」とある。つまり飾菓子は「模造」と称され、その実質は主に有平糖と金花糖だった。第二回では出品物名に飾・細工・工芸菓子の記載はない。東京に「西洋模造」、「西洋模製」がみられるが、洋菓子をさすと考えられる(41)。

第三回には東京、北海道（函館）から飾菓子、長崎から細工菓子の品名で計三点がみられる。なお「京菓子の飾菓子」としての第一作は、内国博の第三回に出品された「細工干菓子」の「牡丹花の籠盛」とされているが(42)、出品記録では菓子と略記され、受賞記録にも該当する記載がみられず実態は不詳である。第四回には東京から五

七、長崎五、大阪四（うち一点は「有平糖細工物」）、北海道一（函館）、山形一点、計六八点の出品が確認でき、品名は長崎では細工菓子、そのほかは飾菓子である。なお、京都は菓子と略記されているが、後述する通り審査報告によれば多くの飾菓子が受賞している。第五回は京都五、兵庫三、長崎二、東京二、滋賀、大阪各一点、計一四点の出品で、品名は長崎・滋賀で全例、京都で一例は細工菓子で、それ以外は飾菓子である。このうち滋賀の記録には「片栗製細工餡入」とあり、餡平をさすと推察される。

これらのうち第三・四回の函館、第四回の東京の全点および大阪の一点、第五回の東京の二点及び神戸の一点は洋菓子屋によるもので、西洋飾菓子すなわちピエスモンテ pièce montée と考えられる。ピエスモンテとは粉砂糖・卵白を練った砂糖製の生地による、巨大な建造物等の写実的な造形で、当時の洋菓子屋の技術の高さを示す主要な指標として重視されていた(43)。

第一回の頃は近世以来の飾菓子を中心としていたが、第三回以降になると洋菓子屋を中心にピエスモンテが作られるようになった。第四回以降は長崎の細工菓子、京都の飾菓子として発展したことが窺える。両県ではそれぞれが固有の地域性を表す菓子として現代にも継承されている。第七章で述べるが、長崎ではその一手法である「ぬくめ細工」が長崎県無形文化財に指定されている。

この経緯は審査報告にも現れている。第三回では、「種々ニ意匠ヲ凝シテ技術ノ精巧ナルモノヲ観タレトモ、想ニ是出品ノ為故ラニ製造シタルモノニシテ、唯観者ノ目ヲ驚カシムルニ止マリ、其需用ニ至テハ恐クハ多カラサルヘシ、蓋飾菓子ハ欧米諸国ニ於テ之ヲ宴会ノ席ニ用フルコト恰モ我邦ニ在テ祝賀ノ宴ニ島台ヲ用フル如クナレトモ、我邦ニハ自ラ我邦ノ風習慣例アリ（略）故ニ洋式宴会ノ外、殆ト之ヲ用フルノ途ナキカ如シ」とあり(44)、この飾菓子は洋式の宴会で用いられるピエスモンテをさしている。

第四回では京都の飾菓子について「近来京都ニ於テ大ニ之カ流行ヲ来シ」として、花や鳥の形状を模倣した多数の出品物の精巧さに来館者が驚嘆し、そのレベルの高さに他地域の同業者が茫然とする様子が詳述されている。しかしその一方で多量の顔料使用について、外観は「純潔ヲ欠キ寧ロ俗気ニ陥リ高雅ノ趣味ニ乏シ」く、有害の顔料を用いる可能性もあると批判されている。また、一面から見ることを前提とする日本の「偏見ノ意匠」、四面からの見え方が均一な欧米の「八方脾睨ノ意匠」という形状の違いは、日本では待合の床の間に、欧米では宴会の卓上に置くという設置所の違いによると述べられ、今後飾菓子を製するにはその「適用ノ如何」を研究しなければ、精妙を極めても無用の玩弄品に過ぎないとある。さらに改良の方向性として、着色はできるだけしない方がよいが必要な場合は無害の色素を選び淡彩にすること、題材は「西式高塔ノ陳套」に代えて「鳳凰閣ノ如キ我邦古代建築」の方が価値があること等を勧めている。こうした指導の背景には、飾菓子を欧米へ宴会用卓上品として輸出する狙いが窺える。また、京都の高濱平兵衛を始めとする一〇名と、長崎等他府県の一四名の出品については、褒賞の有無に関わらず詳述され、優れた作品については写真も掲載されている。例えば第七章でも後出する長崎の山口熊吉の細工菓子は「磁製燈籠ニ摸セルモノ二基」で、「迫リテ之ヲ見ルモ真物ニ異ナラス、其製作ノ精緻巧妙ナル、幾十万ノ来観客ヲシテ驚歎セシメシナルヘシ」と写真付で評されている。[45]輸出をめざす主催者の菓子製造者への具体的な情報提供とみなすことができる。

第五回では宴会用の目的に製造した出品物が多くなり、前回の指導が反映された結果となっている。出品・受賞者は京都が中心であり、高濱平兵衛の花盛籠、吉田吉次郎の薔薇・紫藤、大塚彦太郎の盛物菓子等が受賞し、「飾菓子ノ如キ精巧ニシテ真ニ迫ル以テ京菓子ノ特色ヲ標榜スルニ足ル」と、精巧で真に迫る技巧が京菓子の特色を標榜するとして高く評価されている。なお、このうち大塚彦太郎は西本願寺の各種法要の供物を調製する「御供物司」の亀屋陸奥で、盛物菓子はその供物であり、他の飾菓子と用途を異にする。[46]

着色については前回のような強い批判はみられないが「其全然菓子ヨリ成レルモノヲ以テ装飾トナスカ如キハ

最近ノ事ニ属シ、殊ニ京都ニ限ラレタルカ如シ（略）不可食的材料ヲ用フルモノ多シ、是レ謂ハユル目食ニシテ、殆ト菓子ノ範囲ヲ脱シ」と記されている。「目食」という表現から、食べることを前提としない観賞用という用途の成立が窺える。

⑦価値認識

ここでは菓子の価値認識や位置づけに関わる、種類による上下観、異文化認識の変化に注目する。近世の菓子には、供給制限のあった白砂糖を軸に上菓子と駄菓子とに区分する意識があったが、それに関し次のような記述がみられた。

従来煎餅ヲ以テ中流以下ノ需用ニ充ツルカ如キ習慣アレトモ製法宜シキヲ得ハ以テ王公ニ捧クヘク以テ外賓ニ薦ムヘシ、彼ノ打物落雁ノ類ヲ以テ上菓子ト唱ヘ煎餅ヲ駄菓子視スルカ如キ旧思想ノ為ニ其見解ヲ誤マラレタルモノナリ、抑〃菓子ニ一定ノ階級ナク又一定ノ運命アルコトナシ

煎餅は駄菓子、打物は上菓子とする従来の「思想」は誤っており、菓子に「階級」はないとする。これには砂糖に対する価置観の変化が関与している。近代洋糖を中心とする需給量が拡大し、内国博でもその過度な使用を抑える指導が行われた。加えて内国博自体も、一堂に集めた多様な菓子の、従来の上下によらない府県別展示や、統一された共通の価値基準に基づく審査を通して、菓子についてのさまざまな議論が生じる場として機能したと考えられる。

菓子の価値観や位置づけを変動させてきたもう一つの要因として、異文化認識の変化も指摘できる。例えば「ボール」と「カステイラ」について「原欧州ヨリ製式ヲ伝エタルモノナレトモ既ニ日本化シタルモノナリ、近来此種ノ製頗ル世ノ嗜好ニ適シ」とある。南蛮菓子の「日本化」、すなわち異文化の同化が指摘されている。またそこでは南蛮ではなく「欧州」由来と称され、かすてらについては「所謂「スポンジケーク」」と英語で換言

されている。これらの菓子は近世においては南蛮菓子と認識されていたが、近代同じく欧州由来の洋菓子に置きかえられている。しかし審査報告では「カステイラ」「ボール」は「洋式菓子」とは別項で区別され、同じ欧州由来の菓子でも認識に差異が窺える。なお、かすてらについては第七章で詳述する。

以上、内国博記録を通して概観した近代の菓子の展開には、顕著な多様化が認められた。砂糖の価値を主軸として区別されていた近世の上菓子・駄菓子の境界は希薄化し、また豆や飴も菓子に含まれることにより、菓子の枠組が拡大していった。そのなかで共通する一つの方向性として、地域性の表出が確認された。各地で歴史や地理に因んだ個性（以下、歴史的地理的個性）が付加された特徴的な菓子が出現し、第五回には現在の地域名菓につながる体系的な基盤、すなわち地域性を表出する多様な菓子の全国的な分布が認められた。内国博はそれを導いた一つの画期と考えられる。しかしその出品者は、それを可能とする諸条件を満たしていた一部の菓子屋に過ぎない。そこで、ほぼ同時期の菓子税をめぐる同業者の動向が、その後の菓子の展開に与えた影響を探ってみたい。

第二節　菓子税をめぐる菓子屋の動向

(1) 反対運動による菓子屋の交流

◈京都を中心とする廃止運動

菓子税が制定された明治一八年（一八八五）から廃止までの一〇年間、菓子屋を中心に反対運動が展開され、菓子の課税や菓子税則の条文をめぐり意見書が出された。その一つの契機は、制定後から三ヶ月間に大阪で一五〇余人が処分を受けたこととされている。同年九月、大阪市の齋藤彌七が同地の同業者有志の小柴吉兵衛、金子宗兵衛に謀り、京都の玉水新太郎を訪問し、谷口平兵衛と高濱平兵衛にも呼びかけ、菓子税廃止運動が始まったとされる。(47)

京都では翌年四月、伊藤新次郎を組長として京都菓子商組合が設立された(48)。その経緯については「明治維新後営業の自由を認められてより従業者続出し、明治一七年菓子税を課せらるるに及び粗製濫売の弊を生ぜしが、一九年三月農商務省布達組合準則に基づき京都菓子商組合を設立して之が改良を図る」とあるが(49)、反対運動や大阪における動きとの関係性等は不詳である。

反対運動としての本格的な動向は、明治二三年からみえ始める。まず『読売新聞』同年二月四日付に、次のように報じられている(50)。

菓子税全廃の建白　京都府の菓子商取締吉田源助氏ハ東京の同業飯村卯兵衛、加藤榮三郎、愛知県の横田善十郎の諸氏其他同業中重立たる人数名を自宅に招き、菓子税則全廃の件に付将来の運動に関し談話会を開きしが同府の菓子商ハ近日同税則全廃の建白書を元老院へ捧呈せんの計画中なりと

京都の吉田源助が中心となり、東京や愛知の主要な同業者数名と菓子税則全廃を目的とする運動について話し合い、京都府の菓子屋による同税則全廃の建白書計画を表明している。この建白書は後日五月八日、京都商工会議所から大蔵大臣へ提出された(51)。吉田源助は亀屋末廣、横田善十郎は豊橋の横田甘露軒春勝の当主で、いずれも近世以来の御用菓子屋である。横田と前出の齋藤は、廃税運動の中心人物とされている(52)。また吉田と加藤は内国博の第三回、横田は第一・三回に出品しており、同記事中「重立たる」とされている菓子屋は内国博の出品者であったことがわかる。

次いで同年一〇月二二日から二日間、京都市で京都と大阪の菓子商組合が「全国菓子商の大会」を開催して菓子税則廃止の議を帝国議会へ建議することを協議し(53)、その決議にもとづき、一一月二六日同商委員が上京した(54)。この会は全国大会という点で一つの画期とされている。開催地は当初大阪の予定だったが、悪疫の流行のため変更して烏丸通夷川の商業会議所を会場とし、麩屋町三条に「全国菓子商協議会事務所」を置いて準備を進めた。

全国各府県から総代一〇〇名を選出して出席を求め、経費は京都、大阪の両菓子商組合で負担した(55)。その際主催の大阪京都菓子商組合から全国各地の同業者へ向けた印刷物「広ク全国ノ同業各位ニ告ク」によれば、これまでは「各地ニ孤立セル」同業組合が各々請願していたが、「全国ノ同業者ヲ一団」となって菓子税則の全廃を帝国議会に請願するために定期的に西都（京都）で「全国各地同業者ノ大会議」を開くので、全国各地の同業各位は参加して欲しいとしている(56)。ここに記された六月の東京における「全国菓子商集会」に続き、この会は全国の菓子屋の集結・交流を本格化させる契機になった。なお、前記の通り同年四月一日から七月三一日にかけて、東京上野で開催された第三回内国博には、第一・二回に比して出品する府県・出品者数ともに増加傾向にあり、特に各府県の主要な菓子屋は参会していた可能性が高く、同業者間で同税に関する意見の交流があったと考えられる。

同年一一月、この大会の事務局となった京都の全国菓子商協議会が、一二条の事由からなる『菓子税則廃止懇望意見書』を出した(57)。主な内容は、「多額ノ収得アル重大諸商業ニ課税アラサルニ菓子業ニ課税スルハ不当」（第二）、「菓子ヲ以テ不必要トシ之レニ課税スルヲ不当」（第二）等、菓子の課税を不当とする事由、「菓子ト非菓子トヲ区別スルハ実際至難ノ事ナリ」（第八）と、当局が課税対象とする菓子の範囲を不適当とする事由である。なおこれについては後述する。

◈東京を中心とする改正運動

一方東京でも、同年一〇月、米津松造（凮月堂）、細田安兵衛（榮太郎）を中心に、反対運動を目的とする組合が成立したが、運動の方向性が前出の京阪と異なり税則改正であった。明治二二年「東京同盟菓子商委員」とし、前出の飯村卯兵衛、細田安兵衛ほか五名の連名をもって「先づ改正を訴うるが順序」と声明書を発表し、全廃をめざす大阪の齋藤彌七が上京して各委員と折衝し協調したとされる(58)。

これに関しては、『朝日新聞』（明治二三年一二月二四日付）で「全国菓子商の運動ハ全廃説（京都及び関西地方）

と改正説（東京大阪及び関東地方）との二つに分れ両者共に久しく運動なし居ることとなる」とあるが[59]、翌年一一月一二日付の同紙によれば「全国菓子製造営業者ハ予記の如くいよいよ来る十五日より東京に於て大会を開く筈にて各地同業者ハ目下続々上京したるが、其内大阪府の牧野善七、中野實、大島定靖、近藤安蔵、京都府の今井清次郎、山川彌三郎の六氏ハ矢張現行税則改正論を主張し（略）全廃説にハ飽迄も反対する覚悟なりと」とある[60]。ここでは改正論主張者に大阪の齋藤彌七が入っておらず、前記の上京との前後関係は不詳であるが、両説をめぐり複雑な動きがあったと考えられる。

明治二四年七月、「全国ノ菓子営業者ヲ翕合」して「大日本菓子商聯合協会」が組織され、同二〇日、その第一回が大阪商業会議所で開催された[61]。同年八月に出された報告書には出席者名が記され、大阪と京都を中心に一九府県から、全国同業者一二五名の「各府県ノ菓子商人ヲ代表スルモノ」が出席していることがわかる。そこには前出の東京の飯村卯兵衛、京都の吉田源助、愛知の横田善十郎等、内国博の出品受賞者が散見される。また「昨年当市并ニ京都市ノ菓子商有志者ガ京都ニ於テ全国同業有志者ノ会議ヲ開キタル事アリシガ当時其ノ費用ハ右両市ノ菓子商組合ニ於テ之ヲ支弁シ」とあり、前出の大会に続く動きとわかる。今回の費用については区域が広く主催者では負担できないとし、出席者に一名につき金一円五〇銭の会議費の支払を求めている。この会は前年に行われた大阪京都菓子商組合による京都での大会で、定期開催するとされた「全国各地同業者ノ大会議」の第一回とも考えられるが、規模が拡大していることがわかる。しかしその方向性については、本回では菓子税則の改正を建議し、「菓子税則改正案」全一八条と、「菓子税則改正案説明」全六条をまとめ、全廃から改正へと変わっている。

◈職種を越えた集結

ところで、この会の首唱者として、大阪市の菓子屋名が次のように記されている。

雑菓子商　小林林之助　牧野善七　大島定靖　中野治三郎　八木八兵衛
砂糖漬商　村上辰三郎　松本寅之助
菓子商　近藤安藏　中野實　小柴吉兵衛　高岡文左衛門　齋藤彌七

ここからは、雑菓子、砂糖漬、菓子という職種区分があったことがわかる。砂糖漬は近世菓子（上菓子）であったが、独立している。これは、白砂糖の価値が変化したためと考えられる。雑菓子商と菓子商の職種を分かつ菓子の種類を、内国博記録の出品物からみてみると、雑菓子商の小林林之助（現、大阪あみだ池大黒）は、第三・四回ともに粟おこしを出品している。同じく大島定靖は、第五回に菓子種《だね》の最中種《もなかたね》や「薬用煎餅洋名ヲブレート」を出している。一方、菓子商の近藤安藏は第四回に「煎餅、保露《ぼうろ》」を、中野實は第四回に「ビスケット、カステーラ、カルルスバアド、カハラドナツ、餙菓子、セワドナッ、スネキス、クリムナド、スシマル、デセル、千鳥、ライスマコロン、ミルクボーロ」等、洋菓子を主とする一四点を出品している。齋藤彌七は第三回に「翁飴、餅飴」、小柴吉兵衛は「煉羊羹、懐中善哉」を出品している。「菓子」、「雑菓子」は、それぞれ近世の上菓子と雑菓子の流れをくむ分類と考えられるが、この時点で「菓子」には洋菓子や飴も含まれていたことがわかる。

近代以降の職種区分を他府県の事例でもう少しみてみよう。明治一七年に農商務省より同業者組合準則が出された後の状況について[62]、京都では明治一九年、前記の通り伊藤新次郎を組長として京都菓子商組合が、翌年には林房次郎を組長として京都餅団子商組合が一七五名で設立されている[63]。林房次郎については不詳であるが、伊藤は近世以来の上菓子屋で、内国博では第三回以降上菓子類を継続出品している。明治末期以降になると、近世の「並菓子雑菓子系統」の流れをくむ「卸菓子」が発展し[64]、京都菓盛会等の卸菓子業者の組合が結成された[65]。組合の職種には、上菓子とそれ以外の菓子という区分が認められる。

こうした組合の基盤は、近世以来の仲間や職種区分の継承と考えられる。例えば一七〜一八世紀、仲間には江戸で菓子屋、駄菓子屋、煎餅屋、飴屋があり、職種には京都で菓子師、餅師、粽師、煎餅師、興米師の区分があった[66]。いずれも菓子（上菓子）と、それ以外とに分かれており、その基準は白砂糖の使用特権の有無であった。近代以降に白砂糖の価値が変化しても、前記したような上菓子を中心とする価値観が存続した一因として、近世以来の職種区分の継続を指摘できる。しかしここではこうした従来の区分を超え、同業者として同じ目的のもとに集まっていることに注目したい。このような機会は近世には成立し得なかった。税則反対運動を通した同業者間の交流は、従来の菓子の区分認識や境界の希薄化を導いたのではないだろうか。

同年一〇月、東京の全国菓子商連合協会が、藤田武次郎著『菓子税則利害実況書　附税則改正私案』を刊行した。そこには、大蔵省主税局の調査結果にもとづく税則施行以来の菓子商と菓子製造営業人員及び税額、全国菓子営業人員、製造営業税のデータを示したうえで、改正案と改正条項の解説が記されている[67]。その翌月、前出した東京の飯村卯兵衛が自著『全国菓子商意見実状書』を刊行する。そこでは、東京・大阪・京都の三府菓子商委員で税則改正私案を草したが、全国菓子商が一致合同して税則の廃止を貴族衆議両院に請願することに決定したとあり、「菓子商は細微貧弱なる職商なる事実」「税則より生ずる弊害」「現行税法にては菓子と非菓子との分画明瞭ならざること」等の六項目から実状をふまえた意見が述べられている[68]。

反対運動自体は全廃・改正の両派があったが、その運動を通じて菓子屋の集結による交流が地域・職種の区分を越えて活発化しながら展開し、結果として廃止に導いた。

（2）　菓子と非菓子の区別

ところでこうした一連の反対運動の意見書で、主要な論点の一つは、課税対象とする菓子の範囲についての議論であった。税が課される「菓子」には具体的にどのような食品が該当するのか、税則には明文化されておらず、菓子税の布告に続き同六月四日に発令された大蔵省指令の「菓子税則中ノ件東京府伺」では、次のような伺と、その返答が記されている。(69)（割り注は〈　〉内に示す）

一左記品目ノ如キモ菓子ノ範囲内ニ有之候哉

煎餅類〈塩煎餅、八ツ橋煎餅、辻占煎餅、ガラガラ煎餅、ツクバネ煎餅〉　飴類　汁子類〈汁子、懐中汁子〉、団子類〈醤油団子、餡団子、黄粉団子、味噌団子〉　餅類〈葛餅、阿倍川餅、大々餅、萩ノ餅、牡丹餅、桜餅、柏餅、葡萄餅〉麺包類〈(略)〉　砂糖豆類〈(略)〉　金花糖　オコシ　カキ餅　吹寄類　軽焼　カリン糖　紅梅焼　氷菓子〈アイスクリーンノ類〉　白玉　トコロテン〈砂糖ヲ調用スルモノ〉　寒天〈甘露糖ノ類〉　砂糖煎金時　揚ケ餅　切リ揚　氷砂糖　砂糖〈果物・菌・蔬菜類ヲ乾燥シテ砂糖漬ト為シタルモノ及ヒ罐詰ノ類〉　シンコ細工　文殊焼　干柿

（略）

伺之趣左ノ通可相心得候事

塩煎餅、飴、汁子（懐中汁子ヲ除ク）、団子類、餅類（葛餅、桜餅、大福餅ノ類ニシテ砂糖餡ヲ包ミタルモノヲ除ク）、食麵麭、氷砂糖、白玉、心太、寒天（甘露糖ヲ除ク）、切リ揚、真粉細工、干柿、氷菓子、砂糖漬ノ内糖汁ニ浸シタルモノノ類ハ菓子ノ範囲外トス

（略）

この返答によれば、課税対象となる菓子は、塩煎餅以外の煎餅類、懐中汁子（汁粉は非菓子）、葛餅・桜餅・大福餅類で砂糖餡を包むもの、甘露糖、砂糖漬、砂糖豆類、金花糖、オコシ、カキ餅、吹寄類、軽焼、カリン糖、紅梅焼、砂糖煎金時、シンコ細工、文殊焼である。

これに対し、前出した明治一三年、京都の片桐正雄『菓子税則廃止懇望意見書』には、「第八　菓子ト非菓子

トヲ区別スルハ実際至難ノ事ナリ、強テ之ヲ区別スレバ実業上ニ不便利多ク、且其他現行税則中ニハ不便利不公平ノ点少ナガラズ、故ニ菓子ハ到底課税ニ適セザル物ト思考ス」と記され(70)、餡を包含するものを菓子、餡で物体の外部を覆うものを非菓子とし、また、煎餅・餅饅頭・砂糖掛煎豆・砂糖入掻餅の類は菓子、塩煎餅・餡餅・炒豆・掻餅の類は非菓子とする等、共に販売する食品に課税と非課税があるのは繁雑かつ不便であり、菓子は課税に適さないと述べている。

翌年に刊行された東京の飯村卯兵衛による『全国菓子商意見実状書』では「現行税法にては菓子と非菓子との分画明瞭ならざること」とする項目で、課税対象についてより詳細に論じている(71)。そこで例示されている課税対象の菓子は、金平糖、砂糖煎餅、砂糖豆、翁飴であり、対する非課税のものは角砂糖、コヒー入角砂糖、氷砂糖、団子、餡コロ餅、水飴である。水飴以外は砂糖を材料とし、あるいは砂糖そのものもあり、飯村が指摘するように輸入砂糖の量を抑えるという当局の意思も不明瞭である。事前に菓子の枠組が充分に検討されないまま、発表されたものと思われる。

ただこのような当局の区分とそれに対する同業者の意見を含め、そこに例示された菓子・非菓子に改めて注目すると、そこには上菓子・雑菓子（駄菓子）のような前代の区分認識はみられない。こうした議論を通し、また前記した同業者間の交流を通して、製造者自身の区分認識も影響を受けていったのではないだろうか。

この運動による交流は菓子税廃止後も継承され、明治四四年に第一回帝国菓子飴大品評会へと進展した。これは内国博を規範に開催されるようになった産業別博覧会の一つで、その後全国菓子大博覧会と改称され、開催各地の菓子工業組合の主催、地方自治体の後援により継続的に開催されており、平成二九年（二〇一七）には三重県伊勢市で第二七回が開催された(72)。菓子屋が国から独立した動きといえる。

おわりに

本章では、近代の社会変動の影響を受けた菓子の展開の画期として内国博に注目し、近世から近代の変容の全体像を同記録の出品受賞状況から概観した。以下に本章で明らかになったことをまとめる。

全五回を通して菓子の出品は、出品府県の拡大と出品数の増加に伴い、多様化が進みながらも、共通する方向性としては、地域性の表出が認められた。その結果、全国の各地に地域的な特徴を有する個性的な菓子が出現し、第五回には現在の地域名菓につながる変化、特徴が散見されるようになった。そこでは従来の「菓子＝上菓子」とする枠組に該当しない飴、おこし、煎餅、あられ、豆等も菓子として認識されており、菓子の枠組が拡大していたことが判明した。つまり、従来の分類認識に付随する上下の価値観は希薄化し、分類の概念に再編成が生じたと考えられる。こうした多様化は、内国博の収集・展示・審査を通して生じた、近世から近代への主要な変化といえる。

内国博の出品者は一部の菓子屋であったが、それとほぼ同時期、明治一八〜二九年（一八八五〜一八九六）の菓子税制定と、反対運動による諸地域のさまざまな職種の菓子屋の交流もまた、従来の菓子の分類やそれにもとづく職種の区分認識に影響を与えた。それは内国博と連関して菓子屋の全国的なまとまりと情報交流の活発化を生み、近世以来の種別の境界の希薄化と、上下や和洋等の価値認識の再構築を促した。

以上より、地域名菓は、明治政府主動の内国博を通して体系的な基盤が成立し、地域の菓子屋によって展開したことが明らかとなった。

（1）　糖業協会編『近代日本糖業史』上（勁草書房、一九六二年）七四〜七六頁、樋口弘『日本糖業史』（味燈書屋、一九五六年）四八八頁。
（2）真栄平房昭「砂糖をめぐる世界史と地域史」（荒野泰典・石井正敏・村井章介『日本の対外関係』六、吉川弘文館、二〇一〇年、八九頁）。
（3）『法令全書』明治一八年上巻（内閣官報局、一八八七年）二五～二九頁。
（4）『国史大辞典』「菓子税」。
（5）青木直己『図説和菓子の今昔』（淡交社、二〇〇〇年）一七四頁。
（6）虎屋文庫『第七三回虎屋文庫資料展「和菓子の歴史」展』（黒川光博、二〇一〇年）三〇、三四頁。
（7）岡村龍男「駿府・静岡の菓子商「扇子屋」と町方社会」（虎屋文庫編『和菓子』二二、二〇一五年）六～二四頁。
（8）前掲青木直己『図説和菓子の今昔』一一一～一一四頁。
（9）宮川泰夫「和菓子工芸の存続機構――接遇の地域と地域の計画――」（九州大学比較社会文化研究科『比較社会文化』五、一九九八年）七五～一〇一頁。
（10）黒崎千晴「明治前期、最終需要から見た地域構造――菓子税負担率を指標として――」（筑波大学『歴史人類』一二、一九八四年）六三～一〇五頁。
（11）池田文痴菴編著『日本洋菓子史』（日本洋菓子協会、一九六〇年）四八〇～五一五頁。
（12）國雄行『博覧会の時代――明治政府の博覧会政策――』（岩田書院、二〇〇六年）五三～五四、六三～六四、七四、二七五～二七七頁。吉見俊哉『博覧会の政治学　まなざしの近代』（中央公論社、一九九二年）一一五～一二一頁。國雄行は内国博の「効果・機能」として一九点を政府、出品者、入場者、開催地、その他に分けて表示している。北口由望は博覧会へ行幸する天皇の役割を分析している（「明治天皇と内国勧業博覧会行幸――殖産興業政策における天皇の役割を中心に――」、宮内庁書陵部『書陵部紀要』五九、二〇〇七年、四七～六四頁）。
（13）前掲國雄行『博覧会の時代』六一頁。
（14）前掲國雄行『博覧会の時代』九五頁。
（15）谷口學『続砂糖の歴史物語』（一九九九年）二八八頁。
（16）『明治十年内国勧業博覧会出品解説』一～三頁（『発達史』第七集一）、『第二回内国勧業博覧会場案内』（内国勧業博覧会事務局、一八八一年）二三～二六頁、農商務省『第二回内国勧業博覧会報告書　第五区』（農商務省博覧会掛、一八八三年）一頁、『第三回内国勧業博覧会事務報告』（第三回内国勧業博覧会事務局、一八九一年）一八七～二〇七頁、『第四回内国勧業博覧会事務報告』（第四回内国勧業博覧会事務局、一八九六年）一三二～一五〇頁、『第五回内国勧業博覧会要覧』上巻（第五回内国勧業博覧会要覧編纂所、一九〇三年）六八～九五頁。

(17)『第五回内国勧業博覧会要覧』上巻Ⅰ、二〇四頁（『発達史』六〇）。

(18)『内国勧業博覧会委員報告書』三一二頁（『発達史』第八集三）。

(19)前掲『明治十年内国勧業博覧会出品解説』三八二～四〇〇頁（『発達史』第七集五）。それ以外は「菓糕《カシ》」として、あるいは特に分類されず個別で「梨餻《カセイタ》、牛皮糖、輕焼、蓬莱豆、柚餅子《ユベシ》」等と記されている。

(20)前掲『第二回勧業博覧会第五区』九一～一三五頁。

(21)『第三回内国勧業博覧会審査報告』四四九～四五三頁（『発達史』一一八）。

(22)『第四回内国勧業博覧会審査報告』第三部下巻（第四回内国勧業博覧会事務局、一八九六年）三六一～四七三頁。

(23)『第五回内国勧業博覧会審査報告』第一部巻之一〇、四～五頁（『発達史』三七）。

(24)『第五回内国勧業博覧会東京出品連合会報告』三六、三七頁（『発達史』六）。

(25)前掲『第五回内国勧業博覧会審査報告』第一部巻之一〇、九〇頁。

(26)第五回内国勧業博覧会事務局編『第五回内国勧業博覧会審査報告』第一部首巻・巻之一、長谷川正直、一九〇四年、序、第五回内国勧業博覧会審査第一部審査報告序。

(27)『第五回内国勧業博覧会要覧』上巻Ⅰ、九七頁（『発達史』六〇）。

(28)前掲『第五回内国勧業博覧会審査報告』第一部巻之一〇、例言、六頁。なお、審査には、審査委託二名（京都府谷口平兵衛、大阪府福島宗助）、審査補助八名（米津恒次郎、園田郭六、山田留次郎、家田市右衛門、大島喜代太郎、高木善助、常原佐吉、山口貞次郎）が設けられ、自らも出品している同業者が担当した。半井榮（吹城）は江戸後期の国学者で伊予今治藩医・半井梧庵の子で、明治初年より東京かながき新聞の記者をしていた（愛媛県教育会今治部会編刊『今治郷土人物誌』愛媛県教育会今治部会、一九三二年、三八頁）。他に糖・蜜、農業用機具の審査も担当している。

(29)前掲『第五回内国勧業博覧会審査報告』第一部巻之一〇、五～六頁。

(30) 前掲『第五回内国勧業博覧会審査報告』第一部巻之一〇、一一～一二〇四頁。
(31) 中島常雄編『食品』（現代日本産業発達史一八、現代日本産業発達史研究会、一九六七年）九三～一〇一頁。
(32) 橋爪伸子「近代日本の乳受容における菓子の意義――京都の事例を通して」（『平成二七年度乳の社会文化学術研究・研究報告書』乳の社会文化ネットワーク、二〇一六年）。
(33) 前掲『第五回内国勧業博覧会要覧』上巻Ⅰ、一一六頁。
(34) 前掲青木直己『図説和菓子の今昔』七五～七六頁。
(35) 出品者、出品物名は審査報告には記されていないが、出品目録で「富士」を冠する菓子名「富士名産菓子」と出品者小幡藤吉がこれに該当する事例である（第五回内国勧業博覧会事務局編刊『第五回内国勧業博覧会出品目録』第一部第九、一九〇三年、五九頁）。
(36) 前掲『第三回内国勧業博覧会審査報告』四四九頁。
(37) その他同報告には静岡県より「滋養煎餅」が三点みられ、鶏肉・牛肉・牛乳を材料とすると記されるが（前掲『第五回内国勧業博覧会審査報告』第一部巻之一〇、五一頁）、出品目録には確認できない。
(38) 前掲『第四回内国勧業博覧会審査報告』第三部下巻、四二一頁。
(39) 虎屋文庫編、第七六回虎屋文庫資料展「和菓子の贈りもの」展（虎屋、二〇一三年）二七頁。
(40) 樋口清之監修『日本の菓子』四（ダイレック、一九八五年）一八〇～一八三頁。
(41) 例えば荒井金次郎「干菓子　糯・砂糖・葛・玉子・西洋模造嵌製・形各種」、村上光保「西洋模製菓子　梨子・糖蜜煎熬」、米津松造「西洋模造菓子　小麦粉・鶏卵・落花生・牛乳・バタ・砂糖・テーセル練焼製」等（『第二回内国勧業博覧会出品目録』初篇五Ⅰ、六四頁〔『発達史』一六七〕、『第二回内国勧業博覧会出品目録』二篇五Ⅰ、一頁〔『発達史』一七二〕、『第二回内国勧業博覧会出品目録』三篇五、二頁〔『発達史』一七四〕）。
(42) 藤本如泉『日本の菓子』（河原書店、一九六八年）五四～五八頁。なお、内国博の記録によれば高濱平兵衛の出品は「菓子」七点で、「乾菓子二種（君が代、三生菓）」で褒状を受けているので、それ以外の出品物に飾菓子が含まれる可能性はある。『第三回内国勧業博覧会出品目録』第三部Ⅱ、四五頁（『発達史』一三三）、『第三回内国勧業博覧会褒賞授与人名録』Ⅱ、九四頁（『発達史』一五一）。

(43) 砂盃ひとみ「ピエスモンテ――アメ細工――」(『目白大学短期大学部研究紀要』五〇、二〇一四年)一一五頁。
(44) 前掲『第三回内国勧業博覧会審査報告』四五一頁。
(45) 前掲『第四回内国勧業博覧会審査報告』第三部下巻、四〇〇～四〇七頁。
(46) 聴取調査：株式会社亀屋陸奥・河元正博氏、二〇一五年五月二五日。
(47) 前掲池田文痴菴編著『日本洋菓子史』四九〇頁。これに全国四七七人が賛同し、大阪から漸次全国へ進んだと記されている。
(48) 京都府立総合資料館『京都府百年の資料』商工編(京都府、一九七二年)三二八頁。
(49) 京都府編刊『京都府誌』下(一九一五年)七七頁。
(50)「菓子税全廃の建白」(『読売新聞』一八九〇年二月四日付、別刷二頁)。
(51)『朝日新聞』一八九〇年五月九日付、東京、一頁、「菓子税則全廃建白　五月八日京都発　京都商工会議所にて八明後日菓子税則全廃の建白書を松方大蔵大臣へ差し出す筈なり」とある。
(52) 前掲池田文痴菴編著『日本洋菓子史』四九四頁。
(53)『朝日新聞』一八九〇年一〇月二一日付、東京、二頁。
(54)『朝日新聞』一八九〇年一一月二六日付、東京、一頁。
(55) 前掲池田文痴菴編著『日本洋菓子史』四九八～四九九頁。
(56) 大阪京都菓子商組合「広ク全国ノ同業各位ニ告ク」一八九〇年一〇月、国税庁〈https://www.nta.go.jp/ntc/sozei/tokubetsu/h17shiryoukan/03b.htm〉(最終閲覧日：二〇一七年七月一四日)。
(57) 片桐正雄『菓子税則廃止懇望意見書』(全国菓子商協議会、一八九〇年)。
(58) 前掲池田文痴菴編著『日本洋菓子史』五〇〇頁。
(59)「菓子税則改正の請願」(『朝日新聞』一八九〇年一二月二四日付、東京、二頁)。
(60)「菓子税則全廃の反対者」(『朝日新聞』一八九一年一月二二日付、東京、二頁)。
(61) 大日本菓子商聯合協会編刊『大日本菓子商聯合協会報告』一(一八九一年)一～八、二七頁。
(62) 白戸伸一「同業者組織化政策の展開過程――産業資本確立期における動向を中心として――」(『明治大学大学院紀要

商学篇』一八、一九八一年）六九頁。
(63) 前掲京都府立総合資料館『京都府百年の資料』商工編、三三八頁。
(64) 奥田修三「京菓子の歴史」（『立命館大学人文科学研究所紀要』七、一九五九年）一九頁。
(65) 菓子新報社調査部編『日本菓業年鑑』昭和一二年版（菓子新報社、一九三七年）九九頁。
(66) 前掲青木直己『図説和菓子の今昔』九四頁、朝倉治彦校注『人倫訓蒙図彙』（平凡社、一九九〇年）二二六〜二二九頁。
(67) 藤田武次郎『菓子税則利害実況書』（全国菓子商聯合協会、一八九一年）二頁。
(68) 飯村卯兵衛『全国菓子商意見実状書』一八九一年。
(69)「菓子税則中ノ件東京府伺」明治一八年六月四日（『法令全書』明治一八年上巻、内閣官報局、一八八七年）四七〜四八頁。
(70) 前掲片桐正雄『菓子税則廃止懇望意見書』二八〜二九頁。
(71) 前掲飯村卯兵衛『全国菓子商意見実状書』一一〜一四頁。
(72)「お菓子の博覧会」お菓子何でも情報館〈http://www.zenkaren.net/_0100〉（最終閲覧日：二〇一七年七月一日）。第一回の開催経緯に「撤廃運動のなかで培われた全国菓子業者のつながりを大事にしようと、明治四三年二月全国から三〇〇余名が集まって業者大会を開催し、東京で全国的な品評会を開催」を決議したとある。

第二部　近世の名産から近代の名菓へ

第三章　地域性の再編成——熊本の朝鮮飴

はじめに

本章では、近世大名家から将軍への時献上として地域性が確立されていた名産の菓子が、近代以降旧城下町の名菓へと展開していく様相を、熊本の朝鮮飴（図1）の事例を通して検証する。

朝鮮飴は第一章で述べた通り、熊本藩細川家の六月の時献上として、武鑑でその項目が初めて確認できる明和二年（一七六五）の『明和武鑑』から最後の慶応四年（一八六八）まで、四月の時献上のかせいたとともに継続してみられた。領主の需要の国元産物として確立された地域性を有し、それが将軍への献上行為によって格式と権威を伴い、武鑑を通して広く認識されていた。しかし慶応三年の大政奉還により幕藩体制は崩壊し、幕府を中心とする献上儀礼行為がなくなる。大名、民衆は新たな権力のもとへ献上行為の継続を求め、また朝廷でも合意された公権力であることを演出するために当

図1　「朝鮮飴」老舗園田屋（熊本市）

初幕府と同様の贈答行為を継承したが、朝廷は明治四年（一八八一）八月一五日、諸国からの産物の献上を全て廃止した(1)。こうした近代の政治社会の変動、それに伴う献上儀礼の廃止により、朝鮮飴はかせいたとともに転機を迎える。

現在、朝鮮飴は旧城下町熊本の歴史ある名菓として知られるが、その由緒としては細川家の時献上であったという事実ではなく、旧領主加藤清正の朝鮮出兵に因む伝承が重視されている。社会政治的背景との関連で、菓子における地域性の価値認識や朝鮮飴自体の位置づけに変化が生じたことが関与していると考えられる。

由緒論については、日本近世史の研究をあげることができる(2)。例えば久留島浩等によれば「由緒」は自覚的に創り上げ使いこなされるものであり、それはその集団や個人が「危機」的状況にある場合に他者との峻別のために強く主張されるとある(3)。また久世奈欧は、由緒を語る主体が政治変動にどう対応したか、神功皇后をめぐる伏見御香宮神社と桂女の近代の転換期における動向を検討している(4)。これらの研究は、由緒のよりどころが社会政治的背景の影響を受ける可能性について提示している。なお朝鮮飴については松崎範子が近世熊本藩の献上菓子として注目し、その成立の過程と細川家における製造の実態を検証しているが(5)、近代以降の展開については言及していない。

そこで本章では近世細川家の国元産物だった朝鮮飴が近代への転換期をどのように迎え、地域名菓として展開していったのか、近世からの連続と断絶を、背景の社会状況との関連において検討したい。第一節では、熊本名菓朝鮮飴の現状を確認する。第二節では近世の時献上としての朝鮮飴の実態を検証し、藩内外における位置づけや認識等を考察する。第三節で近代以降の変容と新たな展開の様相を検証し、その方向性、歴史・社会的な背景を考察する。

第一節　熊本名菓朝鮮飴の現状

本節では、熊本名菓として知られる朝鮮飴の現状を確認しておきたい。朝鮮飴は求肥飴の一種で、弾力のある白く半透明な餅状の菓子である。現在唯一の朝鮮飴専門の菓子屋である園田屋（熊本市中央区南坪井町）において、創業以来変わっていないとされる製法は次の通りである[6]（図２）。

材料は糯米・水飴・上白糖である。製造工程は、一晩浸漬した糯米を石臼で挽き、釜に移して煉りながら加熱し、粘度が増したら水飴と砂糖を加えて適度なかたさ・粘度の糊状になるまで二・五～三時間煉る（図２①）、かたくり粉（ジャガイモ澱粉、以下かたくり粉）を敷いた箱に流し（同②）、一両日置き（同③）、一口大の短冊形（約二×五×一センチ）に切り揃え（同④）、かたくり粉とともに箱詰する。

由緒については諸説あるが、一六世紀末、朝鮮出兵で加藤清正が陣中食とした長生飴がその後朝鮮飴と呼ばれるようになったという説が主流である。[7]園田屋では、加えて同店の開祖園田武右衛門が朝鮮出兵以前に創製したことを強調している。[8]このほか朝鮮出兵の際に清正が伝えた等、[9]必ず加藤清正と朝鮮出兵が関連づけられており、

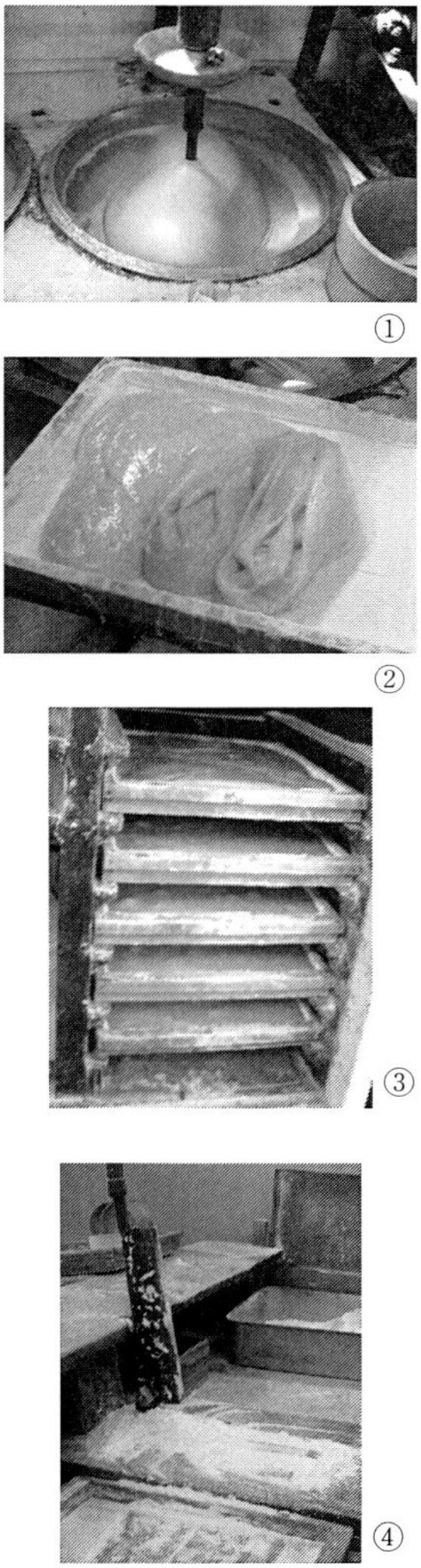

図２　「朝鮮飴」製造工程
老舗園田屋（熊本市）

図3　朝鮮飴の栞や包装にみる蛇目紋
（左から）園田屋、たけや製菓、清正清菓（熊本市）

朝鮮飴の包装や栞のデザインには、加藤家の家紋である蛇目紋が菓子屋の違いに関わらずみられる（図3）。しかしながら、その説の根拠となる史料は確認できない。一方、近世熊本藩細川家の時献上であったことを由緒の源とする事例は認められない。

第二節　近世の朝鮮飴
——熊本藩細川家の時献上と城下での販売

(1) 肥後国の土産

本節では近世の朝鮮飴の実態を検証したい。まず史料上の初見と、熊本藩の献上品となる時期を確認する。史料上の初見は、熊本の神道学者井沢蟠龍《ばんりょう》による宝永六年（一七〇九）成立の地誌、「肥後地誌略」である。その「土産」で「求肥飴　朝鮮飴とも云（略）他国の製に勝れり、元は牛皮飴といひしを、其名の雅ならざるをいとひ、牛皮を改めて求肥とす、猶も牛皮の嫌ある故に朝鮮飴という」とある。[10] 求肥飴の別称については、このほか求肥糖、求肥餅があるが、[11] 鈴木晋一は唐飴、唐人飴も該当すると述べている。[12] 松崎範子はこれに依拠し、「松井家先祖由来附」において寛文四年（一六六四）の夏、妙応院（細川綱利）が松井寄之に贈った「唐飴」を、朝鮮飴と命名される以前のものとしている。[13] なお、それ以外に寛永九年（一六三二）細川忠利が熊本入封の際、朝鮮飴を「幕府献上の一品」としたという説もあるが、[14]典拠となる史料は確認できない。細川忠利が在国した同年一二月から同一二年までの間に発信した「国産」の贈答品を含む幕閣、大名宛の書状一五点にも、関連する記事はみられない。[15]

熊本藩の献上品として朝鮮飴が確認できるのは、第一章で前述した「続跡覧」の正徳三年（一七一三）五月一三日、「年中献上来候品覚」として「朝鮮飴」が「賀世以多」とともに記されている。次いで享保七年（一七二二）三月幕府の法令を受けて同年四月、領国内産物のみに整理された計二六品目の「国物」のなかに、「四月国物　加世以多一箱」とともに「六月　国物　朝鮮飴」とあり、後の時献上へと継承される。[16]またそれ以前の他藩主への進物としては、享保元年に中御門天皇が女御を迎えた際、幕府の使者として京へ行く松江藩主松平宣維に、細川宣紀《のぶのり》から餞別としてかせいた一箱、京滞在中には朝鮮飴が贈られたという記録がある。[17]

（2）献上、贈答、販売の諸相

◈薩摩・宇土藩主への献上

次いで朝鮮飴の他藩への献上、贈答の事例を通し、当時の菓子としての位置づけを探りたい。以下、熊本の出京町別当荒木家の文政年間（一八一八〜一八三〇）から幕末までの「記録」から、参勤交代で熊本を通過する薩摩・宇土両藩の接待記録をみる。[18]主な接待の相手は薩摩藩主及び同藩家老、宇土藩主、各藩主の御次、当御裏御女中（熊本藩）であるが、そのうち朝鮮飴の献上がみられるのは、主として薩摩藩主と、熊本藩支藩の宇土藩主である。まず薩摩藩主の事例では、文政六年（一八二三）四月二八日の御下国御小休を始めとして、御下国四例、御参勤三例、計七例の小休において、毎度朝鮮飴三斤が献上されている。例えば文政六年四月二八日、薩摩藩主島津斉興の下国途中の小休については次のように記されている。[19]

文政六年未四月廿八日
一薩州様御下国御小休　昼九ツ時分御入
　　　　高瀬ゟ川尻御泊り也
　献上　朝鮮飴三斤
　　白木三宝長熨斗
　　　但、壱斤ニ付五匁八分宛
　　　曲代弐匁八分
　　〆弐拾目弐分　但、吉文字屋より
　御次江差出餅弐百四拾六　代七匁
　二重ニ而　　但、下ノ多吉方より
　御銀壱枚　金子五百疋拝領　但、請取書差上候事
　　　旅方
　　　上村嘉兵衛殿
　　　　手付役
　　　　小野八之進殿

一斤当り五匁八分で吉文字屋で調製された朝鮮飴三斤が、二匁八分の曲物に入れられ、白木三宝で長熨斗を添えて献上されている。また、同史料の文政九年二月二日、同一〇年五月二九日、同一一年九月九日、同一三年三月晦日の事例に「一曲ニシテ封印」とある。献上の数量及び値段、曲物に入れて封印、白木三宝長熨斗という様式は全七事例で共通していることから、定まっていたと思われる。なお吉文字屋は熊本城下の御用菓子屋二軒の内の一軒で、もう一軒の海老屋とともに時献上のかせいたも調製していたとされる[(20)]。

次に宇土藩主の「宇土様御参勤御小休」の接待の二例をみる[(21)]。文政六年九月一五日、細川立政《たつまさ》に対し「献上

朝鮮飴弐斤　代拾壱匁六分　外ニ曲代弐匁　〆拾三匁六分」とある。前記の薩摩藩主の例と比較すると、朝鮮飴の量が一斤少ない。曲物代が二匁と安いことから、朝鮮飴の量に合わせて小形の容器であったと思われる。一斤の値段は薩摩藩主と同じく五匁八分で、品質は同等である。同一二年三月四日、細川行芬《ゆきか》へは「献上朝鮮飴壱斤箱入」とあり、さらに少ない一斤で、容器は曲物でなく箱であった。

一方、接待された薩摩藩が荒木を介して朝鮮飴を購入している二事例がある。まず前出の文政六年四月二八日には「但此節朝鮮飴値段御尋ニ付五百文ト相答、尤壱斤ニ付而之値段也、吉文字屋ニ而御調ニ相成り申候、此方より八之進殿江人差添遣ス」とあり、(22)朝鮮飴の値段を一斤五〇〇文と確認したうえで注文している。次に文政一〇年五月二九日、同じく島津斉興の下国小休に朝鮮飴三斤を献上した際にも「朝鮮飴壱斤入拾箱調呉候様御頼ニ相成候間、則吉文字屋へ申遣シ、代銭七百文当ニシテ小判壱両請取」とあり、一斤入一〇箱を注文している。両度とも代金が銭で示されているが、献上の事例と同様、吉文字屋が調製しており、品質は同等と考えられる。また下国途上であることから、薩摩藩では熊本で献上された朝鮮飴を評価し、帰国みやげにしたと考えられる。

◈熊本城下で販売された並朝鮮飴

天保一一年（一八四〇）の「米穀下落ニ付而諸色値段引下ケ候覚帳」には、市販の状況が次のように記されている。(23)

覚

一並朝鮮飴　当時迄壱斤ニ付五匁五分之処、此節より五匁三分売

一東山　当時迄壱斤ニ付五匁売之処、此節より四匁八分売

一並落雁　当時迄壱斤ニ付三匁売之処、此節より二匁八分売

一並羊巻　当時迄弐匁売之処、此節より壱匁九分売

右之外、麦菓子・米製菓子共、当時迄売来候処より弐分通引下ケ売方可仕候、此段宜御達被成可被下候、以上

天保十一年三月　　値段元
　　　　　　　　　濱田七蔵
　　　　　　　　　園田屋
　　　　　　　　　　武左衛門
諸色調御受込
　御別当衆中

熊本藩からの諸品の値下げの達に対し、値段元の濱田七蔵と園田屋武左衛門が、菓子一斤の値段を二分ずつ下げることを別当に知らせている。濱田は、同藩による住民記録「町在」によれば、細川忠興の中津における隠居の節以来の御用菓子屋である「熊本上職人町扇子屋七蔵」で、寛永九年、細川忠利の入国に伴い蔚山町（現、熊本市中央区新町）に七間口の屋敷を拝領し、代々菓子職にて勘定所・御客屋御用を勤め、文化一三年（一八一六）「勘定所御用菓子職出精にて苗字御免」となった人物である[24]。園田屋は前出した現在の朝鮮飴の製造者であるが、松崎範子によれば、前出した御用菓子屋の二軒（吉文字屋と海老屋）からの注文で献上用朝鮮飴の製造の下請けをしていた[25]。従ってこれらの菓子は御用品同様のものであろう。

ただし「並」とあることから等級があったとわかる。その値段に注目すると、「並朝鮮飴」は併記された菓子のなかでは最も高価である。前出の事例で文政年間に薩摩・宇土両藩主に献上されていた朝鮮飴一斤当たりの値段は、値下げ前の並朝鮮飴より三分高い五匁八分であることから、並より上の品質であったと考えられる。また同史料によれば、大工と左官の日当が四匁以下であり、朝鮮飴が高価であったことがわかる。

このように、朝鮮飴は時献上以外に他藩主へも献上され、将軍家への献上と同様、御用菓子屋で調製された。その際相手により、量や様式に定式があった。献上された他藩主が下国途上に城下で購入していることから、献上先からも高い評価を得ていたと考えられる。また、市中でも販売されていたが、極めて高価な菓子で、品質に

よって等級が設けられていた。

◈切り方を記録した儒者松崎慊堂《こうどう》

幕末の事例であるが、朝鮮飴は江戸における熊本藩関係者の贈答でも用いられていた。文化文政期の儒学者松崎慊堂（出生地は肥後熊本益城郡木倉村）の日記「慊堂日暦」には、江戸目黒羽沢村の塾舎に来訪した学者文人、藩士、儒官、医官から、朝鮮飴やかせいた（第四章後述）が贈られた記録がある。ここでは朝鮮飴の事例を示すと、天保八年一〇月一三日「砲洲の細川侯（熊本新田藩主、細川利用）」から贈られたという記録を始めとして、朝鮮飴八例、「韓餳（韓飴）」七例が確認できる。(26) この韓飴は、平戸藩主松浦静山による文政四〜天保一二年（一八二一〜一八四一）の「甲子夜話」で、後述の通り「細川氏の家製」の朝鮮飴に関する記述中にみられることから、(27) 朝鮮飴の別称であろう。

また、そこには形状に関する具体的な記録もある。天保一三年一二月二二日条に「関直吉来る、遠山氏は韓飴六斤を寄す、朝鮮飴を切る、小麦粉をとり粉にす、半紙を上にあてておし切りに切る、飴切れて紙切れず、張切にすべからず、関生口伝」とあり、(28) 朝鮮飴の切り方が記されている。現状のように一口大ではなく食す際に切るもので、切断方法が記されるほどの手間が必要であったことがわかる。また同年七月二一日には松前藩主松前氏の饗応に「韓飴一捲」を用いたという記録があることより、それは捲いた状態であったとも考えられる。

（3）製法の記録と地域性の認識

◈朝鮮飴と求肥飴

ここでは近世における朝鮮飴の実態を、材料及び製法・形状等の実質と、地域性・由緒等の認識に注目して検討する。まず実質について、主として製法記録から探ってみたい。朝鮮飴は前記の通り領内で販売され、材料も特殊ではなく、供給量は少なくなかったと考えられるが、「朝鮮飴」の名で具体的な実態を記す事例は限られている。そこで表１（一四七頁）に朝鮮飴（Ａ１〜５）と、朝鮮飴の別称である求肥飴・求肥糖・求肥餅、及び唐飴・唐人飴（Ｂ１〜９）について、それぞれの史料の成立年の昇順に示す。なお、朝鮮飴の史料は全て写本である。Ａ１は熊本藩士高原枯草編「歳時記」を同藩士の本間素当が書写した食品の製法書、Ａ２は本間素当が後年類聚した食品の製法をＡ１の「歳時記」前半に増補した部分とされている。[29] Ａ３の「萬秘伝書」は福岡藩士高畠由壽による衣食住の生活全般に関する聞書の類、[30] Ａ４の「諸製伝集」は熊本藩主屋敷の菓子製造関係者の記録である。[31] Ａ１・２・４は熊本藩関係者による。Ａ５は同藩領に隣接する幕府領の、肥後国天草郡高浜村庄屋上田家に伝わる史料である。史料名、成立年は記されていないが、内容はＡ３に類する記録で、近世後期のものと推察される。[32]

材料は、いずれも水飴、砂糖、糯米等穀類または澱粉で、製法はこれを合わせて煉り詰め、板状に流してさますというものであるが、材料については穀類の種類や状態、砂糖の種類、水飴の有無が史料によって異なる。穀類は、朝鮮飴のＡ１は葛粉と「麦の花粉」（小麦粉）、Ａ２とＡ４は糯米粉のみ、Ａ３は糯米粉と葛粉である。Ａ５のみは、前記した現在の園田屋と同様、糯米を水に浸漬した後、臼で挽いたものにほかの材料を加える。求肥飴はＢ７とＢ９以外は使用する穀類粉の種類が多く、葛、小麦、蕨、糯米等から二〜四種類を配合している。またできあがった飴にまぶす粉の呼称は「かけ粉」（Ａ２）、「取粉」（Ｂ５・Ｂ８）等と記され（以下、取粉）、その種類については小麦粉（または麦粉、うどん粉）が六例（Ａ２・Ａ４・Ｂ１・Ｂ４・Ｂ６・Ｂ９）、葛粉が六例（Ａ３・Ａ５・Ｂ２・Ｂ５・Ｂ７・Ｂ８）であった。

砂糖は白砂糖（Ａ２・Ａ３・Ｂ１・Ｂ２・Ｂ６〜９）、黒砂糖（Ａ４・Ａ５）、砂糖（Ａ１・Ｂ３〜５）で、朝鮮飴と求肥飴の違いは特に無いが、朝鮮飴のＡ４には「上々之仕様ハ白砂糖を用候迄之違也」とあり、通常は黒砂糖、上々は白砂糖と使い分けている。水飴は朝鮮飴の全例と、求肥飴のB1・B8・B9で使われている。

以上より、製法記録にみる朝鮮飴の材料は現在のように定まってはいない。求肥飴との違いは明白ではないが、朝鮮飴は糯米と水飴を主材料とし、求肥飴は数種の穀類粉を混ぜて使う傾向を指摘できる。A4の「諸製伝集」では「求肥ハ水すくなく早く練上候付あし弱くやわらか也、朝鮮飴の方ハ久敷練詰ルニ付あし強く跡ごし堅し」と、あし（粘り気）の強さとそのための加熱時間の長さを朝鮮飴の特徴としている。粘りは現在の朝鮮飴でも重視され、前出の園田屋では、糯米粉では充分な粘りが出ないとして浸漬した糯米を挽いて用いている。この点から当時の製法で材料の穀類の種類に改めて注目すると、A2・A4・A5のように糯米のみを使うことが、朝鮮飴の特徴とも考えられる。形状については表中では「さん木（算木）に切」（B8）の一事例のみであるが、正徳二年自序のある図説百科事典『和漢三才図会』に「求肥餹　牛脾餅」として「墨の形のように切って麪をまぶし」とあり、それと同様の形状が図示されていることから、[33] それが一般的だったのかもしれない。

江戸で朝鮮飴が販売されていた事例もある。大田南畝の安永八〜文政三年（一七七九〜一八二〇）の見聞筆録「一話一言」で文化七年（一八一〇）四月一五日の「本町紅谷志津摩家菓子譜」に「一求肥飴　壱斤　代五匁（略）一朝鮮飴　同　代拾匁」と記され、[34] 江戸本町の菓子屋紅谷志津摩では、朝鮮飴を受注製造販売していたことがわかる。値段は前記した熊本の献上用朝鮮飴の一斤五匁八分に比してかなり高く、また朝鮮飴と同類の求肥飴の二倍である。朝鮮飴を含む求肥飴の類は品質の上下幅の大きい菓子で、その違いは材料それぞれの質や配合比、販売地域等であったと考えられる。献上品の朝鮮飴は、白砂糖と絹篩《ふる》いを通した上白糯米粉で作った白くきめの細かい最高品質のもので、実質的には現在の朝鮮飴に近いものと推察される。

◈細川氏の家製

次に朝鮮飴の地域性に関する人びとの認識を検討したい。例えば農政学者・佐藤信淵著、文化一〇年刊『経済要録』に「肥後熊本ノ朝鮮飴」とある。また、江戸で享和二年（一八〇二）に刊行された料理書『料理早指南』三編の「諸国名産名よせ大概」に「朝鮮飴、醒が井餅、氷もち、砂糖づけ梅」とある。[35]同じく江戸の菓子屋である船橋屋織江主人による天保一二年刊の菓子製法書『菓子話船橋』には、「玉池の魚者　畑野氏」による跋文に「樸菓子を好む癖ありて（略）江戸の名代は新古をいはず、京都の洲浜、虎屋が小倉野は更なり、朝鮮飴、加賀落雁、諸州の名物、国産の属、貯へもたずといふ事なし」とあり、[36]産地は明記されていないが諸州の名物と併記されていることから、朝鮮飴が熊本の産物であることは記すまでもなく広く認識されていたといえる。[37]

その由緒についてはどのように認識されていたのだろうか。事例は限られるが、前出の平戸藩主松浦静山が『甲子夜話』で次のように記している。[38]

細川氏の家製に朝鮮飴と呼ぶもの有り、予時々彼の知るべの者より到来す、一日思ふ、是全く彼祖朝鮮討のとき、渡海して、彼国より伝へ来れる所と、肥州に託して彼氏に問ふ、支家能州の答に、本家二代越中守忠興、文禄元年秀吉の命に依て朝鮮へ渡り、翌年冬帰国、其とき韓飴の製法伝来のことは伝へざれど、多分其ときより製法家伝せしと覚ゆと、されば全くかの俘囚より得たるのみ、予が家の陶器と同類也

ここでは細川氏の家製の朝鮮飴、すなわち熊本藩の献上品の朝鮮飴について、平戸藩の高麗焼同様、朝鮮出兵の折に細川忠興が伝えたとしている。同藩の焼物も時献上であった（第一章表3）。近世には加藤清正との関連を示す史料は現在のところ確認できず、武鑑は当時名産に関する主要な情報源の一つであったと考えられることから、こうした認識は一般的なものだったと推察される。

（4）朝鮮という名の由来について

◈牛皮糕——中国由来

ここでは「朝鮮」を冠する名称の由来について、推測の域を出ないが二つの可能性を指摘してみたい。一つは中国由来説からの転化である。朝鮮飴の原型とされる求肥または求肥飴の起源については、前出した『和漢三才図会』に「牛脾・羊肝ともに中華の人の賞美するもの、わが国ではかつて畜肉を食べずに忌む、それで字も求肥と換えている」とある(39)。牛皮と表記する例もあり、牛のなめし革の形状に因む名ともいわれる(40)。

中国の求肥については、蘭方医の広川獬《かい》が寛政年間の長崎滞在で見聞した異国の文物を図説した、寛政一二年（一八〇〇）刊『長崎聞見録』の、主として中国に関する事項をまとめた巻之三で「求肥は漿粉、砂糖、膠飴に、胡麻油を少々加ゑて製したるものにて、幅壱寸五分、長さ二尺許りに作りて胡麻を付巻たる物也、決して手に粘せざるを妙とす、用ゆる時、意に従ひ延してきるなり」と図示されている（図4）(41)。中国に現存する「牛皮糕（または牛皮糖）」はこれに近いと思われる（図5）(42)。

また求肥飴の呼称については、前出の唐飴、唐人飴のほかに、第五章でも述べる通り近世の製法記録において南京、南蛮、阿蘭陀、琉球、そして朝鮮等の異国名を冠する事例が散見される。当時こうした異国名については、必ずしも伝来国ではなく、外来であることや珍しさを表す語として用いられた。薩摩藩主島津重豪の命により編纂された文化元年の『成形図説』に「唐とも高麗とも云ハ並に外国の汎称(43)」、

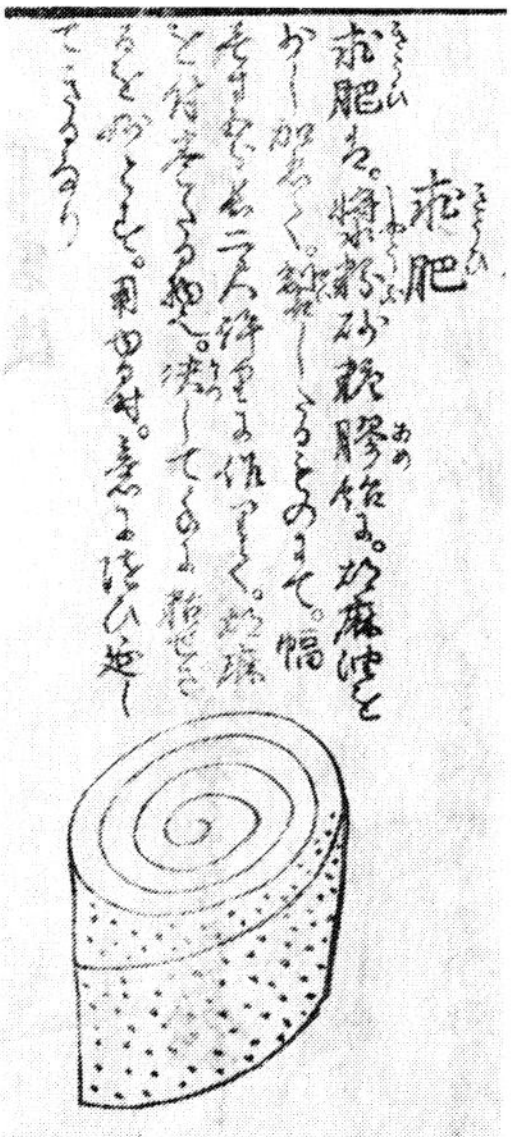

図4　「求肥」『長崎聞見録』巻之三、寛政一二年（人間文化研究機構国文学研究資料館蔵）

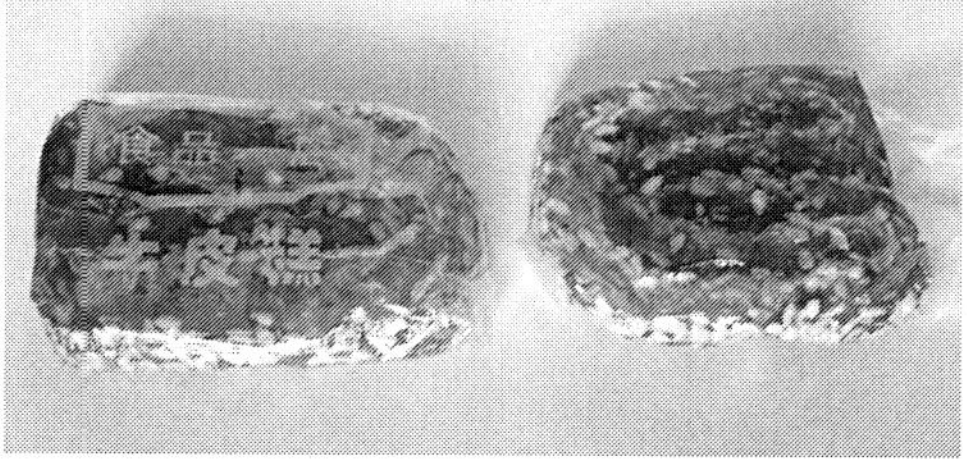

図5　中国で市販される牛皮糕

また若桜藩主池田定常が天保三年に著した随筆「思ひ出草」に「唐人と称する事」として「鮮人をも琉人をも蘭人をも俗にハすべて唐人と覚へたるなり（略）世俗概して異国人を唐人といふハ尤なりといふ説狩谷棭斎ハすでに余にさきたちていへり」とある。[44] 以上より、朝鮮飴も中国由来の求肥飴に付された外来を意味する呼称の一つに由来する可能性が考えられるが、そのなかから特に朝鮮飴という呼称が熊本で定着した理由は不詳である。

◈ようひ――朝鮮由来

二つ目は朝鮮由来の可能性である。序章で前記した通り、朝鮮由来の菓子は外来菓子としての検証が遅れているが、一六～一七世紀初期の史料に限定的にみられ、実態不明ながら中国由来とされている菓子のなかには、朝鮮との関連をみなおすべきものも多い。例えばその一つ「くわすり」は、朝鮮の薬果であることが判明している（第九章後述）。実はこれと併用される事例が散見される「やうひ」についても、朝鮮菓子の可能性がある。「羊皮」、「羊皮餅」とも表記され（以下、ようひ）、求肥に類する菓子と考えられる。

ようひの事例は、茶会記では「松屋会記」の「久政茶会記」に、天正八年（一五八〇）一〇月二一日朝、滝川一益の会で「クワシ　フチ高ニミカン・サクロ・クリ・カン　ヤウヒ・金ノ露」とあるのを始め、同一〇年五月一二日、同一一年正月二六日、同一六年九月一八日にもみられる。また、「久好茶会記」には慶長一一年（一六〇六）卯月一四日の五事例、「神屋宗湛茶会日記献立」には天正一五年一月一六日、三月二八日、同二〇年一〇月三〇日、慶長三年一一月二二日の四事例がみられる。[45] ようひ餅の事例は「天正十年安土御献立」に「十五日をちつき（中略）御菓子縁高足をつけて　やうひもち」[46]、「言経卿記」天正一七年二月一日条に「冷借屋筆屋女筆一対予ニ、へニ付一対北向へ、羊皮餅一盆、同勘右衛門尉女串柿二把等持来了」[47]、慶長八年（一六〇三）の『日葡辞書』に「Yofimochi ヤゥヒモチ（羊皮餅）焼判を捺した甘い小さな餅」とある。[48] また、京都の妙心寺文書には天正一六年「羊皮（一〇コ）銭一一文」、龍光院所蔵文書には慶長一七年「羊皮（一〇〇枚）銭一五・六文」とある。[49]「やうひ」は「羊皮」で、「やうひもち」の略称で、「コ」または「枚」の単位で数えられる小さな餅状の食物とわかる。近世にも、虎屋黒川家文書の元禄七年（一六九四）「諸方御用留」に、「百味之覚」として干菓子類が列挙されたなかに「やうひ」とある。[50]さらに時代を下るとそれを「ぎゅうひ」と読む事例も認められる。例えば、田中安次満和著、文化元年（一八〇四）の「吉良流献立之書」に「式の菓子ハ六角縁高又ハ三宝に錺盛へし、羹《カン》、饅頭《マンチウ》、羊皮《ギウヒ》、結のし、結昆布、枝柹、花おこし、榧、胡桃、ありのミ、栗、橘等之類、時の物をも取交て十弐種又ハ九種、七種、五種相応ニ取合[51]」とあり（読点は筆者加筆）、玄斎南可著、元治元年（一八六四）刊の『商売往来絵字引』二編に「羊氷《きうひ》　其製よろし味ハひ美なり」とある。[52]

以上より、ようひ（羊皮）は牛皮（求肥）の別称で、干菓子としての分類や単位から、求肥より水分の少ない求肥飴、すなわち朝鮮飴に近いものと推察される。ただしその起源の朝鮮の菓子は現時点では特定できておらず、今後の研究成果に期したい。

以上、近世の朝鮮飴は、一八世紀初頭から熊本藩主を中心に贈答に用いられ、かせいたとともに献上品とされ、明和年間（一七六四～一七七二）から幕末まで将軍家への時献上であった。熊本の名産として武鑑を通し広く認識され、市中や江戸でも御用菓子屋で製造販売された。由緒については、細川忠興が朝鮮出兵で伝えたという記録はみられたが、加藤清正に因むことを記す事例は確認できなかった。

第三節　近代における朝鮮飴の変容と展開

（1）内国勧業博覧会への出品と変容

◈白朝鮮飴――洋糖の導入

本節では朝鮮飴の近代における動向に注目する。まず内国博全五回の出品・受賞を表2に示す。明治一〇年

表2　内国勧業博覧会における朝鮮飴の出品・受賞

回	開催年	府県	出品者住所	出品者	出品物	褒賞
1	明治10(1877)	熊本	飽田郡米屋町	園田政次郎	朝鮮飴：餅米	褒状：朝鮮飴
			飽田郡六間町	毛利安次郎	朝鮮飴、氷砂糖	
		東京	多摩郡中野村	山本平兵衛＊	軟飴、朝鮮飴	
2	明治14(1881)	熊本	熊本河原町	坂本藤蔵	白朝鮮飴：餅米・白砂糖製	
		東京	下谷練塀町	中山勝次郎	朝鮮飴2：白砂糖・糯米粉・竿形糖液煉熬	
3	明治23(1890)	熊本	熊本市南新坪井町	毛利安次郎	（太白）朝鮮飴	褒状：太白朝鮮飴
			熊本市南新坪井町	園田郭六	朝鮮飴	
			熊本市通町	佐藤源太郎	（白）朝鮮飴2、仏手柑砂糖漬	褒状：白朝鮮飴
			熊本市新町	田中熊平	（白）朝鮮飴	褒状：白朝鮮飴
			熊本市細工町	緑谷次太郎	朝鮮飴	
			熊本市東唐人町	伊勢熊太郎	朝鮮飴	褒状：白朝鮮飴
			熊本市迎町	古閑利三郎	朝鮮飴	褒状：太白朝鮮飴
			熊本市鳥屋町	市下弥八郎	朝鮮飴	
			熊本市中職人町	木村清八	朝鮮飴	
4	明治28(1895)	熊本	熊本市南新坪井町	園田郭六	朝鮮飴3、鶏（卵）入朝鮮飴、白寒菊、肥後美屋げ	褒状：鶏卵入朝鮮飴
			熊本市安巳橋通町	三好馬太郎	朝鮮飴、砂糖菓子	褒状：朝鮮飴
			熊本市上通町	馬淵慎八	朝鮮飴	
			熊本市迎町	古閑利三郎	（白）朝鮮飴	褒状：白朝鮮飴
			熊本市鍛冶屋町	伊勢熊太郎	朝鮮飴、水飴	
			熊本市通町	佐藤源太郎	朝鮮飴、カステイラ、羊羹	
			熊本市南新坪井町	毛利源次郎	朝鮮飴	
			熊本市細工町	緑谷次太郎	朝鮮飴	
			熊本市洗馬町	小早川慶八	朝鮮飴3、飴2	
			熊本市中坪井町	中島彌平	朝鮮飴	褒状：太白朝鮮飴
		大分	宇佐郡宇佐町	松田宗太郎	朝鮮飴	褒状：朝鮮飴
		大阪	東区南久宝町	野口卯兵衛	朝鮮飴、飴	
5	明治36(1903)	熊本	熊本市鍛冶町	伊勢熊太郎	カステーラ、白朝鮮飴	
			熊本市迎町	今村太平次	稲ノ露、白朝鮮飴、種菓子初霜、同春の松、水飴	
			熊本市新町	橋本伊八	白朝鮮飴、カステーラ、落雁	
			飽託郡古町村	橋本林太郎	太白朝鮮飴、カステーラ	
			飽託郡春日村	金子恕吉	朝鮮飴、カステーラ、羊羹	褒状：朝鮮飴
			熊本町細工町	田瀬嘉吉	白朝鮮飴、カステーラ、黄小金の花	
			熊本市中坪井町	中島彌平	白朝鮮飴、カステーラ	褒状：朝鮮飴
			熊本市安巳橋通	村田善蔵	朝鮮飴5	
			熊本市新屋敷町	野中猪太郎	白朝鮮飴、カステーラ	
			熊本市新町	松石松太郎	白朝鮮飴、カステーラ、羊羹	
			熊本市下職人町	松原壽三郎	白朝鮮飴、黒同	褒状：白朝鮮飴
			熊本市船場町	小早川慶八	白朝鮮飴、このめの雪	
			熊本市中職人町	木村善五郎	白朝鮮飴、カステーラ	
			熊本市細工町	緑谷治太郎	白朝鮮飴、カステーラ	

			熊本市安巳橋通町	三好馬太郎	白朝鮮飴、カステーラ	三等賞：朝鮮飴
			熊本市新坪井町	毛利源次郎	白朝鮮飴、カステーラ	
			飽託郡古町村	橋本林太郎	太白朝鮮飴、カステーラ	
		大分	宇佐郡宇佐町大字南宇佐	岩男角市	水飴、翁飴、朝鮮飴	
			宇佐郡宇佐町	吉田熊太郎	馬城の雪、朝鮮飴	褒状：朝鮮飴
			宇佐郡宇佐町	鷹居北留	朝鮮飴	
			宇佐郡宇佐町	高月佐十郎	水飴、朝鮮飴	
			宇佐郡宇佐町	長松健次	水飴、翁飴、朝鮮飴、羊羹	
			宇佐郡宇佐町	山香文蔵	朝鮮飴	
			宇佐郡宇佐町	松田宗太郎	朝鮮飴	褒状：朝鮮飴
			北海部郡臼杵町	鮒小田喜平	カステーラ２、滋養菓子春の雪２、ビスケット、白煉朝鮮飴、煉羊羹	
			宇佐郡宇佐町	幸島恒次郎	水飴、翁飴、朝鮮飴	
			宇佐郡宇佐町	寺井寅次郎	朝鮮飴	
			大分郡大分町	宮田虎之助	朝鮮飴２	
			宇佐郡宇佐町	宮田重助	水飴、翁飴、朝鮮飴	
		宮崎	児湯郡下穂北村	河野清	カステーラ菓子、干菓子、朝鮮飴	
			児湯郡高鍋町	千手土蔵	カステーラ、煉羊羹、蜜柑漬、朝鮮餅、ボール、藤の雪、衛生羹	
		岩手	稗貫郡花巻町	伊藤丑蔵	菓子朝鮮飴	
		香川	仲多度郡多度津町	藤田守治	朝鮮飴、八景糖、味噌中ベシ	
		愛媛	宇摩郡三島町	篠原半太郎	生菓子大和錦、同田子鶴、朝鮮飴	
		福井	南條郡武生町	水上武十郎	乾菓子方言都の露、菓子方言朝鮮飴、同方言松風	
		山口	吉敷郡山口町	池田直兵衛	朝鮮飴、露の友、厚松風	
		大阪	東区八尾町	高松彦次	朝鮮飴	褒状：朝鮮飴
		京都	加佐郡余内村字余部	岡西和平	橋立松露、朝鮮飴、柚皮子	
		鹿児島	鹿児島市築町	木原政吉	軽羹、カステーラ、薩摩八景、朝鮮飴、九年母漬、ビスケット	

出典：第１～５回出品受賞目録（凡例参照）により作成した。
註：＊は出品目録には住所が「上野村」、出品物名が「水飴、朝鮮製」とある。本表では住所と出品物名は以下の出品解説によった（『明治十年内国勧業博覧会出品解説』295頁、『発達史』第７集５）。

（一八七七）に開催された第一回は、第二章で前記した通り出品府県が限られていたが、熊本からは早くも三名が出品し、うち二名は朝鮮飴を出した。出品解説によれば文化年間創業の毛利安次郎が三六〇〇斤、同じく園田政治郎が六〇〇斤の朝鮮飴を出品したとある[53]。園田は前出した近世以来の菓子屋である。毛利についいは不明であるが、文化年間に創業しており、園田の六倍の量の朝鮮飴を出品していることより、熊本藩の御用菓子屋で献上用朝鮮飴を製造していた吉文字屋か海老屋のいずれかの可能性がある。また、この回には東京からも一件、山本平兵衛が出品しているが、この出品者については不詳である。

褒賞については、園田政次郎が褒状を受けた[54]。明治一九年の『熊本県下商工技芸早見便覧』には、その褒状の写しが貼付されている（図6、左上）[55]。これは翌年四月、賞牌の写しを商品や看板へ貼付することを政府が許可したことによるもので、褒賞は出品者奨励に加え、出品物の信用を増加させ、販売促進に役立つという狙いからであったとされている[56]。この手法は、以後各種商品の広告や包装デザインに影響を与える。内国博をモデルにその後開催されていく産業別博覧会や共進会の褒賞も、これと同様に広告に用いられ、特に各種賞牌や受賞歴をデザインしたレッテルや掛紙は、昭和初期まで散見される（図7）[57]。

第二回以降も朝鮮飴の出品数は毎回増加し、その材料、製造方法、由緒が段階的に変容していく。それは現代の朝鮮飴へと続く、近世から近代への変容といえる。明治一四年の第二回には同県からの朝鮮飴の出品は坂本藤

図6　「園田屋」『熊本県下商工技芸早見便覧』明治19年
（国立国会図書館蔵）

蔵の一件のみだったが、初めて白砂糖と上白糯米製の白朝鮮飴が出された。続く明治二三年の第三回には熊本市の九名から一〇点の朝鮮飴が出品され、毛利安次郎の太白朝鮮飴、佐藤源太郎、田中熊平の白朝鮮飴計三点が褒状を受けた。なお初めて出品した伊勢熊太郎は、「町在」によれば近世御用菓子屋だった古鍛冶屋町の伊勢屋忠助と考えられる[58]。このように従来の朝鮮飴と区別して白や太白と特記される時代を経て、朝鮮飴が白朝鮮飴をさすようになっていく。第二回に出品された白朝鮮飴は後の熊本名菓につながる第一の変容といえる。

◈肥後飴と加藤清正

この頃の朝鮮飴の実態に関し、明治二五年の『薬學雑誌』に掲載された内務省東京衛生試験所の喜多尾元英による「朝鮮飴中糖分ノ定量」をみておきたい。朝鮮飴の来歴を詳記したものは他にはないとしたうえで、「朝鮮飴元祖製造本舗園田政二郎（園田政次郎）」の引札により、朝鮮飴の製法及び来歴を次のように引用している[59]。

> 此飴ハ糯米ヲ寒中ニ水干シタル物ト同シ糯米ヲ極上白ニ精ケテ水飴ヲ作リ、之ニ最上品砂糖ヲ加ヘ製シタルモノニシテ、四季寒暖ノ度ニ応シ、其分量ニ一家相伝秘術アリ、且其品質モ太白、上白、中白、並、下等ノ五段ニ分チ、随テ其風味代価ノ如キモ又幾分ノ差異アリ、元ト之ヲ肥後飴ト称セシニ加藤清正公深ク之ヲ賞翫セラレ、朝鮮征伐ノ節モ彼地ヘ持越サレシニ数月ノ久シキヲ経ルモ腐敗ノ憂ナク、其風味一層ノ美ヲ加ヘ且滋養多クシテ、健康ヲ助クルノ効アルニ依リ、人皆称シテ長生飴ト云ヘリ、此飴ヲ朝鮮人ニ贈与セシニ、彼国人深ク其味ノ

図7　博覧会の賞牌を用いたレッテルのデザイン例「五勝手屋羊羹」五勝手屋本舗（北海道檜山郡江差町）

美ナルヲ称賛シ切ニ其製法ノ伝授ヲ懇願セルニ由テ乃之ヲ教ヘタリ、而シテ朝鮮飴ノ名称アル所以ハ清正公朝鮮征討ノ際携ヘラレタル記念ヲ存センカ為ナリ、決シテ朝鮮人ノ伝授ヲ受シニハ非ス、其後又領主細川公ノ御賞味ヲ蒙リ年々将軍家ヘ国産ノ一種トシテ献上セラル

記述の要点は三点ある。一点目は、材料と品質の高さである。材料は、寒中に水干した糯米、それを極上白に精白して作った水飴、及び最上品の砂糖である。品質は上から太白、上白、中白、並、下の五等級で、上品ほど白く、精白した純白の材料を必要とするため水飴も同店で製造していた。「最上品砂糖」は精製度が高く純白の洋糖で、菓子名に付された「白」はその使用を示す(60)。二点目は由緒来歴で、その内容は現在の園田屋の朝鮮飴の栞と同文である。近世にはみられなかった加藤清正と朝鮮出兵に因む由緒が、ここにきて初めて確認された。これは現在に続く第二の変容であり、また地域性の根拠の変容といえる。三点目は最後に記された「年々将軍家ヘ国産ノ一種トシテ献上」で、細川家の時献上をさしている。細川家による時献上以前の、加藤清正による朝鮮出兵を、朝鮮飴の地域性として再編成しようとする意図が窺える。そこでは時献上に伴う権威以上に、清正に因む歴史的個性に重点が置かれている。

◈精煉機と片栗粉の導入

続く明治二八年の第四回では熊本市の一〇名が計一四点の朝鮮飴を出品し、そのうち古閑利三郎の白朝鮮飴、中島彌平の太白朝鮮飴、三好馬太郎の朝鮮飴、園田郭六の鶏卵入朝鮮飴の四点が褒状を受ける。第二回以降の白・太白に加え、鶏卵入という新たなバリエーションがみられるが、ここではこの回に朝鮮飴四点を出品した小早川慶八（山城屋）による出品解説書の「審査請求ノ主眼」に注目したい(61)。

従来ノ製造法ハ煉棒ヲ以テ攪拌スルニヨリ色味共ニ一定ノ品ヲ製出スルコト頗ル難シ、明治二十七年九月、朝鮮飴精煉機ヲ研究シテ其欠点ヲ補ヒ、爾来精品ヲ多量ニ製出シテ大ニ製造費ヲ減少スルノ好結果ヲ収ム、

詰粉ハ一般麦粉ヲ用ヒ来リシモ該粉ハ朝鮮飴固有ノ風味ヲ害スルノミナラス夏期ニ至テ往々細虫ヲ生スルノ恐アルヲ以テ明治二十五年四月ヨリ片栗粉ニ替ヘテ保存性ヲ改良セリ

つまり、一年前に導入した精煉機によって均質な商品の大量製造を可能にし、二年前から「詰粉（取粉）」を従来の小麦粉から片栗粉に変えて風味向上と虫害防止を図っている。手作業による上菓子だった朝鮮飴は動力を利用することで量産され、また、片栗粉の導入により、品質保持性はより高くなった。いずれも後の朝鮮飴につながる第三、第四の変容である。量産は菓子の大衆化と需要者の拡大を導き、上菓子・献上品という朝鮮飴の位置づけを変える契機といえる。

片栗粉については、明治末期から大正期の朝鮮飴のレッテルに「薬用かたくり粉詰」（伊勢熊太郎「朝鮮飴」、図9、一三七頁）、「かたくりの効能」（三好馬太郎「太白朝鮮飴」）と、その薬用効果を強調するかたちで付記されている。(62) そこからは、片栗粉を使わない商品との差別化が窺え、従来の小麦粉を使用するものも共存していたと考えられる。ただしこの片栗粉の実態については、カタクリの澱粉か、現在取粉に用いられているかたくり粉、すなわちジャガイモの澱粉かの検討を要する。後者の起源は上野国吾妻郡大笹村（現、群馬県吾妻郡嬬恋村大笹）の大日本農会通常委員・岩上八郎による明治一六年の記録によれば、文化年間（一八〇四〜一八一八）に同じく大笹村で黒岩九郎助が、馬鈴薯の澱粉を製造して芋葛と称したことに始まる。その後天保一〇年（一八三九）、同郡大前村の美才治幸助が発明した馬鈴薯の擦卸器機で製造して「加多久利」と改称し、広く知られる物産になったという。明治一一年の『上野国郡村誌』によれば、吾妻郡の村別片栗粉の生産高は田代村六六〇〇貫、大笹村四五〇〇貫、干俣村三一〇一貫である。(63) 内国博では明治一四年の第二回、同郡中ノ條町（現、群馬県吾妻郡中之条町）の二宮半重郎が「加多久利粉馬鈴薯」を出品している。従ってこのジャガイモ澱粉を朝鮮飴の取粉として用いることは可能であろう。前記した「薬用」の表記や効能書から、カタクリの澱粉である可能性もあり、断定はできないが、量産される朝鮮飴の材料としては、この時すでに量産化されていたこのジャガイモ澱粉が使われていた可能性は高い。

◈熊本県下の重要産物へ

明治三六年の第五回には熊本県から菓子を出品した三八名のうち一七名が朝鮮飴を出品し、うち二名は熊本市以外（飽託郡）からの出品者であった。審査報告には「朝鮮飴ハ該地ノ特産ニシテ世既ニ定論アレハ今再喋々スルノ必要ナキモ又之ヲ黙止スヘカラス」とある。(64) また、それ以前の『九州日日新聞』明治三二年五月一八日付の社説「熊本絹織物の発達」に「米穀を除きては熊本産物として他方に其の名を知らるる者なく、強ひて之を挙ぐれば唯だ朝鮮飴の一あるのみなりしは、実に既往の有様なりき」とあり、(65) 朝鮮飴が同県の主要な産物として県内外に認知されていたことがわかる。明治三五年一一月、明治天皇の陸軍特別大演習による熊本行幸の際には、県下の「重要なる産物」として朝鮮飴が天覧に供されている。(66)

こうして朝鮮飴は近代において材料、由緒が変容し、同時に製造者が増加し、製造の機械化により増産されていった。新たな需要者や用途に即応して熊本の地域性を再編成し、熊本名菓として成立すると同時に同地の産業としても発展した。産量は『熊本区誌』によれば明治一二年は六一四〇斤で、(67) 同三四年の『熊本市製産品統計書』では一五九七一貫と一六倍に増え、またその販売地域については「朝鮮飴ハ本県下へ三分各府県及北海道、琉球、台湾等へ七分販出」とあり、(68) 主として県外や国外であったことがわかる。

なお、第五回の審査報告における評価は「朝鮮飴ハ近来稍〻製造ニ改良ヲ加ヘタルモノアレトモ、多クハ過硬ニシテ喫著シ難ク、風味濃厚ニシテ淡白ナラス、殊ニ大量ノ米粉ノ為ニ衣服ヲ汚スノ嫌ヒアル等ハ宜シク断然改良ヲ加ヘサルヘカラス、其形状ノ如キモ成ルヘク小形ニ宜シ」とある。(69) 改良の方向性の一つに小形化が示されていることより、この時点では現在のような一口大ではなかったことがわかる。

（2）　産地と用途の展開

◈飴の産地・宇佐の朝鮮飴

朝鮮飴はさらに変容しながら、産地、需要者及び用途を広げていく。まず産地の展開について述べる。前出の表2に示す通り、内国博では県外からの出品も増えていた。第一・二回は東京から各一名、第四回には大阪及び大分宇佐から各一名が出品し、宇佐の松田宗太郎は褒状を受けている。第五回になると特に宇佐からの出品が急増して一〇名となり、松田を含む二名が褒状を受けている。また宮崎から二名のほか、愛媛、福井、山口、京都、鹿児島からも出品されている。朝鮮飴の地域的な伝播といえる。ちなみに鹿児島の出品者・木原政吉は、現在同地を代表する名菓である軽羹《かるかん》を製造する明石屋である。

宇佐の朝鮮飴については現存せず詳細は不明であるが、宇佐市観光協会によれば宇佐神宮の参詣みやげとして一時期作られていたという(70)。なお現在同神宮では、糯米製の引飴「宇佐飴」が名物とされている(71)。同宮では一祭神である神功皇后の新羅遠征説話に因み、神功皇后が皇子の応神天皇を育てる際母乳の代用にしたことをその由緒としている(72)。近世には美濃の土岐源吾による元治元年（一八六四）五月の旅日記「蓑虫山人絵日記」で「名産宇佐飴　竹ノ皮ニテ包ム」と図説され(73)、名産で固形だったとわかる。

内国博資料では宇佐飴という出品物名はみられないが、宇佐からの飴の出品は、第三回に宇佐町の寺井勝三郎一名によって始まり、以降第四・五回で朝鮮飴、水飴、飴等の出品が増加している。この出品者は、第五回で朝鮮飴を出品した寺井寅次郎と同家の可能性があるが、同姓の飴の製造者は現在宇佐で確認できず不詳である。また第四回で飴を出品した宇佐の宮田重助は、第五回に飴と朝鮮飴を出品している。宇佐飴は明治以降天皇への献上や、同三〇年代以降の各種博覧会、共進会に出品を重ねて名声を博し、大正末期には製造者が三〇余家となった(74)。こうした展開において、宇佐飴の製造者を中心にその工程で得られる水飴を材料として朝鮮飴を出品するようになったと推察できる。その背景については後述する。

◈日露戦争と軍御用品

次に、新たな需要者と用途の展開に注目する。『九州日日新聞』明治三八年二月二四日付に「朝鮮飴共同商会の事業」という見出しで次の記事が掲載されている。(75)

当地の同商会は、目下陸軍糧秣廠の注文、衆議院の注文等を受け、日々盛に其製造を為しつつあるが、其製造の順序は、出来上りたる飴は、市内内坪井なる包装部に送り、同部にて製品の風味、色沢、上り工合を厳重に検査し、合格せしものは先づ切断し、紙包部・秤量部・缶詰部・荷造部等の各部に廻りて発送までに仕上げらる（後略）

続いて各部署に配置された職工数が示され、その合計は四八六名、製造高は一日約五六〇〇斤、「全速を出せば優に七〇〇〇斤を製造荷造りし得る設計」とある。朝鮮飴が軍隊用に大量生産されていることがわかる。明治三八年は日露戦争中で多くの師団が大陸へ派遣されていた。天皇を大元帥とする軍隊は、近世の幕府や熊本藩に替わる新たな需要者かつ権威といえる。また、ここで製造工程の「切断」に朝鮮飴の第四の変容が確認できる。江戸期には食す際に切る必要があった朝鮮飴が、切断（小形化）、紙包、缶詰を経てから出荷されている。これも兵食という新たな需要に対応した改良と考えられる。

なお、この「朝鮮飴共同商会」の当時の熊本県下における位置づけを裏づける史料は、同県の行政文書等には確認できないが、(76)同市役所勧業係の記録には、明治三七年一二月一日受の軍御用品の「白朝鮮飴総高参万貫匁」の製造引受人四名とその分担数量が次のように記されている。(77)

軍御用品製造結了届

一白朝鮮飴　総高参万貫匁

此価格金四万三千九百五十円也
内　一万五千貫匁　二拾銭三分
一万五千貫匁　三拾銭三分

製造引受人名

一壱万貫匁　三好馬太郎分
一八千貫匁　園田郭六分
一七千貫匁　田中清次郎分
一五千貫匁　小早川慶八分

計三万貫匁

三十八年三月卅日

製造引受人は、いずれも内国博の出品者である。大正一一年から翌年にかけて、熊本市勧業課が調査した記録『熊本市産業調査書（製菓業之部）』によれば、朝鮮飴は明治以降、需用の増加に従い製造者も増加したが、製造法は「旧慣ヲ脱セサルカ如キ状態」だった。しかし「数年前ヨリ蒸気力及電気力ヲ利用」する製造者が増えたことにより、販路拡張し県外へ移出される盛況に至ったとされる。同一〇年の生産高は一四四万四七二〇斤、製造者戸数は「朝鮮飴」三、「朝鮮飴菓子」二七で、前者は全戸動力を使用している。軍御用品の製造分担者の四名は、前出した小早川を始めとして動力使用者と考えられる。なおその消費については、一〇九万三五一〇斤は「汽車便」で移出され、主な移出先は福岡が四割を占め、以下宮崎、鹿児島、大阪、四国各地、山口、広島等であった。残り三五万一二一〇斤の市内消費分も、その多くは「土産品トシテ全国各地及植民地等ニ送ラルルモノ其大部分ヲ占メ、実際市内ニ於テ消費セラル、モノハ極メテ少数」であった[78]。

図８　「今村朝鮮飴」と「水無飴」の広告
右：『朝日新聞』大正６年９月16日付
左：『菓子新報』明治39年12月16日付（国立国会図書館蔵）

その後朝鮮飴は慰問品としても用いられた。昭和六年（一九三一）には、関東軍（満州派遣軍）慰問金として集めた寄付金から、県産樽酒とともに朝鮮飴を購入し、第一回慰問品として関東軍司令官宛に熊本駅から発送している。第二回慰問品としては、翌年一月二六日に天津駐屯軍に対して同種の品物が発送されている。[79]

◈大正期における東京への展開と水無飴

こうした展開は、遠隔地への移送が可能である朝鮮飴の性質によるところも大きい。そこで兵食としての機能性を考えてみると、まず、近世の献上品にも必要不可欠な条件であった品質保持性の高さを指摘できる。[80]さらに近代において小形化と紙包により衛生的な携行性が加わり、缶詰加工でさらに長期の保存・輸送に耐え得るようになっていた。ここでは加えてもう一点、油脂を含まないため低温でも固くならず、また高温でも溶けないという性質を指摘したい。それは朝鮮飴から派生したと考えられる水無飴の評価を通して窺うことができる。

水無飴自体は製造者が廃業したため現存しないが、随筆家の山本夏彦がその実態について「和風の飴を、キャラメルとほぼ同様の粒にして、ほぼ同様の箱に入れて、和菓子屋でなく洋菓子屋で売り出したものである。（略）もち米と水飴と砂糖から成る。それをキャラメル大にかためて、その一つ一つを白いかたくり粉でまぶして、蠟紙の代わりにオブラートで包んだものである。（略）箱の色はカバ色で、神武天皇が弓を手にして、その弓に金鵄がとまって、箱の中央よりやや上に八咫の鏡がかいてあった。（略）なかの箱は経木で出来ていた。森永、明治、新高がいずれも夏やわらかく、冬かたいのにくらべると、これは夏とけないし冬はかたくならない。もち米がまじっているせいで、いつも歯がたつほどのやわらかさ、またはかたさを守っていた」と記している。[81]「和風の飴」の表現、朝鮮飴と同じ材料と製法から、同類とわかる。また箱に描かれた絵については後述する。

水無飴の製造者は、今村田平次が大正三年（一九一四）に東京に設立した今村製菓株式会社であった。[82]同六年の新聞広告では（図8右）、今村の水無飴が学習院御用を受けていたことがわかる。[83]同社設立以前、今村は熊本市迎町で朝鮮飴を製造販売し、第五回内国博では白朝鮮飴を出品していた（表2）。三年後の日露戦争の戦勝凱旋を記念して開催された五二共進会では有功賞牌と「東宮殿下御買上」を受け、熊本の「元祖製造所今村本店」と東京三田「東京発売元今村支店」が、市内及び全国の菓子舗や食料品店、西洋食料品店で販売していた。「歳暮年始の進物」、「滋養に富み消化容易な病中病後又産前産後に尤も有功の食料品」、「宮内省御用品／近来偽物続出せり今村製に御注意」の新聞広告から、朝鮮飴の東京での展開が窺える。[84]同年一二月一六日付『菓子新報』には「文禄土産　肥後名産　今村朝鮮飴」とあり（図8左）、[85]文禄という表現で朝鮮飴の歴史の深さを強調している。その後水無飴の製造販売を始めていることから、水無飴は朝鮮飴から派生した菓子であることがわかる。

今村製菓は昭和一一年五月一六日に破産するが、[86]その類品が別の製造者から発売される。例えば水無飴の後に同じく朝鮮飴から展開した文旦飴（現、ボンタンアメ）、昭和六年その姉妹品として製造開始された兵六餅はいずれも現存する。両者は水飴・砂糖・もち米を主原料とし、水無飴に類する菓子である。明治三六年創業のセイカ食品株式会社が、前身である水飴製造業の株式会社鹿児島菓子で、大正一五年に朝鮮飴から発想を得てキャラメルと同じ形態で発売したとされる。[87]昭和一三年の陸軍輸送物資の記録には、朝鮮飴、文旦飴、兵六餅が含まれており、[88]水無飴と共通する性質が重視されたと考えられる。水無飴を始めとするこれらの菓子は、近世時献上だった朝鮮飴が、近代地域名菓として展開する過程で、前記したような性質が兵食として重視され、材料の質や配合の調整を経て、地域性を有さない普遍的な菓子として派生した事例といえる。

(3)　大陸進出論と加藤清正

こうして朝鮮飴は近代以降段階的な変容を経て熊本名菓として成立し、さらに熊本の産業としても展開していった。前出の『熊本市産業調査書』によれば「市ニ於ケル特産品ニシテ熊本菓子ノ代表」として名声を博す一方、「粗製濫造ノ弊」を生じるに至り、その防止を目的として大正一〇年に「朝鮮飴卸業者十数名申合ハセ組合」が組織されている。粗製濫造の一因は「朝鮮飴ハ安価ナル原料ニ電力ヲ応用シ生産費ヲ安クシテ、炭坑ノ如キ多数労働者ヲ目的トシテ盛ンニ販出」と記されている。[89]近代の朝鮮飴の一つの到達点ともいえる。ここではこうした展開の背景を考察したい。

まず、これまで述べてきた近代の変容を確認する。朝鮮飴のレッテル（図9）には、[90]それが具体的に現れている。まず材料の変化が「白朝鮮飴」（洋糖）、「かたくり粉詰」と明示されている。上部に描かれた賞牌からは、権威のよりどころが領主や将軍から内国博に移行したことを示す。それはまた、天皇につながる権威でもあった。そして、蛇目紋の烏帽子形兜を被った人物像は加藤清正で、朝鮮出兵に因む由緒を示している。

ここで、この由緒が成立した背景を考えてみたい。近世には細川家の国元産物だった由緒の源は、明治二五年頃から加藤清正の朝鮮出兵における兵食へと移行し、地域性が再編成されていった。明治期以降、日清・日露戦争を経て大陸進出論が高まるなかで、兵食としての機能性と、朝鮮出兵での虎狩り・蔚山籠城等の武勇伝が伝えられる旧藩主加藤清正を結びつけて、新たな由緒が成立したと考えられる。黒田日出男によれば、蛇目紋烏帽子形兜姿の勇敢な武将という清正像自体、幕末から明治期にかけて「朝鮮錦絵」と呼ばれるメディアにおいて、日本の帝国主義的願望の表象として変身したすがたであった。それまでの清正像は、思慮深い領国経営者のイメージで描かれていたとされる[91]。また猪飼隆明によれば、一九一〇年の韓国併合以降、特に一五年戦争期、「清正公信仰」の根拠が、近世以来の農業や土木・開拓の諸事業から、朝鮮での虎退治や賤ヶ嶽の七本槍の武勇へと変わるとされる[92]。宇佐を始めとする産地の展開、水無飴紙箱の神武天皇像の背景にも、同様の潮流が窺える。宇佐に関しては一祭神神功皇后の新羅遠征説話に因み、従来の飴の製造者を中心に朝鮮飴を作るようになったと考えられる[93]。

図9　伊勢屋本店「白朝鮮飴」レッテル（個人蔵）

当時の陸軍制度における熊本の位置づけも関与している。熊本には明治五年に全国でも最初の、国内の治安維持を目的とした陸軍鎮台の一つ鎮西（熊本）鎮台が設置された。明治二一年五月には第六師団に改組され、多くの兵士が集結した。その後各地に師団が増設されるが、第一から第五各師団があった東京、仙台、名古屋、大阪、広島とともに九州地方の軍事拠点（軍都）としての主要な役目を担った[94]。また明治二七年に公布された高等学校令によって、第五高等中学校が第五高等学校と改称され、第一から第四高と並んで全国における中心的な学都でもあった[95]。当時熊本が九州地方の重要な拠点であったことがわかる。これまでみてきた近代の展開は、朝鮮飴の製造者が、軍都ともいえる熊本を背景に殖産興業政策としての内国博の意義を理解し、軍隊、そして天皇という新たな権威をいち早く見据えたうえでの商品開発であったと考えられる。朝鮮飴の変容の方向性は、政府の指向と製造者の開発の方針が一致したものだった。機器の導入による均質な商品の大量生産、虫害防止による衛生基準の向上もその一環といえる。

関連する他地域の事例として、金沢の菓子屋の森八も慰問菓子の大量注文を機に経営を拡大したとされ[96]、金沢にも第九師団、第四高があり、熊本の朝鮮飴と共通点が多い。軍隊と名菓との関係については、そのほかにも例えば岡山の吉備団子が日清・日露戦争を契機にみやげ用に変容したことや[97]、除隊兵士が帰郷の際に持ち帰り配る「軍人土産」の習慣が指摘されている[98]。

以上より、近世名産だった朝鮮飴は、近代への転換期において新たな需要者、用途に応じて実態を変え、地域性を再編成したことで、熊本名菓として成立したといえる。その背景にあった要因としては、変容を導いた内国博、産業化を促した戦争、それに応える製造者を出した熊本の地域性に加え、軍御用という権威、加藤清正を源泉とする由緒を共有した社会的な潮流をあげることができよう。

こうして近代において展開した朝鮮飴は、終戦を経て再び転機を迎える。冒頭に示した現在の熊本名菓朝鮮飴は、近代に変容したすがたが継承されていることがわかる[99]。その位置づけにおいて最も重視されるのは地域性であるが、朝鮮飴の場合、材料や形状はそれを有さない。そこで地域固有の由緒が重要な意味をもつ。では、軍隊の御用が権威を失った現代においてもなお、細川家ではなく加藤清正を由緒の根源とする意義は何であろうか。歴史の深さの強調に加え、ここでは特に清正を神格化した神社が特に熊本に多いこととの関連性を指摘したい。清正が日蓮宗の熱心な信者であったことや、築城や治水・干拓の功績により名君として慕われたこと、さらに息子忠広の代で改易され家系が断絶したことに対する判官贔屓的な同情等により、熊本を中心とする江戸期以来の清正信仰が背景にあると思われる。高野信治によれば、熊本県内各地には清正を祀る神社が約五〇箇所ある。清正の民俗神化に関わる信仰は、ハンセン病患者の治癒と土木工事を巡る信仰で、いずれも現世利益を保証してくれるという心意が背景にあるとされる(100)。

おわりに

朝鮮飴は宝永六年（一七〇九）に肥後の土産と記され、正徳年間（一七一一～一七一六）には、かせいたとともに将軍家への献上品とされ、享保七年「国物」の献上品に選ばれ、『明和武鑑』から幕末まで時献上として継続した。その実態は、精白した糯米または糯米粉と水飴、及び白砂糖を煉り詰め板状に流し、取粉に小麦粉または葛粉等をまぶした菓子で、食する際に切る必要があった。熊本藩細川家の国元産物で、将軍家へ献上され、城下や江戸で販売される名物でもあった。そうした情報は出版物を通して広く知られ、地域性が確立していた。

近代に入ると、近世以来の製造者を中心に内国博の初回から継続的に出品され、同地の伝統的な産物という位置づけを提示した。同時に拡大する需要者に応じて材料、形状、製造システムを変え、旧藩主加藤清正の朝鮮出兵での兵食という同地の歴史に因む由緒が付された。さらに公的な審査で得た賞牌を広報に用いることで、品質が公認されて熊本名菓としての知名を得た。加えて、近代の熊本の地域性を背景に軍隊という新たな需要者も得て、軍用産業としても展開した。烏帽子形兜姿の武将に仕立てられた旧藩主加藤清正像に因む由緒は、大陸進出論が高まる近代の社会背景に応じて再編成された地域性であった。内国博は転換期における朝鮮飴に、現代につながる大きな影響をもたらした。

現代においては、実態としては近代に変容したすがたが継承され、地域名菓として成立している。近世地域性の主体だった細川家の国元産物・時献上は、近代以降歴史的個性の一つに位置づけられ、より古く個性的な加藤清正像が、地域性の根拠として重視されている。

（1）大友一雄『日本近世国家の権威と儀礼』（吉川弘文館、一九九九年）八七～八九頁。

（2）エリック・ホブズボウム、テレンス・レンジャー編『創られた伝統』（紀伊國屋書店、一九九六年）、久留島浩・吉田伸之編『近世の社会集団――由緒と言説』（山川出版社、一九九五年）、前掲大友一雄『日本近世国家の権威と儀礼』、同「小特集由緒書の史料論」（『日本歴史』六七三、吉川弘文館、二〇〇四年）等。

（3）前掲久留島浩「村が「由緒」を語るとき」九～一〇頁。

（4）久世奈欧「近世～近代初頭における神功皇后伝承――山城国伏見御香宮神社・桂女を中心に」（『史林』九八―五、二〇一五年）七〇八～七四〇頁。由緒を語る主体が政治変動にどう対応したか、神功皇后を祭神とする伏見御香宮神社の動向を中心に、神功皇后侍女の子孫を名乗る桂女を事例に検討した。

（5）松崎範子「御献上菓子、かせいたと朝鮮飴」（『年報熊本近世史』平成一一・一二・一三年度合併号、二〇〇二年）七、八頁。

（6）聴取調査：園田屋、一八代当主・園田耕一氏（一九二九年生）、同業務部・田出徹氏、二〇〇五年九月二九日、二〇〇七年三月二八日他。

（7）例えば中山圭子『和菓子ものがたり』（朝日新聞社、二〇〇一年）一四一頁、熊本日日新聞社編『熊本県大百科事典』（一九八二年）五五八頁、『城下町のお菓子　郷土菓子に残る日本の味と形』（暮らしの設計一二七、中央公論社、一九七九年）一四八頁等。

（8）園田屋の朝鮮飴の栞（二〇〇六年一一月）には「天正時代に弊店の開祖初代園田武右衛門によって創製された（略）初めは肥後飴または長生飴と称していたようで、当時の名城主加藤清正公から特に寵用され、ついで歴代藩主細川公は毎年禁中並に幕府への献上品と定め（略）朝鮮飴と呼ばれるに至った由来は、清正公が文禄慶長の両役にこの飴を携行せられ気候風土に変味せず長期の口糧として保存に堪えたことに深く感銘せられ、日本一の保存食として賞詞を賜って以来朝鮮役を記念して朝鮮飴といわれるようになったもので、朝鮮より製法伝来云々の説は全くの誤り」等とある。

（9）熊本県編刊『熊本県史』近代編一（一九六一年）五三〇～五三五頁、矢野四年生『伝記加藤清正』（のべる出版企画、二〇〇〇年）一四二～一四三頁。
（10）森下功・松本寿三郎編『肥後国地誌集』（青潮社、一九八〇年）一三七頁。
（11）『日本国語大辞典』によれば、求肥（牛皮）、同糖、同餅は全て求肥飴に同じとある。
（12）鈴木晋一・松本仲子編訳注『近世菓子製法書集成』一（平凡社、二〇〇三年）一〇八頁。
（13）前掲松崎範子「御献上菓子、かせいたと朝鮮飴」五～六頁。
（14）新熊本市史編纂委員会編『新熊本市史』通史編七・近代Ⅲ（熊本市、二〇〇三年）一二九頁。また、前掲『熊本県史』近代編一（五三〇～五三五頁）には、「細川幽斎の時代に「求肥の菓子」があったことが記されており、これが朝鮮飴の原形と考えられる」とあるが、この史料についても確認できなかった。
（15）東京大学史料編纂所編『大日本近世史料細川家史料』一六（東京大学出版会、一九九八年）、東京大学史料編纂所編『大日本近世史料細川家史料』一七（東京大学出版会、二〇〇〇年）、東京大学史料編纂所編『大日本近世史料細川家史料』一八（東京大学出版会、二〇〇二年）。
（16）「続跡覧」巻九ノ一〇（熊本県立図書館蔵、上妻文庫：二四一）。
（17）虎屋文庫『第六六回虎屋文庫資料展「和菓子で楽しむ道中日記」展』（二〇〇六年）二三頁。
（18）新熊本市史編纂委員会編『新熊本市史』史料編四・近世Ⅱ（熊本市、一九九六年）三七〇～五一〇頁。
（19）「弐番　記録」（個人蔵）（前掲『新熊本市史』史料編四）三七二頁。
（20）前掲松崎範子「御献上菓子、かせいたと朝鮮飴」七、八頁。
（21）前掲『新熊本市史』史料編四、三七三、四三一頁。
（22）前掲『新熊本市史』史料編四、三七二頁。
（23）「米穀下落ニ付而諸色直段引下ケ候覚帳」永青文庫蔵（前掲『新熊本市史』史料編四、七〇八～七一〇、七四二頁）。
（24）「文化十三年町在」（永青文庫蔵）熊本大学附属図書館・文学部附属永青文庫研究センター「十九世紀熊本藩住民評価・褒賞記録「町在」解析目録」（目録番号：9.204-2_85）。
（25）前掲松崎範子「御献上菓子、かせいたと朝鮮飴」七頁。

(26) 朝鮮飴は、山田琢訳註『慊堂日暦』五（平凡社、一九八〇年）一〇八、二七八、三二七、一三三～一三四頁。同前掲『慊堂日暦』六、七四～七五、一六五、二七六～二七七、二八九頁。韓飴は前掲『慊堂日暦』六、三二、九六、一七五、二二八、三二六頁。
(27) 中村幸彦訳註『甲子夜話三篇』二（平凡社、一九八二年）一五九頁。
(28) 前掲山田琢訳註『慊堂日暦』六、二七六～二七七、二二八頁。
(29) 米谷隆史編『熊本文化研究叢書』三（熊本県立大学日本語日本文学研究室、二〇〇六年）二七四～二七九頁。
(30) 橋爪伸子「朝鮮菓子「くわすり」の製法を記した福岡藩士高畠氏」（『県史だより』一一七、福岡県地域史研究所、二〇〇三年）二～四頁。
(31) 前掲松崎範子「御献上菓子、かせいたと朝鮮飴」七頁。
(32) 〔万聞書〕上田陶石合資会社蔵上田家文書、典籍六四四。上田家については東昇『近世の村と地域情報』（吉川弘文館、二〇一六年）七頁を参照。
(33) 島田勇雄・竹島淳夫・樋口元巳訳註『和漢三才図会』一八（平凡社、一九九四年）二三九～二四〇頁。
(34) 日本随筆大成編輯部編『日本随筆大成』新装版、別巻四（吉川弘文館、一九九六年）八三～八七頁。
(35) 吉井始子編『江戸時代料理本集成』六（臨川書店、一九八〇年）二七七頁。
(36) 前掲鈴木晋一他編訳注『近世菓子製法書集成』一、四一四頁。
(37) なお幕末には熊本の朝鮮飴を駄菓子と評する事例もある。安政六年（一八五九）六月七日から同年一二月二二日までの、江戸～備中松山～長崎における越後長岡藩士河井継之助の紀行文『塵壷』で、一〇月二一日熊本に宿泊した河井は「木下へ土産のため菓子屋の好き所へ立寄り尋ねし処、朝鮮飴とて、諸国へ廻る当所の名産ありと。それを少し食しみれば甘でもなき駄菓子なり」と記している（安藤英男訳註『塵壷』平凡社、一九八二年、一四八頁）。熊本の朝鮮飴を駄菓子とする評価は管見の限りこの一例であり、越後出身の筆者の嗜好に合わなかった可能性も考えられる。
(38) 前掲中村幸彦訳註『甲子夜話三篇』二、一五九頁。
(39) 前掲島田勇雄他編訳註『和漢三才図会』一八、二三九～二四〇頁。
(40) 江戸時代は黒砂糖を使用していたため黒牛の皮色に近かったとされる（中山圭子『事典和菓子の世界』岩波書店、二〇〇六年、五〇頁)。

(41)『長崎聞見録』人間文化研究機構国文学研究資料館蔵、請求記号：ヤ6-16〈http://www2.dhii.jp/nijl_opendata/NIJL0261/049-0171/〉(最終閲覧日：二〇一七年七月二七日)。

(42)『中日大辞典』(増訂第二版、大修館書店、一九九二年)では「牛皮糖　砂糖に澱粉を加えて煮た飴」とある。

(43)白尾国柱編『成形図説』四(国書刊行会、一九七四年)四四頁。

(44)史籍研究會編『大名著述集』(汲古書院、一九八二年)二七〇頁。

(45)「松屋会記」は千宗室編『茶道古典全集』九(淡交新社、一九五七年)九八、一〇五、一〇九、一四一、二一〇頁。「神屋宗湛茶会日記献立」は今日庵文庫茶道文化研究編集委員会編『茶道文化研究』七(今日庵文庫、二〇一五年)二八三、三〇〇、三一一～三一二、三二五頁。なお、ようひについては以下で報告しているが、そのなかで「やうひ」を唐菓子とする表現については誤りである(橋爪伸子「「萬菓子作様并香物漬様薬酒造様之事」について――「くわすり」および「やうひ」に関する一考察」(『香蘭女子短期大学研究紀要』四五、二〇〇三年、五、七～八頁)。

(46)塙保己一・太田藤四郎編『続群書類従』二三輯下(続群書類従完成会、一九五九年)二六九頁。

(47)東京大学史料編纂所編纂『大日本古記録　言経卿記』三(岩波書店、一九六二年)一七七頁。

(48)土井忠夫・森田武・長南実編訳『日葡辞書邦訳』(岩波書店、一九八〇年)八二五頁。

(49)京都大学近世物価史研究会編『15～17世紀における物価変動の研究』(京都大学文学部国史研究室内読史会、一九六二年)一〇一～一〇二頁。「第11表B饅頭・羊羹・飴・花おこし」による。なお( )内の数量単位は各品目ごとに最も多用されているものとある。

(50)虎屋文庫『和菓子』一八(二〇一一年)一一三頁。「百味之覚」と別に「百味生菓子之分」の項目がある。

(51)「吉良流献立之書」三原市立図書館蔵、櫻山文庫。

(52)『絵図集成近世子どもの世界』絵図編六(大空社、一九九五年)四五頁。

(53)『明治十年内国勧業博覧会出品解説』四〇二頁(『発達史』第七集五)。

(54)褒状の文面は次の通りである。「明治十年内国勧業博覧会　褒状　朝鮮飴　園田政治郎　透明ニシテ風味甘美ナリ製法老熟ノ妙ナリ(略)審査官　町田実則・武田昌次・池田謙蔵、審査官部長正六位田中芳男、審査官長正五位前島

密（略）明治十年十一月廿日　内務卿従三位大久保利通」なお審査評語は審査官部長田中芳男による（『内国博勧業博覧会賞牌褒状授与人名録』Ⅱ、（熊本）四頁、一九三～七三八頁『発達史』一九〇）。

(55) 田中義幸編『熊本県下商工技芸早見便覧』（田中義幸、一八八六年）。

(56) 國雄行『博覧会の時代――明治政府の博覧会政策――』（岩田書院、二〇〇六年）七一頁。

(57) 五勝手屋本舗（北海道檜山郡江差町）の「五勝手屋羊羹」には、賞牌表裏数組の写しが描かれた掛紙が使用されている。同店のご教示によれば、昭和一〇年代の掛紙を元にしているとのことである（聴取調査：株式会社五勝手屋本舗、五代当主・小笠原隆氏、二〇〇六年一一月一五日）。

(58) 「慶応三年町在　卯正月より九月迄」前掲「十九世紀熊本藩住民評価・褒賞記録「町在」解析目録」（目録番号10.3.4―82）。

(59) 『藥學雜誌』一二九（社団法人日本薬学会、一八九二年）一〇八七～一〇九一頁。

(60) 中島常雄編『食品』（『現代日本産業発達史』一八、現代日本産業発達史研究会、一九六七年）九三～一〇一頁、樋口清之監修『日本の菓子』四（ダイレック、一九八五年）一八三頁。

(61) 『第四回内国勧業博覧会審査報告』第三部下巻（第四回内国勧業博覧会事務局、一八九六年）四八八頁。

(62) いずれも個人蔵。

(63) 嬬恋村誌編集委員会編『嬬恋村誌』上（嬬恋村、一九七七年）八一三～八一四頁。嬬恋郷土資料館長・松島榮治氏の御教示による（二〇〇九年三月二〇日）。なお、川上行蔵は「馬鈴薯澱粉製片栗粉」の一般化は明治三七、八年頃からとしている（川上行蔵『湯吹きと風呂吹き』柴田書店、一九八九年、一八六頁）。

(64) 『第五回内国勧業博覧会審査報告』第一部巻之一〇、一四八頁（『発達史』三七）。

(65) 新熊本市史編纂委員会編『新熊本市史』史料編九・新聞上（熊本市、一九九四年）三四一頁。

(66) 明治天皇聖蹟光揚会編刊『明治天皇肥後行幸誌』（一九三二年）五〇三頁。

(67) 水野公寿「明治期熊本市における商工業の展開」（『研究紀要』二三、熊本県高等学校社会科研究会、一九九三年）二頁。

(68) 熊本市編刊『熊本市製産品統計書』（一九〇二年）四五頁（熊本県立図書館蔵）。

(69) 前掲『第五回内国勧業博覧会審査報告』第一部巻之一〇、一四八頁。

(70) 聴取調査：宇佐市観光協会、二〇〇七年二月一六日。なお宇佐市史、大分県史等の自治体史では言及されていない。
(71) 西澤千恵子「宇佐神宮と宇佐飴――豊前地域の飴製造との関連を中心に」(『会誌食文化研究』一〇、二〇一四年)四〇～四二頁。
(72)「宇佐飴の由来書」(宇佐郡史談会編『郷土史談』一五号、一九二五年)四九～五〇頁(著者名不記)。
(73) 宇佐文化会館三和文庫運営協議会編刊『蓑虫山人絵日記』上(一九八八年)七頁目(頁無)、解説編七頁。
(74) 宇佐飴の博覧会や共進会への出品については、例えば明治三三年(一九〇〇)全国貿易品博覧会、同三六年内国勧業博覧会第五回、四一年全国製三品博覧会、同年全国名産品博覧会、大正四年(一九一五)大分県共進会等(前掲「宇佐飴の由来書」四九～五〇頁)。
(75) 前掲『新熊本市史』史料編九・新聞上、四一七頁。
(76) 熊本県立図書館、熊本市総務課歴史文書資料室のご教示による(二〇〇七年六月)。
(77)「第九號本県報告例中年報第一四四表進達ノ件」熊本県同市役所勧業係「勧業統計材料二」一九〇九(『熊本市政資料』二八五、熊本市総務課歴史文書資料室提供)。
(78) 新熊本市史編纂委員会編『熊本市都市計画事業・産業調査資料(大正・昭和初期)』熊本市史関係資料集五(熊本市、二〇〇一年)二六四～二七〇頁。
(79) 新熊本市史編纂委員会編『新熊本市史』通史編七(熊本市、一九九三年)七四五～七四六頁。
(80) 石川寛子・市毛弘子・江原絢子『食生活と文化』(弘学出版、一九九四年、二一九頁)では、兵食の条件として携帯の便・保存性・栄養バランスと満腹感・食べやすさの四点があげられている。
(81) 山本夏彦「「水無飴」始末」『文藝春秋』第五四第一号(文藝春秋社、一九七六年)三四二～三四三頁。
(82)『朝日新聞』一九三六年五月一七日付、東京、七頁。
(83)『朝日新聞』一九一七年九月一六日付、東京、七頁。
(84)『朝日新聞』一九〇六年一二月一九日付、東京、一頁、一九〇九年七月一二日付、同、八頁。
(85)『菓子新報』菓子新報社、一九〇六年一二月一六日付(国立国会図書館蔵)。
(86)『朝日新聞』一九三六年五月一七日付、東京、七頁。

(87) 「会社概要」セイカ食品株式会社〈http://www.seikafoods.jp/company.htm〉（最終閲覧日：二〇一七年五月一九日）。

(88) 昭和一三年「陸支密大日記第四一号」国立公文書館アジア歴史資料センター・アジア歴史資料データベース、レファレンスコード　C04120488900〈https://www.jacar.archives.go.jp/aj/meta/MetSearch.cgi〉（最終閲覧日：二〇一七年七月二七日）。

(89) 前掲新熊本市史編纂委員会編『熊本市都市計画事業・産業調査資料（大正・昭和初期）』二六八、二七〇頁。

(90) 個人蔵。同じ所蔵元で、このほかに「大本営献上品」（安己橋通町三好馬太郎製「太白朝鮮飴」）、「陸海軍御用品」（朝鮮仁川港の豊洲堂製「朝鮮飴」）とあるレッテルも確認している。

(91) 黒田日出男「加藤清正像～変身しつづける肖像」（鵜飼政志他編『歴史をよむ』東京大学出版会、二〇〇四年）二三〇～二三三頁。

(92) 猪飼隆明「郷土と「偉人」――熊本と加藤清正」（歴史科学協議会編『歴史評論』七二二、二〇一〇年）九六頁。

(93) かどや老舗（京都府南丹市園部町上本町）の「唐板」も朝鮮出兵に因む由緒を有する。一三代当主の大槻章氏（一九二〇年生）によればその起源は、文禄の役に出陣した小出家臣団が、朝鮮の山奥で道に迷って辿り着いた穴蔵で、小麦粉と水飴（同店の栞には朝鮮飴と表記）二壺を見つけ、同家臣だった大槻惣右衛門（かどや初代当主）が加工した兵糧である。大槻家はこの後代々園部藩小出家御用菓子司を務めたとされる。「唐板」は小麦粉、砂糖、水飴等の生地を薄くのばし短冊形に切って焼いた乾菓子である（聴取調査：二〇〇七年二月三日）。

(94) 松本寿三郎他『熊本県の歴史』（山川出版社、一九九九年）三〇二頁。水野公寿「軍都熊本の成立」（熊本近代史研究会編刊『第六師団と軍都熊本』二〇一一年）四七～九三頁。

(95) 新熊本市史編纂委員会編『新熊本市史』別編三（熊本市、二〇〇三年）六二頁。

(96) 本康宏史「金沢市郊外鉄道敷設と地域社会――街鉄による経営統合とその波紋」（橋本哲哉編『近代日本の地方都市　金沢／城下町から近代都市へ』日本経済評論社、二〇〇六年）三二六頁。

(97) 加原奈穂子「旅みやげの発展と地域文化の創造――岡山名物「きびだんご」の事例を中心に」（『旅の文化研究所研究報告』一三、二〇〇四年）三七～五六頁。

(98) 鈴木勇一郎『おみやげと鉄道　名物で語る日本近代史』（講談社、二〇一三年）一三四、一三五頁。

(99) なお切断により小形化された大きさについては、昭和一一年刊『茶道全集』に収録された「全国名菓の話」に山城屋の朝鮮飴「一寸に二寸五分厚さ三分程（三、七・五、〇・九センチ）」とある（鳥居雨夕「全国名菓の話」、矢部良策編『茶道全集』七、創元社、一九三六年、四六八頁）。製造者による違いも考えられるが現在の一切れより大きい。その後土産品や茶菓子の用途に応じ現在の一口大へとさらに小形化が進んだと思われる。

(100) 高野信治「武士神格化一覧・稿（下・西日本編）」（『九州文化史研究所紀要』四八、二〇〇五年）一～一六七頁、同前「武士の民俗神化と伝承の共有化――「武士神格化一覧・稿」の作成を通して」（同、一八九）。なお、藩祖の顕彰・神格化等の藩主信仰については、地域の複雑な歴史的背景にもとづく多様な事例がほかにも多く報告されている（引野亨輔「近世後期の地域社会における藩主信仰と民衆意識」、『歴史学研究』八二〇、二〇〇六年、七六～八六頁）。

表1　近世の朝鮮飴及び求肥飴、唐飴、唐人飴の製法記録

No.	史料名	成立年	名称	本文（出典）
A1	歳時記	文化一四（一八一七）	朝鮮飴	一、砂糖一斤／一、しゆる飴四半斤／一、葛壱合／右ねりやうハ、先砂糖に水少し入、炭火ニ而能解候まて煮、すいのふにてこし、しゆるあめをさとふと一ツに入、炭火にてそろそろとねり立、随分油断なくませ、扨くずを細末ニおろし、きぬふるひニてふるひ、麦の花粉と大てい同分ニませ置、煉立候片わきより、少シつゝ入ねり立候、尤麦粉ハねりあんはいニより、跡より麦粉まし候事（米谷隆史編『熊本文化研究叢書』三、熊本県立大学日本語日本文学研究室、二〇〇六年、八七～八八頁）
A2	同右	同右	朝鮮飴	一、白砂糖壱斤　但黒ニ而も用ル／一、乾柿掛め八拾目　但随分細ク砕キ相用／一、餅米上白壱升　但粉ニしてきぬふるひ通し／一、ゆるあめ　かけめ二百め／右製法ハ土鍋ニても又ハ通例之すべよきなべニても煉立申候／但かけ粉ハ小麦の粉也（前掲『熊本文化研究叢書』三、一一三～一一四頁）
A3	萬秘伝書	天保七（一八三六）	朝鮮飴	一、糯米粉壱合／一、葛粉弐勺余／一、白砂糖拾六匁／一、水飴百目余／〆／右ハ糯米粉・葛・砂糖三品能ク交せ合煉上ケ、後へ水飴ヲ入再ヒ煉詰、薄キ箱類ニ葛粉散卸シ、鍋ゟ移シ込上候、右葛粉ヲふり懸ケ一両日過、望ノ如ク庖丁ニテ切用ナリ（福岡県地域史研究所蔵高畠文書）

A4	諸製伝集		朝鮮飴	黒砂糖二升ニ水壱升を入、解候所をすいのニてこす、猶火ニかけ右砂糖水あたゝまり不申候内ニ餅ノ粉四合入、散ニ不相成候様かき交、夫より炭火を強メ食杓子ニて腕のいたさをいとわす強く交ル、凡一時計りもへてきちきちと申時分ニ水飴五勺斗ヲ入、猶以練詰ル、杓子を引上壱尺斗も続き候節、麦粉を箱ニ入置、其上ニたらし入たるをへて剪ル也、上々之仕様ハ白砂糖を用候迄之違也（松崎範子「御献上菓子、かせいたと朝鮮飴」『年報熊本近世史』平成一一・一二・一三年度合併号、二〇〇二年、七頁）
A5	〔万聞書〕		朝鮮飴	一餅米壱斗、黒砂糖六斤、定飴六斤／右餅米を水ニ漬置、臼ニ而引糊の如く練る也、水ハ米壱升ニ水壱升也、是も火ニて焼く也、次第ニ堅く相成候時、箱の様成る器ニ葛ノ粉を敷、其内へ移し置上ニも葛ノ粉振かけて食し、誠ニ味の美成もの也（上田陶石合資会社蔵上田家文書典籍六四四）
B1	料理塩梅集　地	天和三（一六八三）	唐人あめ	一、白さとう二斤　一、葛の粉七匁　一、わらびのこ七匁　一、もちの粉十五匁　一、うどんの粉五十め　一、水二升／右二升の水の内一升にてさとうをかきたて一あわせんじ、水をにて砂糖のごみを取、残一升の水にて葛の粉・わらびの粉・もちの粉・うどんの粉かき合、右の砂糖水に合、赤かね鍋にて無油断かきまわしねり申候、但ねりかげんはぢおうせん程にねりつめ申候、鍋よりあげ申候刻、うどんの粉を敷上へも少ふりのし申候而、さめ申時分切申事候事（松下幸子他「古典料理の研究二」『千葉大学教育学部研究紀要』二五―二、一九七六年、一七六頁）
B2	合類日用料理抄	元禄二（一六八九）	求肥飴	一、白ざたう壱斤、氷さたうは猶能候／一、あめ半斤　一、小麦の粉五十目／右からかね鍋にてさたうをせんじちりをとり、扨水一升五合右の二色入、なるほど火よはくたき候て練つめ申候、かげんはみはからひに仕候、さて折敷へ上ケ葛の粉にて餅のやうに取切申候、とかく切々仕候て合点するが此上の口伝ニて候／同方　一、白ざたうさわさわとせんしすいなふにてこし、又右の鍋へ入せんじつめかたまり申候時分、さたう一斤、葛の粉三十目入、能時分折敷に葛の粉敷候てうつし申候（吉井始子編『翻刻江戸時代料理本集成』一、臨川書店、一九七八年、二五〇頁）
B3	古今名物御前菓子秘伝抄	享保三（一七一八）	唐あめ	沙糖壱斤、うとんのこ拾匁、わらひの粉五匁、くすのこ五匁、すいひの粉五匁、右水壱升程入、すみ火にて能かけんにねりつめ申候（鈴木晋一他『近世菓子製法書集成』一、平凡社、二〇〇三年、九六頁）
B4	同右	同右	きうひ餅	うとんの粉七拾五匁、餅米の粉五拾匁、葛の粉七匁、わらひの粉七匁五分、さたう半斤、水壱升五合いれ、右六色合せ、なへに入、火ほそくして、一日程ゆたんなくねり、能かけんにねりつめ、なへより出しうとんの粉をふりかけ切申候、又白こまをいりて付申候（前掲『近世菓子製法書集成』一、一〇七頁）
B5	料理覚書	宝暦六（一七五六）	牛皮飴	砂糖四百目、水弐升、葛乃粉七匁、蕨の粉七匁、餅の粉十五匁、うどん粉五拾匁、右の品を能合せ調、鍋ニ入炭乃火ニてせんし折々廻し随分ねり詰かけんハ口伝ニ有、ねりかけんよろしき時分少さ

				まし、取粉には葛粉能候（東京都立中央図書館蔵加賀文庫）
B６	古今名物御前菓子図式	宝暦一一（一七六一）	求肥飴	葛の粉百目、蕨の粉五拾匁、餅米の粉五合、白沙糖七百目煎じ、此水壱升入レ、内五合は右沙糖の煎じ水、残り五合は葛わらびをとき、いづれも水嚢にて漉、炭火よき加減にいたし煉、中程にて溜糖四百五拾目入レ初より煉上ルまで手を引事ならず、火かげん第一なり、過不及なき様に中を得べし、扨よき程にねりつまりたる時、箱にうとん粉敷流して二日斗さまし置て切ル（前掲『近世菓子製法書集成』一、一五一頁）
B７	同右	同右	求肥飴	米粉一升に水一升入レよく煉合せ鍋へ入レ、炭火にて半日ばかり煉候て、煎沙糖一升二合入レよく煉候て水に入レ、擣立の餅のごとき柔かみに成候は丶、箱か和卓の内へ葛粉敷候て其内へ流し二日程さまし色々ニ切申候／一右粉拵様、上々餅米の白米、水清候程に洗、臼にて挽、羽二重にて篩、遣申候／一右沙糖煎様、上々大白沙糖壱貫目、水壱升入レせんじ、上に渦出申候をすて、白渦出申候も取すて、絹にて漉、右の沙糖又鍋へ入レ候て一升を七合に煎じ詰遣申候（前掲『近世菓子製法書集成』一、二一〇頁）
B８	料理集	安永二（一七七三）	ぎうひ	一、白さとう弐貫目、餅の粉百十匁、上うどんこ壱貫百拾匁、葛拾匁、水あめ十一盃、くろさとう色付候程少入、炭の火にて自然とねり詰、水あめは半分ねりの節入申候、さましおき翌日もねり、かたまり候節、くづのとり子にてあつかい、さん木に切申候（松下幸子他「古典料理の研究七」『千葉大学教育学部研究紀要』三〇―二、一九八一年、四四九頁）
B９	菓子話船橋	天保一二（一八四一）	求肥飴 又牛脾餹	白玉粉四百目／唐雪白砂糖六百五十目／極上水飴二百目／右の分量の白玉粉を銅鍋へ入、水一升五合ほどを加へ、七輪の火加減をよくして掻廻しながらゆるゆると煮詰るなり、水三升を器に分置て段々煮つまり堅くなりたる時には一合位ヅヽ水をさして、およそ三時斗煉つめてから六百五十匁の砂糖〈右初にいふ如く煎じたる物なり〉を入て、又煉事やヽ久しくして極堅く成たる時に二百目の水飴を入て又煉詰る事彼是一日ほどなり、煉ばねるほど腰強くなりて出来方至て希代なり〈但しいそぎて製する時は宜しからず心得べし〉右煉あがりたる時、取板の上へ小麦の御膳粉をふるひて其上へとるなり（前掲『近世菓子製法書集成』一、三四三～三四四頁）

第四章　地域性の中断と創出——熊本のかせいた

はじめに

本章では、前章の朝鮮飴と同じく近世熊本藩の時献上であったかせいたの、国元産物としての実態と近代以降の動向を、地域性の根拠に注目して検証する。かせいたの表記については、史料により、かせいた、かせ板、加世以多、加世伊多、加勢以多がみられるが、本章では史料引用では表記の通りとし、近代以降商品化されたものをさす場合には商品名の表記「加勢以多」を用い、それ以外については、かせいたとする。

関連する先行研究は少ないが、松崎範子が朝鮮飴とともに近世の献上菓子という位置づけに注目し、その成立の過程と細川家における製造の実態を検討している(1)。また細川護貞(一九一二~二〇〇五)は、同家で明治以降も作られていた献上用のかせいたの実態を記憶にもとづき詳述している(2)。しかしこれらの研究では、近世における同家の国元産物としての意義や、それ以外のかせいたとの関係、近代以降の経緯については検討されていない。

一方、籠橋俊光は領主の需要の国元産物の調達について、仙台藩の水産物を事例として調達システムや地域的社会との関係を検証した。高品質の品を必要量調達することは重要な政治課題であり、藩はその実現のために調達を専門とする諸機構を整備していたことを明らかにした(3)。

そこで本章では、次のように論考を進めてみたい。まず、第一節でかせいたの熊本名菓としての現状を製造者の聴取調査によって確認する。第二節では近世熊本藩の時献上のかせいたの実態を検証し、国元産物としての価値と、藩内外における菓子としての位置づけや地域性の認識を考察する。第三節ではかせいたの近代以降の状況を検証し、その背景を考察する。

第一節　熊本名菓かせいたの現状とマルメラーダ

本節では、かせいたの起源とされる南蛮菓子と、熊本名菓として知られるかせいたの現状について確認しておきたい。かせいたとは、寛永一一年（一六三四）にポルトガルより長崎に伝来した果実のマルメロ（漢名、榲桲）と砂糖で作る南蛮菓子である。[4] 菓子名については、ポルトガル語「カイシャ・ダ・マルメラーダ caixa da marmelada（マルメラーダの箱）」に由来するといわれる。[5] マルメラーダとは、マルメロのピュレと砂糖を煮つめたゼリー状の固形食物で、外観は色・形状とも羊羹に似る。ポルトガル、スペイン、ブラジルでは現在も一般的に食され（図1）、スペインではメンブリージョ membrillo と呼ばれる（図2）。[6]

また、材料のマルメロ（ポルトガル語 marmelo）は、バラ科マルメロ属の落葉高木または低木である。[7] ペルシア・トルキスタン原産で、ヨーロッパではギリシャ・ローマ時代から栽培され、ジャムや砂糖漬として広く利用されている。しかし日本では栽培適地が限られるため、一般には定着しなかった。現在の産地は長野、青森、北海道等で、長野では導入以来「カリン」と誤称されている。[8] なお、カリン（漢名、榠樝）はマルメロに似ているが、バラ科ボケ属の落葉高木、中国の原産であり、異種である。日本には平安時代に渡来したとされ、適湿地でよく育ち、耐寒性があり、庭園などに栽植される。

現在かせいたは、唯一、お菓子の香梅（以下香梅、熊本市白山）によって「加勢以多」の商品名で製造され、熊本市内の主要直営店で販売されている（図3）。同店の松井幸人氏によれば、主な材料はカリン、砂糖、薄種（餅

図1　マルメロとマルメラーダ缶詰（ブラジルサンパウロ市営市場、サンパウロ市内スーパーマーケット、2008年川畑憲子氏撮影）

図2　メンブリージョ　Vegajardin（スペイン）

図3　「加勢以多」お菓子の香梅（熊本市）

図4　「加勢以多」製造工程　お菓子の香梅（写真提供：お菓子の香梅）

粉製の煎餅）である。製造工程は、カリンに砂糖を加えて煮詰めて冷まし、カリンの糕《こう》を作る、それを薄く、約〇・六センチの厚さに切る（図4①）、薄種で挟んで（同②）拍子木形に切り（六×三・六センチ）（同③）、中央に細川家の九曜紋を焼き印で付し（同④）、同じく九曜紋のついた包紙で個包装する。[9] 由緒については、利休七哲といわれる茶人でもあった藩主細川三斎（忠興）好みの茶菓子とされているが、[10] 典拠となる史料は確認されていない。

第二節　近世のかせいた
——領国産マルメロで調製される国物

（1）　熊本藩細川家の献上品

◆贈答と時献上

かせいたが熊本藩主の贈答に用いられた史料上の初出は、管見の限り、熊本藩主細川忠利が肥後に入国した寛永九年（一六三二）前後の書状等を編纂した「部分御旧記」で、八月二三日の長岡佐渡守（松井興長）宛書状である。[11]

〇御家中并町中ゟ差上物之事

為重陽之嘉儀差越使者小袖二到来候、幾久と祝候并かせいた曲物一ツ・砂糖漬之蜜柑曲物一・唐竹之杖満足之事候、我々も六も無事候、我等腫物別ニ替儀も無之候、次第ニかろき様覚申候間可心安候、次其方事年も寄候へとも息災候て用を被調候段珍重候、猶期後喜之時候謹言

八月廿三日

長岡佐渡守殿

重陽の祝儀に「かせいた」と「砂糖漬蜜柑」の曲物を一つずつ受け取ったことへの礼状である。[12]差出人、年ともに記されていないが、関連の松井文庫文書により細川光尚からの書状であることが判明した。[13]従って書状中の「六」とは子の綱利をさし、綱利が誕生した正保二年（一六四五）一一月から父光尚が死去する慶安二年（一六四九）一二月までの間の書状と推定すると、この日付の八月二三日は正保三〜慶安二年（一六四六〜一六四九）と考えられる。

この史料以前に寛永九年一二月の細川忠利の熊本入封から同一二年までの在国の間に、忠利が発信した「国産」の贈答品を含む幕閣・大名宛の書状一五点をみると、後に時献上となる品目は、寛永九年から蜜柑が、同一〇年から素麵・染帷子（八代染革と思われる）・菊池苔・鮎・海茸がみられるが、[14]かせいたは確認できない。延宝年間（一六七三〜一六八一）になると、かせいたが綱利から家臣や使者へ贈られる記録が多くなるとされる。[15]その後は第一章で述べた通り「続跡覧」の正徳三年（一七一三）に年中献上物として朝鮮飴と併記され、享保五年（一七二〇）の『享保武鑑』で肥後新田藩細川利恭《としやす》の献上品として記されている。また、二年後の享保七年四月に

は熊本藩の「国物」の献上品となり、以後、幕末まで同藩で四月の時献上とされた。

以上より、かせいたは記録上では朝鮮飴より半世紀早く、一七世紀から藩主を中心に贈答に用いられ、その後まもなく正徳年間（一七一一～一七一六）頃から献上品として朝鮮飴と並んで用いられた。

◈献上用品の調製と材料マルメロの栽培

ではこの献上用のかせいたは、どのように調えられていたのだろうか。「続跡覧」寛政一一年（一七九九）四月二七日には次のように記されている(16)。

一四月御進上之加世以多痛候付、御伺之上五月六日御進上被遊候事

四月御機嫌伺御進上之加世以多、御国許ゟ被差越候処、先達而ゟ之長雨ニ而於途中痛候と相見、色相悪敷風味茂変候付、左之趣を以申上ニ相成候処、御伺之上可被遊御進上旨被仰出御書付草稿被遊御下候、依而請書出来四月廿五日御用番安藤対馬守様御勝手ニ而、御懸合之御使者御留守居佐田造酒助相勤思召寄無御座候得者、直ニ表向ゟ御使者相勤候筈之処御留被置、明夕参上候様御用人を以被仰聞候付、廿六日夕参上候処思召無之候間、表達被差出候様被仰聞御伺書被成御差返候間、同廿七日対馬守様御退出後、造酒助を以被遊御差出候事（後略）

四月の御機嫌伺の献上、つまり時献上の「加世以多」が国許から届いたが、長雨のため途中で痛み、色も風味も落ちており、御用番の安藤対馬守に献上してもよいか、使者の造酒助が問い合わせている。同史料ではこの後に続けて、例年一八曲（曲物）献上していたものが今年一二曲となったことを報告し、翌日安藤対馬守から「減少候共可有献上候」と指示を受けている。これらの史料から、品質が不安定で、充分な供給量の確保が難しかったことが窺える。

また、「町在」の享和二年（一八〇二）一〇月「口上之覚」には、かせいたの材料となる「榲桲」について次の

ように記されている。(17)

口上之覚

銭塘手長走潟村
庄屋　政右衛門

右者御献上之加世以多出来御用相成候、榲桲木政右衛門植立置年々菓子屋共宅江払込申候、然処先年之津波之節、榲桲木悉流失仕候、其後者年々菓子屋共ゟ奉願大坂榲桲御買下ニ相成申候而加世以多出来仕候、遠路之所ゟ船廻ニ而被指越候得者、船中隙取候節者余計之腐ニ而十之者三歩通り者御用立不申捨りニ相成申候、直段茂高直ニ而御座候得者、年々不怪御覚成事ニ御座候、其上御菓子他国之産物ニ而出来仕候儀不都合御座候、右之通ニ付菓子屋共江茂追々申聞候而、菓子屋共ゟも右政右衛門江申談、追々榲桲木差木仕を外々木主共江も政右衛門ゟ申談候而、差木仕を成実茂余計ニ近年者成付申候、当年者大坂ゟ榲桲御買下ニ不相成候而、御積高出来仕候而茂余計御座候間、来年御積高之内茂先達而奉願候通加世以多出来仕候、畢竟右政右衛門心懸厚世話仕候処ゟ右之通御座候、依之奉願候儀恐多奉存候得共、右政右衛門江相応ニ御賞美被下置候ハヽ難有奉存、後年弥以出精仕往々御用御指支無御座様可仕与奉存候、此段於私共奉願候宜被成御達可被下候、以上

十月

平井弥三
木村助三

石浦藤右衛門殿

本行之通相達候間、鳥目五百文程可被下置哉

右付札之通十一月十八日紙面達　　選挙方御奉行中

マルメロは銭塘《ぜんども》手永走潟村（現、宇土市走潟町）の庄屋政右衛門が栽培し、菓子屋へ払い下げていたことがわかる。宇土半島の北側基部から同村をとり囲んで曲流し有明海に注ぐ緑川両岸の様態を、天保六年（一八三五）頃に描いた「緑川図」には、河岸段丘上の広範囲に「榲桲場」「丸メラ場」とあり、マルメロが植えられていた状況がわかる。(18) しかしその木は、寛政四年（一七九二）雲仙岳の大爆発による大津波により、すべて流失してしまったと思われる。そのため菓子屋は大坂から購入したが、遠路の運搬で三割が痛み値段も高く、また他国産物で献上菓子を作るのも不都合であった。この覚はマルメロの木を差し木で復活させるよう菓子屋が政右衛門へ依頼し、政右衛門が熱心に世話をしたので翌年からはかせいたができるようになった、政右衛門に褒賞を与えて欲しいという内容である。献上を維持するためマルメロの国産復活を望む熊本藩と菓子屋、マルメロ生産者の意志をみることができる。

このように献上用かせいたの調製に際して最も重要な問題は、主材料である国産のマルメロの確保であったが、実際は栽培に腐心していた。マルメロの本来の栽培適地は、先に第一章で陸奥会津藩の時献上でもみたように寒冷地であり、熊本は適していなかった。特に長雨は致命的だったようで、安政二年（一八五五）六月二三日「新続跡覧」にも、「当春以後之長雨其末近来之旱ニ而落実いたし御用分丈全備無之」とある。(19) しばしば落果や品質劣化のため必要量を確保できず、前記のように献上の時期を遅らせる、献上数を減らす、不足分を前年分や「大坂榲桲御買上」で補う等の対策が講じられており、かせいたは安定供給が難しい献上品であったことが判明する。

献上用のかせいたは、こうして走潟村を中心に栽培された稀少な領国産のマルメロから、一曲二斤入に調製された。(20) 松崎範子によれば、その際マルメロは公儀月次の献上または音信贈答を掌る御音信《いんしん》所の役人の検査を受けて藩が買い上げ、熊本城下の二軒の御用菓子屋である吉文字屋と海老屋が製造し、「上り通」、「並練」の二種があった。なお献上・贈答用以外、販売の事例は確認できないとされるため、(21) 領主の需要に限定された産物であったと考えられる。

その実態については細川護貞の回想録に、大正一〇年（一九二一）頃、「杉の曲物に入った羊羹」のような菓子を薄く切って食べ「甘酸っぱく一種の香り」があった、もと一四個あったが太平洋戦争末期に蟻がついて大小二個になったと記されている。[22]細川家で明治以降も作られていたこと、大きさには大小があったことがわかる。また「我が家の伝承」として材料・分量と作り方を詳述し「くずもち程の硬さになったところで型に入れて二日程おいてから切って食べる」とある。[23]この細川家製造のかせいたの一つが財団法人永青文庫に現存する。平たい円筒形の曲物に和紙で封がなされ、上蓋中央に墨書で「明治十七年製」とある。[24]封をした曲物という形態は、第三章で前出した献上用の朝鮮飴と同様である。

（2）製法記録にみる代替材料と地域性

◆カリンで代用する南蛮菓子・梨糕《かせいた》

かせいたは一七世紀後期以降、製法記録が諸書に散見されるため、その名の菓子は、前述した熊本藩のかせいた以外にも作られ、広く知られていたことがわかる。ここではそうした記録から実態や位置づけ、地域性認識を探ってみたい。実態のわかる記述を表1（一七四頁）のA1～9に、比較のための参考として「梨子こう」「梨香」をB1・B2、「西瓜糕」「西瓜香」「西瓜糖」をC1～3に示す。

まずかせいたの材料、製法、形状に注目する。元禄二年（一六八九）刊の『合類日用料理抄』の「かせ板」（A1）では、湯煮した「木梨子」を擂鉢《すりばち》で擂って水嚢で漉し、白砂糖とともに鍋に入れ、弱火で「葛餅のかたさ程」になるまで煉り詰め、杉の曲物に流し、表面をならし二日程置く、本来マルメロで作るとある。熊本藩士・加々美紅星子著「雑花錦語集」の「加世以多」（A5）は、材料は「梨」とある以外は『合類日用料理抄』とほぼ同文であることから、写しと考えられる。製法、形状には差異はないが、主材料についてはマルメロと梨の類に二分できる。マルメロの事例は少なく、『本朝食鑑』の「林檎」の項（A3）、熊本藩の御料理頭・村中乙右衛門の手控「料理《りょうり》方秘《かたひ》」（A7）[25]と、本草書の『日養食鑑』（A9）である。A7の「丸める香」では、製法の記述は簡略であるが、マルメロを用いることが明記され、材料の異なる「梨香」（B2）とは別記されている。この事例から御用菓子屋が献上用に調製するものとは別に、料理方によっても作られていた可能性がある。それ以外は木梨子（A1）、山梨子（A4）、梨または梨子（A2・A5・A6・A8）で、『合類日用料理抄』（A1）、『本朝食鑑』（A2）、「雑花錦語集」（A6）では本来マルメロを使うと注記する。また「江戸関口弥十郎御所持」の写本「御菓子之法」では、「かせいた」（A5）と「梨こう」（B1）が別記され、かせいたには梨子と甘干柿が使われている。

　形状は葛餅のほか、「餅」（A3）、「つきたての餅」のかたさ位まで煉り詰めたものを数日間干して水分を抜いたもの（A4）、「糕」（A9）、膏薬状の「膏」（A2）とある。糕（または餻）とは米の粉または小麦粉を蒸して作った菓子、または果物を砂糖で長く煮てゼリー状の薄い角型に作った菓子の意で、[26]「丸める香」も本来は「まるめろ糕」と考えられる。なおかせいたの由来については『本朝食鑑』では「南蛮・阿蘭陀の果」で作る（A2）、「蛮人」が作るとあり（A3）、南蛮由来と認識されていることがわかる。

　こうした記録を通し、かせいたは砂糖とマルメロを材料とする糕と認知されながら一般的には梨類で代用されるものが主流で、「梨糕」もかせいたの表記の一つだったことがわかる。その材料について、製法記録では「梨」の記載例が多いが、『本朝食鑑』では「梨」の項に「各処に多くある（略）味は甚だ甘美・脆白であって、水糖のように潔い」とある。一方、別項の「林檎」で「麻留免羅」について「もともとこれは蛮国の種であって、長崎に渡ったものが各処に移植され希にある（略）味は甘酸（略）空閑《こが》梨に似ている」とあり、続けて「花利牟《カリム》これもやはり蛮国から移植され長崎に渡来したもので、現今各地に希にある。樹・葉及び花は麻留免羅に似て（略）実は長くて小瓜のようである、味は甜」とある。マルメロの代替材料とされた梨とは、主としてカリンの類と推察される。

◈熊本と江戸のかせいた

熊本の地域性について言及した記録は、例えば江戸後期の幕臣、羽倉用九《はくらもろちか》（簡堂）著『饌書』（弘化二年〔一八四五〕刊）には「沙糖　推阿讃、糖製粆米餻推金沢、豆沙餻推金城、其他熊基之梨餻、相城之柚餅、並為特品」とあり(27)、阿波・讃岐の砂糖、金沢の「糖製粆米餻（押物）」、名古屋の「豆沙餻（羊羹）」と、熊基（熊本）の「梨餻」が併記されている。また、著者未詳だが荻生徂徠及びその門下等の言行の記録「蘐園《けんえん》雑話」に、「松平左近将監殿執政の時、かせ板・梨子煉つめ作る、熊本より献上なり・好物に付毎日のやうに贈られし。熊本にてかせ板ばかりに三万石のけて有し由、是に思合すれば、かやうの国風にて大諸侯のしるしなり」とある(28)。関係者間では武鑑による情報に加え、体験的にも熊本の地域性認識が確立していたといえる。

贈答の記録ではほかにも、第三章で前出した熊本出身の儒学者・松崎慊堂の「慊堂日暦」に、来訪者からかせいたや「梨餻」が贈られたことがみえる(29)。かせいたについては天保一四年二月二五日「伊沢盤安、砲洲侯は加勢以多一曲を賜う」とある。砲洲侯は熊本新田藩主細川利用《としもち》で、同藩からは前記の通り熊本藩の時献上となる以前に享保五年の『享保武鑑』でかせいたの献上が確認できる。従ってこの「加勢以多」の材料はマルメロと思われる。「梨餻」は二例あり、同五月二三日は「東郭羽君は蛋餻一篚を以て贈らる。書を作って梨餻一曲を付して謝となす」とあり、東郭羽からの「蛋餻」の返礼に、曲物入の「梨餻」を贈っている。翌二四日には「龍口の郷邸に向い、後藤留守の廨舎に入って留語して時を移す、主人は蕎麦条及び梨餻を供す」とあるが、この梨餻がかせいたの別称か文字通りカリンを材料とするものか不詳である。

一方、江戸の上菓子屋の商品として製造されていたかせいたの記録がある。その材料は前出の製法記録からカリンの類と推察される。寛政年間に刊行された千代丘草庵主人作の洒落本『讃極史《さんごくし》』に「鳥かいのかせいたよかろふ」とある。「鳥かい」は江戸の幕府御用菓子屋、鳥飼和泉である。[30]また、第三章でも前出した大田南畝の見聞筆録「一話一言」に収載された文化七年（一八一〇）の「本町紅谷志津摩家菓子譜」によれば、「加勢板」と「西瓜香」が同価格の「代拾匁」で、受注製造販売されていた。[31]この西瓜香については後述する。

（3）領国産マルメロにこだわる国物

◈民間薬・西瓜糖とマルメロ糕

ところで、時献上は各藩が最重視した国元産物であった。また前出の籠橋俊光によれば、毎年指定期日までに「質量ともに充分な領内産物」を調達することは、極めて重要な政治課題であったとされる。[32]そのような状況下、細川家はかせいたをどのような理由で重視し、時献上に選んだのだろうか。熊本藩領内は主材料であるマルメロの栽培に適さず、その調達に困難が伴うことは予測できたと思われる。かせいたが「細川三斎好みの茶菓子」であったとする由緒は、それが同家で重視された理由として通説となっているが、前述の通り史料上では確認できず、かせいたが現れるのは光尚、綱利の治世である。ここでは別の視点で、重視された理由、国物としての価値について考えてみたい。

かせいたが重視された理由の一つとして指摘したいのは、薬用または滋養食品としての価値認識である。そこで再び表1で、同藩料理方の記録「料理方秘」の「丸める香」の次項「西瓜香」に注目する（C2）。それは西瓜の実と白砂糖を炭火で煉り詰めたもので、材料の西瓜もまた享保二〇年刊「肥後国之内熊本領産物帳」によれば同地の産物であった。[33]その実態をもう少し詳しくみてみると、正徳元～享保九年（一七一一～一七二四）頃の

「甘味集」では「西瓜糕」（C1）、寛延二年（一七四九）の『料理山海郷』では「西瓜糖」（C3）として同様の製法が記されている。これらは生姜も加えて充分に煮詰め、「壺に入置いつまでも風味かわらず」と保存性の高さが付記されている。

この西瓜糖は腎臓・心臓病に有効とされ、時代は下るが明治期民間療法や医師の医療にも用いられ、市販もされていた。[34] 例えば東京神田の果物店万惣《まんそう》で、弘化三年（一八四六）の創業以来の商品とされる「西瓜糖」は、大正～戦前期の新聞広告で「村井弦齋先生実験証明」として腎臓炎、腹膜炎、消渇、水気病、尿道病に効くとしている。[35] 同店のそれは、砂糖は用いず西瓜の果汁だけを濃縮したもので、添付の栞には「使用法　備え付けの小さじ二杯分を一日三回食間に服用下さい」とあり、食べるのではなく少量「服用」する薬用であったことがわかる（図5）。[36] 薬とすれば、C1とC3で加えている生姜も生薬としての効能を期待するものと考えられる。「料理方秘」で「西瓜香」と併記された「丸める香」すなわち細川家のかせいたは、これに類する位置づけだった

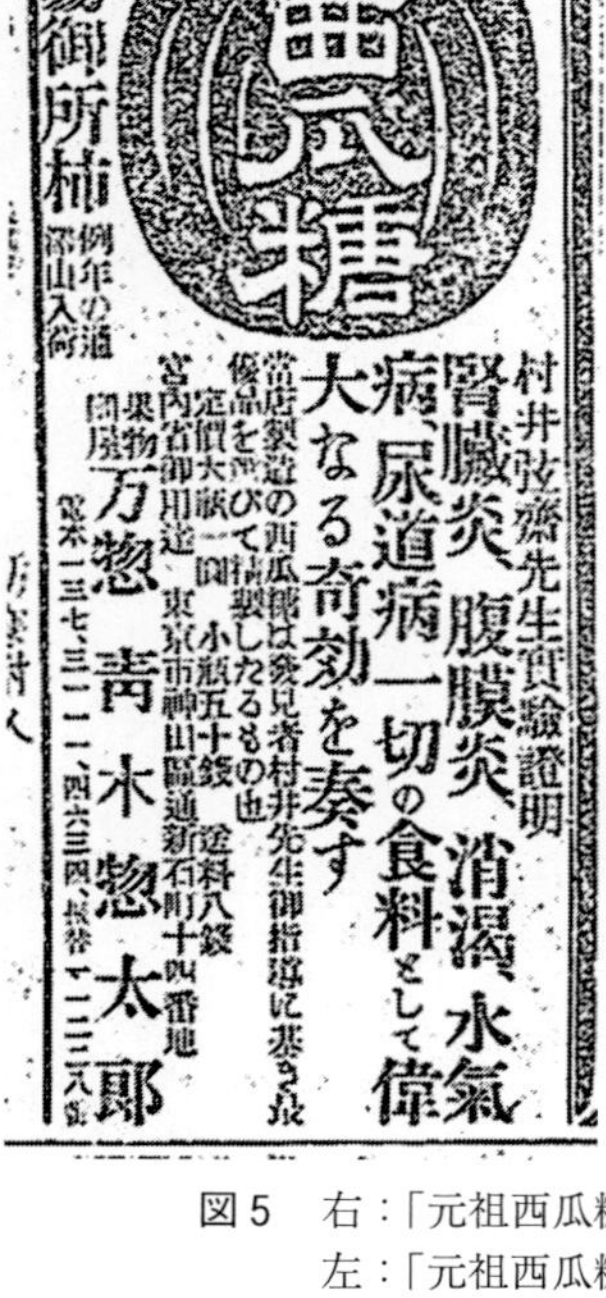

図5　右：「元祖西瓜糖」万惣（東京都千代田区）
左：「元祖西瓜糖」万惣広告（『朝日新聞』1912年11月13日付）

のではないだろうか。かせいたが『本朝食鑑』、『日養食鑑』等の本草書に収載されている例からも、その薬としての効用や滋養性を重視する価置認識が窺える。

◆一七世紀欧州におけるマルメラーダの薬効

実はかせいたの原型のマルメラーダについても、一七世紀欧州において同様の価値が認識されていたと考えられる。イタリアの画家パオロ・アントニオ・バルビエリ Paolo Antonio Barbieri（一六〇三〜一六四九）の一六三七年の「The Spice Shop」（図6）には、薬屋店頭に並ぶ商品の瓶に、薬草類（ハーブ・スパイス）や砂糖菓子とともに、マルメラーダと推察される曲物が描かれている。(37) イタリア語の原題は「IL Farmacista（薬屋）」または「Lo speziale（スパイス屋）」で、当時薬屋とスパイス屋は同じ職業を指し、果物やハーブ・スパイスを商って

図6　17世紀イタリアの薬屋で売られるマルメラーダ（左端の瓶）
Paolo Antonio Barbieri「The Spice Shop」1637年（スポレート市立絵画美術館蔵）

図7　「オルレアンのコティニャック Cotignac d'Orleans」Benoit Gouchault（フランス）
蓋付き曲物に入っている（直径5.2cm・高さ1.9cm、22g）。現在同地ではオルレアン解放戦でジャンヌ・ダルクを勝利に導いた菓子とされている。

いた[38]。描かれた曲物がマルメラーダであると特定できる情報は絵にはないが、当時のマルメロまたはマルメラーダに対する薬効の認識が窺える以下の事例から、それがマルメラーダである可能性は高いといえる。

まず、一六世紀フランスの医師ジャン・ブリュイエール＝シャンピエ Jean Bruyerin-Champier は、食物に関する書物のなかで、マルメロ（フランス語では「コワン coing」）をはちみつ等の甘味を用いて保存したものが、古代ギリシア以来当時においても、健胃の効能を目的として使用し続けられていることについて言及しているという[39]。また、同じく一六世紀のイタリアの医師アレッシオ・ピエモンテーゼ Alessio Piemontese が著し一五五五年ヴェネツィアで刊行された、主として病気治療の処方箋・処置法に関する書『Secreti（秘訣）』は、さまざまなジャムのレシピが記されている。そのうちマルメロと砂糖のジャムを煮詰め曲物に詰めたものは、フランスでコティニャック cotignac と呼ばれ（図7）、一六世紀以降献立記録にみられ、一八世紀にはオルレアンの特産として、司教のジャラントからルイ一五世へ進上され、消化促進の効用が期待されていたとされる[40]。

細川家では、かせいたの本質的な価値として、欧州で重視されていた薬効も理解しており、そのうえで材料の栽培から菓子の生産まで一貫して領内で行う唯一無二の国物をめざしたのではないだろうか。マルメロの栽培には腐心したが、材料（マルメロ、白砂糖）にそなわる異国性と薬効に加え、藩主需要の国元産物と将軍献上という二重の権威を伴う重層的な価値を[41]、熊本藩のかせいたは有していたといえる。

以上より、近世におけるかせいたは一般的には異国由来の南蛮菓子であり、砂糖とマルメロを材料とする糕と認知されていた。実際には、マルメロの代わりにカリンの類を材料とする糕もかせいたと呼ばれ、江戸の菓子屋で製造販売されていた。一方、熊本藩のかせいたは領国内産のマルメロで調製され、領主の需要に限られた国元産物であった。その地域性は武鑑を通して確立されていたが、同地の気候条件は材料のマルメロの栽培に向かず、品質・供給量ともに希少であった。

第三節　近代のかせいたにみる地域性の中断と変容

（1）国物のかせいたの消失

近代以降、献上儀礼の廃止に伴い熊本のかせいたはどのような動向をみせるのだろうか。まず、内国博の出品状況をみる。近世の御用菓子屋により、第一回から継続的に出品された朝鮮飴と異なり、かせいたは全五回を通して熊本からは出品されていない。ただし、他府県からの出品は三事例が認められる。第一回には東京の岩崎勇助が出品しており、その出品解説には次のように記されている。(42)

梨餻《カセイタ》　東京府南品川駅　　　　　　　　　　岩崎勇助

製法　梨実ノ皮ヲ剝キ去リ擦却シテ砂糖三分一ヲ和シ鍋ニ投シ煎熬シ適宜ニ煉リ框底ニ銅板ヲ敷キ其中ニ傾瀉シテ凝結セシム

材料にカリンと思われる「梨」を用い、製法、仕上の形状「餻（糕）」ともに、先にみた近世の製法記録の一般的なかせいたと同様である。なお出品者については、開業明治元年とあるが、熊本との関係を含めて詳細は不明で、第二回以降は出品していない。

次に第四回には、大阪の小澤庄吉が出品した五点のうちの一点に「カセ板瓶詰　製山本兵吉」とある。続く第五回には、名古屋の伊藤久兵衛が出品した四点のうちの一点に「加瀬板」とある。いずれも詳細は不詳であるが、前例と同様、カリンの糕と推察される。一方、菓子名は異なるが、かせいたに類する出品物もみられる。例えば第四回、秋田の立石佐吉が「榲桲膏、榲桲糖」、同じく泉深造が「榲桲果膏」を出品している。

こうした出品の記録を通して推察する限り、実態に関しては近世から変容していないと思われる。また内国博では毎回菓子の出品数、種類がともに増加していく全体的な傾向において、かせいたの事例は極めて少なく、前述した朝鮮飴とは対照的である。第四回以降になるとマルメロのゼリーやジャムが産地を中心に出品される動向がみられるが、それは近世以来のかせいたの展開ではなく、第二章で前述した特産の活用という主催者の指導の影響と考えられる。熊本は前記したように栽培に適した土地ではなく、献上品の調製という目的の消失とともに、マルメロを栽培する必然性も消失していったと考えられる[43]。

(2)「加勢以多」の創製

◈三つの変容

近代以降の熊本のかせいたに関する記録としては、後年、昭和五七年（一九八二）刊『熊本県大百科事典』の「加世以多」に「明治になって一時途絶えたが、第二次大戦後、熊本市の老舗山城屋の手で復元され、「加世以多」を「加勢以多」の名で売り出している」とある[44]。この山城屋は、内国博で朝鮮飴を出品した前出の小早川慶八の菓子屋である。一九九五年に廃業しており[45]、近世の状況は不詳であるが、朝鮮飴を加藤清正から甲斐宗運経由で伝授されたとする伝承にもとづき[46]、熊本を代表する江戸期以来の菓子屋とされ、主要な商品として朝鮮飴と「加勢以多」が知られていた[47]。そしてこの「加勢以多」は、前記した現代のかせいたと同じく、カリン製の糕を薄種で挟んで短冊形に切り分け、細川家の九曜紋を付した紙で個包装したものであった。それは近世のかせいたの「復元」ではなく、熊本藩のかせいたに因んで菓子屋の山城屋が創製した菓子といえる。

「加勢以多」には三点の変容を指摘できる。まず一点目は、材料が領国産のマルメロではなくカリンに変わったこと、二点目は細川家の九曜紋が付されたことである。前述した通り、同藩細川家のかせいたは、肥後国産のマルメロを材料とすることが国元産物としての必須条件だった。それが産地不問のカリンで代用され、その上に細川家の九曜紋が地域性のしるしとして付された。すなわち地域性の根拠が、原料（国産マルメロ）から、包紙に付された九曜紋へと変わった。三点目は、菓子の形状の変化である。それまでは曲物に流しこんだ状態であったため食べる際に曲物からとり出して切る必要があった菓子が、小さく切られて薄種に挟まれ、さらに個別に包装された。

こうした変容の背景には、菓子の位置づけや用途、すなわち献上品から地域名菓への変化がみえる。材料の変換は、商品流通に不可欠な材料確保のためと考えられる。小形化と個包装は、地域名菓に適した運びやすく配りやすい形態への対応である。そして熊本藩細川家の九曜紋は、材料に代わる地域性の表出といえる。三斎好みの茶菓子という由緒も、「加勢以多」の創製に発端があるのではないだろうか。この「加勢以多」は細川家に因む菓子として、同家の伝統的な茶道の流派「肥後古流」の薄茶で用いられるとされ[48]、こうした用途も含めて個性的な地域性の根拠となっている。

「加勢以多」を山城屋が製造販売し始めた時期については不詳であるが、販売されていた当時菓子に添えられていた栞には、明治四三年（一九一〇）一〇月二三日、山城屋の当主小早川慶八から明治天皇へ「加勢以多」を「朝鮮飴」・「柿飴（干柿入の朝鮮飴と思われる）」とともに献上したことを示す文書の「写」が印刷されている。なお、原文書を確認できないため史料としての扱いには注意を要する[49]。

◈戦後の断絶と復活

実際の販売状況を示す事例としては、昭和三九年刊の『熊本県史』で、産業物産展等に通常出品されている熊本名物の観光土産品を、知名度及び普及度によって、①古くから名高く、名産として献上品に入っていたもので今日も名声を博しているもの、②大量に生産してはいないが地方色豊かなもの、③僅かに名残をとどめているもの、④歴史の新しいもののうち戦前から知名のもの、⑤戦後現れたもの、という五段階に分類している[50]。「加勢以多」は③、対する朝鮮飴は①に入っており、近世には同じ時献上であったが、知名度に大差が生じていることがわかる。その要因の一つは、材料をカリンに変えた後も単独の菓子屋によって限定的に生産されたことにあると思われる。後年その菓子屋が廃業するが、そうした由緒も含めて継承し復活させたのが前出した現在の製造者、香梅である。

同店の松井幸人氏によれば、旧熊本藩主細川家の資料を保存管理する永青文庫より、平成九年（一九九七）五月に再現の依頼を受け、同年一〇月より試行錯誤を重ねて、翌年完成したという。同時に永青文庫から水前寺成趣園内の県指定重要文化財である古今伝授之間（熊本市）の維持管理も依頼された香梅が、管理会社として設立した古今伝授之間香梅の同所内の売店で、「加勢以多」を主に観光みやげとして販売することとなった。そこで多様な顧客の嗜好性にあわせ、酸味をやわらげ、菓子の横幅を若干広くし、また山城屋製では包装紙のみに付されていた九曜紋を菓子本体にも付したという(51)。

この古今伝授之間は、もとは京都御所にあった桂宮智仁親王の書院を兼ねた茶室を、明治初年に譲られた細川家が大正元年（一九一二）に水前寺公園の中に移築したもので、名の由来は、細川幽斎が桂宮智仁親王に『古今和歌集』の解説の奥儀を伝授したことによるとされる(52)。こうした場での「加勢以多」の販売は、細川幽斎に因む由緒にもつながるといえるだろう。

おわりに

かせいたは前章の朝鮮飴より早く、正保三～慶安二年（一六四六～一六四九）頃から領主の進物とされていた。以降朝鮮飴と同じく正徳年間（一七一一～一七一六）には将軍家への献上品とされ、享保七年「国物」の献上品となった。また武鑑では享保五年から認められ、時献上としては朝鮮飴と同じく『明和武鑑』から幕末まで継続した。実態は領国内で栽培されたマルメロを材料とし、これに白砂糖を加えて煉り詰め、曲物に流し固めた糕状の食品であった。

朝鮮飴と同様に武鑑を通して熊本藩細川家の国元産物という地域性と、将軍家への献上品という格式の高さ及び権威が広く認知されていた。それは領国産のマルメロを材料とし、領主の需要に限られる希少な国元産物として、名実ともに地域性が確立していたが、同地はその栽培に適した土地ではなく、必要不可欠なマルメロの確保に腐心していた。一方かせいた自体は一般的には南蛮菓子と認識され、材料は本来マルメロであると認識されながら、実際にはカリンで代用され、江戸の菓子屋でも製造販売されていた。

近代に入り、熊本藩の国物であったかせいたは消出し、地域性は中断される。その後同地の菓子屋が、材料をカリンで代用したかせいたを薄種で包む等改変し、商品の「加勢以多」として創製する。従来の地域性の根拠だった領国産マルメロに代わり、同家紋と、旧藩主細川三斎好みの茶菓子という歴史に因む由緒が付され、熊本の名菓として成立する。中断の後、製造者の交代を経ながら用途や位置づけをも含めて現在まで熊本名菓のかせいたとして継承されている。近世において確立していた地域性に代わり、近代の需要者に応じて創製された地域性が付されることで、地域名菓として展開したといえる。同時に菓子としての価値の重心は、近世の材料由来の希少性と薬効や、藩主の需要に伴う権威に代わり、大名茶人でもあった藩主好みの茶菓子という、新たに創出された歴史的個性に因む由緒へ移行した。

（1）　松崎範子「御献上菓子、かせいたと朝鮮飴」（『年報熊本近世史』平成一一・一二・一三年度合併号、二〇〇二年）七、八頁。

（2）　細川護貞『怡園随筆　茶・花・史』（主婦の友社、一九七二年）二二四頁。細川護貞「南蛮渡来の菓子カセイタ」（表千家編『茶と美』一二、茶と美舎、一九八二年）八七頁。

（3）　籠橋俊光「仙台藩における国元産物の献上・贈答について」（東北史学会『歴史』一〇七、二〇〇六年）二五～五六頁、同「仙台藩の国元魚・鳥類産物の調達システム」（斎藤善之・高橋美貴編『近世南三陸の海村社会と海商』清文堂出版、二〇一〇年）九一～一二八頁、同「「留物」・「御見抜」と産物――仙台藩の水産物流通と領主的需要――」（入間田宣夫監修、熊谷公男・柳原敏昭編『講座東北の歴史』三、清文堂出版、二〇一三年）一一〇～一三〇頁、同「「御見抜」と地域社会：仙台藩における領主的需要と漁業政策」（東北史学会『歴史』一二七、二〇一六年）七二～九五頁。

（4）　牧野富太郎『牧野新日本植物圖鑑』（北隆館、一九六一年）二六一頁。

（5）　村岡安廣『肥前の菓子』（佐賀新聞社、二〇〇六年）九八頁。

（6）　橋爪伸子「名菓成立の要因と背景」（『日本食生活文化調査研究報告集二四、平成一八年度助成対象』二〇〇七年）二八頁。

（7）　なお、柑橘類に砂糖を加えて煮た食べものを意味する英語マーマレード marmalade は、ポルトガル語でマルメロジャムを意味するマルメラーダに由来するが、マルメロの語源は甘いリンゴを意味するラテン語 melimelum、その語源はギリシア語でオレンジのジャムを意味するメリメロン melimelon で、古代ラテン語とギリシャ語の果物の意の違いによりマルメロの実とマーマレードが混同されているとされる（ピエール・ラスロー、寺町朋子訳『柑橘類の文化誌歴史と人との関わり』一灯舎、二〇一〇年、三四五～三四八頁）。

（8）　『食材図典』（小学館、一九九五年）二七五頁。今田勝美他「カリン・マルメロ今昔物語」（『New Food Industry』三六・一）一五頁。

（9）　聴取調査：株式会社古今伝授之間香梅、松井幸人氏、二〇〇六年七月二五日。原材料表示は還元水飴・砂糖・カリン・麦芽糖・餅粉・寒天等。

（10）　販売時菓子に添えられる栞のほか、例えば前掲細川護貞『怡園随筆　茶・花・史』二二五頁、江後迪子『南蛮から来た食文化』（弦書房、二〇〇四年）一一六頁、『城下町のお菓子　郷土菓子に残る日本の味と形』（暮らしの設計一二七、中央公論社、一九七九年）一四八頁等。

（11）　熊本県編刊『熊本県史料』近世篇一（一九六八年）一七七頁。

（12）　長岡佐渡守は松井興長（一五七六～一六六五）と思われる（前掲『熊本県史料』近世篇一、附録八八頁）。

(13)「細川光尚書状」八月二三日長岡佐渡守宛（八代市立博物館未来の森ミュージアム編『松井文庫所蔵古文書調査報告書』一一、二〇〇七年、一〇九頁）。

(14)東京大学史料編纂所編『大日本近世史料細川家史料』一六（東京大学出版会、一九九八年）、東京大学史料編纂所編『大日本近世史料細川家史料』一七（東京大学出版会、二〇〇〇年）、東京大学史料編纂所編『大日本近世史料細川家史料』一八（東京大学出版会、二〇〇二年）。なお、海茸については寛永一〇年正月八日伊播磨（伊丹康勝）宛の書状で「此海茸世ニ多物にて御座候へ共、我等国ニ而始而取申候間、貴様へ迄進入仕候」とある（同一七、一三頁）。

(15)前掲松崎範子「御献上菓子、かせいたと朝鮮飴」（五頁）によればかせいたが贈られた記録は延宝四年（一六七六）一一月一四日稲葉正則の使者小野三郎大夫宛（「神雑」一～一二、二、永青文庫蔵）、同年一二月一一日に長岡監物宛（「妙応公御家譜続編」永青文庫蔵）等。

(16)「続跡覧」巻二三一ノ一八（熊本県立図書館蔵上妻文庫：二四一）。

(17)「町在」享和二年（永青文庫、熊本県立図書館蔵上妻文庫：二四二）。

(18)宇土市史編纂委員会編集『新宇土市史』資料編一（宇土市、一九九三年）二六～二七、八〇～八一頁。マルメロは北岡にも植えられていたとされる（熊本県編刊『熊本県史』近代編一、一九六一年、五三五頁）。

(19)「新続跡覧」巻四五六ノ四五（熊本県立図書館蔵上妻文庫：二四一）。

(20)前掲「新続跡覧」巻四五六ノ四五。

(21)前掲松崎範子「御献上菓子、かせいたと朝鮮飴」七、八頁。

(22)前掲細川護貞『茶・花・史』二二四頁。

(23)前掲細川護貞「南蛮渡来の菓子カセイタ」八七頁。

(24)永青文庫「平成二六年度春季コレクション展示」で出陳（二〇一四年六月一日閲覧）。平成一四年熊本で開催された第二四回全国菓子博覧会でも、熊本城の茶会会場に現在の「加勢以多」とともに展示された（『第二四回全国菓子大博覧会九州in熊本』熊本県菓子工業組合、二〇〇二年、五八頁）。

(25)橋爪伸子・江後迪子「『料理方秘』について」（『香蘭女子短期大学研究紀要』四〇、一九九八年）七～八、一一七頁。

(26)愛知大学中日大辞典編纂所編『中日大辞典』増訂第二版（大修館書店、一九九四年）。

(27) 羽倉用九『饌書』一八四五年、二七裏（国立国会図書館デジタルコレクション、請求記号：特1-2446）。
(28) 森銑三、北川博邦編『続日本随筆大成』四（吉川弘文館、一九七九年）解題四、六六頁。
(29) 山田琢訳註『慊堂日暦』一（平凡社、一九九四年）三三五〜三四一頁。同前『慊堂日暦』六（平凡社、一九八三年）二九一、二九五頁。
(30) 『讃極史』（早稲田大学図書館、請求記号：ヘ13 02132 0040）、成立年については国文学研究資料館日本古典籍総合目録データベースによる。
(31) 日本随筆大成編輯部編『日本随筆大成』新装版、別巻四（吉川弘文館、一九九六年）八三〜八七頁。
(32) 前掲籠橋俊光「仙台藩における国元産物の献上・贈答について」二五〜五六頁。
(33) 盛永俊太郎、安田健編『享保元文諸国産物帳集成』一三（科学書院、一九八九年）二三四頁。
(34) 井上正賀『諸病療養滋養食品詳説』（大学館、一九一四年）二五九頁、村井弦斎『難病の治療法』（実業之日本社、一九二一年）四五八〜四六〇頁、齋藤菊壽・松島實『藥草漢藥民間療法』（三省堂、一九三〇年）一〇二頁。
(35) 広告は『朝日新聞』には一九一二年一一月一三日付（東京、七頁）、『読売新聞』では一九一二年八月一三日付（四頁）以降確認できる。
(36) 西瓜糖の栞には「元祖西瓜糖　西瓜は古来より利尿に卓効があり、腎臓病　水腫等に広く用いられました。（略）本品は西瓜に含まれるその有効成分の果糖類を変化させる事なく濃縮精製しました。故に常温で長期の保存に耐えます。使用法　備え付けの小さじ二杯分を一日三回食間に服用下さい。白湯等で薄めて頂いても結構です」とある。なお同店は二〇一二年三月閉店した。
(37) 「BARBIERI, Paolo Antonio　The Spice Shop」Web Gallery of Art, created by Emil Kren and Daniel Marx.〈http://www.wga.hu/html_m/b/barbieri/spicesho.html〉（最終閲覧日：二〇一七年五月一日）。溝口政子氏のご教示による（二〇一五年六月二三日）。同氏によれば同様の曲物は当時の静物画の画材として他にも散見されるという。例えば同じくパオロ・アントニオ・バルビエリ「果実と砂糖菓子のある静物」（安田火災東郷青児美術館編集『イタリア静物画展：シルヴァーノ・ローディ・コレクション』現代彫刻センター、二〇〇一年、五六頁）。
(38) カパッソ・カロリーナ氏のご教示による（二〇一七年一月二〇日）、『世界大百科事典』「薬屋」も参照。

(39) Jean Bruyerin-Champier, L'Alimentation de tous les peuples et de tous les temps jusqu'au XVIe siecle, traduit du latin par Sigurd Amundsen, Paris, Intermediaire des Chercheurs et Curieux, 1998. 橋本周子氏のご教示による（二〇一七年四月一一日）。

(40) ピエール・リエナール、フランソワ・デュトゥ、クレール・オーゲル著、塩谷祐人訳、大森由紀子監修『王のパティシエ　ストレールが語るお菓子の歴史』（白水社、二〇一〇年）八四～八五頁。本書はフランスのルイ一五世の菓子職人だったニコラ・ストレールの回想をまとめたものとされる。効用については伊藤文『フランスお菓子おみやげ旅行』（東京書籍、一九九七年）一一四～一一六頁。両文献ともにコティニャックの材料を「カリン」と邦訳しているが、マルメロの誤記。なお、コティニャックについては山辺規子氏（二〇一七年三月八日）、『秘訣』及び著者についてはカパッソ・カロリーナ氏のご教示による（二〇一七年三月二九日）。著者の本名はジローラモ・ルシェッリ Girolamo Ruscelli（一五〇〇～一五六六）。

(41) 籠橋俊光は、時献上等の領主的需要に関する諸役について「将軍と藩主御用という二重の意味での「公儀」に対する御用としての性格」を持つと指摘している（前掲「仙台藩の国元魚・鳥類産物の調達システム」一二〇～一二一頁）。

(42) 『明治十年内国勧業博覧会出品解説』三六六、三八四頁（『発達史』第七集五）。

(43) 走潟でのマルメロ栽培は一九世紀以降も続けられたが、戦後消失したとされる（「おつぼつ場・マルメロ場」宇土市デジタルミュージアム〈http://www.city.uto.kumamoto.jp/museum/pro/jidaifusyo/otsubotsu.html〉、最終閲覧日：二〇一七年五月一九日）。なお北岡にも木があったとされる（前掲『熊本県史』近代編一、五三五頁）。

(44) 熊本日日新聞社編『熊本県大百科事典』（一九八二年）一四四～一四五頁、五五八頁。

(45) 『朝日新聞』一九九五年三月二一日付、朝刊、西部、一〇頁。

(46) 享保八年（一七二三）水野和泉守から細川越中守宛の朝鮮飴の礼状を保持するとされる（富永次郎『日本の菓子』社会思想研究会出版部、一九六一年、一五三、一五四頁）。

(47) 例えば前掲『城下町のお菓子』（一四八頁）では「江戸時代中期以降朝鮮飴本家」と紹介されている。

(48) 前掲聴取調査：松井幸人氏。

(49) 「右熊本県熊本市船場町小早川慶八ヨリ聖上ヘ献上志願之旨ヲ以テ伝献相成早速御手許ヘ差上候此段申入候也」、宛名は「侍従長侯爵徳大寺實則、主猟頭男爵米田虎雄殿」とある（前掲村岡安廣『肥前の菓子』九六頁）。

(50) 熊本県編刊『熊本県史』現代編（一九六四年）四三四～四三七頁。

(51) 前掲聴取調査：松井幸人氏。なお、「加勢以多」と古今伝授之間香梅については、香梅社長副島隆氏による「「古今伝授の間」と文化雑感」（虎屋文庫『和菓子』一一、二〇〇四年、四～六頁）でも「復元の経緯」が記されている。それによれば材料はマルメロとあるが、商品への使用については確認できなかった。

(52) 『国史大辞典』「古今伝授」。

表1　近世のかせいた及び梨子糕、西瓜糕の製法記録

No.	史料名	成立	名称	本文（出典）
A 1	合類日用料理抄	元禄二（一六八九）	かせ板	木梨子の内にて能梨子皮を去、四つにわり、内の堅所を取、ひたひたに水を入、成程和に湯煮をして笊に上ケ水けなき様にし、すり鉢ニてなるほど細ニすり、すいなうにてこし、別に置候、右の拵たる梨子壱貫めニ白さたう六百目を右の梨子のゆで汁二升ほど入解、すいなうにてこし、右の調たる梨子と能合せ鍋に入、火をそろそろと焼、ねりつめ申候、かけんは葛餅のかたさ程ニ仕能候、扨杉の曲物上に六寸深サ一寸五分か二寸ほとに仕、一盃入、上をうつくしくなで置申候、二日ほど過て能候、又まるめろにて仕候儀尤本ニて候（吉井始子編『翻刻江戸時代料理本集成』一、臨川書店、一九七八年、二五二～二五三頁）
A 2	本朝食鑑	元禄一〇（一六九七）	加世伊多	梨：砂糖で梨を煮て熬過《たつぶりいり》、研爛《すりつぶし》、膏にして加世伊多と呼んでいる、加世伊多は南蛮・阿蘭陀の果で麻留免羅《マルメラ》で造る（島田勇雄訳註『本朝食鑑』二、平凡社、一九八一年、三六頁）
A 3	同右	同右	加世伊太	林檎：麻留免羅：蛮人は砂糖蜜で煮て餅に作り、これを加世伊太と呼ぶ、久嗽・酒渇を能く治すといわれるが、詳らかにしない（前掲『本朝食鑑』二、四二頁）
A 4	御前菓子秘伝抄	享保三（一七一八）	かせいた	山梨子、皮を去、其まゝ水に入、しんまてけつりつめ、しんをはすて、けつりたるを水につけ、いかにもやはらかにゆて、水にてひやし、うすにてつき、袋に入、小豆のあんなと取申やうに、いかにも水を能取、すりはちにて少つゝすり、いかにもこまかにすり申候、調候て後、合様はすりたる梨子壱貫目、白沙糖八百目、右二色、念入かき合、銅なへに入、炭火にてねり、かけんはつきたてのもちのかたきにいたし、板に布を敷、其上にあ

				け、又上にも布をかけ、其後めんほうにてをし、あつさは御望次第、そののち、日にほし、明日、下の方を上になし、布を取、又明日、右のことくにいたし、布を取申候、ほし申日数は、六、七日程ほし申候（鈴木晋一他『近世菓子製法書集成』一、平凡社、二〇〇三年、一〇四頁）
A5	御菓子之法	寛延元（一七四八）	かせいた	一、なし　但壱ツ斗　一、あまほしかき　一、さとう　一、ほしい丶　一、葛粉　一、うとんのうわ粉（略）右何茂おろししほりかすを去り、右のさとう一ツニいたし銅鍋ニてそろそろかき廻し、尤只今ハ梨子の水無御座候間其かけん可被遊候（虎屋文庫編刊『和菓子』一九、二〇一二年、四九、二八頁）
A6	雑花錦語集	（江戸中期）	かせいた	成程能梨を皮を去、四ツにわり、内の堅き所を去、水をひたひたに入、成程やハらかに湯煮をして、笊に入水気乃無様にして、すり鉢にてこまかにすり、水のふにてこし、別に置也、右の拵たる梨壱貫目に白ざとう六百目、右乃梨子のゆで汁二升程入ときて、水のふにてこし、右調たる梨と能合鍋に入、火をそろそろとたきつめ、ねりかげんハくづもちの堅さ程にしたるよし、扨杉の曲物上口六寸深さ一寸五歩か二寸程にして一はい入、上をうつくしくなでをく也、二日程過てよし、又まるめろにてしたるが本方にて猶よし（熊本県立図書館蔵）
A7	料理方秘	享和三（一八〇三）写	丸める香	右丸めるをおろし、かたくしほり、煮候上、丸める十ニ白さとふ半斤程入、炭火ニてねり候、かけん西瓜香の通、是も麦ノこ少入候也（橋爪伸子他「料理方秘」について」『香蘭女子短期大学研究紀要』四〇、一九九八年、二八頁）
A8	料理秘事記	文化五（一八〇八）	かせ板	梨子を十ヲわさひおろしにておろし鍋に入、炭火にて能ねり詰、白砂糖百五拾匁、水壱合入、蜜にして角白かんてん一本仕立様前段之通、右ねり詰たる梨子の中へ蜜を入ねり詰夫より又かんてんを入、随分能ねり詰箱の蓋の様なるものに入、一夜斗さまし置、切形をする（前掲『和菓子』一九、六二、二九頁）
A9	日養食鑑	文政三（一八二〇）序	かせいた	甘平、毒なし能く久嗽酒渇を治す、榅桲に砂糖を加へて造る糕果なり。（倉林正次編『日本料理秘伝集成』一七、同朋舎出版、一九八五年、二七〇頁）
B1	御菓子之法	寛延元（一七四八）	梨子こう	一、梨子の汁　五つほと　百目　一、せうか汁　五拾目　一、れんこん汁　五拾目一、さとう上々　壱斤（製法はA4同断）（同前）
B2	料理方秘	享和三（一八〇三）	梨子香	右仕法同断、尤さとふ不入、寒さらしの粉少入候也（同前）

C１	甘味集	正徳元～享保九（一七一一～一七二四）（推）	西瓜糕	大西瓜壱ツ種を能取赤き所の水大事に用、白砂糖弐百目右西瓜の汁も実も共に銅なへニ入白砂糖弐百目せんし、始ハ右たき火にて煎シ、中程より炭火にてねり詰上ケ様ニ生姜を薄く片テ又なべ江入少之間ねり上さまし壺へ入、かせ引不申様ニふたを仕、口を能張置此積り西瓜いか程も出来也（前掲『和菓子』一九、七五頁）
C２	料理方秘	享和三（一八〇三）	西瓜香	右西瓜の身の所種子を去煮候へハとろけ候をこし、すいくわ一ツの汁ニ白さとふ半斤程入、又々炭火ニて煉候、かけんハ杓子ニてすくいたらたらと落候節鉢ニ入さまし候、但さとふ入候節麦ノこ少入候儀も有之也（同前）
C３	料理山海郷	寛延二（一七四九）	西瓜糖	大西瓜一つ赤き所ばかり種を去切入、白ざとう百目塵をとり、西瓜中ならばさとう九拾匁にてもよし、生姜皮を去湯煮して切入多少は心次第、かなけなきなべにて汁のねばるほどよく煮て、壺に入置いつまでも風味かわらず（吉井始子編『翻刻江戸時代料理本集成』四、臨川書店、一九七九年、一〇四頁）

第五章　地域性の具象化――金毘羅の飴

はじめに

本章では、近世金毘羅大権現の参詣名物として全国的な産物記録にみられ、旅みやげとして一般に需要されていた飴（以下、金毘羅の飴）の、近代以降の存続と変容を、飴自体の時代的な変遷と周辺地域の菓子の動向との関係に注目して考察する。

寺社参詣は近世において最も広く共有された娯楽で、旅の主要な目的でもあった(1)。その際のみやげとしては、神崎宣武によれば徒歩行において持ち運びが可能で変質しにくく分配しやすい小形の非食品が主流で、特に参詣地の「具体的なしるし」をもつ神札やお守り、薬の類が主流であったとされる(2)。しかしそうした条件を満たす食品、すなわち品質保持性が高く、携行可能な名産もあった。その主要な例が第一章で前述した通り、飴である。

ところで飴とは本来「米、あわ、いもなどのでんぷん質を糖化させた、粘りけのある甘い食品」で(3)、古代以来の食品である。しかし現在は砂糖を煮詰め・固形化した砂糖菓子の呼称としても慣用され(4)、むしろそれが認識の主流となっている。しかしその起源は一六世紀に伝来した南蛮菓子の有平糖や、一九世紀に流入した洋菓子のキャンディ等外来の造菓子である。また、飴を古来の菓子の一つ、あるいはその総称とする説も散見される(5)。甘味を味の主体とする点では共通しているが、材料、製造工程、食文化史ともにまったく異なる飴と砂糖菓子の両方が同じく飴と称され、飴を菓子の総称とする現在の認識に至る経緯は、菓子の歴史において明らかにされておらず、みなおすべき論点があると考える。

飴の食文化史に関する研究は、古代では関根真隆が正倉院文書を中心に奈良時代の食生活における飴について原料、製法、価格等を詳述している(6)。近世以降については、飴屋、飴商売に関する研究が蓄積されている。主なものをあげると、文化年間（一八〇四〜一八一八）の越後国信濃川流域における飴売商人の職分と身分を検討した神田由築、弘化年間（一八四四〜一八四八）の信濃国松代藩領の飴屋の身分を当同座支配との関係で検討した山田耕太、江戸の飴屋・飴売の様相を商いの姿態という側面から検討した吉田伸之の研究がある(7)。また、近代については君津市中富における「飴屋のむら」を紹介した小林裕美、加賀能登地域の飴屋とそれをとりまく民俗と歴史について紹介した前田佐智子の研究がある。特に前田は、聴取調査を中心に飴作りの実際や生活における位置づけを、年中行事、産育、薬用に注目して詳述し、近世以来の飴商売と習俗が近代以降も存続していたことを示している(8)。他に一般書の概略的な記述としては花咲一男、牛嶋英俊が、各地の飴作りや飴売り、飴に因む習俗について、随筆や文芸資料、新聞や聴取調査にもとづき紹介している(9)。

また近世の名物の飴については、溝渕利博が、本章でとりあげる金比羅宮の飴の時代的変遷を、主として地誌類から門前の発達、信仰の隆盛過程と関連づけてまとめた(10)。佐藤浩司は小倉名物の三官飴について名産品としての地位、生産と流通状況を、飴壺の発掘資料の分析を中心に論じ、三官飴が外容器の上野焼陶製壺で価値を付加されながら、江戸中期から幕末期にかけて全国に知られた名産品となったことを明らかにした(11)。以上の研究は各地域の飴売・飴について詳細な調査結果を示しており、個別事例の検証としては重要であるが、菓子の歴史における飴の位置づけを論ずる視点はみられない。

一方飴自体の変遷については、菓子の通史を概説する一般書では、江戸時代に飴の種類が増え「有平糖のような砂糖飴、求肥飴など様々な飴」が現れたとする記述が散見される[12]。これに関連する論考としては、八百啓介が近世の料理書を分析し、「砂糖を用いた新たな飴」が出現したことや、「従来の麦芽飴に空気を混入した堅飴と、砂糖を原料とする砂糖飴の二種の外来系の飴」が唐人飴、唐飴、南蛮飴と呼ばれていたことを指摘している[13]。そこでは従来の「麦芽飴」と「砂糖飴」を同じく「近世における飴」として並列的に扱い、砂糖飴の出現を「飴」の種類の多様化とみなしているが、古来の飴以外に砂糖菓子をも飴と称する状況は、飴の変化というより飴という概念の広がりといえる。こうした動向は、菓子との関係に注目しながらいくつかの諸側面から段階を追って検討する必要があると考える。

そこで本章では、第一節で金毘羅の飴の近世における実態を概観したうえで、現状を製造者への聴取調査によって確認する。第二節では近世以前の飴の変遷を、菓子との関係に焦点をあてて検証する。第三節では近代以降における飴の製造を、内国博記録を中心に分析する。第四節では地域名菓としての飴に改めて注目し、第一節で確認した金毘羅の飴の変容の背景を、第二・三節で明らかにした飴自体の変容と、近代以降の地域の菓子及び社会的な背景との関係において考察する。

なお以下、「飴」とは本義の通り澱粉質を糖化させて作る甘い食品を指し、現在飴と呼ばれている砂糖を主材料とする食品については、これと区別して「砂糖飴」とする。

第一節　金毘羅の飴の起源と現状

（1）近世の金毘羅の飴――丸糖・寒糖・御流飴と五人百姓

琴平の金刀比羅宮（仲多度郡琴平町）は、近世象頭《ぞうず》山松尾寺金光院で、象頭山の金毘羅大権現と称していた。修験道との結びつきが強く、権現やその眷属とされる天狗が信仰されていた[14]。寛文六年（一六六六）頃には門前町ができており、江戸中期以降諸国からの参詣が隆盛に向かい、特に幕末から明治にかけて大流行したとされる。[15]その代表的なみやげとして広く需要されたのは、第一章で鞘橋飴として前出した同地名物の飴であった。

溝渕利博によると、その初見は小西可春（柳原小八郎）編の讃岐の地誌、延宝五年（一六七七）の『玉藻集』で、金毘羅の名物「金毘羅の丸糖」の記録である。[16]その後は増田休意編、延享二年（一七四五）の讃岐の地誌『翁媼《おうう》夜話《やわ》』に「金毘羅飴」、高松藩の儒者中山城山著、文政一一年（一八二八）の『全讃史《ぜんさんし》』に「那珂郡金毘羅乃土産物」として「金毘羅の寒飴」と記されている。丸飴、寒飴の実態は不詳であるが、「丸」「寒（冷めて固まるという性質を表すか）」という名称から、固形の飴と推察できる。

大坂の本草学者木村蒹葭堂《けんかどう》が諸国の産物の貼紙を蒐集した宝暦八～文化一三年（一七五八～一八一六）の記録「諸國板行帖」には、「御ながし飴　福島屋利兵衛　金毘羅一乃坂仁王門より北一町」、「御流餹　嶋屋安左衛門　金毘羅一之坂」とあり、[17]流し飴の呼称もあった。両事例の販売地一之坂については、弘化四年（一八四七）刊の『金毘羅参詣名所図会』で「一之坂」に「此坂の間左右名物の飴売店多し、詣人家土産に需むること愛宕山ノ樒、大峯の陀羅尼助に異ならず」とあり、[18]飴を売る多くの店があったことがわかる。陀羅尼助《だらにすけ》は真言密教系の山伏の薬で、黄蘗《きはだ》の生皮等を煮つめて作る黒色の丸薬で、特に大峰山、高野山では有名な参詣土産だった。[19]金毘羅の飴は、こうした近世の代表的な旅みやげの薬と並ぶ名物だったことがわかる。

また十返舎一九の戯作、文化一〇～天保五年（一八一三～一八三四）刊の『金草鞋《かねのわらじ》』には、本社へのぼる途中に「くすりあめをうる家おほし」とあり、[20]同著者の『続膝栗毛』初編（金毘羅参詣膝栗毛）では「地黄煎薬飴」と記されている。[21]参詣地みやげの飴は、神仏の霊力またはご利益による効能への信仰から、薬に類する位置づけで認識されていたと考えられる。

さて金毘羅の飴は、前記のように町方で売られるほか、境内の大門内での専売権をもつ五人百姓と呼ばれる五

図１　「山門名物の飴を鬻ぐ図」『金毘羅山名所図会』弘化４年（香川県編刊『香川叢書』第３、1943年）

家の家筋が製造販売した。五人百姓は、金刀比羅宮の大祭神事や年頭の祭事に神饌調達や直会饗応の奉仕で重要な役割を担う家で、元禄年間（一六八八～一七〇四）には大門内で飴を売っていたとされる。[22] また販売は大傘下の露店で行われ、それが同地の特徴的な景観でもあった。文政初期の『金毘羅山名所図会』の「山門名物の飴を鬻《ひさ》ぐ図」には、大門内に、奥に三、手前に二、計五つの大きな傘を立てた飴売が描かれ、その傘の一つには「笹」とある（図1）。[23] これは五人百姓の一家である笹屋とされる。[24] こうした路上の大傘下の商売は、『守貞謾稿』によれば三都で「傘の下商人」と呼ばれ、[25] 近世の飴屋の一般的な業態で、主に社寺境内で散見された。[26] また近世の飴屋の職分については基本的に百姓身分だったとされる。[27]

以上のように、金毘羅の飴は一七世紀頃より金毘羅の丸糖、金毘羅の寒飴、金毘羅飴、鞘橋飴、御流し飴等と称されており、また一八世紀には五人百姓による製造販売も確認され、同地の名物として広く認識されていた。そしてこの五人百姓は、世襲制で男子が後を継ぐしきたりを保持しながら現代にも継承されている。[28] 同地の参詣みやげであり代表的な地域名菓となった金毘羅の飴の現状を、五人百姓の一家である池商店の当主・池哲男氏への聴取調査により確認しておきたい。[29]

（2）現在の金毘羅の飴

◆糖飴から扇形の「五人百姓加美代飴」へ

現在の五家及びその当主は池商店（池哲男）、和泉屋（中条久司）、箸方だるま堂（箸方嗣夫）、中田屋（箸方昭）、前出の笹屋（箸方猛尚）である。そこで商う金毘羅の飴は「五人百姓加美代飴」（以下、「加美代飴」）の商品名で、五家ともに同じ商品が各当主の手で製造されている。砂糖を主材料とし、硬質で透明な琥珀色でべっこう飴とも呼ばれる種類であり、白ざらめと水飴を煮つめて柚の香料を加え、油を塗った型に流してさまし、「丸に金」「五人百姓」の文字の浮き出た扇形に仕上げる（図2、横九×縦四・五×厚さ〇・五センチ）。一枚ずつアルミ製の袋に入れ、五袋を一組にして、それを割るための小さな金槌をつけて包装されている。材料は全て外注であるが、商品の栞には「往事五人百姓の創ったこんぴら飴は、お宮の御饌米を原料としたものと伝えられ」てきたとある。もとの材料は金刀比羅宮の「御饌米」で、同宮、五人百姓、飴の関係をつなぐ重要な意味をもつ特別な米であったことがわかる。

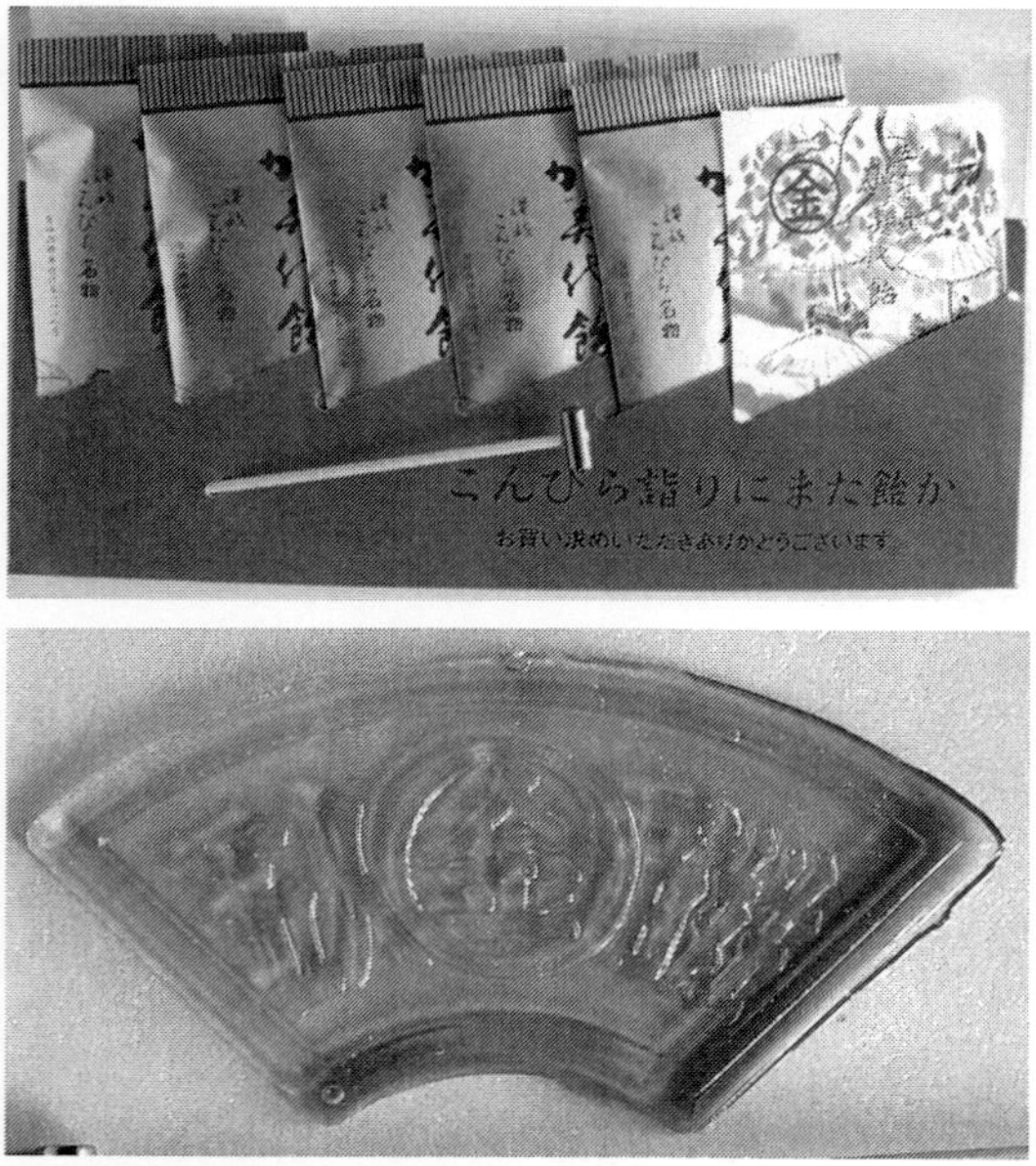

図2　「加美代飴」池哲男商店（香川県仲多度郡琴平町）

金毘羅の飴が現在のように砂糖飴となり、特徴的な菓子名と形をもったのは戦後以降である。それ以前には固有の名称はなく、糠飴または単に飴と呼ばれていた。戦前の記録によれば、材料は飴屋から購入する水飴「ぎょうせんあめ（麦芽飴）」で、これを煮つめ、炒り糠を敷いた飴台や型板に流し、竹皮に包まれた状態で売られていた。形状により、直径四～五センチに丸く薄くのばした「薄あめ」、牛の舌のように楕円形にのばした「うしのした」、専用の型に流した「厚あめ」の三種があった[30]。全国の地域名菓を最初に都道府県別に収録した昭和一六年（一九四一）刊の『諸国名物菓子』では「糠飴　琴平の名物、琴平神社の参詣者に売る名物（略）糠の香が油臭く鼻につく」とある[31]。

その後、戦争による生産の中断を経て昭和二一年の再開時には糠に発生する虫害のため保健所の許可が降りず[32]、砂糖飴に変更したという。つまり、この変更によって、呼称は同じ「飴」であるが、材料、製造、形状が実質的に異なる食品へと変わった。戦前においてすでに材料が同宮の「御饌米」から既製品の水飴へと変更され、製造工程上米は使われなくなっていたが、主材料が砂糖に変更されるに至り、飴は副次的な材料の一つになった。そして元来同宮と五人百姓をつなぐ要だった米との関係も失うこととなった。

さらにその後、金毘羅の飴は砂糖飴として変化を重ねていく。池氏によれば当初は丸形で、商品名は「こんぴら飴」だった。ところが類似品が出たため、昭和二五年頃、現行の扇形で「丸に金」「五人百姓」の文字が浮き出た形状に変え、名称も「加美代飴」へと変更した。形は縁起の良い末広がりで、名称は神代に因んでいるという。また包装は一枚ずつオブラートで包み、一二枚を一袋（ポリ製）に入れていたが、昭和三八年より袋をアルミ製に変更して一袋四枚入として三袋を一箱に入れた。以後一袋に入れる枚数を変更しながら、平成五年（一九九三）に金槌をつけ、同一七年から現行の個包装にしたという。飴から砂糖飴となり、その後名称がこんぴら飴から「加美代飴」、形状が丸形から扇形へと、段階的に変容したことがわかる。また包装についても、品質保持性を高める材質、個包装へと改良されていた。こうした変更や改良については五人百姓の談合で決められるという。なお以上の変容は、それを紹介する諸書には二五年以上も遅れて現れている。例えば昭和五二年刊『日本の名産事典』では「こんぴら飴」として「この飴は薄い丸形に流しかためたべっこう飴で、六枚一包みでビニールの袋詰め」とある。(33)同五三年刊『日本百景と土産品』では、金刀比羅宮の土産品として「加美代飴」が写真とともに掲載されている。扇形で中央に「丸に金」、その両側に「五人百姓」の文字が刻まれている。(34)

扇形の中央に「丸に金の字」という意匠については、近世以来の同地のもう一つの参詣みやげであった扇子との関係も考えられる。文政一二年、武蔵国幡羅郡日向村（現、埼玉県熊谷市日向）の名主船田伊兵衛の道中記で三月一日金毘羅を参詣した記録がある。そこでは飴に関する記録はないが、道中で入手したとされる木版の刷物「金ひら土産　十八おばけ」が挿入されている。解説によれば「十八おばけ」とは「一枚の紙に描かれた絵を折ったり開いたりすることで一八通りに絵が変化するもの」である。(35)そこには天狗面をかぶり羽扇と法螺貝を持った白装束の「金毘羅行者」が、(36)中央に丸に金の字が書かれた扇子を持つおたふくへ変化するさまが描かれている。丸に金の字は、金光院の僧侶が「手軽なシンボル」として広めたとされ、(37)また丸亀産の「丸金うちわ」は、近世以来の参詣みやげとされる。(38)「加美代飴」の形状は、同じくみやげだったと考えられる扇子に因む意匠化であった可能性がある。

金毘羅の飴は戦後このように近世とはまったく異なる食品へと変更された一方で、製造販売者と業態については変わらず、地域性の重要な根拠として継承されている。

◈砂糖菓子の呼称となった飴

ところで飴にまぶす糠に生ずる虫害は確かにこうした変更の一つの契機と考えられるが、その由緒にも関わる主材料の米を砂糖に替える背景には、別の要因があったのではないだろうか。ここで「菓子に関する全てをまとめた総合事典」として平成一二年に出された『菓子の事典』を参考に、飴の概念及び菓子との関係における飴の位置づけの現状を確認しておきたい。その構成は原料、和菓子、洋菓子、一般菓子（チョコレート、キャンデー、ビスケット等、機械生産の洋菓子類）等の七編からなり、飴に関する記載は、まず原料編の「糖類と甘味料」で「デンプン糖」の一種として「水あめ」が記されている。「わが国における水あめの起源は古く室町時代にまでさかのぼる（略）当時は蒸したサツマイモなどに麦芽を作用させて釜で煮詰めたもの」とあり、これを一般に「麦芽水あめ」と呼ぶとある。次に和菓子編では蒸菓子、焼菓子、半生菓子、干菓子、飾菓子等八項目に分けられ、干菓子のなかに「あめ玉類」の項目がある。そこでは「梅干あめ、亀甲あめ、さらしあめ、鉄砲あめ、千歳あめ」とあり、いずれも砂糖と水飴を原料としその配合比が記されるが、さらしあめと千歳あめ以外は砂糖が主である。また一般菓子の「キャンデー」の項には、主原料が砂糖で結晶防止剤として水飴を用いる場合が多く、この水飴の発展でキャンデーは品質が安定したとある(39)。

つまりこの書では本来の飴は菓子としては扱われておらず、その一形態である水飴が原料として記載されている。また「あめ」の用語については、和菓子の「有平糖」が「伝来してから今日まで受け継がれてきたあめの一種」、洋菓子の工芸菓子が「引きあめ sucre tire」、「吹きあめ sucre souffle」とあり、飴が砂糖を主原料とするキャンディ類すなわち砂糖菓子をさしている。飴の概念の中心が本来の飴から砂糖飴へ移行し、菓子との関係における飴の位置づけは、菓子自体ではなく一原料と認識されている。これは金毘羅の飴の変容とも合致しているといえる。以下こうした現状に至る飴の変遷を、菓子との関係に目配りしながら時系列的に検討してみたい。

第二節　近世以前の飴と飴屋

(1)　飴と菓子との関係

◈飴の起源——中国の飴・餳・餹

飴の起源は中国大陸とされ、現存する最古の農書といわれる五三〇～五五〇年成立の賈思勰《かしきょう》撰『斉民要術《せいみんようじゅつ》』

巻九第八九「餳・餔」には「老を養うとともに幼を育てる」として、糖分濃度の薄い透明な「飴〔みずあめ〕」、同じく濃い「餳〔かたみずあめ〕」、それが濁った「餹〔にごりみずあめ〕」、「白餳〔白いかたみずあめ〕」、それを用いる「白繭糖〔白いあられおこし〕」等が記され、また、第六八には「蘗〔ムギもやし〕」についての詳しい記述がある（〔〕内は訳者註）。白餳の製法の概要は次の通りである。（1）よく搗いた米をとぎ、炊いて飯にする。（2）暖かいうちにもやしの粉末と混ぜ上から布団を被せて暖かく保ち、冬はその上にワラを乗せ保湿保温する。（3）米が糖化作用により液化したら、魚眼大の泡が出るほど沸騰湯を注いでかき混ぜ、一回の食事時間程置く。（4）汁を鍋に取り、杓子で絶えずかき混ぜ弱火で煮詰め、十分に煮えたのを見極めて火を止める。（5）放置し冷えかかったら取り出す。琥珀色にしたい場合には、オオムギのもやし（麦芽）を使用するとある。(40)

◆「菓子」の甘葛煎《あまずらせん》と「造雑物」の飴

飴は日本には古代大陸より伝わったとされ、具体的な記録では延長五年（九二七）の『延喜式』（三三大膳下）に「造雑物法」として「糖料、糯米一石、萠小麦二斗、得三斗七升」とある。(41) 糖（飴。以下、飴）は糯米と小麦もやしから作られ、その斗升単位から固形物ではないことがわかる。また同項には他に大豆や鰒《あわび》等と塩で作る醤《ひしお》の類が併記されていることから、ある種の加工食物の一つと認識されていたことが窺える。なお関根真隆は、奈良時代の記録にみえる飴、甘葛煎、蔗糖、蜜のうち、蔗糖と蜜は外来品で「薬」とみなされ、飴と甘葛煎は「普遍的な日常の甘味料」であったとしている。(42)

ここで飴と甘葛煎の位置づけを、菓子との関係で確認しておきたい。序章で述べた通り、古代において、現在の菓子の概念に相当する食べものを司る宮内省大膳職「主菓餅」の職務は、「菓子」の管理と「雑餅」の調製で、前者は『延喜式』（三三大膳下）の「諸国貢進菓子」の項に列挙される木の実、草の実、根菜・芋等「果子（果実類）」で、そこに甘葛煎も含まれている。(43) しかし飴は含まれておらず、両者は味の主体が甘味であるという点では共通するが、菓子との関係においては同じ位置づけではなかったことが窺える。また飴が菓子と認識されていないことから、この時点で甘味は菓子の条件とは認識されておらず、ここでの「菓子」は特定の「諸国」から貢進される果実類を中心とする産物をさしたと考えられる。

　これに関し、原田信男は菓子の定義として「甘味」を「当初からの条件とは見なしにくい」と指摘し、一方の「雑餅」については永承七年（一〇五二）頃の成立とされる「新猿楽記」の「菓子《クダモノ》ニハ核ナキ温餅、粉勝チノ団子、熟梅ノ和カナル、胡瓜ノ黄バメル」により(44)、「さまざまな餅」とし、「餅類のような作菓子と果物を菓子として扱うような流れがあった」と述べ、その根拠としては主要な食料である米と「同じ系譜に属しながらも特別な形や味覚」をもつこととし、その特別な味として「モチ性」を指摘している(45)。飴も同じく米を材料とし特別な味を呈するが、それが菓子と位置づけられていないのは、当時菓子としての特別な味の主体は、原田が述べている通り甘味ではなく、餅にあって飴にはないモチ性で、それがもたらす形とともに重視された主要な根拠と考えられる。

　そのモチ性に代わって「甘味が嗜好品としての位置を得る」時期について、原田は『源氏物語』の椿餅を、貞治二年（一三六三）成立とされる注釈書『河海抄《かかいしょう》』にもとづき、甘葛煎の甘味が付された最古の事例としている(46)。しかし甘味が付された加工食物としては、後述する通り、おこしの事例をより早期に確認できる。

◈飴や蜜を使う粔籹《おこしごめ》

　以下、外来の食物の受容により菓子の枠組が段階的に変遷していく過程において、飴の位置づけがどのように変遷したかを、古辞書類を中心に探ってみたい。まず唐菓子が受容された後、承平四年（九三四）頃成立の漢和辞書『倭名類聚抄』では、分類項目に菓子という概念がまだ含まれていなかったとされるが(47)、二〇巻本の巻一六で関連する項目をみると（以下、飴に傍線を付す）、飯餅類に強飯、糒、餅、煎餅や、餢飳《ぶと》、糫餅《まがり》等一三点の唐菓子、続く麹蘗類に麹、蘗《もやし》、麺、粔籹等、酥蜜類に醍醐、酥、酪、乳䴵、飴、蜜、千歳虆汁（あまずら）とある。

飯餅類には現在の菓子に類する食物が含まれるが、飴はそれとは別類の加工食物の酥蜜類に、同じく甘味を主とする蜜、あまずらと併記されている。

そして麴糵類の粔籹は、おこしの原形とされる。「粔籹　文選注云粔籹巨女二音和名於古之古女　以蜜和米煎作也」とあり、出典の『文選』は中国の梁の昭明太子・蕭統（五〇一～五三一）が編纂した詩文集であることから、起源は中国にあるとされている。文中の蜜については「説文云蜜音密俗云美知甘飴也　野王案蜂採百花醞醸所成也」とあり蜂蜜をさし、(48)米に蜜をまぶし炒って作るとわかる。また『延喜式』（七神祇・践祚大嘗祭）には「凡供二神御一雑物者、大膳職所レ備、〈略〉粰粇《オコシコメ》筥五合」とある。(49)菓子との関係は不詳であるが、甘味を付した加工食物が特別な用途のために作られていたことを示す早期の事例といえる。

なお、現在のおこしは、炒った米を飴や砂糖蜜にまぶして方形や丸形に固めたもので、『倭名類聚抄』の粔籹とは、甘味食物の種類と形の有無が異なる。元禄一〇年（一六九七）刊『本朝食鑑』の「粔籹」では『倭名類聚抄』を引いて、昔は蜜で作ったが当今は飴で作る、糯米を炒って飴と合わせ混ぜ、方器に入れて押し固め乾かして切るか弾丸のように丸めるとあり、(50)現在同様の実態と古代との相違点を記している。しかし、古代の粔籹が飴を用いた固形物であった可能性を示す事例もある。例えば狩谷棭斎《えきさい》による『倭妙類聚抄』の注釈研究書で、文政一〇年（一八二七）に成立した『箋注倭名類聚抄』の「粔籹」では「按説文、餳、飴和レ饊者也」とあり、(51)餳・飴をまぶしており、出典の『説文解字』は永元一二年（一〇〇）頃の成立とされる中国の字書である。また先の『斉民要術』には、おこしと訳注された食物が、前出の「白繭糖」のほか、第八二「餅法」に「膏環　一名粔籹〔おこし〕」とあり、前者は糯米を蒸して搗いた餅を厚さ約二分にして天火に晒し、乾いたら刃であられ状に切り、さらに晒し乾燥させてラードで揚げ、飴の中で転がして五～六個を一塊にする。後者は、糯米粉に水と蜜を加えて手でこね丸め、長さ八寸にのばし曲げて両端をあわせ油で揚げるとある。(52)両者は材料・製法ともに異なるが、いずれも甘味を加えた固形の食物で、油で揚げている。甘味の種類は前者では飴、後者では蜜であり、おこしの起源と考えられる古代中国の食物には、蜜と飴がともに甘味材料として使われていたと考えられる。これらも日本に伝えられて作られていた可能性は高い。

次いで点心の受容後、室町時代の国語辞書とされる享徳三年（一四五四）序の『撮壌集《さつじょう》』（下、飲食部）では、食物類、羹類、點心類、菜類等の分類項目ごとに収載語が漢字で列挙されている。ここでも菓子という項目はないが、飴及び後に菓子に位置づけられる食物に注目する。飴は「食物類」に属し、同類にはほかに納豆、豆腐、蒟蒻、干蘿蔔、烏頭布等、さまざまな食物が列挙され、位置づけはわかりにくい。そこで列挙の順に注目しその前後関係もみると、数種の餅類、飯類に続き「粽、角黍同、餻、粢、糒米、焼米同、麨麪和名―、糖―、飴同、砂糖、酢、醢同、肴、味噌」とある。砂糖と飴が続けて記され、また別の箇所に「餈粔籹同興米、和名―、伏兎伏兎和名、注―、煎餅」とあることから、飴と砂糖をともに甘味を呈する加工食物として同類視する認識が窺える。一方、菓子に通ずる事例としては「羹類」に羊羹と砂糖羊羹、「點心類」に饅頭が含まれている。(53)

◈飴がかたちをもつ――豆飴と洲浜

その後の南蛮文化との接触の影響をみる前に、飴の形状について考えておきたい。飴には製造上、煮詰める加減により粘液状の水飴（または汁飴。以下、水飴）と固形の固飴（または堅飴。以下、固飴）があり、固形という形状は菓子との関係を考えるうえで重要と思われるが、固形の飴が作られるようになった時期は明らかにされていない。史料上飴の形状が明記された事例を追ってみると、平安時代末期の歌人・覚性法親王の一一七〇～七五年頃の歌集「出観集」の詞書に「崇徳院の法金剛院におはしましけるに、あめかためをたてまつり給て」(54)とあり、応永二年（一三九五）刊の医術書『金瘡療治鈔《きんそうりょうじしょう》』に「山桃ノ皮ヲハギアツメテ大ナルナベニ入テ水ヲタブタブト入テ能入テ後ニ水ヲ物ニテコシテ又入テ煎ツムレバ、アメカタノ様ニ堅時」(55)とある。それ以前の飴はおおむね水飴をさすと考えられる。慶長八年（一六〇三）の『日葡辞書』には、「Amegata〔アメガタ〕麦その他の物で作り塊にした糖蜜〔飴〕の一種」と、「Xiruame〔シルアメ〕非常に柔らかなある一種の糖蜜〔飴〕」の両方が記されている（〔 〕内は訳者註）[56]。また、医学用語をいろは順に列記し簡略な説明を付した寛永一六年（一六三九）刊『病論俗解集《びょうろんぞっかいしゅう》』でも、「飴糖《イタウ》」の割り注の右に「飴《シルアメ》 糖《カタアメ》 アメ」、左に「餳 同レ上 サタウ」と[57]、両者が併記されており、一七世紀には固飴、水飴ともに一般的だったと思われる。ただし固飴は固形物という点では水飴とは一線を画すが、外環境の温度や湿度の影響を受け、溶けて一塊になる場合があり、随意なかたちを有するといえない。

一方、明応三年（一四九四）頃の成立と推定される『三十二番職人歌合絵巻』に、「地黄煎売」や「糖粽売」の行商が記されている[58]。このうち糖粽は第一章で前記した通り飴と大豆粉をねり竹籜に包んだ豆飴の別称で、絵図の通り固形である。他材料を混ぜることで飴が随意なかたちをもった。これは、菓子との関係における展開に重要な意味をもつ。また、豆飴は飴由来の甘味を付された食物という点で、前出のおこしに次ぐものといえる。

以上をふまえ、南蛮菓子の受容後の菓子における飴の位置づけを、一六世紀半ばから一七世紀半ばの茶会記を通して探ってみたい。秋山照子が「松屋会記」「天王寺会記」「今井宗久茶湯日記抜書」「神屋宗湛日記」で、会席で出された菓子を「加工菓子」と自然菓子（木菓子）を含む「食品類」に大別して個々の事例の使用頻度を分析した研究によれば、「食品類」が全体の四分の三、加工菓子は約四分の一の五五六回であった。そのうち四四回の飴類の内訳は「まめあめ」が四一で、「あめ」が二、「だいずあめ」が一とある[59]。なお、豆飴の初出は天文一一年（一五四二）卯月九日条である[60]。大豆飴も豆飴と考えられる[61]。「あめ」は不詳であるが、この研究によれば菓子の全事例で非固形食品はみられないので、水飴ではないだろう。茶会の菓子として用いられる飴は、主に豆飴であったことがわかる。

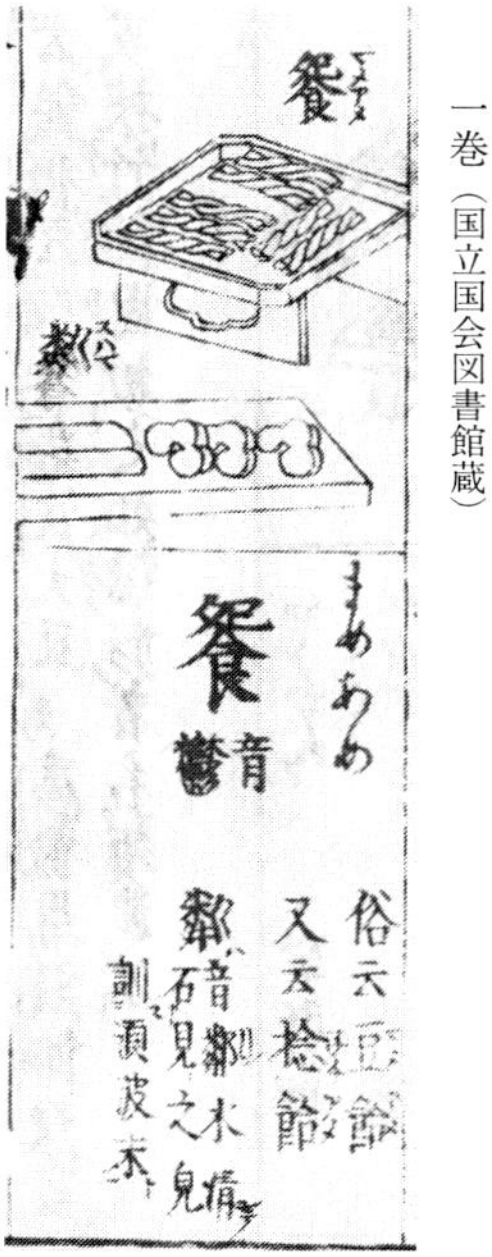

図3「まめあめ・すはま」部分『倭漢三才図会』一〇五巻首一巻尾一巻（国立国会図書館蔵）

その理由としては、固形であること、空気中の水分を吸収して溶けやすく付着性の強い固飴に比して茶菓子に適することに加え、ここでは随意な成形が可能であり、そのかたちが保持できるという性質を重視したい。実際その一事例「松屋会記（久政茶会記）」天正七年（一五七九）卯月一〇日条「スワマナリ（洲浜形）ノマメアメ二色」という記録には[62]、意匠性の重視が窺える。後年豆飴を洲浜形に成形した棹物は「すはま（洲浜）」と呼ばれ（図3）[63]、この菓子名が豆飴の別称になる。一七世紀後期、菓子名と意匠で表現機能を有する上菓子へと展開する過程において、この性質は極めて重要といえる。なお、豆飴と同じく飴と他材料を混ぜ合わせた固形の食物としてはおこし（おこしごめ）が七例みられるが、その成形の随意性は豆飴に比すれば低いと考えられる。

一方当時すでに伝来していた砂糖の使途を茶会記からみると、あん餅や砂糖粽の材料とするほか、氷砂糖をそのまま出す、また、それを「ゆべしもどき」にふる、おろして団子にそえる、白砂糖を「イリモチ」につける、山芋の輪切りにそえる等と、砂糖が見える方法で出されている。希少な砂糖の使用法であり、砂糖が菓子の特別な価値の指標の一つになっていることがわかる。

そして砂糖と豆飴が同じく菓子とされていることから、砂糖と飴に共通する要素である「甘味」という味自体（材料不問）も菓子の要素となったことを意味する。この時期の茶会記の菓子は主として甘味を有さない食物であるが、京都の禁裏御用菓子屋である虎屋の寛永一二年の御用記録「院御所様行幸之御菓子通」には「薄皮饅頭、饅頭、羊羹、落雁、さん餅、南蛮餅、雪餅、カステラ、けさちいな、カルメラ、はるていす、有平糖、高麗煎餅、豆飴、みつから、砂糖かや、煎りかや、なんめんとう、りん、昆布、結びのし」とあり、[64] 従来の木菓子類や餅類、もとは点心だった饅頭や羊羹、南蛮菓子のカステラ等砂糖を使う造菓子、そして豆飴が併記されている。一七世紀後半の上菓子の完成に向かい、砂糖を主材料とする造菓子がより大きな位置を占めるようになっていく直前の「菓子」の枠組を示しているといえる。

◆砂糖を主材料とする「飴」の登場——求肥飴

近世になると「飴」と称される食品の種類が多様化し、菓子の製法書には従来の水飴・固飴に加え、固飴を繰り返し引きのばして空気を入れ乳白色にした引飴（または白飴。以下、引飴）や、砂糖が主材料で飴を一材料とする造菓子も飴の呼称で収載される。以下に例示すると（本義の飴には傍線を付す）、日本初の菓子製法の専門書とされる享保三年（一七一八）刊『御前菓子秘伝抄』では「まめあめ、唐あめ（二点）、あめのねりやう、あめ、唐人あめ（引飴）、しる飴、白飴」と八項目のうち飴は三点、豆飴が一点で、他の四点は白砂糖を主材料とし、水飴、糯米等穀の類粉とともに煉り詰め温飩粉の上でのして切る求肥飴の類である。[65] 豆飴と「あめのねりやう」には一材料として「しるあめ（水飴）」が使われている。[66] 延享三年（一七四六）の写本「黒白精味集《こくびゃくせいみしゅう》」中巻七「餅菓子茶菓子干菓子糖」には種々の菓子類の製法八八項目中、「糖（飴）」の名称が「牛皮糖、水肥糖（三点）、五雲子糖、大豆糖、水糖（二点）、米糖、煉糖、上り糖、甘酒糖、常の糖の法」の一三項目ある。飴は六点で、糖化には小麦または麦のもやし（三点）のほか、糀《こうじ》（二点）、大豆のもやしが使われている。他は豆飴、打物（米糖）、残り五点は求肥の類で、豆飴には「水糖（水飴）」が材料として用いられている。[67] こうした状況を飴の種類の多様化とする指摘がみられるが、[68] 飴という語の菓子名ともいえ、その主流は砂糖（白砂糖）を主材料とする求肥飴の類であり、そこでは飴は上菓子の一材料となっている。

その後の菓子製法書でも「飴」の菓子名をみると、宝暦一一年（一七六一）刊『御前菓子図式』にある全五点

「求肥飴（二点）、麻地飴、南京飴、浅茅飴」は同じく求肥飴の類で、天保一二年（一八四一）刊『菓子話船橋』では一点「求肥飴」のみである。[69] また唐、南京など異国の名を冠する名称にも、求肥飴の類が多い。文化二年（一八〇五）刊の『餅菓子即席手製集』の「三貫飴」「南蛮飴」「南蛮木黄煎」[70]、成立年不明の写本「調味雑集」の「阿蘭陀飴」[71]、同じく「料理珍味抄並漬物四季献立」の「阿蘭陀飴」「琉球飴」「南蛮飴　即牛皮糖」[72]、幕末の福岡藩士の手控「萬秘伝書」の「朝鮮飴」[73]等である。

◈製法記録にみる従来の飴

一方、糯米と麦芽を材料とする従来の飴の近世の実態についても、近世の製法記録で確認しておきたい（二三一頁表1）[74]。製造方法の概要は、糯米を精白して飯に炊き、麦もやしの粉を合わせて湯を入れ適温を保つ（糖化）。甘くなったら濾し、濾液を煉り詰める（火入、煮詰）という工程で、材料及び製法、もやしの作り方とも事例による大きな違いはない。史料にみえる各製法については、糖化の温度調整が「手ひきかん（燗）にして」（①）、「手を入れ、しつかりするほどよし、冬は漸手を付くほどの湯よし」（⑩）、「ゆひ（指）入三度廻、厚（熱い）と覚たる程吉」（⑪）、糖化停止の目安が「あまく成申候、其時」（⑥、⑫）、「水すみ候、其時」（⑦、⑪）、「ねばりなき時」（⑨、⑩）とある。弱火の火加減（②、⑥～⑧、⑩、⑪）、煮詰加減の確認は「鉢ニ水入置、少すくい水にひやし取引見ルにゆる〱引のひ急に引切レ申か吉」（⑪、他に④、⑥）と記されている。こうした糖化の温度調整、煮詰めの火加減とそれぞれの終了のタイミングは、いずれも品質を左右する製造上の要点で、その見極め方が詳述されており、『斉民要術』とも大差はないことがわかる。また史料の性格に注目すると、家事の実技書や聞書（①、⑪、⑫）[75]、さまざまな飲食物の製法集・聞書集（②～④、⑧～⑩）が中心である。菓子の専門書『御前菓子秘伝抄』にも記されているが（⑤～⑦）、上菓子屋の主の著『菓子話船橋』には記されていないことから菓子屋の仕事ではなく、また飴の専業者に限らず作られるものであったと考えられる。

以上、菓子との関係における飴の位置づけの変遷をまとめる。飴は当初、菓子とは認識されていなかった。甘味が菓子の概念の主体として認識されていなかったためである。ただし、米に飴や蜜をまぶしたおこしが、供物として調製されていた。一六世紀半ば以降、他材料を混ぜ随意なかたちを有する豆飴として、菓子の位置づけを得る。また菓子が外来の砂糖を受容していくなかで、それと共通する甘味を有する飴は菓子との関係を深めていく。一八世紀以降の製法記録には、従来の飴をさす食物名に加え、砂糖を主材料とする菓子名（求肥飴）の別称としても散見され、そこには明らかに飴の概念の広がりが認められた。同時に飴は菓子の一材料となり、甘味食物としては砂糖を中心とする価値序列において下位に位置づけられていく。それは白砂糖を主材料とする上菓子に対し、それ以外の砂糖及び飴を主材料とする駄菓子・雑菓子という呼称としても認められるようになる。また、菓子製法書にさまざまな状態の飴（水飴、固飴、引飴）が収録されていることから、固形に限らずそれ自体も菓子と認識されていたことが窺える。なお、有平糖を「飴」と称する事例は認められなかった。

（2）　飴屋の飴——製造と利用

◈各地の飴屋と飴の用途

その一方で、生業としては菓子屋と飴屋には明確な区分があった。元禄三年（一六九〇）京都で刊行された生業職分の図解便覧『人倫訓蒙図彙《じんりんきんもうずい》』では、「諸《もろ〱》の乾菓子《ひくわし》、羊羹、饅頭の類」すなわち砂糖を用いる造菓子を作る「菓子師」とは別の生業として、飴師がある。他に餅師、粽師、煎餅師、興米師、麩焼師も区別されており[76]、それぞれ必要とする材料や技術体系に違いがあったと思われる。

飴の製造者は、前記の通り基本的に百姓身分で、農閑稼ぎあるいは自身の耕地を持たない者の渡世として飴を商い、その業態は、後述する御用商の飴屋の事例も少数あるが、主として辻売《つじうり》や傘の下商人であったとされる。

山田耕太によれば江戸では「菓子職」の「飴雑菓子屋」もあったが、表店《おもてだな》が主流の上菓子屋と異なり、小売の場である商番屋（床番屋）や、葦簀張水茶屋《よしずばりみずちゃや》への卸売が主流であった。(77) 前田佐智子の聴取調査によれば「百姓だったら飴を作ることができた（略）忙しくなってくると米を持っていってだれかに頼んで飴をつくってもらいお礼をした」のが飴屋になっていったという。(78)

そうした飴屋の飴は、利用法も菓子とは異なっていた。前田は加能地域に近世以前より継承される産育用・薬用のほか調味料としての利用、年中行事との密接な関わりについて報告している。(79) 特に産育の効用意識、例えばお産見舞・出産祝いという用途や、身籠もったまま埋葬された死者が墓中で生まれた子を飴で育てる伝説（「子育幽霊」）にみられる飴を母乳の代わりとする意識には、(80) 前出した古代中国の『斉民要術』にも通ずる滋養性の重視が窺える。また薬用については、大根の切口に飴をかけ出た汁が咳止めに、飴湯が疲労に効くという効能や、おばこの実、松葉、地黄を入れた飴をそれぞれ「夏負け」予防、神経痛、結核の薬とする事例が示される。(81)

調味料としては、家庭の台所で専用の桶に入れて常備し、魚の飴炊きや煮付、煮豆の甘味料に使われていた。それらの飴は飴屋が得意先をまわって補充していたが、砂糖の普及で各家庭の需要は減ったとされる。(82) ただし、こうした料理への利用については、近世の料理書を通覧した限りわずかな例しかみられず、また、確認できた少例においては砂糖と併用されていることから、(83) 実際の普及時期は砂糖の料理への使用が一般化した後年と考えられる。(84)

以上のような飴屋とその利用の習慣は、近代以降次第に衰退したとされる。(85) ここで、現在の数少ない飴屋の実際をみることで、その実態を検証し、合わせて時代的な特徴を探ってみたい。

◈柳川の飴屋と飴の用途

大松下飴本舗（以下大松下、福岡県柳川市旭町）は、明治初期、同市江曲《えまがり》で飴の製造販売店を創業し、大正元年

図4　「大松下のあめ」（右）と「柳川おこし」（左）　大松下飴本舗（福岡県柳川市）

（一九一二）同店が西面する道路の開通をきっかけに、現地に移転したとされる(86)。調査当時の当主は、三代の古賀健次氏で、四代の古賀正信氏、五代の古賀政雄氏とともに、創業以来の飴作りを家族で継承してきた。

主な商品は、方形の引飴「大松下のあめ」（図4右、縦一一×横三×厚さ一センチ）で、柳川で「あめがた」と呼ばれる種類のものである（以下、あめがた）。あめがたという語は、前記の通り固めた飴、すなわち固形飴の呼称として一七世紀以降みられるが、現在は主に福岡県三井《みい》郡・三潴《みづま》郡、佐賀県唐津市そのほか九州を中心に使われる方言で、京都、鳥取県西伯郡、島根県石見、出雲でも使われるとされる(87)。ほかに一口大に切った「大松下のきりあめ」（通称、うちきり）、「柳川おこし」も製造販売している（図4左）(88)。材料が飴と共通するおこし作りは、近世には飴同様百姓の副業とされていた(89)。また、あめがた製造の前段階である水飴は、一九八〇年頃までは店頭で近隣住民に量り売りしていた。

まず、水飴及びあめがたの材料と製造工程を示す。材料は佐賀県産精白糯米と(90)、「もやしの粉」（大麦麦芽。以下、麦芽）である。麦芽は現在は既製品を用いているが、昭和四五年（一九七〇）頃までは春と秋にまとめて半年分を自家製造していた。その方法は、大麦を水に浸け、芽と根が三〜四センチ出たら、乾燥させて粉に挽く。一度に作るあめがたの材料は、糯米一斗、麦芽五〜六合で、二日間かけて約二〇〇本を作る。製造工程は以下の通りである（図5）。

（1）糯米を水に約八時間浸漬し、竈で約二時間蒸して強飯にする。燃料は薪である。(2)鉄釜に湯と(1)を入れて温度計で約六〇度に調整し、麦芽を加えて混ぜ、蓋をして保温し約一二時間かけて糖化させる。冬季は毛布をかぶせる。初めは粥状に濁っているが、三時間くらい経つと澄んでくる。(3)味を見て、充分な甘さに達したら火を入れる。(4)木綿袋に入れて搾り(図5①、搾り滓は飴滓《あめかす》と呼ぶ)、濾液を釜に戻し、三~四時間煮詰め、加熱の終点を確かめてから(液状の飴を水中に落として取り上げ、ひっぱると「パチンと切れる」くらいが目安)、火を止める。(5)別の釜へ移して放置冷却する(この状態の飴を「じゅりあめ」と呼ぶ)。(6)あめがたに成形する。小麦粉(薄力粉)を打った台上で(5)をまとめた後(同②)、繰り返し引きのばす(同③)。乳白色になれば台上で棒状にのばし(同④)、麵棒で平らにし、小刀で長さ一一、幅三センチに切り揃え形を整える。一本ずつオブラートに包んで箱詰めし、あめがたの間々に、同店で炒った糠を入れる。

　品質を左右する最も重要な工程は甘味を決める(2)の糖化の温度調整と、それを停止させる火入のタイミング及び煮詰加減である。[91] 材料の質や気候等変動する諸要因にも左右されやすいが、同店では空調が完備されていない仕事場で一連の工程が通年手作業でこなされ、経験により培われた勘のみで要所が押さえられている。その調整や見極め方法は前出した近世の製法書、さらに遡れば『斉民要術』の記述ともほぼ同様である。例えば特に

①

②

③

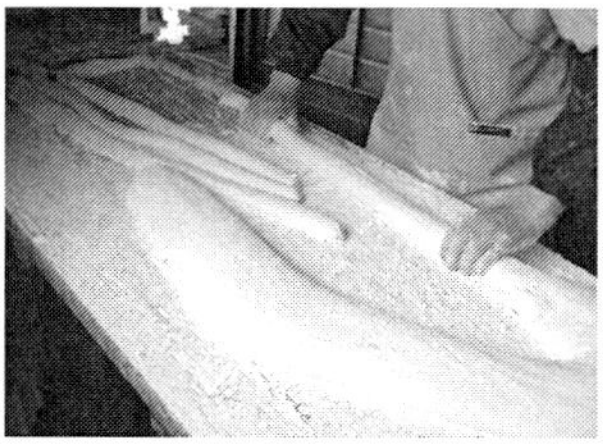
④

図5　「大松下のあめ」製造工程　大松下飴本舗(福岡県柳川市)

具体的な要領を記した⑪（表1）で「鉢ニ水入置、少すくい水にひやし取引見ルに、ゆる〱引のひ急に引切レ申か吉」は、（4）の加熱の終点の確認方法と同じである。飴作りは麦芽による澱粉の糖化という化学変化の調整で、方法は普遍的であることがわかる。

また飴の利用についても、前述した加能同様の事例が認められる。用途は現在旅みやげ、柳川離郷者の帰郷みやげのほか、全工程「手作り」の希少な菓子として広く需要があるが、本来は主に同地域圏内での産婦見舞だったという。[92]また水飴は料理の調味料や咳止めの薬にされていた。調味料としては、現在も同地産物の川魚の飴炊きや、町内の鰻料理屋本吉屋で名物料理「鰻のせいろ蒸し」のたれにあめがたが用いられている。そのほか、飴滓を乾燥させたものは、同地の酪農家が牛の飼料に再利用するという。同様の事例は近隣の佐賀でも報告されており、一般的な利用法だった。[93]同業者はかつては全国的に多く、柳川にももう一軒あったが、昭和の初め頃から減少していったという。

以上のように、飴は菓子との関係においては、砂糖と菓子との関係に応じて変遷していた。しかし一方で飴の製造販売と利用は、菓子屋とは別に飴屋を中心とし、階層を問わず、地域単位で生活や行事と結びつき、産育用や薬用として重視されていた。飴は古代以来日本の主穀で最も重要な食物とされる米を材料とし、その生産者でもある百姓が製造販売を担ってきた。また、原田信男が「味覚体系の中核をコメが担っている」と指摘する米食文化圏の嗜好品である酒や餅と同様、「米を頂点とする食事体系の一環」にありながら日常食す米とは異なる特別な味をもつ。[94]そこには、神の超自然的な力が宿ると考えられてきたことが窺える。[95]異国に由来する砂糖も、米同様に甘味を呈するが、この点において米とは異なる。こうした飴の位置づけは、近代以降どのように展開していくのだろうか。次節で確認する。

第三節　近代の飴の変容

本節では内国博における飴の出品・受賞記録、審査記録の分析を通し、近代における飴の変容を探ってみたい。前述の通り、飴と称される食品には、近世すでに本来の飴と砂糖を使用する造菓子名の二種があった。材料、製造技術ともに異なる両者は、審査上区分される必要があるが実際はどうだったのだろうか。出品物の区分については第二章で述べた通り、第三回以降出現した細目分類で、飴と砂糖漬が菓子との関係で流動していたが、ここでは、分類の範疇が初めて明文化された第五回の審査報告書における飴に関する二つの細目（飴菓子と飴類）で、区分に対する主催者の認識をみておきたい。

（1）主催者による飴の区分

まず飴菓子については「飴菓子ノ範囲ニ属スルモノハ、翁飴、翁餅、朝鮮飴、求肥等ニシテ有平糖ノ如キモ亦其初ハ飴ヨリ出タルモノナリ、而シテ翁飴及ヒ朝鮮飴ハ便宜ニヨリ既ニ之ヲ飴類ノ内ニ収メテ」とある。飴を材料とする菓子で、翁飴を加工した「七宝」、求肥を加工した「甘露糕」・「五穀糕」と、「求肥製各種」をとりあげている。翁飴と朝鮮飴は、本来は飴菓子であるが飴類で扱うとある。なお翁飴とは、水飴に寒天を加え煮つめて固め、表面にみじん粉をつけたものである(96)。

次に飴類については「飴其物ハ菓子ノ一部分ニ属スト雖、此飴ヲ応用シテ更ニ新菓ヲ製出スル場合ニ於テハ飴ハ単ニ菓子ノ一材料タルニ過キス（略）故ニ飴類ハ単ニ菓子ノ材料ト見做シテ別ニ之ヲ記スルノ至当ナルヲ信ス」とある(97)。飴はそれ自体が菓子に属すが、菓子の材料でもあるので、「飴類」は菓子の材料とみなせる飴を扱うとしている。しかし実際には水飴を中心としながらも、前記の翁飴や朝鮮飴に加え、飴を主材料としそれに果実その他の材料を配合した、品名に飴とつくものが含まれている。なお、現在飴の概念の主体であるドロップ・

キャンディ等西洋由来の砂糖菓子は、洋式菓子に分類されている。また豆飴は「州浜　豆銀糖」として別に立項されているが、これは豆飴の主材料が、従来の飴から白砂糖に替わったことによる。ここではこの基準にそって、飴とつく品名のうち求肥飴の類以外を対象に分析を進める。

（2）第一～三回における出品概況

全五回の出品記録における府県別の出品状況には、第二章で前記した東京を中心とする全体的な傾向とは異なる動向がみられる（第二章表2）[98]。まず明治一〇年（一八七七）第一回では、飴を出品したのは九府県で、出品総数は三五点であった。府県別出品数は東京一六（出品件数は一二、以下同）、新潟九（六）で他は一～三点であった。新潟は菓子の出品数一九点のうち九点が飴で、その種類は飴五、水飴二、丁字飴・薄荷飴各一点であった。褒賞は褒状四点で、東京の高橋太兵衛の粟飴と翁飴（越後高田、高橋孫左衛門製）、新潟の大杉九郎治の飴、秋田の武田吉太郎の翁飴、山口の田原徳八の硝子飴である。高橋孫左衛門は新潟からも糯米製の水飴を出している。出品者のうち高橋、大杉、武田は、近世それぞれの地で御用商だったとされる[99]。なお主な受賞評語における評価は、製法に関しては清潔、清良、老熟、品質に関しては風味甘美、透明等、簡略かつ抽象的な表現が主流であった[100]。

同一四年の第二回には一三府県から四四点が出品された。出品数は東京九（三）、山口六（三）、神奈川五（一）、静岡四（三）、福岡四（二）で他は一～三点であり、出品数の多い府県では、一出品者が多数出品する傾向があった。例えば東京では高橋太兵衛が、前回同様越後高田の高橋孫左衛門製の越後飴を五点出品し、高橋孫左衛門は新潟からも粟飴を出品している。神奈川は全点が浦賀の尾島善四郎の水飴で、山口は佐波郡島の吉田倉吉が養老飴を四点、福岡は小倉の渡辺喜助が三官飴、行事の玉江彦右衛門が行司（行事）飴を各二点ずつ出品した。褒賞は褒状一点で千葉の有楽社の蕃藷《ばんしょ》製水飴であった。なお高田の高橋の粟飴、小倉の三官飴、行事の玉江の行事飴は近世以来の名産で、玉江は旧小倉藩の御用商であった[101]。

同二三年の第三回には、二七県府県から一四〇点が出品された。出品数が多い府県は新潟三〇、東京一九点で、他府県の出品数は一桁であった。後述する香川からは四点だった。新潟は菓子の出品数計八三点のうち三〇点が飴で、うち九点は翁飴だった。褒賞は一四点で、内訳は有功賞三等が五点、佐藤仙太郎（東京）の晒《さらし》水飴、尾島善四郎（神奈川）、原田文造（福島）の水飴、武田吉太郎（秋田）の翁飴、褒状一一点は水飴四点（東京の高橋太兵衛、大坂の山岡尹方、島根の福田祐兵衛、滋賀の平野市助）、粟飴三点（新潟の高橋よの、同小出荘三郎、京都の加藤源蔵）、糯飴（鳥取の八尾亀蔵）、硝子飴（山口の杉山仙吉）であった。この回から菓子の審査報告が記されるが、そこでは飴、飴菓子に関する記載はみられなかった[102]。

（3）第四回にみる近代化の始まり

◈水飴の多数出品と高評価

明治二八年の第四回には、飴は三七府県から二一五点が出品され、四二点が褒賞を受けた。このうち水飴の出品数は飴の出品総数の約八割にあたる一六五点で、受賞数も三九点と多く、審査報告で「品質良好ノモノ少カラス（略）需要大ニ増加シ随テ其製造ハ進歩ノ状アリ」と評価されている。出品数が最も多い府県は新潟の三二点で、次いで青森一九点、山口・滋賀が一六点であり、大阪が一四点、兵庫が一二点で、そのほかは一桁であった。新潟で出品数の多い飴は粟飴一四、翁飴一一点であった。この回において、東京から菓子は多数出品されたが、飴は二点のみであった。

褒賞の内訳は、有功二等賞が二点、同三等賞が四点、褒状が三六点で、有功二等賞は飴がこれまで受けた褒賞で最も高く、評語では品質の「色沢透明」に加えて、製法の改良による需要の増加や販路の拡張が具体的に評価されている。また褒状のうち二点は飴用麦芽で、大阪の麦林又次郎と、兵庫の大森茂右衛門が受けた。飴用麦芽は原料であるが、「砂糖、菓子及ヒ飴」の審査報告でも「重ナル出品ニ就キテ之ヲ評論スル」として、水飴の項で飴類とともにとりあげられている。

審査報告では、上記有功賞のうち二等の新潟の高橋孫左衛門の晒水飴、京都の加藤源蔵の晒飴、三等の新潟の大杉九郎右衛門の水飴と、褒状の大阪の麦林又次郎の飴用麦芽については、出品者が各出品物に添えて提出する出品解説書が掲載され、評価が詳述されている。この回において特に重視されていた出品物とみなせる。以下、第四回の審査報告から、この四名についての記述をみる[103]。

◈験温器・透明器・飴用既製品麦芽の導入と欧米人の評価

まず高橋孫左衛門については、製造法では糖化温度・時間が明記され、計測器を用いて要所を科学的に押さえた、明治二六年度以来の改良が記されている。また、貯蔵中の品質変化と、罐・硝子瓶・曲物・鐵葉の容器の材質との関連を述べ、商品の安全性を重視し、国内外への販路拡大をめざしていることが窺える。沿革には享保年中の創業以来、当初は赤く「品位下劣」だった粟飴を「一ノ国産」にすることをめざして改良を続けた結果、寛政二年に透明の粟飴を成功させ、その後創製した翁飴とともに藩主より進物としての用達を受け、前出の『金草鞋』にも掲載されて、越後粟飴・翁飴として有名になった。明治一〇～二四年、国内外の博覧会への出品・受賞、北陸巡幸での天覧・御買上、宮内省や大学医院の御用を経て、地方物産として確立・発展したという経緯が詳述されている。

そこには欧米人による評価事例が複数紹介されている。例えば、米国人モースが横浜在留中肺病を患った際に米国人医師に勧められた粟飴で全治し明治一四年米国へ初輸出した、帝国医科大学教師ベルツの試験で高評価を得て「大学医院ノ御用」を得た、在港英国人医師のヘンドルソンからドイツ製モルトエキスと同質の安価で優れた本品が清国人の阿片毒患者に有効という評価を得た等である。効用について「健胃ノ効用ヲ有スル食料ニシテ多病ノ人、無病ノ人、老少ノ別ナク食後毎ニ用ヒテ頗ル良シ、殊ニ病客服薬後ニ之ヲ用フレハ大ニ薬力ヲ補ヒ其効最モ著シ」とあり、これは日本で古来重視されてきた滋養性の指摘であるが、ここでは西洋医学による評価を根拠に西洋の食品に対する優位性を強調している。水飴を物産として輸出しようとする主催者の意向が反映されている。

続く大杉九郎右衛門については、文禄三年（一五九四）の創業以来家業を継続させ、一五代からは原料栽培も行い、明治二三年度より宮内省に献納している、二四年度以来の製法改良で験温器の導入、精米法の改良を行い販路を拡大し「朝鮮国ニ代理店ヲ設ケ、欧州各国ニ輸出シ、明治二十六年米国ヨリ注文ヲ受クルニ至ル」とある。効用については前出のベルツと医学士瀬尾玄始の試験で高評価を得、病患者の服薬後に用いて薬力を補い、老幼者の食後に用て消化をよくする「貴重ノ栄養品」とあり、計測器の導入、欧米人による評価が前出の高橋と共通している。

次に加藤源蔵については、明治一〇年より粟飴の製造を始め、同二六年より改良に取り組み、従来五日間要していた製造工程を透明器を用いて一昼夜で製造する方法を開発して販路を拡大したとあり、製造機械の項を立てて機器を解説している。また「審査請求ノ主眼」では「本品ノ透明ナルニヨリ」薄色醬油、模造鼈甲、藍色染抜の製造で需要があり「大ニ国益ヲ為ス」とある。菓子以外の食品、さらには食品以外の原料としての利用は新たな展開といえる。

最後に飴用麦芽は、麦林又次郎の品が「品質良好ニシテ尋常ノ比ニアラス」と記され、京都の加藤源蔵も用いているとある。麦林独特の製造の秘訣は、麦芽の原料とする大麦を、梅雨期に収穫した後秋の彼岸まで貯蔵してから用いる点であり、収穫直後に製した麦芽を使った水飴は良好ではなく、また良飴を製するには麦芽の選択が重要としている。

第四回で高評価を受けた飴は、明治二四〜二七年頃より験温器や透明器の導入による品質の安定、製造工程の短縮、貯蔵中の品質劣化を抑える容器の研究等の改良が進み[104]、成果が表れた出品物であったといえる。

(4)　第五回にみる菓子材料としての発展

◈経験より学理の重視

明治三六年の第五回には三八三点が出品され、六一点が褒賞を受けた。出品府県は四二で、埼玉・鳥取・佐賀・鹿児島・沖縄以外の全県である。出品数が特に多い府県は新潟四〇、岩手三八点の二県で、続いて山口二七、大分二三、兵庫・愛知一八、大阪一五点であった。褒賞の内訳は有功二等賞が五点、同三等賞が一〇点、褒状が四六点である。出品・受賞数が全五回で最も多く、最も高位の賞を受けている。

第五回の飴の出品の特徴は、多様化である。例えば材料では、葡萄、無花果等の果実や、鶏肉・卵、牛乳、膃《おっ》肭臍《とせい》の配合がみられた。その評価については、果実は産物の応用として評価されているが、動物性の材料は「薬用トシテ効ナク飴トシテ品位ヲ損ス、其弊極度ニ達ス（略）今回滋養成分ヲ誇脱シ衛生ノ特効ヲ標榜セル此等ノ飴類ハ一律之ヲ排斥セリ」と否定されている。また品名も多様化し、菓銘のような「蓬莱飴」「月の飴」「蘭の露（栗飴）」や、滋養性を謳った「滋養健全強壮飴」「滋養鉄飴」、地名を冠した「讃岐飴」「宇佐飴」「浦賀飴」がみられた。

審査報告では府県単位で具体的な評価と改良の方向性が詳述されている。以下にその記述をみる[105]。卓絶なるものは京都で、岡山・高知の二県がこれに続くとあり、出品・受賞数ともにそれ以上の新潟は、「新潟モ又従来ノ面目ヲ失ハス」と記されているが、ここに示された四府県の順列は、受賞率や賞の高さによるものではない[106]。そこでその根拠を、二等賞（京都・加藤源蔵の粟飴、新潟・高橋孫左衛門の水飴、三重・家田市右衛門の無花果飴、岡山・常原佐吉の水飴、高知・松田龜吉郎の糖助飴）と、三等賞以下の審査評語から探る。主催者の肯定的な評価の要点は次の二点である。一点目は品質で、透明かつ色沢風味良好であること、もう一点は製造システム、つまり機器の導入による同一品質の大量生産とその効率化、販路拡張で、この回において特に重視されたのは後者だった。これに関しては有功賞受賞の三者（京都の加藤〔有功二等〕、同府の福田藤三郎〔同三等〕、新潟の高橋〔同二等〕）が「単ニ品位ヲ論スレハ高橋ヲ第一トシ、福田、加藤ヲ第二トス、然レトモ色沢風味ヲ一定シ一時多量ニ之ヲ製出スル技量ト規模トニ至リテハ加藤ヲ以テ最トシ、高橋、福田ハ遙ニ及ハス」とあることから、品質が最高であった高橋より、一定の品質を多量に製する技量を示した加藤の方が高く評価されていたことがわかる。

そして、改良のための具体的な方法も示されている。例えば品質については原料の厳選が必要で、麦芽は専業者の既製品が推奨されている。特に前回以上に高い有功賞を得た大阪の麦林又次郎の飴用麦芽については、三等賞以上の飴の多くに使われていると記されている。麦林は、明治四四年刊『大阪商工人名録』「モヤシ之部」で「飴モヤシ」の卸製造者として唯一掲載された[107]、麦又という商号の専業者であった。

製造については、仕込における温度調節、麦芽混和量の加減、焚上での火度が詳述され、「麦芽糖ノ作用ニシテ化学的ノ支配ニ属ス」ことをふまえて改良の要点を掌握するよう指導されている。現状では「経験」に任せるのみで、手加減・目分量の範囲を脱せないことが、小規模の製造で成功しても大規模では失敗する原因である。「化学的趣味アル製造工業ニ属ス」飴の製造工程を「学理」によって合理的に定めれば「秩序アル有数ノ製造工業」にすることができ、加えて器械を使えば労力と費用を減し、同一品質を多量に製出できるとしている。「経験」の対語として、「学理」が繰り返し強調されている。

◈「我国固有ノ特産品」

こうした具体的な改良が指導された理由としては、殖産興業を担う物品として、飴に備わる次の二点の性質を重視する意識を指摘できる。一つは飴の有する多様な機能である。菓子を含む食品や各種工芸品の原材料として、また飴自体が薬用として「需要頗ル広ク前途最モ有望ナルモノ」とされている。この具体例については、前出した加藤源蔵の出品解説書でみた通りである。また実際の事例として、例えば富山では、寛文三年（一六六三）創業の島川製飴によれば、幕末から昭和四〇年頃、主として同地の製薬業者へ水飴を製造販売し、水飴の大半が特産の丸薬の材料（つなぎ）として用いられたとされる。特に大正期は売薬業の隆盛に伴い製飴業も発展し、界隈に七軒の飴屋が盛業であったという。[108]

もう一つは飴を日本固有の食品とする意識である。飴は神武天皇の時代に遡る「我邦固有ノ特産品ニシテ世間ニ闊歩スヘキ一種ノ性質ヲ具備セルモノ」で「貴重ナル特製」と記されている。[109]

以上、内国博記録からみた飴の変容をまとめる。第三回までは、近世以来の名産や御用商による飴の出品が中心であった。製造に関する具体的な記録は認められなかったが、おおむね近世の方法が継承されていたと考えられる。その後、機器や既製品の飴用麦芽の導入で、高品質かつ均質な飴の大量生産が一部の製造者で実現し、第四回には成果が現れ、第五回にはその飴を原料とする多様な飴の出品を導いた。しかし全体としては「学理」よりも「経験」が重視される旧来通りの小規模な製造も多かった。主催者は均質な大量生産を実現した製造者に対して高い褒賞を与え、改良の具体的な要点を示して、製造に科学的な視点と機器の導入を推奨した。加えて飴のもつ多様な機能と、日本固有の特産品という価値を説いた。その結果として、飴は政府の指向性に導かれた殖産興業の対象として、また衛生制度の確立を背景に滋養性が再認識された「衛生食品」として注目され、[110]その後大正期にかけて近代化が進行し、水飴を材料とする砂糖飴の品質の安定とその発達をも促したと考えられる。

なお、内国博における洋菓子の砂糖飴ついては、第四回に初めて一名がキャンディを出品し、第五回にはドロップ七、キャンディ六、ヌガー・タフィー・キャラメル各一名と若干増えた。そのうち主な出品者は、同回初出品した東京の製菓企業で、明治三二年創業の赤坂の森永太一郎（現、森永製菓）と、同じく三三年に創業した品川の東洋製菓株式会社であった。森永は洋菓子四五点のうちヌガー五、タフィー三、キャラメル一点、東洋製菓は八六点のうちドロップ一六点を出している。いずれも機械製造で、前者はキャンディ類、後者はドロップとビスケットを主要商品としていた。[111]しかし内国博の出品物としてはごく一部で、またそれを飴と称する事例は確認できなかった。

第四節　近代の金毘羅の飴と地域の菓子

（1）明治期における金毘羅の飴

以上のような近世から近代の飴の変遷をふまえ、ここでは地域名菓の視点で金毘羅の飴に改めて注目し、それをとりまく香川の菓子の近代の様相を、内国博記録を中心に検討してみたい。

近世高松・丸亀・多度津の三藩と幕府領等から成っていた讃岐国は、明治四年（一八七一）の廃藩置県後は、同六～八年に名東《みょうとう》県、九～二一年に愛媛県に編入され、二一年に第三次香川県が設置されるまでの間、県の離合、県名・県域の変遷を繰り返した。そのため内国博の第一、二回の開催期には香川県としての出品はないが、愛媛県の出品物のうち讃岐からの出品を香川県域の出品とみなすと、第一回に阿野郡小野村・竹内次郎助が糕菓白梅花、第二回に同前・竹内孫太が干菓子・白梅花・生菓子・菊花、寒川郡鶴羽村・櫛田喜八が干菓子を出品している。小野村の白梅花は、嘉永七年（一八五四）の『讃岐国名勝図会』で阿野郡南の土産と記された梅花糖と考えられる。[112]全国の産物記録では確認できないが、近世以来の地域性を有する菓子といえる。

第三回において、香川県としての初の出品者は一一名で、そのうち受賞者は二名（褒状）であった。続く第四回は出品者一四名、うち受賞者は五名（有功二等賞一、褒状四）で、第五回には出品者四〇名、受賞者八名（三等賞一、褒状七）であった。出品・受賞者数とも毎回増加しているが、特に第四、五回の増加は、開催地の距離的な近さが一因と考えられる。このうち琴平からの出品は第三回は六名、第四回は七名で同県出品者数の五〜六割を占めたが、第五回においては琴平は四名に対し高松市からの出品が一三名と増え、ほかにも丸亀市、多度津、観音寺等さまざまな地域から複数の出品がみられた。

香川の飴の出品状況については、砂糖飴と推察される事例を除くと以下の通りである。第三回には琴平村の箸方助太郎、神原磯太郎と、鵜足郡川原村の平尾喜平の三名が飴を出品した。第四回には琴平村の村井常吉が飴、森勝治郎が養老象皮飴（ママ）、那珂郡丸亀町の石井新助が上煎飴を出した。またそれ以前に明治一二年の琴平山博覧会では、琴平村の箸方多八郎、同八太郎、高松金三郎の三名が飴を出品している(113)。箸方については、前出の池哲男氏によれば、助太郎以外は五人百姓であり、同多八郎は笹屋、同八太郎は中田屋である。

これらの出品については、褒賞や審査報告では特に評価されてはいない。ただし、明治政府の『明治七年府県物産表』では、名東県（讃岐・淡路・阿波）に飴が掲載され、同二九年の県内物産調査に「飴　高松市、那珂郡琴平町」、大正一二年（一九二三）の『香川県商工案内』には「飴菓子」に「重要物産ノ一トシテ遜色ナキニ至ル由来本県ハ製飴ノ原料小麦ノ優良品産地トシテ又菓子ノ主原料タル製粉砂糖ノ特産地」とあり(114)、飴はその原料とともに琴平、香川の特産であった。

しかしながら、内国博で琴平からの出品が中心だった第三・四回における出品物の中心は、実は飴だけではなかった。また第五回には、琴平以外の地域からも多様な菓子が出品されていた。金毘羅の飴をとりまく状況は、それが代表的な参詣みやげだった近世とは異なる様相を呈していた。以下、その具体的な状況をみる。

（2）琴平の新名菓——美玖里那波《みくりなわ》

内国博の第三、四回において、琴平から出品の多かった菓子は、金玉糖《きんぎょくとう》と美玖里那波であった。特に多いのは金玉糖で、第三回には三名、第四回には五名、第五回には二名が出品している。金玉糖（錦玉糖）とは、寒天に砂糖や水飴などを加えて煮詰めてから型に流し固めた透明の菓子で、[115] 近世においては特定の地域性はみられない上菓子だったが、琴平の金玉糖は『新撰讃岐国風土記』に明治期の同村の産物として飴と併記されている。[116] 内国博では他府県からも金玉糖が出品されているが（第一回：東京二名、第二回：愛媛三名、第四回：兵庫一名、栃木〔日光〕二名、第五回：大分・広島尾道・京都各一名）一地域から複数名が連続して出品する例は琴平のみである。琴平の金玉糖は地域固有の特徴を有していた可能性もあるが、同地の名菓としては現存せず実態は不詳である。

一方、美玖里那波は琴平固有の出品物である。美久利那波、美玖理那縄、美くり那はとも表記され（以下、美玖里那波）、第四、五回の二度にわたって、琴平の二名が先の金玉糖とともに出品している。なかでも逸見卯平・虎吉は続けて出品し、卯平は第四回に褒状を受けている。また明治一二年の琴平山博覧会には、那珂郡榎井村の資延芳藏も出品している。[117] 榎井は琴平に隣接し、金刀比羅宮とも密接な関係があった地である。

この菓子は近世には確認できないが、昭和一六年（一九四一）刊『諸国名物菓子』に「美玖里那波　琴平の名物」として、「萬濃池に生ずる芽菜を一年に一回採取し、砂糖漬にしたもの（略）一種云ひ知れぬ水草の香気があり、又粘り気がある。甘味の内に塩味の調和があって珍菓（略）形は水草を固めしものとて、一定の形とてなく不同」と記されている。[118] しかし文献上、昭和二四年の『日本の菓子』以降は確認できず、また菓子の美玖里那波自体が現存しないことから、[119] 戦後消失したと考えられる。

満濃池は琴平と同郡にある日本最大級の溜池で、大宝年間（七〇一～七〇四）に国主道守朝臣が築き、弘仁九年（八一八）に決壊したが空海が修築したとされる。呼称はほかに、萬濃池、真野池、万能池、十市池、十千池が知られていた[120]。また、みくりについては沼沢地に生ずる植物名で、『金毘羅参詣名所図会』の「十市池」に「今ハはや　とをちの池のみくりなは　くるよもしらす　人に恋つヽ　為家」とあることから[121]、同池はその生息地であったことがわかる。歌は一四世紀後半の『新後拾遺和歌集』所収歌で、作者は前大納言為家である。ただし、みくりと称される植物の実態は、三浦励一氏によれば、現在の和名ミクリの類（ガマ科、漢名黒三稜）と、ウキヤガラの類（カヤツリグサ科、漢名莎草とあるが不詳）の二種があるが、平安時代以来文献上の混同がみられる。またいずれにしてもその植物体は繊維質で硬く、砂糖漬の加工を経ても食用にはできないという。従ってこの菓子の材料の「萬濃池に生ずる芽菜」はいずれのみくりでもなく、スイゼンジノリやアシツキのようなラン藻類で、菓子名は同池の古歌に因む菓銘ではないかと推察されている[122]。

明治四四年の史蹟案内書『悲壮史蹟　屋島と壇の浦』では、金刀比羅宮参詣後に多度津から尾道へ向かう船中で「琴平名物何々ぞ、柚餅子、糠飴、みくりなは、買うて行かんせお客さま、留守せる妻子のよい土産」という磯節を耳にした著者が、「そんな月並はもう沢山」と思う記述がある[123]。この頃には琴平名物として定着していたことが窺える。またそれ以前に第四回内国博には逸見卯平が美玖里那波とともにその塩漬を出品しており、これはこの頃すでにありきたりになっていた美玖里那波の種類を増やす試みだったとも考えられる。

琴平の名菓としては近世以来の飴が明治初期にはすでに有名だったが、当時固有の名称や形状は有しておらず、それ自体は地域性を表出していなかった。美玖里那波は、同地の名所の満濃池とその産物を詠んだ古歌に因み、讃岐の白砂糖を材料に用いた地域固有の名物として考案されたと考えられる。それは博覧会等を通して全国へ発信され琴平名菓として定着するが、戦後消失し現代には継承されていない。その経緯は不詳であるが、戦争での砂糖の統制による製造の中断や、満濃池産植物の安定供給の問題が一因と思われる。

（3） 新たなみやげ需要と特産の名菓化――高松の瓦せんべい

前記の通り、第五回には琴平以外からの出品が増える。ここではその主要な出品地となった高松の、現在も代表的な名菓である「瓦せんべい」に注目する。製造者のくつわ堂総本店四代当主・田村隆男氏によれば[124]、瓦せんべいは近世以来の讃岐特産の含蜜糖である白下糖を材料に用い、高松城の屋根瓦をかたどった堅焼きの小麦粉煎餅である。明治一〇年頃田村酒造を創業した初代の田村正一が、まもなく高松城外堀の常盤橋橋詰で駄菓子屋を開き、「高松みやげ」用に製造を始めた。またその宣伝手法としては、同地の岡内喜三が明治二四年に創製した薬とされる千金丹《せんきんたん》の行商に、全国の得意先への手みやげとして瓦せんべいを持たせたという[125]。明治三〇年の『大日本繁昌懐中便覧』には「高松市丸亀町　くつわせんべい　菓子商　田村正一」と掲載され[126]、この頃にはその成果が現れていたことが窺える。内国博では第五回に、丸亀町（現、片原町）の田村正一、西新町通の造田太吉郎が「瓦焼煎餅」、片原町の松田ナヲが「瓦煎餅」を出している。また、田村正一は第四回に「煎餅」を出品しており、これも瓦せんべいだった可能性が高い。

なお、同店は初代の後二代も田村正一と続き、戦後三代目の時に、丸亀町のくつわ堂総本店と兵庫町の宗家くつわ堂に分かれて現在に至る。現在の瓦せんべいの主材料は、両店とも讃岐産の小麦粉と白下糖であるが、くつわ堂総本店では生地を水でこねてけしを加えているのに対し、宗家くつわ堂では生地に卵とごまを加えている[127]。最も特徴的な材料である白下糖は、くつわ堂総本店では近世以来の精糖業者の五代山田泰三氏（さぬき市津田町）が県内産甘蔗を絞って精糖したものを用いる。三代常行の頃（一九四〇年代後半）は、甘蔗の栽培・精糖を行う東讃の農家をまわって白下糖の味を確かめ、より強く「しめる」（甘蔗の絞り汁を煮つめた後、灰汁を抜きカキ殻の粉を入れて中和し品質を決める行程）ように指示することもあったという。昭和五年の『大日本商工録』では、丸亀町「轡堂本店」の職種として「和洋菓子類（製造）、讃岐特産白砂糖製造元」と記されており[128]、製糖にも関わってい

図6　「瓦せんべい」　くつわ堂総本舗（香川県高松市）

たことがわかる。

現在の同店における製造工程は、前記の材料を混ぜた生地をのばし、「大瓦せんべい」「瓦せんべい」「小瓦せんべい」の大中小三種類の各大きさに切り分け、[129]ガス釜で約一五分、途中二回上下返して焼く。焼き印で「高松名物久つ和堂」と入れ、一枚ずつポリ製袋で密閉包装する。材料や作り方は基本的には先代から継承しているが、変更した点もある。材料については、小麦粉と砂糖の配合は変えていないが、白下糖と上白糖の二種類の砂糖の配合比を調整している。調理器具、燃料については、昭和四三年の大雪による兵庫町・片原町のアーケード倒壊による改築で、それまでの赤松の薪からガス釜に変えた。包装については、以前は手製の紙袋に入れていたという。

用途については、前記した通り高松への来訪者向けのみやげとされたほか、昭和一二年日中戦争の際、千金丹とともに慰問袋に入れられた。現在は婚礼・法事等の引出物や、会社・学校の記念品にも使われ、焼き印による名入れも請け負っている（図6）。また大きさについては、もとは現在の中型「瓦せんべい」一種類だったが、さまざまな用途に応じるため、昭和三〇年頃に「小瓦」、後に「大瓦」も作るようになったという。商品名については、前出の『大日本繁昌懐中便覧』に「くつわせんべい」、『大日本商工録』に「高松名産轡せんべい」、また昭和二四年『日本の菓子』には「瓦焼くつわせんべい」とある。この「くつわ」という名称は、神戸の瓦せんべいとの混同を避けるためのものだった可能性もある。[130]

以上のように、瓦せんべいは当初から旅みやげ用に発案・発売された。前出の神崎宣武は、近代鉄道の発達に伴い旅みやげに「参入」した菓子類の典型は各観光地の饅頭であるとするが[131]、移動性という点では、より軽く品質保持性が高い煎餅の発達もこの時期の主要な動向といえる。煎餅は、すでに近世において三都や参詣地のみやげとして確認されていたが、当時は包装が紙袋でこわれやすく、徒歩の旅で持ち運べる量にも限界があっただろう。近代以降の鉄道の発達に加え第二章で指摘した紙箱の普及により移動性が高まり、製造の機械化により生産も拡大したと考えられる。特に瓦せんべいのような小麦粉製は、焼き型や焼き印による多様な意匠化が可能で、菓子名の併用によって地域や菓子屋の個性を表す表現や、特産物を生地に混合するという工夫も可能である。そうした特徴は旅先を訪問した証としての旅みやげの条件も満たす。内国博の出品記録には各地の多様な煎餅がみられ、その一部は現在も各地で名菓として継承されている。

（4）名所の名菓化

◈新名所——寒霞渓《かんかけい》、玉藻、琴弾公園

第三～五回には名所に因む菓子名の出品が散見される。香川の事例では、第三回における香川郡西新通町松岡庫太郎の神懸八景や、第四回における高松市丸亀町の小野彌平太の寒霞渓十二景糖・玉藻八景善哉・玉藻砂糖等である。このうち、寒霞渓十二景糖は褒状を受けている。

この寒霞渓とは小豆島の名勝で、もとは鉤掛山・鍵懸山、その後転じて神懸山と呼ばれていたが、明治期に中桐絢海や森遷等の地元有志が景勝地として紹介し、雅名を依頼された大阪の儒者藤沢南岳が明治一一年に寒懸渓と命名した。明治一三年、岡山の鎌田玄渓によってその渓谷美から表八景が選定され、同二二年頃大阪の石橋雲来によって四景が追加されて表寒霞渓一二景となり、その後裏八景も選定された[132]。また玉藻とは、『万葉集』で

柿本人麻呂が讃岐にかかる枕言葉に「玉藻よし」を用いたことに因み、古来讃岐を示す語として用いられ、近世には高松城を玉藻城と称した。(133)この語を冠する菓子名の出品は第五回に増加し、多度津町から玉藻の里、高松市の三名から玉藻の浦、玉藻浦、玉藻飴の計四点が出品されている。

廃藩置県後の香川は、前記のように幾度もの離合、県名変遷を経て、明治二一年に香川県が設置されて高松に県庁が置かれ、同二三年に高松市が誕生した。また同二二年に丸亀・多度津・琴平間に讃岐鉄道が開通し、三〇年に丸亀・高松間に延長した。三三年には高松築港第一次工事が完成し、三六年三月には岡山・高松間に山陽鉄道が連絡航路を開通、六月には大阪・神戸と高松間に高松汽船が運行を開始して交通も発達し、高松が四国の玄関口として要所となっていく。この過程で玉藻という語から連想される地域が、古来の讃岐や高松城から、高松港や県庁所在地としての高松（市）へと移行し、その来訪者を対象とするみやげ用の菓子名に用いられたと考えられる。

また第五回には、観音寺の三名から琴弾公園煎餅、琴弾煎餅、琴の緑が出品されている。これらの菓子は、古来の名所旧跡であった(134)琴弾山とその西の有明浜一帯を、明治三〇年に新たに県立公園として開設した琴弾公園（観音寺市有明町）に因んで新たに作られたものだろう。

◈近世以来の名所――屋島

一方、屋島は源平合戦跡として近世以来の名所である。この名所に因む「屋島名物源氏餅」（以下、源氏餅）が、第五回高松市片原町の大内久米吉から出品されている。高松市の菓子屋、三友堂（高松市片原町）の四代当主の大内泰雄氏によれば、大内久米吉は元高松藩士で、明治五年に仲間三人で同店を創業した。内国博に出品された源氏餅は漉餡入りの餅に讃岐三盆糖をまぶしたもので、昭和初期まで屋島山上の旅館に納めていたという。(135)昭和五年の『大日本商工録』に「さぬき名物屋三友堂　大内松次　源氏餅おへそ宗家」と掲載され、(136)主要な商品で

図7　「源平餅」吉岡源平餅本舗（香川県高松市）

あったが、その後間もなく製造を中止した[137]。

　同じく屋島の源平合戦に因む名菓として、現在は吉岡源平餅本舗（高松市井口町、以下吉岡）の「源平餅」が知られている。五代当主吉岡啓志氏によれば、それは砂糖・餅粉・麦芽糖を材料とする紅白の小餅（直径約三センチ）で（図7）、源氏の戦勝餅に因むとされる。同店は文久二年（一八六二）に吉岡愛次が川部村（現、高松市川部町）で三盆糖の精製・卸問屋を生業とする「あずまや」を創業したことに始まり、二代紋次が菓子屋に転業し、現地に移転した。当初は生姜糖（生姜汁を入れた三盆糖の砂糖菓子）や、大きな岩おこしを製造販売していたが、屋島寺の参拝客向けの菓子の製造依頼を受けて源平餅を考案した。三代熊吉がまとめた家系図に「明治三六年一〇月一〇日、東宮殿下（大正天皇）讃岐路行啓の際、栗林公園博物館（現、商工奨励館）にて御買上の栄を賜う」とあるのが、同店における源平餅に関する最初の記録であり、四五年に熊吉が商標登録を行ったという[138]。商標登録制度については明治一七年商標条例の制定・布達に始まり、同二一年の改正を経て三二年には新たに商標法が制定され、商標条例は廃止された。その商標法は大正一〇年、昭和三四年と改正を重ねている[139]。なお、この半年前に大阪で開催された第五回内国博に、吉岡紋次は蓬莱飴と袖の香を出しているが、源平餅は出品していない。

　前出した明治四四年の『悲壮史蹟　屋島と壇の浦』で、屋島めぐりの記録に「少し上れば茶店がある（略）源平力餅とでもいふのか、赤白二色の餅を盛ったものが出る」と記されている[140]。この記述からは前出の源氏餅より吉岡の源平餅が類似するが、同店のものかどうかは不明であるという。商標登録の前年の記録であることから、他店による類品だった可能性もある。明治四四年には高松琴平電気鉄道志度線の開通や、琴電屋島駅、潟元《かたもと》駅の開業があり、屋島の観光客やみやげ需要が増大するなか類品も増え、差別化を図る目的で商標登録をしたと考えられる(141)。昭和八年の『勝地讃岐と其産業陣営』には、吉岡熊吉について「特に屋島名産として著名なる源平餅の本舗なり、風味雅良価格低廉は恰合の土産物で、その年産十万箱は実質主義を信条に信用を博して居る」と記されており(142)、この頃の源平餅は著名な屋島名物となっていることがわかる。その後戦時中は源氏の戦勝祝餅という由緒に因んで慰問袋に入れられ、戦後は昭和天皇高松行幸の際に献上された(143)。なお、現在の源平餅の材料や製造方法は先代からの継承を基本としているが、昭和六三年に瀬戸大橋が開通した際、当代が餅を切る工程に機械を導入した(144)。

以上のような名所に因む菓子がこの時期に現れた背景としては、新たな名所の出現に加え、明治二二年の町村制施行で郷土意識が生じたことや、博覧会における府県別の陳列が地域間の競争意識を発起させたこと等を指摘できる(145)。また西田正憲によれば、一九〇〇年前後は日本人の「風景観」が大きく変わった時期であり、瀬戸内海においては、古代から近世にかけて規範化された歌枕や神話に由来する名所旧跡の「伝統的風景」から、「自然景や人文景などの近代的風景」へと「風景の再編」が図られたとされる(146)。寒霞渓、玉藻、琴弾公園を冠する菓子名は、この「再編」を受けた名所に因んだと考えられるが、いずれも現存しない。一方屋島も、讃瀬戸の内海多島海景の一部分として風景観の再編を受け、昭和九年に瀬戸内海国立公園に組みこまれるが(147)、源平餅は源平合戦跡としての屋島に因む菓子として現代に継承されている。「平家物語」のイメージが戦前は軍記物、戦後は古典文学として、時代によって流動的に用いられたことが一因と考えられる(148)。

おわりに

金毘羅の飴は、金刀比羅宮の由緒ある参詣みやげ・名物として、近世一九世紀にはすでに地域性が確立されていた。その主な根拠は、五人百姓による製造と境内大門内参道での大傘下販売で、現代に至るまで存続している。しかし飴自体は同宮と五人百姓に因む「御饌米」を材料とする飴から、戦後、同宮とはゆかりのない砂糖飴に変わっていた。背景には近代以降の二つの変化があった。

一つは飴自体の変化である。近世以前には飴は主として百姓の家内手工業的生産により、米を材料として各地で製造され、神が宿る食物として米同様に重視されてきた。近代以降もこうした飴屋及びその飴に対する認識は存続したが、(149)一八〇〇年代末期以降、飴製造の近代化が進む。内国博では古来の国産品を殖産興業の対象物産として再評価しようとする主催者の意図のもと、既成品麦芽や機器の導入による高品質かつ均質な飴の大量生産が推奨される。その結果、飴は菓子を含む食品やそれ以外の諸工業製品の材料として発展する。菓子については、例えば大正三～八年（一九一四～一九一九）、東京の製菓企業による西洋砂糖菓子（ドロップ、キャンディ）の機械製造において材料として用いられ、その国産化・大衆化を導いた。背景には度重なる戦争による経済発達や、欧州製品の輸入途絶・減少による国産品の需要拡大、台湾領有による砂糖供給量の増大もあった。(150)

結果として、飴の甘味食物としての位置づけは、砂糖やそれを主材料とする菓子に隠れ、飴の概念も本来の飴から砂糖飴の呼称へと次第に移行していったと考えられる。近世以前にも、飴を甘味食物として砂糖の下位に位置づける意識はあり、また菓子の材料としての用途も豆飴や求肥飴にみられた。しかし近代化に伴い、製造の主流が手工業から機械工業へと移行し、材料も米以外のさまざまな穀類や澱粉類が用いられるようになっていくに伴い、飴を米から作られる特別な食物とする古来の価値認識が希薄化していったと考えられる。またそうした認識の変化には、製菓企業によるキャラメルの大量生産も関与したと思われる。例えば前出の森永は、大正二年「ミルクキャラメル」を、一斤（八〇粒）四〇銭のバラ売りに続き、翌年ポケット用紙サック入で「一名あめちょこ」と新聞広告を出して発売し、[151]その別称が普及したとされる。[152]従来飴とは別区分であり高級な洋菓子と認識されていたキャラメルを「あめ」と称したことは、飴が砂糖飴の総称として慣用されるに至る一つの契機となった可能性もある。[153]第二章で前述した明治四四年（一九一一）の第一回帝国菓子飴大品評会は、第三～九回に全国菓子飴大品評会という名称になり、昭和八年に仙台で開催された第一〇回からは全国菓子大博覧会と改称された。[154]飴が菓子に吸収・統合されたことを示す一つの事例とみなすこともできるだろう。

もう一つは地域の菓子の変化、特に一八〇〇年代末以降の菓子における顕著な地域性の表出である。それは地域の歴史的地理的個性に因む菓子名・意匠・由緒や、材料における特産物の使用というかたちでみられ、特に近代以降新たに考案されたみやげ用の菓子には、顕著に現れていた。ひと・ものの移動や、商工案内・新聞広告を通した地域内外への情報伝達が進み、そこでは博覧会受賞や軍隊の御用等、他の菓子との差別化に有利な情報も積極的に活用されていた。こうした地域の菓子の需要の全国的な拡大により、地域の独自性や地域内外の他の菓子との優位性を、より顕著に表す必要が生じ、地域性の表出が進んだと考えられる。

ここで改めて地域名菓としての金毘羅の飴に注目すると、その実態は飴から砂糖飴へと変容したが、地域性の主な根拠としては近世以来の五人百姓に因む由緒と販売が重視され、地域固有の歴史に裏づけられた伝統的な琴平名物、また代表的な香川名菓として地域性を確立させた。また砂糖飴へと変容した結果、地域性の具象化が可能となり、固有の形状（扇形、丸金、五人百姓の文字）と菓子名（加美代飴）により地域性を表出した。この変化は近世の諸国名産から近代地域名菓への展開において、重要な意義をもつ。近世以来の地域性の根拠は継承しつつ、近代以降、顕著な地域性を表出する同地内外の多様な地域名菓の出現・需要に応じた地域性の再編成といえるだろう。

なお飴が変容し地域名菓の多様化が進むなか、現代に至ってもなお近代化以前の製造方法を継承する専業の飴屋の事例も確認した。その飴は砂糖菓子の材料とはされず、それ自体が近世同様に甘味食物及び菓子として重視されている。存続の要因を考えてみると、砂糖の価値認識が低下する傾向にある現在、砂糖とは異なる糯米由来の甘味や滋養性が改めてみなおされていることや、手作りや限定生産という現代において重視される希少性の要素を有すことを指摘できる。また大松下に関しては、背景として昭和三〇年（一九五五）以降の柳川の川下り遊覧を始めとする観光地化や[155]、佐賀県からの良質の原料（糯米）供給が可能であったという地域性も関与している。さらに旧城下町としての伝統が重視される地域性において、大松下自体が同地の伝統を構成する一要素としても機能し、地域性を表出することなく、同地の名菓と認識されている。

（1）セーラ・タール著、高橋原・岩井秀磨訳「巡礼の近代化」（島薗進他編『シリーズ日本人と宗教――近世から近代へ』四、春秋社、二〇一五年）二一二頁。

（2）神崎宣武『おみやげ――贈答と旅の日本文化』（青弓社、一九九七年）一四一～二〇三頁、神崎宣武『江戸の旅文化』（岩波書店、二〇〇四年）一二九～一三二、一六五～一七六頁。

（3）『日本国語大辞典』「飴」。

（4）『CD-ROM世界大百科事典』第二版（日立デジタル平凡社、一九九八年）「飴」、『デジタル大辞泉』「飴」。

（5）例えば「甘味料のうち歴史も古くそれ自体が菓子としてもあつかわれる飴」（虎屋文庫「特集にあたって」、虎屋文庫編『和菓子』一八、虎屋、二〇一一年）六頁、「菓子をアメという地方があるほど飴は古くからあって」（瀬川清子『食生活の歴史』一九六八年〔再録本、講談社、二〇〇一年〕）一五八頁。こうした指摘の初出の一つは柳田國男による昭和六年（一九三一）発行の『明治大正史』の「菓子のことを一様にアメという方言は今でも弘く行われている」（『明治大正史世相篇』新装版、講談社、一九九三年、八七頁）と考えられる。

（6）関根真隆『奈良朝食生活の研究』吉川弘文館、一九六九年、二一二～二一三頁。

（7）神田由築「飴売商人」（吉田伸之編『商いの場と社会』吉川弘文館、二〇〇〇年）二〇四～二三三頁。山田耕太「松代藩領の盲人――弘化三午年東寺尾村飴屋兵助女子一件――」（渡辺尚志編『幕藩地域の構造と変容――信濃国松代藩地域の研究』岩田書院、二〇〇五年）一七九～二四〇頁。吉田伸之「食類商人について」（『和菓子』一七、虎屋、二〇一〇年）五～一八頁、同「江戸の飴屋・飴売り」（『和菓子』二三、虎屋、二〇一六年）七～二一頁。

（8）小林裕美「飴屋のむら」（神奈川大学日本常民文化研究所『民具マンスリー』二三、一九九一年）一～九頁。前田佐智子「加賀・能登の飴造りについて」（加能民俗の会『加能民俗研究』一一、一九八三年）八二～八九頁、同「飴の民俗」（『加能民俗研究』一二、一九八四年）四八～五七頁、同「加賀市吸坂の飴造り」（『加能民俗研究』一三、一九八五年）八一～九一頁、同「信仰と飴」（『加能民俗研究』一四、一九八六年）七三～八六頁、同「飴の資料拾遺」（『加能民俗研究』一五、一九八七年）七七～八九頁。

（9）花咲一男編『江戸の飴売り』（近代風俗研究会、一九六〇年）。前掲牛嶋英俊『飴と飴売りの文化史』。他に玉江彦太郎が一八世紀行事（現、行橋市）で飴商として創業した「飴屋」の二〇〇年間の盛衰をまとめている（『小倉藩御用商行事飴屋盛衰私史』海鳥社、一九九八年）。

（10）溝渕利博「江戸時代の金毘羅ブランド――近世地誌類に見られる金毘羅の名物・名品・土産――」（『こと比ら』六四、金刀比羅宮、二〇〇九年）三八〇～三八六頁。

（11）佐藤浩司「小倉名物三官飴壺の生産と流通」（江戸遺跡研究会編『江戸時代の名産品と商標』江戸遺跡研究会、吉川弘文館、二〇一一年）八～三九頁。

（12）例えば守安正『増訂新版お菓子の歴史』（白水社、一九六五年）四八七～五一七頁では「飴菓子」には麦芽飴、有平糖、求肥飴の三種があり、有平糖と求肥飴がその「双璧」と記されている。また虎屋文庫では『和菓子』で「あめ」の特集を組み、飴と有平糖を同じ「あめ」の論考として収録している（虎屋文庫編『和菓子』二三、二〇一六年）。

（13）八百啓介「近世における飴の製法と三官飴」（『北九州市立大学文学部紀要』七四、二〇〇八年）三七～四六頁、八百啓介「江戸時代の菓子製法書に見られる飴」（前掲虎屋文庫編『和菓子』二三）二二一～三五頁。

(14) 前掲セーラ・タール「巡礼の近代化」二一三頁。
(15) 木原溥幸・丹羽佑一・田中健二・和田仁『香川県の歴史』（山川出版社、一九九七年）二〇三〜二〇四頁。
(16) 前掲溝渕利博「江戸時代の金毘羅ブランド」三八〇〜三八六頁。
(17) 清野謙次『日本考古学・人類学史』下（岩波書店、一九五五年）七三〇頁。なお、「諸國板行帖」に年代は記されていないが、諸広告中の年号より、宝暦八〜文化一三年（一七五八〜一八一六）の蒐集で、木村蒹葭堂の死後、後人の貼付も含むとされる（同、七二八頁）。
(18) 暁鐘成編『金毘羅参詣名所図会』二、早稲田大学図書館蔵、請求記号：ヘ13 1346。
(19) 宗田一『日本の名薬』（八坂書房、二〇〇一年）四四頁。奈良県薬業史編さん審議会編『奈良県薬業史』通史編（奈良県薬業連合会、一九九一年）三三一〜三五頁。
(20) 『諸国道中金の草鞋』一二三、早稲田大学図書館蔵、請求記号：文庫06 01004。
(21) 日本名著全集刊行會編刊『日本名著全集』一二（一九二七年）。初編は文化七年（一八一〇）。
(22) 琴陵光重『金刀比羅宮』（学生社、一九七〇年）九六〜一〇三頁、前掲近藤喜博『金毘羅信仰研究』二四四〜二四九頁、琴平町史編集委員会編集『町史ことひら』四（琴平町、一九九五年）七七頁。松原秀明撰、山崎禅雄編『金毘羅庶民信仰資料集』年表篇（金刀比羅宮社務所、一九八八年）一八〜二三頁で関連の記事をみると、宝暦一二年（一七六二）九月二九日大門内で飴売願の件が聞済となるという記載を始めとして、天明元年（一七八一）六月五人百姓と町方飴売共へ参詣人に押し売りせぬよう申付る、翌二年二月地方町方共飴売のことで願出があったが仁王門内は五人百姓に限り町方の者は門外と決める等とある。
(23) 香川県編刊『香川叢書』三（一九四三年）三八九頁。
(24) 前掲溝渕利博「江戸時代の金毘羅ブランド」三八四頁。
(25) 宇佐美英機校訂『近世風俗志（守貞謾稿）』一（岩波書店、一九九六年）一四一〜一四二頁。
(26) 前掲吉田伸之「江戸の飴屋・飴売り」一二頁。
(27) 前掲神田由築「飴売商人」二三〇頁、前掲山田耕太「松代藩領の盲人」一九五〜一九九、二一〇〜二一三頁。
(28) 前掲琴平町史編集委員会編『町史ことひら』四、七七頁。

(29) 聴取調査：池哲男商店（香川県仲多度郡琴平町）、池哲男氏、二〇一五年一〇月一五日。

(30) 前掲琴平町史編集委員会編『町史ことひら』四、七六〜七七頁。なお、「うしのした」は新嘗祭の特殊神饌「牛の舌（または牛の舌餅）」との関係が考えられる。

(31) 鈴木宗康『諸国名物菓子』改訂版（河原書店、一九五〇年）二四九頁。なおこの項の本文は昭和一六年刊の初版と同一である。また井上頼寿が主として戦前の「全国の主な菓子」を概説した昭和二四年刊『日本の菓子』（推古書院、一九四九年）五三頁に「ぬか飴（香川県琴平）ぬかをとり粉につかった良せん飴。琴平のみやげ菓子」、荒井とみ三画文「糠飴風俗帳より」（『こと比ら』一八、金刀比羅宮、一九六三年）一一五頁に、明治末期から昭和初期までの随想として「こんぴら参詣みやげに竹の皮に包まれた糠飴（略）飴は当時の二銭銅貨の二倍大の大きさのもの三個ばかり、後は糠ばかり」等とある。

(32) 前掲琴平町史編集委員会編『町史ことひら』四、七七頁。

(33) 遠藤元男・児玉幸多・宮本常一編『日本の名産事典』（東洋経済新報社、一九七七年）二七〇頁。

(34) 『日本百景と土産品』二（太陽コレクション一四、平凡社、一九八〇年）一五頁。その三年後昭和五八年の奥山益朗『和菓子の辞典』（東京堂出版、一九八三年）には「加美代飴（略）薄い丸形のべっこう飴」とある。

(35) 利根川歴史研究会編『名主伊兵衛絵入道中記――武蔵野国幡羅郡日向村船田家文書』（利根川歴史研究報告四、利根川歴史研究会、二〇一〇年）一〜六、一八一、三八七頁。伊勢、西国三三箇所、金毘羅、長崎、善光寺旅行の道中記である。

(36) 岩井宏実「住吉と金毘羅」（守屋毅編『金毘羅信仰』民衆宗教史叢書一九、雄山閣、一九八七年）九九頁。

(37) 前掲セーラ・タール「巡礼の近代化」二一六頁。

(38) 前掲神崎宣武『おみやげ』一五〇、一五八頁。

(39) 小林彰夫・村田忠彦編『菓子の事典』（朝倉書店、二〇〇〇年）八七〜九〇、二七三〜二七五、二七〇、三三〇〜三三三頁。

(40) 田中静一・小島麗逸・太田泰弘編訳『齋民要術』（雄山閣出版、一九九七年）一〇〇、二五三〜二五四頁。西山武一・熊代幸雄訳『斉民要術』下（アジア経済出版会、一九五七年）二四三〜二四五頁。〔　〕内の訳註は「糵」は小崎

道雄・田中静一、それ以外は西澤治彦による。
(41) 虎尾俊哉校注、神道大系編纂会編『延喜式』下（神道大系編纂会、一九九三年）三八五頁。
(42) 前掲関根真隆『奈良朝食生活の研究』二一一～二一三頁。
(43) 前掲『延喜式』下、三九四～三九五頁。井上光貞他校訂『律令』（日本思想大系三、岩波書店、一九七六年）一七八頁。なお、島田勇雄は、甘葛煎が果実を意味する「菓子」に含まれている根拠を「令」の規定に伴う事務上の扱い等と指摘し、その甘味との関係については特に言及していない。また平安時代末期の『類聚雑要抄』の保延二年（一一三六）一二月の内大臣殿大饗差図で、甘葛煎が加わっていると指摘している（島田勇雄「食物研究史における「菓子」とその食礼――「干菓子」について」〔『甲南女子大学研究紀要』一四、一九七七年〕四四～六二頁、島田勇雄「食物儀礼史における「菓子」「鳥類」」〔島田勇雄訳注『本朝食鑑』二解説、平凡社、一九七七年〕一一七三頁）。
(44) 川口久雄訳注『新猿楽記』（平凡社、一九八三年）一〇七頁。
(45) 原田信男「「菓子と米」試論」（虎屋文庫編『和菓子』一一、二〇〇四年）四七頁。
(46) 前掲原田信男「「菓子と米」試論」五〇頁。
(47) 前掲原田信男「「菓子と米」試論」四六頁。
(48) 『諸本集成倭名類聚抄』本文編（臨川書店、一九六八年）七三三～七三六頁。なお青木正兒は『倭名類聚抄』の粔籹の和名を誤としている（青木正兒『華国風味』岩波書店、一九八四年、六四頁）。
(49) 虎尾俊哉校注、神道大系編纂会編『延喜式』上（神道大系編纂会、一九九一年）二三三～二三四頁。
(50) 島田勇雄訳注『本朝食鑑』一（平凡社、一九七六年）一一二～一一三頁。
(51) 前掲『諸本集成倭名類聚抄』本文編、二〇六頁。
(52) 前掲田中静一他編訳『齋民要術』一九九、二五六頁。
(53) 塙保己一編纂『続群書類従』訂正三版、三〇下（続群書類従完成会、一九七六年）三一一頁。
(54) 塙保己一編『羣書類従』三版、一五（続群書類従完成会、一九六〇年）三四七頁。
(55) 室町時代語辞典編集委員会編『時代別国語大辞典』室町時代編一（三省堂、二〇〇〇年）二一五頁。
(56) 飴については「Ame.〔アメ〕日本で麦その他のものから作る濃い水飴、あるいは糖菓用の糖蜜〔飴〕」とある。土井

忠生・森田武・長南実編訳『日葡辞書邦訳』（岩波書店、一九八〇年）二三、七七九頁。

(57)『病論俗解集』京都大学附属図書館蔵、富士川文庫：ヒ／90／貴、京都大学電子図書館〈http://edb.kulib.kyoto-u.ac.jp/exhibit/f120/image/1/f120s0004.html〉（最終閲覧日：二〇一七年七月二七日）。

(58) 森暢編『新修日本絵巻物全集』二八（角川書店、一九七九年）五〇、五一頁、塙保己一編纂『群書類従』訂正三版、二八（続群書類従完成会、一九七九年）四五八、四六三頁。

(59) 秋山照子「『松屋会記』・『天王寺会記』・『神屋宗湛日記』・『今井宗久茶湯日記抜書』にみる中世末期から近世初頭の会席（第一報）会席の菓子」（『日本家政学会誌』五一―九、二〇〇〇年）三一～四〇頁。

(60) 前掲前田佐智子「加賀・能登の飴造りについて」八五～八六頁。

(61) 千宗室編『茶道古典全集』九（淡交新社、一九五七年）七頁。

(62) 前掲千宗室編『茶道古典全集』九、九〇頁。

(63)『和漢三才図会』に、炒った大豆を粉にし、湿飴でこねて縄のような形にした「餈《マメアメ》」と、それを竹に挟んで縛り固めて洲浜の形に切った「粼《スハマ》」の図示がある（島田勇雄・竹島淳夫・樋口元巳訳注『和漢三才図会』一八、平凡社、一九九一年、二三七頁）。

(64) 青木直己『図説和菓子の今昔』（淡交社、二〇〇〇年）六五、六六頁。

(65) 京都の菓子屋塩芳軒（京都市上京区黒門通中立売上る飛弾殿町）四代当主高家昌昭氏のご教示による（聴取調査：株式会社塩芳軒、二〇一六年二月四日）。高家氏によれば、製法記録の材料配合からは「あめ」及び「白飴」は求肥、「唐飴」は外郎の類に近く、記述にもとづき試作した結果はいずれも求肥飴の類であった。なお、八百啓介は「あめ」、「白飴」を「白砂糖を原料とした固飴」、「唐飴」を「砂糖に小麦粉を加えて主に煮詰める膠飴」と分析している（前掲「近世における飴の製法と三官飴」三九～四二頁）。

(66) 鈴木晋一・松本仲子編訳注『近世菓子製法書集成』一（平凡社、二〇〇三年）五二、九六、一一四～一二一頁。

(67) 松下幸子・吉川誠次・山下光雄「古典料理の研究一四」（『千葉大学教育学部研究紀要』三七―二、一九八九年）二五六～二五七頁。

(68) 前掲八百啓介「江戸時代の菓子製法書に見られる飴」二四～三三頁。

(69) 前掲鈴木晋一他編訳注『近世菓子製法書集成』一、一五一〜一五三、二一〇、二一四、三四三、三四四頁。
(70) 前掲鈴木晋一他編訳注『近世菓子製法書集成』一、三〇二、三〇三頁。
(71) 「調味雑集」東京都立東京都立中央図書館蔵河田文庫、請求番号：596-kw-1。
(72) 「料理珍味抄並漬物四季献立」東京都立中央図書館蔵加賀文庫、請求番号：596-R-19。
(73) 「萬秘伝書」九州歴史資料館蔵高畠文書、史料番号：三。
(74) 糖化材料については他に糀や大豆もやしがみられる。例えば表示した製法書では次の通りである。糀は『萬聞書秘伝』の「はやあめのねりやう」（飯塚容子他「萬聞書秘傳についての研究一」、『東京家政学院大学紀要』一六、一九七六年、八九頁）、「料理塩梅集」天巻の「飴の方」（松下幸子他「古典料理の研究二」、『千葉大学教育学部研究紀要』二五、一九七六年、一八七頁）、「黒白精味集」の「甘酒糖」、「水糖」（前掲松下幸子他「古典料理の研究一四」、二五七頁）、大豆もやしは「黒白精味集」の「煉糖」（同前、二五六頁）等。
(75) 橋爪伸子「「萬菓子作様并香物漬様薬酒造様之事」について――「くわすり」および「やうひ」に関する一考察」（『香蘭女子短期大学研究紀要』四五、二〇〇三年）一八頁。
(76) 朝倉治彦校注『人倫訓蒙図彙』（平凡社、一九九〇年）二二六〜二二九頁。
(77) 前掲神田由築「飴売商人」二三〇頁、前掲山田耕太「松代藩領の盲人」一九五〜一九九、二一〇〜二一三頁、前掲吉田伸之「江戸の飴屋・飴売り」一八〜一九頁、前掲吉田伸之「食類商人について」一六頁。
(78) 前掲前田佐智子「加賀・能登の飴造りについて」八七頁。
(79) 前掲前田佐智子「飴の民俗」四八〜五七頁、同前「加賀市吸坂の飴造り」八九頁、同前「信仰と飴」七三〜八六頁。
(80) 筋立て、結末等に細かい異同があるが伝承地が全国に分布する。例えば関敬一『日本昔話大成』三（角川書店、一九七八年）一二八〜一三九頁、関敬一・野村純一・大島廣志編『日本昔話大成』一一（角川書店、一九八〇年）三四頁。
(81) 飴に生薬を加えた「薬飴」は他に、人参（朝鮮人参）飴、黄精飴、松の実飴、オットセイ飴等の事例があるという（前掲宗田一『日本の名薬』一三六〜一三七頁）。
(82) 前掲前田佐智子「加賀・能登の飴造りについて」八四、八五頁。
(83) 例えば天明五年（一七八五）刊『鯛百珍料理秘密箱』巻之下で、「長さき甘露煮鯛」は鯛を鰹、醬油、酒で煮て、汁飴をかけて出す、「ながさき甘露漬之仕法」は鯛を味噌に漬けた後　上々の酒、白砂糖または汁飴で煮るとある（原田信男校註解説『料理百珍集』八坂書房、一九九七年、一一三、一一八～一一九頁）。

(84) 江原絢子「和食はいつから甘くなったのか」（味の素食の文化センター『Vesta』九五、二〇一四年）三二～三七頁。煮物に甘味を加える事例は料理書では一九世紀以降みりんの使用がみえるが、習慣が一般化するのは地域差もあるが第二次世界大戦後とされる。

(85) 前掲前田佐智子「加賀・能登の飴造りについて」八七～八九頁、同前「飴の民俗」五七頁。

(86) 聴取調査：大松下飴本舗、三代当主・古賀健次氏（明治四〇年生）、四代同正信氏（昭和九年生）、五代同政雄氏（昭和四四年生）、二〇〇四年九月三〇日、二〇〇五年五月二日、二〇〇六年三月三〇日、二〇〇七年一〇月一七日他。

(87) 『日本国語大辞典』「あめがた」。現柳川市は元三潴郡と山門郡を含む。なお農山漁村文化協会編刊『日本の食生活全集』（一九八四～一九九三）で「あめがた」の表記があるのは、佐賀、福岡（柳川市）、熊本、大分である。

(88) きりあめの袋には、中央に「大松下のきりあめ」、右下方に「おこし、あめ、きりあめ、水飴、蜂蜜」と書かれている。このうち水飴以外は現在も店頭販売されている。

(89) 中島常雄『食品』（現代日本産業発達史一八、交詢社出版局、一九六七年）三三〇～三三三頁。

(90) 古賀健次氏によれば「佐賀のもちは日本一」といわれ、昭和六年頃、一俵値段が一円高かったという。また収穫時期の早い「早もち」と遅い「遅もち」があり、飴には早もちが適しているとのことである。

(91) 保存中、温度・湿度の上昇に伴いあめがたが柔らかくなることを勘案し、季節によって煮詰加減を調節する。最もかたく煮詰める盛夏は、同じ材料分量であってもできあがりのあめがたの数は一七〇本未満で、またその色は若干橙色がかっているという。

(92) 産後の母体回復に効果があるといわれ、現在も同町の産科婦人科医院、木村回生医院（柳川市曙町）では、毎週土曜日の三時のおやつに出される（前掲聴取調査：古賀正信氏）。

(93) 「日本の食生活全集佐賀」（編集委員会編『聞き書佐賀の食事』日本の食生活全集四一、農山漁村文化協会、一九九一年）三二七頁。『日本国語大辞典』にも「飴滓　飴をしぼったあとに残るかす。牛、豚などの飼料にする」とあり、一般的な用途であったと思われる。

(94) 原田信男『コメを選んだ日本の歴史』（文藝春秋、二〇〇六年）三九頁、前掲原田信男「「菓子と米」試論」五〇～五一頁。

(95) ポール・フィールドハウスは、その社会に最も主要な食物を「文化的卓越食品」と位置づけ、生産・加工のため優先的に努力が払われ、時にはその社会の宗教的儀式や神話に登場するとしている（和仁皓明訳『食と栄養の文化人類学ヒトは何故それを食べるか』中央法規出版、一九九一年、八七～八八頁）。牛嶋英俊は「飴は神聖な食品」と述べている（前掲『飴と飴売りの文化史』一六五～一六六頁）。

(96) 中山圭子『事典和菓子の世界』（岩波書店、二〇〇六年）二九頁。

(97)『第五回内国勧業博覧会審査報告』第一部巻之一〇、九二頁（『発達史』三七）。なお「七宝」は翁飴に「泰西趣味ノ長処ヲ加ヘ一種ノ新式ヲ組織」、「甘露糕」は求肥を「小立方形」にして外皮を乾燥させ植物性香料を添加、「五穀糕」は求肥飴に糯、粟、黍、豆、麦の五種を調和し色付けしたもの（同前九二～九八頁）。

(98) 同審査報告では飴の出品総数は約五〇〇点、受賞数は二等賞五点、三等賞一六点、褒状五六点、合計七七点とあるが（一二九頁）、ここでは出品、受賞録で確認した点数を示す。

(99) 高田市史編集委員会編『高田市史』一（高田市、一九五八年）四六〇、六五六頁。高橋については『第四回内国勧業博覧会審査報告』第三部下巻（第四回内国勧業博覧会事務局、一八九六年）四七九頁も参照。武田は「お店について」桔梗屋〈http://www.chuokai-akita.or.jp/okasi/okinaame/〉（最終閲覧日：二〇一七年五月二〇日）で「享保年間　佐竹藩の御用菓子商」とあるが出典は未確認。

(100)『内国勧業博覧会審査評語』六九四、七〇九、七三四、七三七、七三八頁（『発達史』一九三）。

(101) 前掲佐藤浩司「小倉名物三官飴壺の生産と流通」八～三九頁。

(102)『第三回内国勧業博覧会審査報告』第三部Ⅱ、四三三～四五三頁（『発達史』一一八）。

(103) 前掲『第四回内国勧業博覧会審査報告』三六一～四八九頁。水飴の項は四七五～四八九頁。

(104) 第二章で前述した通り、熊本県小早川慶八の朝鮮飴も、明治二七年製煉機の研究により製造費の削減と精品の大量生産という好結果を得たとされる（前掲『第四回内国勧業博覧会審査報告』四八八頁）。

(105) 前掲『第五回内国勧業博覧会審査報告』一二九～一五五頁。以下出典は同報告とする。

(106) 上位三県の受賞に注目すると、京都は七出品中受賞三点（二等賞一、三等賞二）で受賞率四二％、岡山は七出品中一点（二等賞）で受賞率一四％、高知は一三出品中四点（二等賞一、褒状三）で受賞四〇％である。新潟は四〇出品中受賞一三点（二等賞一、三等賞二、褒状一〇）で受賞率約三三％であり岡山より高い。

(107) 大阪商業会議所編『大阪商工人名録』（梅田芳三、一九一一年）一一五頁。

(108) 聴取調査：島川製飴株式会社（富山市掛尾町）、一四代当主・島川晋氏、取締役・島川智子氏、二〇一七年六月五日。戦後は製薬業の衰退とともに飴屋も減少し、現在は島川一軒のみになったという。同店ではその後菓子としての飴を作るようになり、現在は、水飴、引飴「櫻飴」のほかキャラメル（砂糖不使用）等さつまいもの澱粉と麦芽を材料とする一〇点以上の麦芽飴商品を製造販売している。なお内国博への富山からの飴の出品は、第四回六点、第五回一点で、このうち第四回には同店の一一代・島川調藏が「粟飴、糖飴」を出品している。また大正元年（一九一二）刊『商工名鑑』には同じく一二代の島川長兵衛を始めとする富山市の飴屋四軒が掲載されている（『商工名鑑』名古屋商工社、一九一二年、一八～一九頁）。

(109) この点に関しては翁飴についても「外国糖ノ勢力範囲外ニ立チテ、麦芽糖ヲ代表シ毅然トシテ克ク甘藷糖ニ拮抗シテ旗鼓相対スルモノ独本品アルノミ、前途ノ有望ナルハ全ク比ニ在リ」とあり、輸入砂糖に拮抗可能な飴の輸出品として改良の必要性を述べている（前掲『第五回内国勧業博覧会審査報告』一三六頁）。

(110) 小野芳郎『〈清潔〉の近代』（講談社、一九九九年）九〇～一三四頁。

(111) 前掲中島常雄『食品』三三七～三三八頁。池田文痴菴『日本洋菓子史』（日本洋菓子協会、一九六〇年）六七八～六八三、一二七〇頁。

(112) 池田弥三郎監修『日本名所風俗図会』一四（角川書店、一九八一年）三六二頁。讃岐産白砂糖を使った梅花形の干菓子とされる（前掲『角川日本地名大辞典』三七、一九八五年、一九六頁）。

(113) 『明治十二年琴平山博覧会出品目録』（博覧会社、一八七九年）五ノ二一頁。

(114) 「明治七年府県物産表」では一〇、九六〇貫（『明治前期産業発達史資料』第一集二、明治文献資料刊行会、七〇四頁）、「大日本繁盛懐中便覧」（香川県編『香川県史』一一、四国新聞社、一九八六年、四五五頁）。香川県編刊『香川県商工案内』（一九二三年）一〇〇頁。

(115) 前掲中山圭子『事典和菓子の世界』五二〜五二三頁。
(116) 多和神社祀官で国学者松岡調の著。前掲『角川日本地名大辞典』三七、三三四頁。
(117) 前掲『明治十二年琴平山博覧会出品目録』五ノ二二頁。
(118) 前掲鈴木宗康『諸国名物菓子』改訂版、二四六頁。なお内国勧業博覧会第五回審査報告では掛物と分類されている。
(119) 前掲井上頼寿『日本の菓子』（二二頁）「まのの池にはえる水草の芽を砂糖漬にしてかためたもの」。
(120) 前掲『角川日本地名大辞典』三七、七五四〜七五五頁。
(121) 前掲暁鐘成編『金毘羅参詣名所図会』二。
(122) 以下の文献と合わせて三浦励一氏のご教示による（二〇一六年一〇月七日）、細見末雄『古典の植物を探る』（八坂書房、一九九二年）一三八〜一四一頁。
(123) 市原隆作『悲壮史蹟屋島と壇の浦』（文成社、一九一一年）一七一頁。
(124) 聴取調査：有限会社くつわ堂総本店、田村隆男氏（一八七九年生）、二〇〇九年五月二四日、二〇一〇年九月二八日。
(125) 荒井とみ三『高松今昔記』一（歴史図書社、一九七八年）九八、一八〇〜一八一頁。千金丹は岡内善三が明治二四年に創製した薬で一種の清涼剤である（諏訪隆郎編『勝地讃岐と其産業陣営』香川新報社事業部、一九三五年、五〇頁）。
(126) 芝辻貞吉『大日本繁昌懐中便覧香川県部』（大山理三郎、一八九七年）上六〇頁。
(127) 鶏卵は発売当初からの材料であるが、当時の煎餅では珍しかったとされる（前掲荒井とみ三『高松今昔記』一、九八頁）。なお、両店の瓦せんべいの原材料名表示による原材料名は、くつわ堂総本店は小麦粉・上白糖・白下糖・重曹・卵・ケシの実、宗家久つ和堂は砂糖・小麦粉・卵・澱粉・ゴマ・膨張剤である。
(128) 渋谷隆一編『都道府県別資産家地主総覧』徳島・香川・高知編（日本図書センター、一九九八年）一九八頁。
(129) 商品の大きさは通常三種類「大瓦せんべい」一二・五×一九センチ、「瓦せんべい」一四・九×一一・五センチ、「小瓦せんべい」八・四×五・七センチ（聴取調査、前掲田村隆男氏）。
(130) 前掲『大日本繁昌懐中便覧香川県部』上六〇頁、高瀬末吉編『大日本商工録』第一一版（大日本商工会、一九三〇年）一三頁（前掲『都道府県別資産家地主総覧』徳島編・香川編・高知編）、前掲井上頼寿『日本の菓子』五〇。なお前掲遠藤元男他編『日本の名産事典』（五八八、七六四頁）には、高松と神戸の「瓦せんべい」が紹介されている。

(131) 前掲神崎宣武『おみやげ』一九六頁。
(132) 前掲『角川日本地名大辞典』三七、二六六頁。
(133) 『日本歴史地名大系』「高松城跡」。
(134) 日本公園百年史刊行会編刊『日本公園百年史』総論・各論（一九七八年）六四七頁。
(135) この旅館については不詳であるが、前掲市原隆作『悲壮史蹟屋島と壇の浦』（一四〇頁）によれば、当時屋島山上には高松古新町に本店がある可祝（料理屋兼旅館）の支店他二三軒があった。
(136) 前掲『大日本商工録』第一一版、一三頁。
(137) 聴取調査：三友堂、大内泰雄氏（一九四四年生）、二〇〇九年五月二一日、二〇一〇年五月二一日、九月二八日。「源氏餅」は、昭和初期「木守柿」（柿餡を包んだ求肥に讃岐三盆糖をまぶした菓子）を発売して以降売行が落ちたため製造を中止した。「おへそ饅頭」は中央にくぼみをつけた焼饅頭だったが、現在は製造していないという。
(138) 聴取調査：有限会社吉岡源平餅本舗、吉岡啓志氏（一九四九年生）、二〇一〇年五月二三日、九月二八日。
(139) 『国史大辞典』「商標登録制度」。
(140) 前掲市原隆作『悲壮史蹟屋島と壇の浦』一四〇頁。
(141) 小川望「「烏犀圓」の銘をもつ合子蓋と商標・薬名」（前掲江戸遺跡研究会編『江戸時代の名産品と商標』一九五頁）。
(142) 前掲『勝地讃岐と其産業陣営』四三一頁。
(143) 杉山三佳「フィールド調査報告」（京都府立大学文学部歴史学科編刊『京都府立大学文学部歴史学科文化遺産学コース二〇〇九年度文化遺産フィールド研修報告書』二〇一〇年）一九〜二〇頁。
(144) 源平餅の販売は本店と兵庫町支店のほか、キヨスク、空港売店など県内五〇カ所で、屋島では同山麓の四国村（高松市屋島中町）、屋島ドライブウェイ直営山上売店で行っている（前掲聴取調査：吉岡啓志氏）。なお原材料名表示は、砂糖・餅粉・麦芽糖・マルトオリゴ糖・トレハロース・コーンスターチ・着色料（二〇一〇年九月二八日）。
(145) 國雄行『博覧会の時代――明治政府の博覧会政策――』（岩田書院、二〇〇六年）六二頁。
(146) 西田正憲「明治後期における瀬戸内海の近代的風景の発見と定着」（『ランドスケープ研究』五八―二、一九九四年）二一六頁、西田正憲『瀬戸内海の発見　意味の風景から視覚の風景へ』（中央公論新社、一九九九年）二二一〜二二六、一一四頁。

(147) 前掲西田正憲『瀬戸内海の発見』二〇〇〜二〇一頁。

(148) 高木博志によれば、京都の宇治も近世以前には平家物語の軍記物の戦闘場面が流布し、一八九〇年代「国風文化」のイメージで鳳凰堂が位置づけられ、戦後は宇治に源氏物語のイメージを重ねる志向が強くなるとされる（高木博志「古典文学と近代京都をめぐる素描」、『歴史評論』七〇二、二〇〇八年、六九〜七三頁）。

(149) 前掲柳田國男『明治大正史世相篇』八七頁。

(150) 前掲中島常雄『食品』三四三〜三五三頁。

(151) 森永五十五年史編輯委員会編『森永五十五年史』（森永製菓、一九五四年）二二六〜二三二、四五〇頁。

(152) 昭和女子大学食物学研究室編『近代日本食物史』（昭和女子大学近代文化研究所、一九七一年）四三八頁。

(153) その間次第に食生活における菓子の位置づけも変わり、企業による洋菓子の国産化に伴い、庶民が日常的に「嗜好品としての菓子」を食べる習慣が明治中期以降次第に普及し、第一次大戦後にはキャラメル、チョコレートを子供の間食とする習慣が一般化したとされる（前掲昭和女子大学食物学研究室編『近代日本食物史』九七、九八、二九六、五三七頁）。

(154) 「お菓子の博覧会」お菓子何でも情報館〈http://www.zenkaren.net/_0100〉（最終閲覧日：二〇一七年六月一日）。

(155) 柳川市役所建設部観光まちづくり課・平川達也氏のご教示による（二〇〇七年一〇月三一日）。

表1　近世の飴の製法記録

No.	史料名	成立年	項目	本文（出典）
①	萬聞書秘伝	慶安四（一六五一）	あめのねりやう	むぎをもやして、よくほして、こにすべし、又もち米をよくつきてめしにたきて、いきの出ぬやうにをき、ゆを手ひきかんにして、めしにひたひたに入、むぎのもやしのこをも米二升ならばこを二合あはせて、あまさけにつくるなり、なれすぎぬとき、ぬのにてとをし、ねりつめべし、まつゆるゆると水あめにして、かたあめにはつよくねりつめべし、こぬかをたくさんにをきて、そのうへにかけて、かたまりたるとき、なりはのぞみにすべし（飯塚容子他「萬聞書秘傳についての研究一」『東京家政学院大学紀要』一六、一九七六年、八九頁）

②	料理塩梅集（地巻）	天和三（一六八三）以降	あめの仕様	大麦をもやしにして、はへて五六分程はへ出候はば、其時むしろに入、ほして、一、もち米一斗をめしにたき、常のめしよりやわらかにして、一、もやし三升粉に引、さて右のめし、もやし桶に入、かき合、水を入、水かげんしるきかゆにたてる程にして、夏は一時半程桶にふたをして、其侭置候、冬は三時斗置候て、扨布袋に入、しぼり、其後すいのふにてこし、扨鍋に入煎じ候、可減はいか程も煉、好み次第に桶に入さまし申候、さめ候はば少かたく成候、見合かんやう也（松下幸子他「古典料理の研究二」『千葉大学教育学部研究紀要』二五―二、一九七六年、一七五頁）
③	同右	同右	唐飴のねり様の事	もち米上白能むし、あたゝか成内に麦のもやし一升に右餅米五升に湯七升入、よくかきまぜ桶に入、物に包いきのぬけざるやうに仕、二日程置、取出しかすをしぼり、火をよわめにいたし煉申候、いか程も引申程色白く成申候、あめに付申粉はうる米を少いり引わり粉に仕候（同前）
④	合類日用料理抄	元禄二（一六八九）	しる飴の方	一、大麦一升、右洗笊へ上ケ二日ほど置、又水にて洗あげ置、幾度も同前ニ仕、白根出こゞなり申候を毎日一度づゝ洗ほどき、二寸余芽出候時よく洗、水けなき様に仕、臼にて大形につく／一、下白餅米三升　右水ニつけ常のこわ飯のごとくむし、扨熱内に右のもやし入、たちゆをひたひたに入、もめん袋に入しぼり申候て、又すいなうにてこし、釜へ入、煮申候、ねりかげんは初に細なる沫、のちに大きなる沫立申候時よく候（吉井始子編『翻刻江戸時代料理本集成』一、臨川書店、一九七八年、二五〇～二五一頁）
⑤	御前菓子秘伝抄	享保三（一七一八）	あめ	大麦をもやして、うすにてつきくたき、三斤其まゝ入申候、右、大むきのもやしやうは、水に一夜ひやし、明る日、水よりあけ、折敷に入て、糀なとのことくあたゝかなるやうにたし置候へは、もえ出申候、糀の室なとへ入候へは、弥能候、むきの目三分、四分ほとも入出候へは、はや能候、餅米上白壱斗、食にたき、能さまして、右之もやしと一つに合、めしのかけんは常の食より、少やはらかなるか能候、水四升五合か、五升入て、右合て一夜置て、明ル日袋に入、能しほり出し、其汁をせんしつめ申候、右合て一夜置候時も、少にてもあたゝかなるやうにいたしたるか能候、右の通り多くもすくなくもかけん同前にて御座候（鈴木晋一他編訳注『近世菓子製法書集成』一、平凡社、二〇〇三年、一一五頁）
⑥	同右	同右	唐人飴	上白餅米壱斗食にたき、大麦のもやしの粉九合、右の食、少さまし、粉を入、水ひたひたに入候て、あま酒に作り、一夜置、明朝あまく成申候、其時いかきにあけ、成程よくしぼり、其汁を布袋に入、少もかすなきやうにこし、扨、なへに入、せんし候、火をほそくい

				たし、ゆるゆるとせんし、よき時分にへらに付、見申候へは、うす紙のやうにへらに付申候、其時さまし、成程よく引候へは、よく御座候、（同前『近世菓子製法書集成』一、一一八頁）
⑦	同右	同右	しるあめ	餅米の上白壱升食にたき、麦のもやし五勺、なるほど細きすいのうにてふるひ、食と一所に致し、扨、水をひたひたに入、桶にいれ、五時程置候、冬はふたをいたし候て、五時程置候へは、水すみ候、其時かきまはし、しほりあけ、其水を袋にてこし、さはさはと煮たて、又袋にてきよこし致し、扨、なへに入、能かけんにせんし、ねりつめ申候（同前『近世菓子製法書集成』一、一一九頁）
⑧	黒白精味集	延享三（一七四六）	水糖	餅米のこわ飯一斗、小麦のもやし一升、もやし二寸程にのび候をきざみ、こわ飯のあつき内へうづみ、少しの内置、扨水をひたひたにして入、かき合せ、蓋をして置き、其後麻切にて漉、鍋へ入火ほそくして、ねりつめ申し候（松下幸子他「古典料理の研究一四」『千葉大学教育学部研究紀要』三七―二、一九八九年、二五六頁）
⑨	同右	同右	上り糖	餅米一升、炊き干し飯に炊き、麦のもやし六合、右の飯さめ不申内にもやしを合せ、成程熱湯をひたひたに入、さわさわかき廻し、手へ飯をかけ、ねばりなき時布にて漉し、鍋へ火を細くしてそろそろとたき、さわさわかき廻し、ねり候へば白く成申也、煉糖にする時はあまりかき廻し申さず（同前「古典料理の研究一四」一四、二五七頁）
⑩	同右	同右	常の糖の法	餅米一升少つき、むして、こわ飯にして、麦のもやし一合粉にして、右のこわめしのむしたてのあつきへ、もやしを合、湯を常の飯の水あてかいに入る、湯かげんは手を入、しつかりとするほどよし、冬は漸手を付くほどの湯よし、右かき廻し、蓋をして、二時、二時半ほど置て、手にてつかみ見候へば、飯かす斗に成、はらはらとねばりなく成るとき、しぼり漉て、鍋へ入れ、ねりつむる也、水あめは、ゆるゆるとねり上る、引糖はよほどかたく練り上、うんどんの粉にまぶせ引く也（同前）
⑪	萬菓子作様幷香物漬様薬酒造様之事	安政五（一八五八）	飴ねりやう之事	一、上々餅米七合ニつき、右之白米壱升常之食ニして、水八升・三年麦之もやしのこ五夕、右何もかき合、鍋ニ入ふた能して下ニぬか火を置也、火かけんゆひ入三度廻厚と覚たる程吉、そろそろとねる内に食之糟浮上り、下之水すミたる時袋ニ入したりこし、鍋に入半分へり候迄ハ火をさいきつてたき、それゟいちねんに火ほそめそろそろませねり申也、かたきやわらかは好ミ次第、鉢ニ水入置、少すくい水にひやし取引見ルにゆるゆる引のひ

				急に引切レ申か吉（後略）（橋爪伸子「「萬菓子作様并香物漬様薬酒造様之事」について」『香蘭女子短期大学研究紀要』四五、二〇〇三年、一八頁）
⑫	同右	同右	常之飴之事	上白餅壱升食にして右之もやし弐合入、水ひたひたにませ合、下ニ火を置一夜置、見込者食かすうき上りなめて見れハ甘く候時、ふくろにてこし、ねりかけんハ右同前、白砂糖にても吉、氷ニ而も少入たるか猶よし（同前）

第三部　非名産の菓子の近代

第六章　地域性の認識と菓子名の意義——御国元の軽焼から津山名菓初雪へ

はじめに

本章では、近世の領主の需要において関係者間のみで地域性が認識されていた菓子が、近代において菓子名を付されて地域名菓として展開していく様相を、菓子名と地域性の関係に注目して分析する。対象とするのは、津山藩の八代藩主松平斉民《なりたみ》から親族である将軍松平家一門へ、主として内献上として贈られていた「御国元の軽焼」である。

主な先行研究としては、幕藩体制下の国元産物について、東昇が、諸藩の産物活用の個性を大洲、宇和島、津山藩の事例から検討した。このうち津山藩では、八代藩主松平斉民が美作国全体を領国と認識し、藩領内外の産物を集めて国元産物と位置づけ、「国元化」した産物を将軍へ献上していたことを明らかにした(1)。また深港恭子は、薩摩藩の陶磁器の薩摩焼を中心に苗代川を窯業産地という側面から概観し、産地形成と発展の姿を検証した。近世には藩主の御用品で「国焼」と呼ばれ、藩主から親族縁者への進物とされていた薩摩焼が、近代においては藩営から県主導の民間会社へ転換した製造者によって国内外の博覧会・共進会へ出品され、国内外へ販路を拡大したことを明らかにした(2)。この研究は本章の視点と同様、国元産物の近代における展開と、その画期としての博覧会に注目しており、領国産物の近代における展開の普遍的な一事例として、本章の論旨を裏づけるものである。

大名間の菓子の贈答については、畑尚子が、本章と同じく松平斉民の奥向の日記から交際における菓子の役割を分析し、将軍に贈られた菓子が近親者への福分《ふくわけ》や返礼に用いられていたことを検証した。(3)岡崎寛徳は、彦根藩井伊家から将軍・幕府役人・諸大名への享保年間（一七一六〜一七三六）の贈答行為を幕政・藩政との関係で分析した。また同藩主井伊直憲の、諸家への贈答や御用商人に関する慶応年間（一八六五〜一八六八）の記録から、菓子の種類と御用菓子商、贈り先を分析した。(4)そこでは本章の事例と同様に、菓子に地域性の内在が認められるが、菓子の地域性に注目した近世の実態や近代以降の展開については検討されていない。

そこで本章では、まず第一節で津山名菓とされる初雪の製造・販売・由緒等の現状を確認し、その起源と考えられる軽焼について検討する。第二節では近世の一般的な軽焼と津山藩の軽焼について、それぞれの実態を検証する。第三節では津山藩の軽焼が明治期に初雪の名を付され津山名菓として発展を遂げ、その後衰微していく様相とその背景を検証し、地域名菓における菓子名の意義を考察する。

第一節　津山名菓初雪の現状と前身

(1)　初雪の製造と由緒

ここではまず、津山名菓として知られる初雪の現状を確認しておきたい。初雪は、糯米と砂糖を材料とする米菓である（図1、縦九×横三センチ）。現在唯一の製造者は、出雲街道沿に店を構える武田待喜堂《たいきどう》（津山市宮脇町）である。四代当主武田進氏によれば、同店は明治時代初期、初代の武田元治郎が津山口駅前で日栄堂を創業した。初雪についてはその後津山の初雪製造者から製法を習得し、作り始めたという。昭和初期に店の場所を現在地へ移転し、戦後に三代の博が屋号を待喜堂と改称した。

初雪の製造工程は、次の通りである。①糯米を一晩水に浸け蒸す、②よく搗いて砂糖を混ぜる、③薄くのばし

図2　「初雪」製造工程　（1999年西川治氏撮影、武田待喜堂蔵）

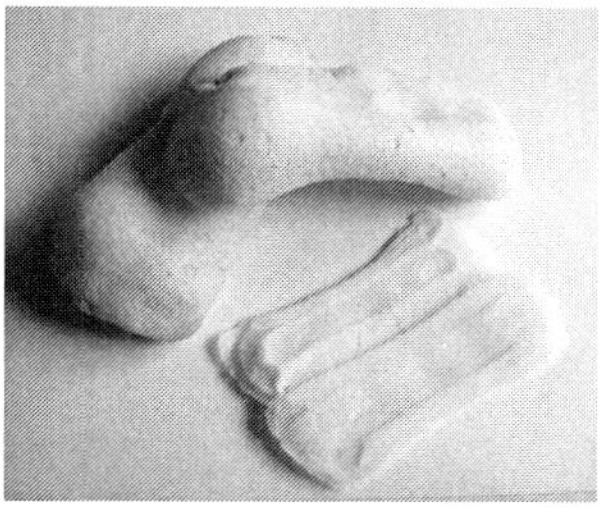

図1　「初雪」（右下）と「焼初雪」　武田待喜堂（岡山県津山市）

同じ大きさに切る、④小片を一切づつ均等な厚さ・大きさの繭形になるように引きのばし、専用の同県産畳表（早島町の業者に特注）に並べて貼り付ける（図2）。のばす長さを畳表の目六目に合わせ、一枚に縦三〇、横一〇列で計三〇〇枚並べる、⑤約二四時間火力乾燥して包装する。

製造に携わるのは家族四人で、前記①～⑤に三日間を要し、一日の最大製造量は、④の畳表八枚分の二四〇〇枚と限られている。その主な理由の一つは、初雪の質を左右する材料の限定的な供給量である。従来用いていた粘りの強い美作産糯米の品種が戦後絶えたため、当代がそれに近い性質の品種を探し、一九九五年以来契約農家で自家栽培している。もう一つは製造工程である。特に③～④は初雪固有の形状を作る重要な工程であるが、餅が熱いうちに均質な作業を迅速にこなす熟練の手技が求められ、一度に作る量が限られる。

こうして作られた初雪はそのままでも食べられるが、通常は焼いて食べる。これは初雪の特徴の一つで、炙るとたちまちに膨らむ。同店では初雪を焼いた「焼初雪」も販売している（図1左上）。また、ほかに油で揚げる食べ方も、商品に添付する栞で紹介している。販売は本店のほかは、津山観光センター、津山国際ホテル売店で、津山のみで行っている。(5)主な用途は離郷者の帰省みやげ、津山から他地域への手みやげ、旅行者の旅みやげで、主として他地域からの評価を受ける位置づけにある。

初雪の由緒、菓子名の由来等については主に次の三つの型がみられる。

A　元弘二年（一三三二）後醍醐天皇が隠岐へ配流途上、美作院庄（現、津山）で老婆が献上した

B　津山藩松平家で戦備糧秣（兵食）とした

C　口中で初雪のように溶けることに由来する

Aは『太平記』巻第四の説話、元弘二年三月の「備後三郎高徳事付呉越軍事」に因む伝承で、(6)単独で、あるいはCと組み合わせて最もよくみられるものである。(7)Cについては（Aの後で）後醍醐天皇がそのように述べた、(8)（焼いたものを）津山藩主（森家）が非常用食になると考えて製造を奨励した、(9)（焼く前のものを）藩主（松平家）が気に入り命名した等、(10)津山の歴史に因む人物による関与をうたう複数の説が伴う。なお武田待喜堂の栞「津山名産はつ雪」にはAとBが記されている。

これらはいずれも由緒の源を近世以前に求めるものであるが、B以外は典拠となる史料を確認できない。Bは津山郷土博物館による津山藩松平家史料の調査結果を典拠としているが、(11)そこでは後述するように初雪の菓子名はみられない。すなわち近世の文献には当該菓子名としての初雪は確認できない。そこで初雪の近世の実態を検討する前に、その起源、前身にあたる菓子を確認しておきたい。

(2)　前身の軽焼

◈丸亀屋の白軽焼・餅白

初雪の始まりを近世とする記載が確認できるのは、明治二九年（一八九六）の『帝国実業名鑑』における、萬年堂（津山堺町）の丸亀屋（八木）熊助の広告で（図3）、(12)「寛政三年（一七九一）ノ発明」とある。また「焼方」として、炭火で焼くほか、油で揚げてもよいとあり、現在と同様の食べ方が記されている。このほかに、同じく丸

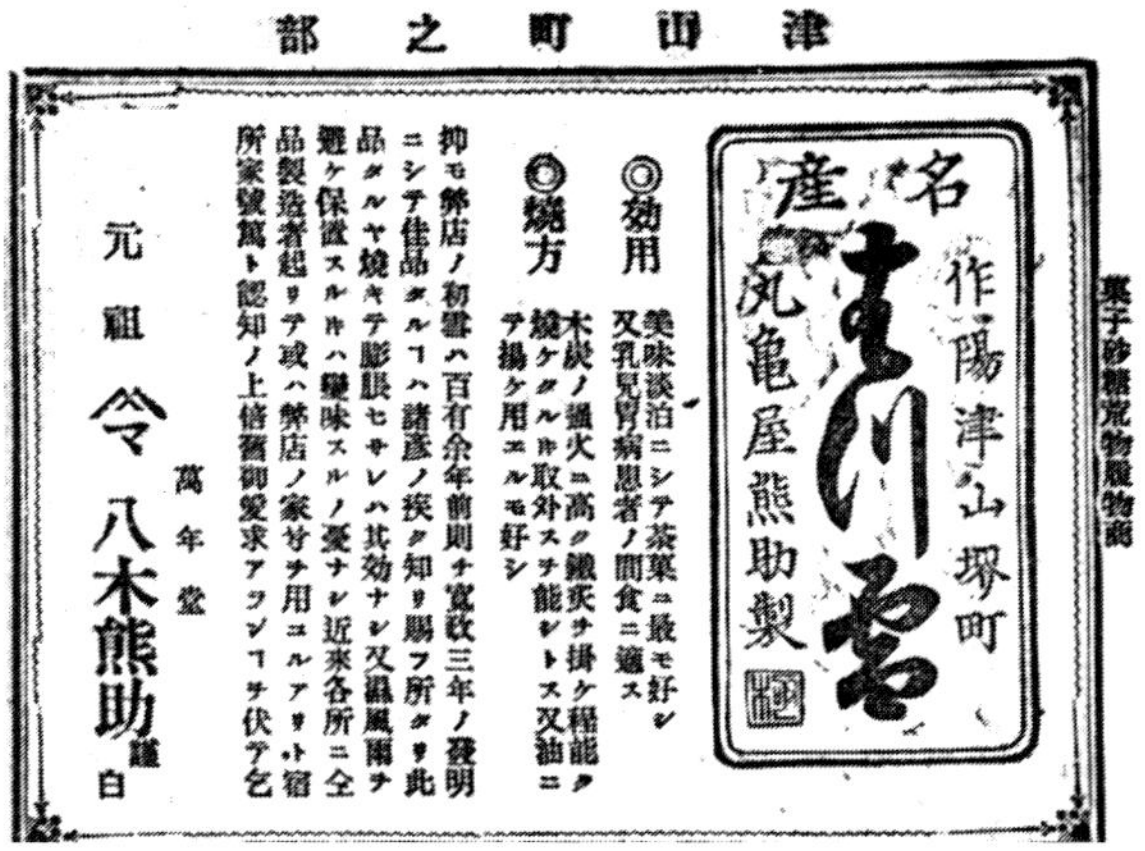

図３　丸亀屋熊助「はつ雪」広告『帝国実業名鑑』明治29年（国立国会図書館蔵）

亀屋の文政一二年（一八二九）の考案で「はじめは軽焼といってやいたものであったが、容積が大きく不便ということから焼く前の生地を売り出し「軽焼地」といった。これが藩主の気に入り（略）「初雪」の名称がついた」とする説もあるが、出典は記されていない。(13)

この丸亀屋の近世の記録については、まず津山松平藩の「町奉行日記」で、安永二～寛政八年（一七七三～一七九六）の堺町の丸亀屋文六、寛政九～享和元年（一七九七～一八〇一）同町の丸亀屋勘治とある。文六の職業については不明であるが、勘治は油屋である。(14) また寛政一〇～明治三年の「津山堺町人別御改帳」にも丸亀屋文六、勘次、勘次郎、熊吉、虎蔵、文六という名前がみられ、文六、虎蔵は親子で、熊助もこの一族とされている。(15) これらの資料から、丸亀屋が寛政年間以降同町の商人だったことは明らかであるが、軽焼の商いについては確認できない。

一方、同家と思われる「満類加免屋（丸亀屋）」の文政九年（一八二六）「諸入用日記蝶」に「菓子入用ひかえ」として、三月六日～一一月二七日のほぼ毎日、軽焼の購入月日と値段の記録があり、軽焼には「カ」の印が付されている（図４）。購入記録の計三六九事例中、軽焼は「白かるやき」二七四と「餅白」二四の計二九八で、約八割をしめている。値段については「白かるやき」は分量は不記載だが一匁三～四分、「餅白」は二升が一匁六分とある。記録された品目のうち軽焼以外の菓子は、ふきよせ、落雁、羊羹で計五事例で、ほかは小麦粉一七、

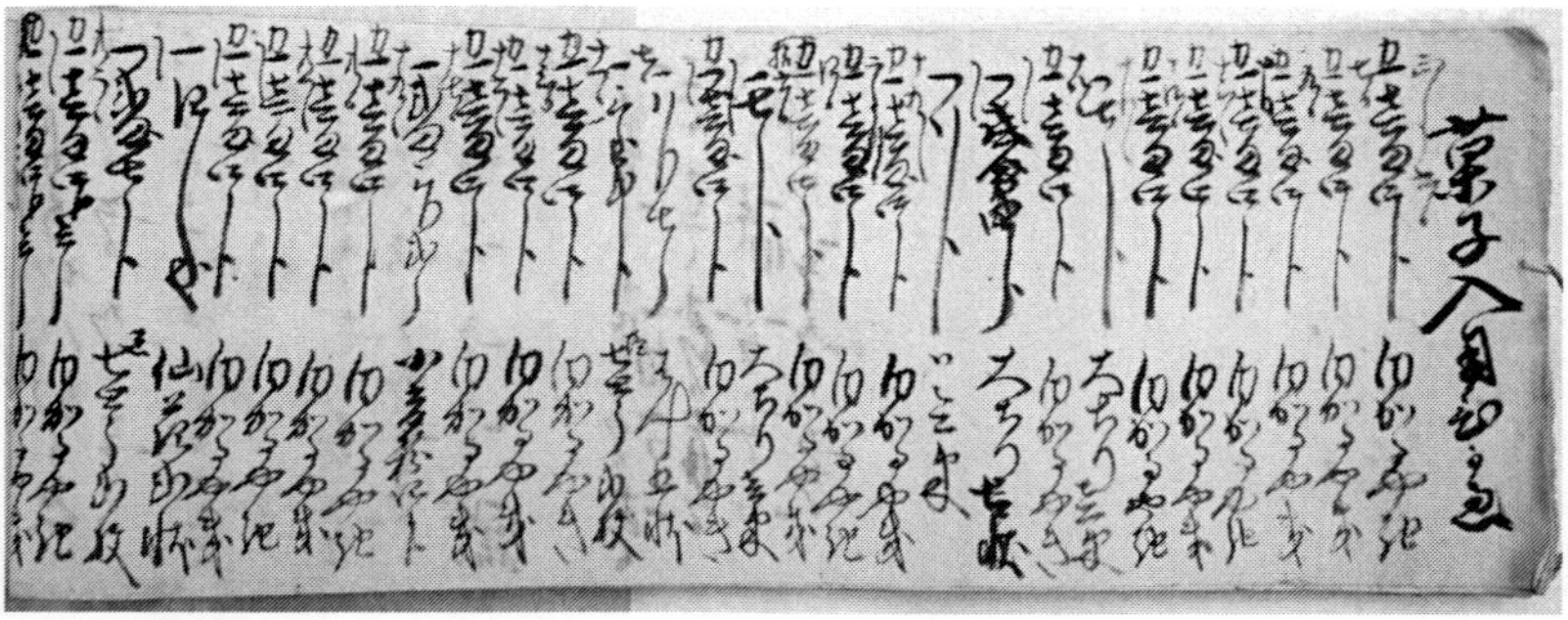

図４　「諸入用日記帳」の「菓子入用ひかえ」文政９年（津山郷土博物館蔵美作高校資料）

紙類三八（大ちり、はんし、仙花等）、畳表と思われる「七とう」四事例である。またもう一点、表紙欠で記録年は未詳であるが裏表紙に同じく「満類加免屋店」とある史料も、内容は同様である。菓子のなかでも特に軽焼を区別して「軽焼入用控」とし、「餅白」と「白かるやき」とに分けてほぼ毎日購入の記録がある。(16) 以上の記録から、丸亀屋は一八世紀後期より津山堺町の商人で、一九世紀前期には軽焼の商いをしていたこと、その商品には、白軽焼や餅白と称される種類があったことが判明する。製造元や販売先、後出する津山藩との関係は不明であるが、商品の「白」は上等品を意味し、それを商う丸亀屋が御用商だった可能性は高い。

◆初雪の登場——八木熊助（丸亀屋）

津山の初雪をさす菓子名としての初雪の記載は、管見の限り近世史料にはみられない。その初見は、明治一〇年八月二一日～一一月三一日に東京で開催された第一回内国博の出品記録に、岡山県庁の出品物として、美作国西北条郡（津山）堺町の八木熊助製造「軽焼餅」とある。出品解説書には品名「初雪」、出品製造人名に「県庁　八木熊助」、その住地に美作国西北條郡堺町とあり、製法が次のように記されている。(17)

牙笏餻《カルヤキ》　美作国西北條郡堺町　岡山県

製法　糯米ヲ碓ニテ舂キ蒸製シ糯粉一升ニ沙糖凡半斤ヲ加ヘ又碓ニテ搗煉シ小槽ニ入レ庖丁ニテ截切シ莞莚上ニ並列シテ之ヲ晞シ鍋中ニ列

シ餁ヲ製スル、竈中ニ入レ上下ヨリ火ヲ以テ炙リ屢翻回シテ焼成ス

かる。岡山県庁が出品した「軽焼餅」（軽焼）は「初雪」の名を有し、津山堺町の八木熊助が製造していたことがわかる。またその製法は、糯粉に砂糖を加えて搗き、包丁で切り、莚《むしろ》上に並べて乾かし、上下より炙って回しながら焼くとあり、糯粉を使用する以外は、現在の初雪と同じである。軽焼は同回に東京の牧野鐵五郎からも出品されているが、その製法をみると材料は同じく糯粉と砂糖であるが、製造はこれをこねた後「長サ六尺幅三尺ニ壓展シ板上ニ載セ日ニ曝シ界尺《ジョウギ》ヲ当テ包丁ヲ以テ長方形ニ截切シ小槽ニ列ネテ晞シ」とあり、成形の際、莚上に並べて乾かす工程がない。莚を用いるこの工程は、同地の軽焼（初雪）の特徴と考えられる。

翌年六月五日刊『岡山県地誌略』（同一〇年一二月八日版権取得）「美作誌」で、西北条郡の物産として初雪、軽焼が併記されている[18]。その後明治一六年に成った「津山誌」（『東作誌』附録）には、物産として初雪が記され[19]、同二二年の『作陽商工便覧』には、「名産　元祖　初雪　足袋御製造所　作陽津山堺町南側丸亀屋熊助」と記載されている[20]。また後述するが、同三六年第五回内国博の出品記録には、同町八木熊助の出品物として「はつ雪軽焼地」とある。

以上より、津山の初雪は菓子の種類としては軽焼（軽焼地）であるといえる。同地では近世、白軽焼や餅白と称される種類が販売されていた。明治一〇年の第一回内国博で、津山堺町の八木熊助が製造し岡山県庁が出品した軽焼は「初雪」の菓子名を有していた。それ以降、津山の軽焼は初雪と称されようになる。従ってその名をつけたのは八木熊助（丸亀屋）と考えられる。そこで以下近世における初雪、すなわち軽焼の実態を探ってみたい。

第二節　近世の軽焼――津山藩松平家の国元菓子

(1) 名物と疱瘡見舞

◈京都の片餅・雪焼、江戸浅草の丸山軽焼

近世において軽焼は一般的な菓子の名称であった。その実態を製法記録でみてみよう。事例は多くないが、例えば延享三年（一七四六）の「黒白精味集」中巻に「軽焼、餅米一升、白砂糖百八十め、右餅米水につけ、くさらし申候（略）其後よくふかし、餅につき　砂糖を合せつき申す也（中略）其後めん棒にてのし、少し日に干、爪のたち申候ほど干て切り、火にてやき申し候」とある。(21) 宝暦一一年（一七六一）刊『御前菓子図式』下巻に「軽焼　上々餅米白擣に致、よく洗、寒水に廿日程漬候て餅につき、白沙糖入レ候て又よく擣、掻餅の様に致候て、銅鍋にて松風の様に焼申候」とあり、凡例に「秘授口訣（略）軽焼のよく浮虚て脆々するは、臘の水にて浸たる糯米にて製するなり」とある。(22) また文化五年（一八〇八）写の「料理秘事記」の「かる焼餅」は、餅米一升・生白砂糖百目を、同様によく搗いてのして片ぎ、日に干して焼くとある。(23)

以上の製法を現在の初雪のそれと比較すると、材料は同じく糯米と白砂糖で、製法も餅に搗いて平たくして干す、それを焼いて食べるという大要は同様である。しかし搗いた餅を平たくする工程が異なり、現在の初雪のように小片を一切れずつ畳表や莚の上で繭形に引きのばす事例はみられず、麺棒でのして切る。この製法は、かき餅、またその同義とされる片餅とも共通するが、(24) それらには砂糖が使われていない。焼くと膨らむのは、材料の砂糖と、製造上の干す工程によるとされる。(25)

他に関連する記事としては、貞享元年（一六八四）刊の山城の地誌『雍州府志』で、土産の「煎餅」の項に「この辺（六条）醒井の人家製するところ、片餅《へぎ》もまたこの類にして近江国醒井の製に倣ふものなり（略）煎餅は火を経（略）片餅は火を歴ず、故に焼きてこれを食ふ、軽焼・氷雪焼・雪焼等の雑品近世所々にこれを製す」とある。[26] 片餅も軽焼の類で、いずれも煎餅と異なり焼いて食べ、氷雪焼、雪焼とも同類とわかる。六条醒井の片餅は、第一章で前出した彦根藩の時献上で近江国醒井宿名物の醒井餅に倣うものである。[27] 雪焼については、文政一三年（一八三〇）自序の随筆『嬉遊笑覧』に「雪焼、氷焼は軽やきの白色なるをいふ」とあり、[28] 白い軽焼を雪や氷と称していた。享保一一年（一七二六）刊、神田玄泉著の本草書『食物知新』巻之一の「雪煎餅（略）薄雪煎餅通称」[29]、前出の「料理秘事記」の「薄雪煎餅」もこれに類するものと思われる。[30]

江戸や京都では名物として知られる軽焼もあり、そのうち特に有名なものは浅草茗荷屋の丸山軽焼であった。例えば享保二〇年刊の江戸の地誌『続江戸砂子温故名跡志』に「丸山軽焼　浅草誓願寺門前　茗荷屋九兵衛　京都丸山乃製を模す　餅かたくしまり風味丸山にかハらす」とある。[31] 名の由来「京都丸山乃製」については、前掲の『雍州府志』で「欠餅」の項に、円山安養寺の製が特にすぐれ「円山欠餅」といい、「厳冬に餅を製し、これを片団とし、半ば乾くに乗じて三寸ばかりに薄くこれを切り陰乾し、文火をもって遠くこれを焙り」と記されている。[32] また一九世紀前半、九代平戸藩主の松浦静山は、遊京者からの伝聞として「片餅を油にてあげたるを吉野紙に僅に一片を包み携ふ、喫するに曽て美ならず、世に謂ふ円山軽焼の本、是也」と記している。[33] 軽焼ではなく「欠餅」「片餅」とあるが、前記の通り両者は類似することから、江戸の丸山軽焼の起源をさしていると考えられる。ただし、それはここでの記述の通り、砂糖が使われていないかき餅の類だった可能性もある。

名物軽焼は、このほかにも、一七世紀京都では清水寺の山号音羽山を冠した音羽軽焼、[34] 一八世紀末江戸では花軽焼（糀丁桔梗屋太兵衛）、けし入軽焼（神田紺や丁山しろ屋、馬喰町淡島屋）が知られていた。[35] しかし近世において、津山に因む名物軽焼の事例は確認できない。

◈「御言葉祝ひのかるかるやき」

このように軽焼が人気を博した一因としては、その位置づけ、用途を指摘できる。位置づけについては、享保一五年の『鶯宿梅』に「軽焼も子供駄菓子の店卸」と詠まれている通り[36]、階層を問わず広く一般に需要される駄菓子の類だった。またそれは「生の軽焼」、「軽焼種」と称し、袋入で販売された。例えば河竹黙阿弥の慶応三年(一八六七)の戯作「吹雪花小町於静(お静礼三)」には、礼三が我子に「土産に買った生の軽焼、これを喰べて待って居や」の台詞、「礼三袂より袋入りの生の軽焼種を出してやる」というト書がある[37]。軽焼は、現在同様焼かずに食べることもあったことがわかる。

軽焼の用途については、主に疱瘡・麻疹見舞であった。当時江戸では疱瘡(天然痘)がしばしば流行し[38]、その対策上の呪的手段の一つとして、軽焼の名が病を軽くすますとの縁起から、見舞として用いられた。軽焼の包装袋にも、疱瘡神を退治する鎮西八郎為朝や達磨、みみずく等の図版が紅刷されていた[39]。前出した江戸の淡島屋では、疱瘡見舞用の袋を、通常用とは別に趣向を凝らした多色刷にし、袋裏の口上書には紅刷で「年増し御疱瘡流行の折ふし御軽々御仕上被遊候御言葉祝ひのかるかるやき」と記し、とりわけ繁昌した。

しかしこの用途は、明治九年(一八七六)五月、内務省より天然痘予防規則が発布されて以降、次第に消失に向かう。小児は生後七〇日から一年の間に種痘を義務づけ、それを区・戸長に届けるように指示する、初の種痘強制制度であった[40]。その後同四二年の「種痘法」により種痘は国民に定着し[41]、これに伴い軽焼の疱瘡見舞の用途も無用となっていく。同四四年刊『東京年中行事』では、川崎の初大師で門前に名物の軽焼がみられるが[42]、昭和七年(一九三二)の『おもひ出す人々』には「軽焼といふ名は今では殆ど忘れられてゐる。軽焼の後進の風船霰でさへ此頃は忘れられてるので、場末の駄菓子屋にだつて滅多に軽焼を見掛けない」と記されている[43]。なおこの風船霰については、『時事新報』明治三三年一二月一四日、上野黒門町の東英堂が新製・新発売した報道に、風船のように誠に軽い菓子で、小児の病気見舞品にも適すとある。[44] 村井弦斉の同三六年刊『食道楽』では、第八三「小児の食物」で、軽焼が最も適切とする記述で「上流社会の和子様たちは下谷の名物風船あられといってこの軽焼の精製したものを召上ると申す事だ」とあり、[45] 軽焼と同様の食品と推察される。

以上より軽焼は、製法記録からは、砂糖入りの餅生地をかき餅や片餅と同様平たく煎餅状に成形した食物で、軽焼種とも呼ばれ、焼かずにそのまま食べる場合もあったが、通常は焼いて食べるものであった。焼くとよく膨れ、もろく軽い食感だった。京都で一七世紀末、江戸で一八世紀中頃よりみられ、門前の軽焼屋や駄菓子屋で広く一般に販売され、別称や類似の食品名としては氷雪焼・雪焼（白いもの）、風船霰（明治以降）が知られた。疱瘡・麻疹見舞の主流であったが、近代以降天然痘の減退、根絶に伴い、軽焼の需要も次第に縮小し、一九三〇年代初にはほぼ消失していたと考えられる。[46] 従ってこの軽焼は、明治以降津山名菓として展開する初雪の前身とはみなし難い。そこで以下、近世津山における軽焼を探ってみたい。

（2）津山藩松平家「御国元の軽焼」

◈松平斉民の右筆日記と贈答先

津山藩は、慶長八年（一六〇三）に森忠政が美作一国一八万六五〇〇石を与えられ成立するが、元禄一〇年（一六九七）に改易となる。[47] 翌一一年結城秀康（徳川家康二男）を始祖とする越前家宗家の松平家が新封となり、松平宣富《のぶとみ》が美作国のうち津山一〇万石を与えられる。享保六年に二代の浅五郎が継ぐが同一一年に早世し、三代の長熙《ながひろ》が相続したが五万石に減知される。文化一四年七代斉孝の時、一一代将軍徳川家斉の子、銀之助（松平斉民）を養子に迎え、翌年五万石を加増され一〇万石に復帰した。天保二年（一八三一）に家督を継いだ八代斉民は幕府に働きかけ、加増分五万石の領地の集中をはかり、同八年遠方の飛地と幕府領の領地交換に成功する。安政二年（一八五五）に隠居して確堂と改名し、九代慶倫《よしとも》（斉孝三男）が家督相続した後も、慶応四年（一八六八）徳川宗家の後見人となり、家斉の実子として幕末維新期には幕府に対して大きな発言力をもち、明治二四年、七八歳で死去する。なお、明治以降の松平家は、明治二年六月の版籍奉還で慶倫が津山藩知事となる。同四年の廃藩置県の後に松平康倫（一〇代当主）、同一一年に康民（一一代当主）が家督を継ぐ。

この斉民を中心とする贈答記録に、軽焼が散見される。ここでは津山藩松平家の、主として将軍家と津山藩主及び家族との吉凶仏事・音信贈答の記録とされる「御日記（御右筆日記）」を通してその実態を検討する。文化一五～明治二年（一八一八～一八六九）の斉民付女中によって記された奥向日記「御日記（七宝御右筆間）」（以下、「右筆日記」）のうち、(48) 日記の始まる文化一五年から、初入国した翌年の天保三年までの閲覧可能な全点と、天保六年（藩主就任後在府時）、同九年（領地交換後）、元治元年（一八六二）（隠居後在国）、慶応二年（隠居後在府）及び明治二年について、贈答に用いられた菓子を分析した（表1）。また、明治以降については、「日記（御家扶）」明治八～一二年（以下「御家扶日記」）、「日記（津山御家務）」同一二～一七年（以下、「御家務日記」）の記録も検討に加えた。(49)

まず、斉民の菓子贈答の相手をみておこう。主として文政～天保年間の「右筆日記」にみられる主な贈答先は、越前松平家、御三家・御三卿養子であり、次のように三分類できる。(50)

A　斉民の実父母である将軍家の徳川家斉（実父）、御台所寔子《ただこ》、側室八重（実母）、御城女中

B　養父母である津山松平家関係者の前藩主松平斉孝（養父）、大御前箏姫（養母）、蕙心院（前々藩主康乂室）

C　兄弟姉妹（家斉の子女、＊は実母も同じ）である徳之佐・上総介（松平斉良＊・館林藩養子）、紀五郎・大蔵大輔（松平斉省・川越藩養子）、松菊（蜂須賀斉裕＊・徳島藩主）、周丸（松平斉宣・明石藩主）、右衛門督（徳川斉荘・田安家、後尾張藩主）、尾張宰相（徳川斉温・尾張藩主）、紀伊大納言（徳川斉順・清水家、後紀州藩主）、越前

表１　松平斉民の主な動向と「右筆日記」の贈答にみる御国元の菓子

年次	歳	場所	松平斉民の主な動向	「右筆日記」*1	主な菓子名 軽焼	草薢*2	白雪糕	鶴子*3	菓子数計
文化11(1814)	1	江戸	11代将軍家斉の14男として誕生、幼名銀之助	△					
14	4	江戸	美作津山藩主松平斉孝の養嗣子	△					
15	5	江戸			0	1	0	0	4
文政２(1819)	6	江戸			0	0	0	0	8
3	7	江戸			0	1	0	0	20
4	8	江戸			0	5	0	0	21
5	9	江戸	初登城、謁見		0	3	0	0	20
6	10	江戸			0	3	0	0	31
7	11	江戸	元服、従四位上侍従、三河守、改名斉民	△					
8	12	江戸			5	3	0	0	46
9	13	江戸	左近衛権少将		3	3	0	0	50
10	14	江戸		(11月25日～12月29日、前後欠)	0	0	0	0	4
11	15	江戸			3	3	0	0	17
12	16	江戸	婚姻、斉孝娘・従《より》		0	0	0	0	2
天保元(1830)	17	江戸	再婚、斉孝弟維賢娘・敏	—					
2	18	江戸	斉孝隠居により家督相続、藩主就任		3	5	1	1	25
3	19	津山	初入国（５月18日～翌年３月17日在国）		24	6	3	7	80
5	21	津山		△					
6	22	江戸			23	6	0	0	65
7	23	江戸	正四位下、左近衛権中将	—					8
9	25	江戸	斉孝津山で死去、斉民帰国(２月７日～５月９日)		10	5	0	0	133
12	28	津山	家斉死去	—					
弘化４(1847)	34	江戸	越後守	—					
安政２(1855)	42	江戸	隠居、改名確堂、慶倫（斉孝三男）家督相続	△					
元治元(1864)	51	津山	慶倫正四位下		4	0	0	0	21
慶応２(1866)	53	江戸			1	0	0	0	9
明治２(1869)	56	東京	版籍奉還、慶倫津山藩知事	(正月元日～７月20日、後欠)	5	0	0	0	9
明治24(1891)	78	東京	死去	△					

出典：「御日記（七宝御右筆間）」(津山郷土博物館蔵愛山文庫)、斎木一馬・岩沢愿彦・戸原純一校訂『徳川諸家系譜』４、続群書類従完成会、1984年。

註：＊１△は欠年、—は閲覧不可または未調査である。＊２は「草薢粉御菓子」、＊３は「鶴の子御菓子」のこと。

守（松平斉善・福井藩主）、浅姫（福井藩主松平斉承室）

◈内献上、折節御慰、膝中御見舞

軽焼が、斉民からこうした相手へ贈られる記録の最初は、斉民が元服した翌年の文政八年正月一八日条、松平信有（吉井藩主）への年始御祝儀に「生かるやき」（軽焼地）が贈られた記録である。

一民部大輔様江
　若殿様ゟ
　　干鯛一はこ、
　　福寿草御硝子一はこ、
　　御重之内三
　　（なら漬
　　（生かるやき

右者今日年始御祝儀ニ付女使御出し被遊候ニ付被進候

次いで同年四月一四日条には、蕙心院（六代同藩主松平康乂室）へ贈られている。

蕙心院様江　　御国のかるやき
右者昨日六郎左衛門江仰遣よしニ付相廻ス、御移りとして玉子進上候

ここで初めて「御国のかるやき」という表記がみられる。以後「御国の軽焼」、「御国許の御品ニて」等、軽焼を「御国元の菓子」すなわち国元産物の菓子（以下、国元菓子）とする記載が散見されるようになる。主な贈答理由は、献上・進上、内献上から、移り（返礼）や左右（便り）、折節・日永・暑中・寒中・膝中・法事の御慰み・御機嫌伺い、餞別等、さまざまである。

文政七年三月二八日の元服後は、御城女中、箏姫、蕙心院、恭真院（清水徳川斉明室）、弟の尾張、徳之佐、松菊へ、天保二年一一月二二日の藩主就任以後は実母の八重、兄の紀伊へも、移り、折節左右伺い、慰み等の用途

で贈られている。例えば、天保三年二月朔日条には実母の八重の「御ねたり」を受け、重箱で贈ったことが記され、好物であったと思われる。さらに同年五月一八日に初入国すると頻度が急増し、翌年三月一七日津山発駕まで、国元から江戸へたびたび贈っている。特に家斉・寔子へは内献上としてさまざまな国元産物を贈るが、そのなかに軽焼もみえる。例えば七月二二日条には次のように記されている（図5）。

一公方様　　軽焼一箱ツヽ
御台様　江　　五百枚ツヽ入
右は御内々
御機嫌御伺被遊度御国元の御品ニ而花沢とのへ関川ゟ文そへ両ほう共ニ小倉とのへ御添文致今日相廻ス
一少将様ゟ　軽やき弐百枚　　瀬川殿
　同断　　　　　　　　　　　小倉との
右者御献上の御品ニて折節日永之御慰ニもと御贈被遊候小倉とのへ御文ニて出ス、少かひ出候段御添文申出ス

将軍と御台へ五〇〇枚入の軽焼が一箱ずつ贈られ、「御内々御機嫌御伺被遊度御国元の御品ニ而」とある。「御内々」は内々献上または内献上で（以下、内献上）、正式な献上とは別に、親しい者が折節に行う献上とされる(51)。同日には女中の瀬川と小倉へも二〇〇枚ずつ献上残りを贈っている。またこの前後には、二〇日に松菊、二七日に八重へも贈っている。この内献上については、同月七日条に「津山より廿四日出御用状今夕着致候、軽焼地千六百枚御内々御献上ニもと相廻ル」とあり、前月二四日津山から発送した内献上用の軽焼一六〇〇枚のうち内献上に用いた残りを、女中二人と松菊、八重へ贈ったと推察される。

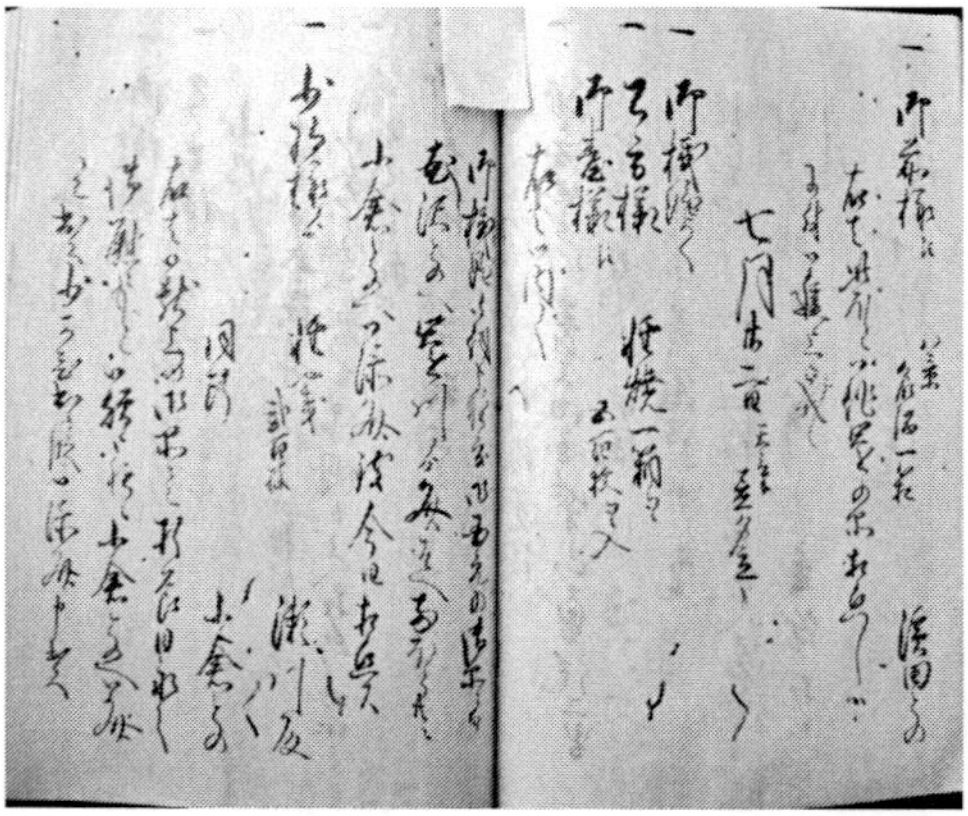

図5　「御日記（七宝御右筆間）」天保3年7月22日条（津山郷土博物館蔵愛山文庫）

その後同六年、九年等の在府時にも女中・兄弟への折節伺い、移りのほか、九年には六月四日恭真院への内献上等で贈られている。なお九年に菓子の贈答が特に多いのは、斉孝の病により二月九日に帰国する際の餞別のほか、斉孝への見舞、三月四日に死去した斉孝の朦中見舞、三月一〇日の西丸出火の火事見舞等による。

安政二年（一八五五）五月の隠居後は記事が簡略化し、贈答記事の減少に伴い軽焼の事例も減少するが、継続してみられる。例えば文久四年（一八六四）正月二四日、慶倫と斉民から美濃守へ一箱（二〇〇〇枚入）を寒中進物答礼に、同年九月二四日に斉民から阿波守へ一箱を贈っている。斉民は前年四月一〇日から帰国中で、(52)国元から贈ったと考えられる。

◆津山で作り江戸へ送る

御国元の軽焼はこうして津山で作られ、一括で江戸へ送ったものが数回に分けて贈答用に使われていた。「勘定奉行日記」天保五年四月一八日条に、

一軽焼地　三千枚　御預り所
一白雪糕　三百枚
江戸表ニ而御進物御用ニ相成候ニ付相廻候様御勝手江被仰達可被下候
御小納戸

とあり[53]、勘定奉行、御勝手、小納戸が関与していたことがわかる。また送付の量と所要日数は、「右筆日記」によれば「並便」で約一四〜二八日、一度に送る量は通常一〇〇〇〜三〇〇〇枚で、多い時には一〇、一〇〇枚の例もある[54]。これを贈り先や用途に応じた容器に調えて贈った。容器は箱、重のほか、籠、青め籠、鉢詰も用いられた。

軽焼の種類については通常軽焼と記され、他に生軽焼、軽焼地、揚軽焼がみられる。揚軽焼以外は全て同じもので、現在と同様焼いて食べる軽焼、すなわち軽焼地と考えられる。焼軽焼の例はみられないことから、通常は軽焼地で受けとり、各自が居室で炙って食べたと考えられる。なお現在も初雪の食べ方の一つとされる揚軽焼は六例みられるが、いずれも斉民の在府時、江戸城の女中や八重へ折節の「御慰」として重や籠で贈られている。揚軽焼の贈答に際しては、津山から江戸藩邸へ届いた軽焼（軽焼地）をその台所で揚げ、江戸城へ届けたと考えられる。揚軽焼は調理場での揚油による特別な加熱工程を要するため、近い届け先への進物だったと考えられる。

◈草薢《ところ》粉御菓子・白雪糕・鶴の子御菓子

ここでは軽焼の贈答理由や贈り先を他の菓子と比較することにより、津山藩における軽焼の菓子としての位置づけを探ってみたい。「右筆日記」には、軽焼のほかにもさまざまな菓子の贈答が記録されている。例示すると、菓子、干菓子、餅菓子、蒸菓子、羊羹、かすてら、饅頭、焼饅頭、葛饅頭、唐饅頭、道明寺饅頭、かすてら饅頭、煎餅、高麗煎餅、巻煎餅、玉子煎餅、松風、巻松風、草薢粉御菓子、白雪糕、鶴の子御菓子等である。総称、分類名、具体的な菓子名の表記が混在しているが、種類では饅頭、煎餅の類が多い。これらは基本的には京都で成立した上菓子に類すると考えられる。このうち草薢粉御菓子、白雪糕、鶴の子御菓子は軽焼と同様国元菓子であり、地域性を有する菓子といえる。草薢粉御菓子は、山芋に似た野生植物である草薢（野老）[55]の澱粉を主材料とする干菓子と思われる。白雪糕は米粉を砂糖蜜でこねて木枠に入れ、蒸して作る干菓子である[56]。白雪糕一〇〇〜

三〇〇枚、鶴の子御菓子三〇〇枚という数量単位の記載から、鶴の子御菓子も干菓子と思われる。こうした菓子の用途については、贈り先の記録とも照合する必要があるが、上菓子と同様、主として贈答や饗応で用いられたと推察される。

また、国元菓子以外の国元産物「御国元の品」には、粕漬（鮎・瓜・松茸・鯛等）、塩ぜんまい、漬蕨、琥珀漬茄子、大和柿、種抜ころ柿、栗、搗栗、蜜柑、香茸、椎茸、琉球芋、もろこしの粉、草薢の粉、葛、玉子、茶等があった。このうち粕漬の鮎・瓜・松茸、大和柿、香茸と、草薢粉御菓子は、家斉・寔子への「例年の内献上」の品で、それ以外の贈り先・用途としては女中への献上残りのみである。なお、同藩の時献上を斉民の治世の嘉永三年（一八五〇）『大成武鑑』でみると、食品は正月七日鯛、在国中二月塩鴨、四月漬蕨、鯛、暑中串海鼠、在国中八月干鱈、一〇月葛粉、一一月銀杏、寒中塩引鮭、在国御礼干鯛で[57]、御国元の品の漬蕨、葛は含まれているが内献上の品はみられない。

この「例年の内献上」のうち「右筆日記」に最も早くから確認できるのは、草薢粉御菓子である。斉孝が斉民を養子に迎えた翌年の文化一五年八月三日条に

一御台様江　　ところの粉御菓子一箱

　　　　御虫かこ一箱（略）

　右者太守様御国元ニて御見当り被遊若殿様へ被進候ニ付御内々ニ而若殿様ゟ御献上被遊候、尤御内証は太守様ゟ之御献上のよし表向は左之通ニ御ざ候

とあり、斉孝が国元で見当てたこの菓子を、当時五歳であった斉民からの内献上として御台へ贈っている。以降文政三年より毎年、草薢粉御菓子は公方・御台への「例年の内献上」とされた。この菓子は材料の草薢粉も御国元の品であり、国元菓子のなかでも特に重視されていたことが窺える。

◈身近な親族への贈りもの

一方、軽焼は国元菓子であるが「例年の内献上」ではなく、また前記の通り内献上や折節等さまざまな用途で用いられた。御国元の品には限定的な「例年の内献上」と、一用途としての内献上があり、軽焼や白雪糕、鶴の子御菓子は、後者に該当すると考えられる。このうち軽焼は、具体的な菓子名の記録中頻度が最も高く、斉民の初入国後頻度が高くなり隠居後までみられる唯一の国元菓子で、主な贈り先は実母、兄弟、女中等身近な親族であった。回数が最多の贈り先は実母の八重、次いで弟の徳之佐・紀五郎で、特に同母の徳之佐は全体の贈答回数も多い。弟は多くが成人前で、例えば天保三年斉民一九歳の時、徳之佐一四歳、松菊一二歳、紀五郎一〇歳、周丸八歳であった。

なお前記した一般的な軽焼の主な用途の疱瘡見舞についてはみられず、関連する事例としては文久四年二月一八日、種痘を受けた邦千代（斉民子）へ、御二所から種痘祝として贈られた一例のみである。津山藩では西洋医学が盛んで、特に一八世紀後期より、藩医の宇田川・箕作両家を初めとして優秀な蘭学者を多く輩出した。種痘については、牛痘種法が嘉永二年（一八四九）長崎に導入され、佐賀・京都・大坂・福井でも行われた。津山では嘉永三年に藩医の野上玄雄らが種痘を始め、安政五年江戸神田にお玉ヶ池種痘所が開設された二年後、万延元年（一八六〇）に種痘所が開かれた(58)。そうした環境の津山では、軽焼を疱瘡の呪的対策や見舞に用いる習慣は一般的ではなかった可能性がある(59)。また名物の軽焼との関係については、天保九年九月朔日、大蔵大輔への進物名には「丸山軽やき」とあり、御国元の軽焼との書き分けが認められる。

ところで、斉民はなぜ軽焼を国元菓子と位置づけたのだろうか。その背景として、斉民が軽焼を国元化する以前の次の事例に注目したい。「町奉行御用日記」寛政八年（一七九六）五月二八日に、次のように記されている(60)。

一関備前守殿江寺社之面々献上并目見等も有之候由ニ及承候ニ付、自分為心得認見せ候様申付置候所、左之

通書付差出
一御礼
　御菓子一箱　　　　　　　難波宰典
　　御菓子ハ御断ニ而御差戻し被成候而御礼計御納被成候、尤御目見仕候而金百疋被下候
一軽焼一箱　　　　　　　千年寺使僧
　御菓子ハ御断ニ而御差戻し被成候、尤使僧ニ而御目見ハ無御座候

寺社から備中新見藩主関長輝への献上記録で、千年寺の使僧が軽焼一箱を献上している。この軽焼の実態は不詳であるが、献上という用途や箱入という体裁から、一般的な軽焼とは異なる位置づけが窺える。それは、本史料の三〇年後の事例ではあるが、前掲した丸亀屋の入用控に記された「白かるやき」「餅白」に類する上等品の軽焼と考えられる。津山で販売されていたそれらの軽焼に斉民が注目し、国元化した可能性がある。しかし軽焼を津山の産物と記す事例はみられず[61]、地域性は有していたが領外では認識されていなかったと考えられる。

一方、前出した彦根藩の醒井餅は、津山の軽焼同様藩主の贈答で用いられ、「彦根藩御用菓子商」により「殿様御用」の「御かき餅」「白醒ヶ井餅」が納められる等、津山の軽焼と共通点が多い。しかし、同藩の時献上かつ醒井宿の名物でもあり、地域性の客観的な認識が確立しており、津山の軽焼とは対照的といえる。

◈「御国元の軽焼」から「津山軽焼」へ

津山藩の軽焼は、明治以降の贈答記録にも少例ながら出現する。主な例をあげると、明治元年六月三日帰国していた慶倫が、翌年二月二四日版籍奉還の達を受け四月二日上京し、一一日に斉民、明丸（康民、斉民子）へ軽焼一箱ずつを「御土産」として進上している。廃藩置県後の事例では、「御家扶日記」において同一〇年一一月二九日、治部謙が上京の際、斉民と康倫へ「津山軽焼地　十包」を「岡山土産皿　百枚」とともに贈っている。

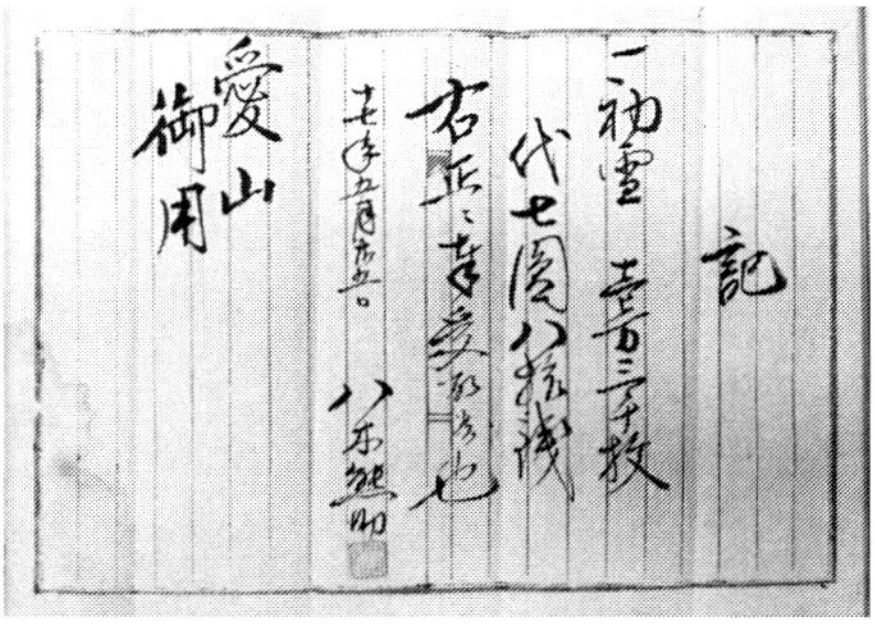
記
一 初雪　壱万三千枚
代七円八拾銭
右正ニ奉受取候也
十七年五月廿五日　八木熊助
愛山御用

図6　松平家宛の初雪の領収書、明治17年5月25日（津山郷土博物館蔵愛山文庫）

ただしそこでは「御国元の軽焼」という表現はみられず「津山軽焼」とあり、記録者の津山に対する意識が変化している状況が窺える。また、翌一一年六月二二日、康民の帰京に際し「御土産」として、黒田長溥《ながひろ》（慶倫義父）等七名が、計二一〇〇枚と三包の軽焼を贈っている。これらの事例から、軽焼の贈答は斉民の後代にも継承されていることがわかる。「御家務日記」の同一四年二月二八日には、軽焼地二〇〇〇枚について「東京表去ル廿一日付ヲ以郵便御用書着」とあり、東京で使う軽焼は依然として津山から送らせている。

そして明治一七年、松平家の記録に初めて初雪が確認できる。同年五月二五日に、一万三〇〇〇枚の初雪の代金七円八〇銭を、前出の八木熊助が松平家から受領した領収書である[62]（図6）。小島徹によれば、同年七一歳の斉民は墓参のため、慶応元年（一八六五）三月以来一九年ぶりに帰郷したという。五月一〇日から約半月間滞在し、この領収書の日付である五月二五日に津山を発して東京への帰途につく際、初雪を帰省みやげとして購入したとされる[63]。また「御家務日記」同年七月一〇日条にも「東京七月五日出平井勘治江御控之御用状昨九日帰宅差出之、初雪壱万枚御注文申来ル、翌三日之定便延日之旨申来ル」とある。軽焼は近世と同様、津山で作り東京へ送られているが、枚数がより多く、日数は短くなっている。これらは、初雪の菓子名が史料上初めて確認できる第一回内国博の出品から七年後の記録で、領収書には前記した八木熊助の名がみえる。従って津山の御国元の軽焼は、津山名菓初雪の前身であるといえる。

以上のように、津山藩の軽焼は、一九世紀初期から八代藩主松平斉民と親族である将軍家との贈答で、御国元の軽焼として内献上や、折節の御慰み・御機嫌伺い等多様な用途で用いられていた。斉民が津山松平家の養子となって以後、元服から隠居に至るまでの公私にわたって、菓子のなかでは最も高い頻度で、かつ最も長く用いられた菓子であったといえる。つまり津山藩松平家の軽焼は、贈り先にとっては、斉民あるいはその「御国元」の美作津山からの到来物、斉民にとっては国主意識を示す領国内産物としての特別な菓子であった(64)。地域性が贈答者間双方で認識されていたが、それは第三者による客観的な地域性意識とは異質のものであったと考えられる。

またこうした津山の軽焼は、京都や江戸の一般的な軽焼とは、菓子としての位置づけや、需要者・用途が異なっていた。それは斉民によって国元化される以前、一八世紀末にはすでに同地で作られていた「白軽焼」「餅白」の品名で称される白い軽焼と考えられる。両者の相違点も含め実態は未詳であるが、白砂糖や精白糯米等純度の高い白い材料が使われていたと推察される。しかし、その地域性は客観的な認識を得ないまま近代を迎える。

近代になると八木熊助（丸亀屋）が初雪と名づけて内国博に出品し、それを斉民へも販売していた。近世の丸亀屋については、一九世紀初期白軽焼の商売をしていたこと以外不詳であるが、その販売記録は斉民が御国元の軽焼を贈り始めた翌年のものであること、第一回内国博への初雪の初の出品者は県庁で製造人が八木熊助であることから、近世より津山藩と関係があった可能性は高い。確証は得られていないが、八木は津山藩松平家の軽焼の御用商だった可能性もある。

第三節　近代における津山名菓への展開と盛衰

（1）製造者の増加と商標登録

◈内国勧業博覧会への出品

明治四年（一八七一）七月、廃藩置県によって津山藩は津山県となり、同年一一月に美作一円の北条県に、同九年にほぼ現在の県域となる岡山県に統合される。(65) 津山藩の城下町だった津山は岡山県の一都市となり、津山藩主をめぐる関係者間のみで認識されていた御国元の軽焼は、津山名菓として歩み始める。本節では近世以来の御国元の軽焼が、津山名菓の初雪として展開していく状況を、内国博全五回における岡山県の菓子の出品受賞記録を中心に分析することで追ってみたい。

明治一〇年に東京で開催された第一回の内国博における岡山からの菓子の出品は二件で、うち一件は前記の通り、津山堺町の八木熊助が製造し県庁が出品した「軽焼餅（初雪）」であった。次いで同一四年、同じく東京で開催された第二回には五件、同二三年の第三回には一六件の菓子の出品があったが、そこに津山からの出品は確認できない。

第四回は明治二八年、京都で開催され、岡山からの出品件数は二九、受賞は一八件と増え、津山からの出品は四件であった。うち初雪と思われる二件について確認する。一件目は前出の八木熊助で、出品物名は「菓子」と記されているが、前記した経緯や以下の史料より初雪の可能性が高い。明治二五年刊『近世岡山県孝節録』には、八木熊助の功績が「能く家業を励み、当地の名産初雪といへる菓子を製し、広く諸国に売り出し、頗る声価を博め」とある。(66) さらに、前出した翌二九年刊の『帝国実業名鑑』津山町之部において「菓子砂糖荒物履物商」に収載された計二一店のうち、菓子製造業の三店の萬年堂八木熊助、松栄堂松岡房太郎、栄居堂粉川闢治郎をみると、いずれも「名産初雪」とあることから、初雪の製造者が増えていることがわかる。(67) そこでは三店のうち八木のみが「元祖」として沿革や効用等を付記しており（図3）、最も主要な製造者は八木であることが窺えると同時に、製造者が増加するなかでの差別化の主張がみえる。明治二〇年末において、初雪はすでに津山の主要な菓子であったと考えられる。

もう一件は初出品の高原平助による「焼初雪」で、褒状を受けている。その実態は、明治三〇年の「菓子製造軌範」に収載された出品解説書によれば「白米二升ヲ水ニ浸シ、是ヲ蒸シ、砂糖二百目ヲ加ヘテ臼ニテ搗キ上ケ盤上ニテ取出シ、長ク伸ハシ小サク切リ莚ニ並列シテ乾燥シ、後チ鉄製網器具又ハ菓子釜ニテ焼成ス、但シ焼上スルニ膨張不充分ナレハ少許ノ水飴ヲ搗キ交セレハ可ナリ」とあり、前出した現在の方法とほぼ同様の製造工程である。なお、本史料については第七章で詳述するが、第三・四回内国博の出品解説書が纂輯されたものである。(68)

また、この頃には初雪を津山の旅みやげとする事例が認められる。例えば初代松江市長・福岡世徳の「公務手帳」には、明治三〇年二月一〇日に京都出張の帰路、津山で「一金三拾五銭　はツ雪五包」を購入した記録がある。(69)津山での宿泊費はこれと同額の三五銭、岡山京都間の汽車賃は一円五七銭であった。また同じ菓子を複数購入した例は全行程中初雪以外になく、この旅の主要なみやげだったと考えられる。

明治三六年に大阪で開催された第五回では、出品五一、受賞一四件で、菓子の種類が一層多様化する。津山からの出品は七件あり、うち六件が初雪で、前出の八木熊助、粉川闢治郎、松岡重蔵のほか、板谷麟次郎、竹内虎蔵、鍋島芳治郎が出し、加えて前回津山から初雪を出した高原平助が、岡山市から初雪と焼初雪を出品している。岡山県からの初雪出品は計七件であり、高原と粉川の二名が褒状を受けている。高原の焼初雪は審査報告における岡山県の概評で「高屋（高原カ）平助ノ焼物初雪イラ粉製煎餅形ニテ焼キタルモノ製法斬新ニシテ形状頗ル雅致アリ、然レトモ油ノ為ニ色沢少シク変シタリ」と評されている。(70)高原がイラ粉（新引粉）を材料とし、油を塗った煎餅形で焼いたものとわかる。前出した第四回の焼初雪と、生地を莚上で乾かす工程は同じであり、斬新な製法とは焼き型の使用をさすと思われる。

同四二年岡山に一七師団が設置され、その管下、翌年一一月後楽園を大本営として陸軍特別大演習が挙行された。(71)その時天皇へ菓子類を献上した二六名のうち津山の四名（八木熊助、高原平助、遠藤意十郎、武田峯）は全員初雪を献上している。(72)また、県下の物産から郡市長及び同業組合長の選定を経て天覧品となった菓子類一九点のうち、五点は津山の高原によるもので、うち一点は焼初雪、御買上の菓子二点のうち一点も焼初雪であった。これは前記の内国博第五回で褒状を受けた焼初雪であろう。

二年後の同四四年刊『津山案内記』の商工人名録には、「菓子製造」の項とは別に「初雪製造」が立項され、前記した内国博の出品者である粉川關次郎、鍋島芳治郎、丸亀屋熊助に加え、武田日栄堂の計四名が掲載されている。[73] なおこの武田日栄堂と、前出の大演習で初雪を献上した武田峯（峰）は、現在の武田待喜堂と同家である。

以上のように、初雪は明治二〇年代末から次第に製造者が増え、津山の主要な菓子へと発展し、旅みやげにも用いられた。さらに天皇への献上・天覧を経て、知名度をいっそう高めていった。武田進氏によれば、明治末期初雪の製造者は市内に約三〇軒あった。大正期にかけてさらに増え、なかには粗悪品を生産する店も出現したため、初雪の保護を主な目的として津山初雪製造株式会社が設立され、当時の同店当主も関わったという。

◈津山初雪製造株式会社

同社に関する史料は少なく、それぞれの記載に異同もあり、経営組織等は不詳であるが、大正八年（一九一九）に津山町京町で八業者により設立された。[74] 設立直後、同年四月一〇日～五月九日、岡山県は岡山県物産館完成を記念し、岡山県物産共進会を開催する。岡山県の菓子類出品者計一一五名（受賞四七名）のうち津山からは一二名で、うち八名が初雪を出品し、同社の初雪は二等銀牌を受賞している。同社以外にも武田峰・同嘉織に加え、内国博記録にはみられなかった村定治郎、中藤右一、入夏平三郎、内田文治郎等四名の製造者や、津山初雪製造組合（水島傳八）という組織もみえる。[75] また、戦前の同組合の「はつ雪」のレッテルに「津山はつ雪製造組合製品　製造元津山初雪製造株式会社」「登録商標四號」とあり（図7）、[76] 同組合は同社に属し商標をとっていたことがわかる。製造者の増大とそれに伴う類似品排除の動きとして同業者が集結し、商標登録を行うことは、地域名菓に共通する一つのパターンといえる。一方、それまで主要な製造者だった八木熊助の名は、明治四四年の『津

図７　初雪製造株式会社「はつ雪」レッテル（『下戸みやげ名物銘札集』大鹿印刷所、2001年）

山案内記』、高原平助は『明治四三年陸軍特別大演習岡山県記録』を最後にみられなくなり、主要な製造者の交替が窺える。

大正一四年『岡山県苫田郡津山町勢一班』の同一二年度統計で、米麦以外を除く津山から県外への移出品の販売額とみると、初雪は五四万三〇〇〇円で、絹織物二八万二〇〇〇円、ボール紙一八万円を超えて最も高い[77]。初雪の最盛期における生産高は、月当り糯米四〇俵分であったという記録もあり[78]、津山初雪製造株式会社設立後に、初雪は津山の一産物から主要な物産へ発展したといえる。

大正一五年五月の皇太子岡山県行啓では、二一日に岡山県庁で松平康春（斉民子）と津山町長飛田謙蔵が、それぞれ同社の初雪を献上し、台覧に供され御買上となっている[79]。二三日津山城で、同社及び松野的の初雪が、美作五郡の特産品の一つとして台覧品に供された。また昭和三年（一九二八）三月二〇日から同五月一八日にかけて、岡山市が市制四〇周年を記念して大日本勧業博覧会を開催した。岡山全体の菓子類出品者計一〇五名（受賞四〇名）のうち津山からは七名で、うち四名（津山初雪製造会社、松野的、池上源治、粉川照夫）が初雪を出品し、同社の初雪が銀牌、松野の初雪煎餅が褒状を受けた。他に岡山市から一名（岡山菓子業組合・武田計）が焼初雪を出している[80]。

次いで同五年三月二〇日～同五月三一日、財団法人三笠保存会・日本産業協会が日本海海戦二五周年を記念し、東京上野と神奈川横須賀で、海と空の博覧会を開催した[81]。この博覧会において、同社は貿易品の部類に初雪に加え、春の雪を出品し、後者は褒状を受けた。春の雪については詳細な実態は不明であるが、岡山県から出品された菓子で唯一の受賞であった。同年一一月岡山の陸軍特別大演習並地方行幸では、同社から献上品として春の雪と、天覧品として初雪が出され、後者は御買上となった。なお、天覧品は年産額三〇万円以上の県主要物産から、製造者の名声と人望、家族・店員・職工の健康、製造所の衛生状態に加え、「可成博覧会共進会等ニ於テ受賞シタルコト」という条件を満たすものが、支庁・市町村長の推薦により選定されて大本営内に陳列された。さらにそのなかから御買上が選ばれた。(82)

こうして津山初雪製造株式会社は、博覧会・共進会への出品を重ね、行幸や行啓における献上・天覧の栄を得て評価を上げていく。なお同社の商品については、初雪のほかに春の雪、雪乃山、東山がみられ、いずれも初雪に類する菓子と考えられるが、同社の創製ではなく、同社設立以前から津山の初雪製造者によって作られていた。(83)

昭和三年の『岡山名勝と名物』において、岡山名物として記された菓子八点のうち、七点は吉備団子を始めとする岡山市の菓子で、もう一点が津山の初雪である。同書には「作州津山雪国の名産で滋養豊富風味佳良、この地を訪れた観客は必ず一個を手提げに、カバンに押し込んでいく土産品の一つ」と記されていることから、(84)津山名菓を越えて岡山名菓としても認識され、知名度が拡大していたことがわかる。また、岡山民話の会によって昭和三二〜三三年頃に採集された民話「和尚と小僧――道心坊主」には、初雪について「こいつは津山にある菓子じゃ」とあり、(85)初雪といえば津山の菓子という認識が広く浸透していたことが窺える。しかし『津山市商工人名録』昭和一六年度版を最後として(86)同社に関する記録はみられず、その後の動向や廃業の時期・経緯は不詳である。そして初雪は次第に衰勢へと向かう。(87)

（2）新たな津山名菓と多様な菓子名の出現

先に明治三六年の第五回内国博における津山からの菓子の出品者、初雪の製造者の急増を指摘したが、実はこの回には初雪以外の菓子も出品されていた。例えば粉川關治郎は、初雪のほかに東山と鶴の園も出品していた。鶴の園は、明治三三年鶴山（城址）公園として公開された津山城（鶴山城）に因む菓子名である。[88]

また大正一五年『津山商工案内』で、津山町の藏屋・江見盛政の広告には「美作名産高徳《たかのり》羊羹製造元」とある。[89]高徳とは、前記した現在の初雪の主な由緒Aの出典でもある『太平記』の説話において、元弘の変で後醍醐天皇が隠岐に配流途上、院庄の宿所で桜樹に忠誠を表す詩を刻んで天皇を励ました武将児島高徳のことであるが、実在したかどうかは不詳とされている。[90]旧院庄館跡に明治二年に創建された作楽神社（津山市神戸）は、後醍醐天皇と児島高徳を祭神とし、この説話を由緒としている。[91]

高徳羊羹は、藏屋（現くらや、津山市沼）五代当主の稲葉仲次氏によれば、桜塩漬の花弁を散らした白手亡《てぼ》豆漉餡の羊羹で、京都の亀屋良永で修業した三代江見盛政が、看板商品の「京菓子」として、同地の作楽神社の故事に因んで大正一五年に創製・発売したものであるという。[92]昭和二年の皇太子岡山県行啓で台覧品となり、同四年には大日本勧業博覧会、同五年には陸軍特別大演習の天覧品に出品され、御買上となった。[93]

昭和一一年刊『津山案内』に紹介された「津山名産」の菓子一一点には、初雪以外にも多くの菓子名がみえ、[94]その題材によって三分類できる。一つ目は雪景色で初雪、春の雪、雪の山等である。二つ目は津山城（鶴山）に関連する鶴城ゆべし、鶴山しるこ、鶴山せんべい等である。明治以降公開され新名所となった城山公園に因む菓子は、従来の名菓に対して新しさを意図したものも多い。例えば港屋の「鶴城ゆべし」は「初雪に代わる津山名物として」考案され、[95]藤田照栄堂「鶴山しるこ」は広告に「鶴が出る面白い菓子！」とある。三つ目は後醍醐天皇の忠臣としての児島高徳及びその舞台とされる津山院庄に関するもので、前記の高徳羊羹の類である。またこの三つのテーマは『津山市商工人名録』昭和一六年度版「観光の津山」に記された「津山情緒」の歌詞にも「花の鶴山、雪見は衆楽」、「院庄かや桜の宮にや、備後三郎は桜を削る」とみえ[96]、菓子名にはその時代に人気のあった名所やそれに関する説話が反映されていることがわかる。そして初雪は、そうした多様な菓子のなかの一つとなっている。

その後初雪の製造者はさらに減少し、現状に至る。武田進氏はその直接的な原因を、戦争による原料の統制と指摘する。統制撤廃後の一九五二年には三軒（日栄堂武田、松鶴堂衣田、栄居堂粉川）、一九六一年には二軒（武田、衣田）となり、二〇〇〇年頃には武田待喜堂の一軒のみになったという。

さらに初雪が津山名菓として認識されなくなっていく状況を、地域名菓を紹介する文献から概観する。初雪は戦後製造者が激減した後も、しばらくは代表的な津山名菓として諸書に紹介されていた[97]。その最後は、管見では昭和五二年の『日本の名産事典』で、岡山県の菓子一〇点のうち津山は初雪の一点で、「今では同市の惣鎮守神社の近くにただ一軒が残っているだけ」と武田待喜堂が紹介されている[98]。ところが同五四年『城下町のお菓子』では、旧岡山城下の菓子が五点紹介されるのみで[99]、同五八年の『和菓子の辞典』では、岡山県の菓子八点に津山の菓子が一点含まれているが、それは初雪ではない[100]。また平成一六年（二〇〇四）の『日本銘菓事典』では、岡山県の菓子一八点のなかに津山の菓子はみられない[101]。さらに岡山県の著者と出版社による同一三年刊『岡山の和菓子』は、「岡山の伝統的和菓子」として計四五店、そのうち津山の三店の菓子を紹介するが、初雪は含まれない[102]。このような岡山内外における初雪の認識度低下の背景を探ってみたい。

（3）盛衰の背景と要因

◈地域性が直感されない菓子名

近世の「御国元の軽焼」以来の伝統と地域性を有する初雪の津山名菓としての始まりは、明治初頭に固有の菓子名が付されたことである。それは近世から近代、需要者の変化に伴う菓子の位置づけの変化に即した対応であった。近世において津山藩松平家と将軍家との間で贈答に用いられていた軽焼は、「御国元」という価値が同藩主松平斉民を中心とする限定された需要者間で共有されていた。そこに内在する地域性は国元産物を意味し、価値の根拠は、領主に加え将軍の御用という二重の権威を伴う希少性であったといえる[103]。

近代に入り、軽焼は来訪者や離郷者等津山内外の不特定多数者へ、広くその個性を示す必要性が生じた。そこで、近世以来の製造者が「初雪」という菓子名を付した。ここでは初雪という菓子名から連想される印象を、地域性に注目して考えてみたい[104]。

まず前出した由緒Cの、形状（白色）及び味（淡い・口溶け・軽い）を雪に見立てたという説に注目する。近世の記録では、色については白い軽焼の呼称に雪の語が散見され雪に見立てられていた。しかし味については製法書の秘伝で前出した「軽焼のよく浮虚て脆々するは」、文化一二年（一八一五）刊『飲食狂歌合』に「かりかりとかるやきのくだけて」とあることから[105]、むしろ軽い歯触りが味わいであったと推察できるものの、その特徴を雪のような口溶けと評する事例はみられない。

ここではむしろ、雪と同じ特徴をもつ食物として白砂糖に注目したい。御国元の軽焼の商品名「白軽焼」、「餅白」の白は白砂糖を意味したと考えられる。関連する事例としては、成島柳北の明治二年『航薇《こうび》日記』で「岡山名産」として「白羊羹ハ其色白からず常のものなり、何故にかく唱ふるやと問ふに、白砂糖にて製せし故なりと云ふ」とある[106]。近世の御用商が近代においてそれを新たな需要者へ向けて商品化するにあたり、菓子名としての

「雪」が白砂糖を連想させ、需要を促す要因となり得ることに着目したのではないだろうか[107]。

また当時は季節の風物としての初雪が、桜や梅と同様に意識され、観賞される対象でもあったと考えられる。近世には幕府の初雪伺のほか[108]、民間でも初雪見や京都の北野社では初雪祭が行われた[109]。鈴木牧之が越後の風物や風俗を著した、天保六年（一八三五）序の『北越雪譜』には「江戸には雪の降ざる年もあれば、初雪はことさらに美賞し（略）雪の為に種々の遊楽をなす事枚挙がたし、雪を賞するの甚しきは繁花のしからしむる所也」とある[110]。ところが明治以降の洋糖の需給量増大、さらには同二八年の台湾領有による製糖業の発達に伴い、砂糖の価値は次第に低下していく[111]。その過程で雪が意味するものが白砂糖から雪そのものの食感へと置き換えられ、同時に高級感も希薄化していったと考えられる。

◈院庄と児島高徳

ところでこの菓子名は、津山という地域を直接的に表してはいない。そこで、初雪と津山を結びつける院庄の後醍醐天皇に因む説話の由緒に改めて注目する。実はそれが文献上で確認できるのは昭和一一年以降であり[112]、成立時期もその頃の可能性がある。背景としては、前記のような津山に因む名を冠する多様な菓子が次々と出現していくなか、初雪にも同地域との関連を連想させる要素の必要性が強くなり、天皇の忠臣として知られた児島高徳説話の舞台である院庄に因む由緒が付され、その題材には当時の社会通年であった皇国史観が反映されたと考えられる[113]。当時この説話は文部省唱歌「児島高徳」となり、大正三年「尋常小学唱歌」に収録され、昭和一八・一九年国民学校の教科書「高等科音楽」まで再録を重ね、軍国教育上の思想統一のために用いられたとされる[114]。藏屋の高徳羊羹や高徳志るこにも同様の背景が考えられる[115]。しかしながら、由緒よりも直接的に特定の地域を連想させる菓子名をもった後発の津山名菓の方が印象が強く、さらに戦後はこの説話への関心が次第に希薄となり、結果として菓子名・由緒のどちらも津山と直結しにくくなっていったことが、津山名菓としての認識を低下させた一因ではないだろうか。

このように、地域名菓の菓子名は、由緒とともに特定の地域を連想させるという点で重要な意義を持ち、その題材として歴史上の人物や名所を用いることは、地域の個性の表出に有効である。しかし、そこから連想される印象やその強さ、また題材自体も、その時々の社会通念や需要者の価値観によって変動する。[116] 名菓として存続する要因を菓子名や由緒に探ってみると、こうした変動に柔軟に対応できることが一つの条件と考えられる。例えば、第二章で前出した熊本の朝鮮飴は、近世においては熊本藩細川家の時献上であったが、近代には朝鮮出兵で活躍した勇敢な武将としての加藤清正像が由緒の源とされ、軍の御用を受けて発展し、戦後は同じ加藤清正を熊本城を築いた旧領主として、歴史ある熊本名菓であることを示している。また、第五章でとりあげた源平餅は、戦前は軍記物、戦後は古典文学としての『平家物語』に因む菓子として、由緒が時代によって流動的に用いられていた。

津山藩の軽焼については、八木熊助がそれを初雪として発売するにあたってなぜ藩主御用を由緒としなかったのか疑問が残るが、逆にそうした現状の藩主に因む由緒については、発生時期や背景について検証の必要があるだろう。[117] しかし少なくとも現代においては、初雪を例えば津山藩主斉民好みと紹介するならば、より自然に津山の歴史が連想され、伝統的な津山名菓という認識も得られるかもしれない。

◈価値観の変化

次に、食物としての実質に対する価値観の変化を考えてみたい。初雪は「焼いて食べる」という特徴を有し、それを製造者は謳っていた。例えば、大正一五年『津山商工案内』[118] には津山初雪製造株式会社が「焼いて喰べる珍らしいお菓子」と広告に記している（図８）。それに対する需要者の反応の例としては、明治三八年平民社の機関誌『直言』で、堺枯川（利彦）が、岡山から上京した森近運平に「津山の名産初雪」を贈られて食べた様子を「是はカキ餅の一種で、とろとろ火にかけてあぶると見て居る中に膨れるとも膨れるとも、どこやらの奥さんの御不機嫌なお顔を見る様でほんとに面白い」と評している。(119) また、珍しいから母親にお裾分するともあり、居室の火鉢で炙りながら談話する情景が描かれ、食べる前の一手間がもう一つの味わいになっていることが窺える。この焼いて食べることを珍重する価値観は、近世から続くものだろう。しかし同じ特徴が、昭和九年の『岡山今昔記』では、津山の名産は初雪に定まっていたが売れなくなったという文脈のなかで「トロ火でポツリポツリ焼くなんてことが、物数寄でない以上、現代人の生活にあまりに縁遠いものとなった」と記されている。(120) この変化の背景には、火鉢等の日用道具や生活習慣の変化も関係しているだろう。

また、初雪は「長持ちするところが妙味」とかつては評されていたが、(121) 旅みやげとしては、概して品質保持性が高くかさばらないことが評価された時代に主流だった煎餅やおこしの干菓子類、飴類の需要が低下し、饅頭や生菓子類の人気が高くなる傾向がみられる。(122) 嗜好の変化についても、すでに柳田國男が明治以降の食物の傾向として柔らかいものが好まれるようになったと記している。(123) こうした現状において、初雪は必ずしも最重視されず、存在感が弱くなっているといえる。そこには食習慣や環境の変化による多様な因子も、評価の基準として複雑に関与していると考えられる。

社會式株造製雪初山津
焼いて喰べる珍らしいお菓子
『津山名産初雪』
製造發賣元
和洋製菓問屋
津山初雪製造株式會社
津山町大字京町
電話四三四番
振替大阪三九、六五六番
『新名産春の雪』

図8　津山初雪製造株式会社の広告『津山商工案内』大正15年（津山郷土博物館蔵）

一方津山に関する要因としては、近世から近代における城下町から地方都市への変化や、主要交通網の変化、例えば自動車道開通による鉄道沿線の衰退等人の流れを左右する事象も、その地域の菓子の需要の量と質を大きく左右する契機となり得るだろう。

おわりに

軽焼は、京都で一七世紀末、江戸で一八世紀中頃より、駄菓子屋や門前の軽焼屋で販売され、江戸では疱瘡・麻疹見舞の主流であったが、近代以降は天然痘の根絶に伴いその需要は一九三〇年代初頭にはほぼ消失する。津山藩松平家では文政～天保年間、八代藩主斉民の「御国元の軽焼」が、将軍家との贈答で内献上を始めとするさまざまな用途で用いられ、国元産物としての地域性が贈答者間双方でのみ共有されていた。近代に入ると、この軽焼に近世の御用商が初雪の菓子名を付して商品化し、軽焼は特定の地域性を有す。初雪は明治一〇年（一八七七）に第一回内国博へ出品され、同二〇年代より製造者が増え始める。博覧会・共進会への出品・受賞を重ね、行幸や行啓で天覧品となって知名を高め、旧城下町津山の名菓として認知されていく。さらに大正八年（一九一九）津山初雪製造株式会社の設立により、津山の一産物から主要物産へと発展し、代表的な津山名菓として定着するが、戦後は製造者が減少し、次第に衰勢へと向かう。

地域名菓にとって菓子名は、菓子に個性を与え、内在する地域性を意匠や由緒とともに表現する重要な意義をもつ。しかしその題材とされる歴史や名所から連想される印象は、時々の社会通念に応じて流動し、菓子の存続にも影響する。初雪に関しては、菓子名自体は特定の地域性を有さず、昭和以降初雪と津山を結びつける院庄の後醍醐天皇伝説に因む由緒で地域性が補完されたと考えられるが、それも津山と直結するものではなく、地域性は次第に認識されにくくなっていく。近世の菓子が地域名菓へ展開するためには、内在する地域性が菓子に表出されることに加え、その存続にはそこから連想される印象の、主要な需要者間での共有が必要であり、時々の価値観の変動に応じた再編成も求められる。

なお、本章で確認した近世の領主の贈答記録上の多彩な菓子は、近代以降、その大部分が需要を失ったと考えられるが、全て軽焼同様地域性が内在する非名産といえる。こうした菓子は、他の諸地域にも潜在する可能性が高く、その地域性が価値として着目されることによって、初雪のように地域名菓へと展開する可能性をもつ、貴重な素材といえる。

（1）東昇「藩の産物調査と土産・名物・献上」（水本邦彦編『環境の日本史』四・人々の営みと近世の自然、吉川弘文館、二〇一三年）二三三～二四五頁。

（2）深港恭子「窯業産地としての苗代川の形成と展開――薩摩焼生産の歴史」（久留島浩・須田努・趙景達編『薩摩・朝鮮陶工村の四百年』岩波書店、二〇一四年）一五九～一八九頁。

（3）畑尚子「奥向の贈答における菓子の役割――将軍の息子と江戸城大奥との関係を中心に――」（虎屋文庫編『和菓子』一六、二〇〇九年）一四～三八頁。

（4）岡崎寛徳『近世武家社会の儀礼と交際』（校倉書房、二〇〇六年）二一～五三頁。岡崎寛徳「大名と菓子――慶応二～四年の彦根藩主井伊直憲を事例として」（虎屋文庫編『和菓子』一六、二〇〇九年）五～一三頁。

（5）聴取調査：武田待喜堂武田進氏、二〇一〇年一二月四日、二〇一一年一一月五日。

（6）國文學會校訂『太平記』四（誠之堂書店、一九〇一年）六～一三頁。

（7）例えば前掲『津山案内』三四頁、遠藤元男・児玉幸多・宮本常一編『日本の名産事典』（東洋経済新報社、一九七七年）六九七頁。

（8）入矢秀治編『津山案内』（津山市書籍親交舍、一九三六年）三四頁。

（9）山陽新聞社出版局編刊『岡山の味と民芸』（一九七九年）一一一頁。

（10）小山健三『作州からみた明治百年』下（津山朝日新聞社、一九七一年）二五二頁。

(11)津山市『津山市歴史的風致維持向上計画』(岡山県津山市、二〇一一年)八九頁。
(12)古荘仁太郎編『帝国実業名鑑』三(帝国実業名鑑編輯部、一八九六年)一三四頁。
(13)前掲小山健三『作州からみた明治百年』下、二五二～二五三頁。
(14)津山郷土博物館編刊『津山郷土博物館紀要』一二(一九九九年)三二頁、同一三(二〇〇〇年)二二頁、同一五(二〇〇二年)三〇、四四、四六頁、同一六(二〇〇三年)一〇八頁、同二〇(二〇〇六年)二〇八頁、同二一(二〇〇七年)二七、四二、九九、一〇一、一一三、一一四、一二二、一二六、一二八、一五一頁、同二二(二〇〇八年)五一、七〇、八三、九四頁、同二三(二〇〇九年)一八二頁、同二四(二〇一〇年)一六九頁、同二五(二〇一一年)三、五頁、同二七(二〇一三年)九〇頁。
(15)小谷善守『出雲街道』六(同刊行会、二〇〇一年)三〇五～三一八頁。『美作国津山町玉置家文庫目録』津山郷土館報九(一九七七年)二三～二六頁。
(16)「諸入用日記帳」津山郷土博物館蔵、美作高校資料：七九、八〇。
(17)『明治十年内国勧業博覧会出品解説』(『発達史』第七集五)、三七八、三八七頁。
(18)佐久間舜一郎編『岡山県地誌略』三(大島勝海、一八七八年)二頁。
(19)矢吹金一郎校訂『新訂作陽誌』八(東作誌五巻)(作陽新報社、一九七五年)五八頁(作陽古書刊行会一九一二～一九一四年刊の複製)。
(20)前掲小谷善守『出雲街道』六、三一八頁。
(21)松下幸子・吉川誠次・山下光雄「古典料理の研究一四『黒白精味集』中・下巻について」(『千葉大学教育学部研究紀要』二一―三七、一九八九年)二五六頁。
(22)鈴木晋一・松本仲子編訳注『近世菓子製法書集成』一(平凡社、二〇〇三年)二〇七、一二八頁。
(23)虎屋文庫編「史料翻刻『料理秘事記』」(『和菓子』一九、二〇一二年)六三～六四、三〇頁。
(24)『日本国語大辞典』「折餅(へぎもち)」には「餅を薄く切ってかわかしたもの、又こおらせたもの、欠き餅」とあり、享保一九年(一七三四)の『本朝世事談綺』「飲食門」の「今は片餅をすべてかき餅と云」を典拠としている。
(25)「芭蕉煎餅」(株式会社芭蕉堂、大阪市福島区野田)の実演販売での聴取調査による(二〇一五年一月一〇日、於今宮戎神社の十日戎)。糯米・砂糖・塩・重曹等を材料とし、長さ一八〜二一、横八センチ前後の、葉の形をした煎餅で、包装の袋に「焼く楽しみ食べる楽しみ　大きくのびーる　芭蕉せんべい」とあり、縁日等の露店で、焼いて三倍以上の大きさに膨らむ様子を実演販売する。材料の重曹以外は軽焼と同じであり、同類の菓子と考えられる。

(26) 立川美彦編『訓読雍州府志』(臨川書店、一九九七年)二二二頁。

(27) 享保一九年成立の地誌『近江輿地志略』に「今京都醒ヶ井にも此製に習て製す」とある。寒川辰清『近江国輿地志略』下(日本歴史地理學會校訂『大日本地誌大系』大日本地誌大系刊行会、一九一五年、三七六〜三七七頁)。

(28) 長谷川強・江本裕・渡辺守邦・岡雅彦・花田富二夫・石川了校訂『嬉遊笑覧』四(岩波書店、二〇〇五年)三一一頁。

(29)『食物知新』一、国立公文書館蔵、内閣文庫一八四—〇一四〇。

(30) 材料は餅米一升、生砂糖八〇目で、製法は『黒白精味集』の「軽焼」に類似する(前掲「史料翻刻『料理秘事記』」六三〜六四頁)。

(31) 菊岡沾涼纂『続江戸砂子温故名跡志』巻之一、早稲田大学図書館蔵、請求番号：04 03228 0007。

(32) 前掲立川美彦編『訓読雍州府志』二二一〜二二三頁。

(33) 中村幸彦・中野三敏校訂『甲子夜話三篇』二(平凡社、一九八二年)一九〜二〇頁。

(34)『好色三代男』(一六八六)五・四「音羽軽焼の干菓子」(石川巌編『新選西鶴全集』昭和書院、一九二八年)九四五頁。

(35)『江戸町中喰物重法記』(一七八七)(長友千代治編『重宝記資料集成』三三、臨川書店、二〇〇五年)八九〜九〇頁、紅野敏郎解説『梵雲庵雑話』(平凡社、一九九九年)九八〜一〇一頁(昭和八年書物展望社刊の再刊)。

(36) 鈴木勝忠校訂『雑俳集成』第一期四(東洋書院、一九八七年)二一六頁。

(37) 河竹繁俊校訂『黙阿弥名作選』二(創元社、一九五二年)二三七頁。

(38) 松田道雄解説、富士川游『日本疾病史』(平凡社、一九六九年)一〇九〜一一一頁。

(39) 内田魯庵『おもひ出す人々』(春陽堂、一九三二年)一三一〜一三三頁、前掲淡島寒月、紅野敏郎解説『梵雲庵雑話』九八〜一〇一頁。

(40)「内務省天然痘予防規則」(布達甲第一六号)(千葉大学附属図書館亥鼻分館古医書コレクション、整理番号一一五六、

西欧二〇五、東医研番号七七七八〇）。深瀬泰旦『天然痘根絶史　近代医学勃興期の人びと』（思文閣出版、二〇〇二年）二八三頁。

(41) 『官報』七七三七（一九〇九年四月一四日）三六三～三六四頁。

(42) 朝倉治彦校注『東京年中行事』一（平凡社、一九七九年）一三〇頁。

(43) 前掲内田魯庵『おもひ出す人々』一三九頁。

(44) 『時事新報』二八六八号、六頁（復刻版、龍渓書舎、一九八六年）五一二頁。

(45) 村井弦斎『食道楽』上（岩波書店、二〇〇五年）二三五～二三七頁。

(46) ほかにも軽焼に類する菓子はいくつか現存する。例えば寛永七年（一六三〇）創業で弘前藩の御用菓子司を務めた大阪屋（弘前市本町）の「冬夏」は、一三代当主福井清氏によれば、近世以来の軽焼の一種で、同藩主の贈答に用いられたという。餅米を搗いて蒸し砂糖を入れてのばし、短冊に切って三～五ヶ月乾燥した後鉄板で炒り、膨れたところで蜜をからめて三盆糖をまぶして仕上げる（聴取調査：二〇一二年三月二日）。長さ八、直径約二・五センチの繭形で、生地は均質できめこまかな無数の小孔があり、軽い食感をもつ。一方、かるやきの名称は、煎餅、あられ類の一商品名や（例えば岡山の畠山製菓「素焼かる焼」、福岡直方のもちづき庵「かるやき」）、京都の祭事の屋台販売では砂糖を主材料とするカルメ焼の略称とする事例がみられる。

(47) 斎木一馬・岩沢愿彦・戸原純一校訂『徳川諸家系譜』四（続群書類従完成会、一九八四年）一一九～一二六頁、児玉幸多・北島正元監修『藩史総覧』（新人物往来社、一九七七年）三三四～三三五頁。領地交換については岡山県史編纂委員会編『岡山県史』八（岡山県、一九八七年）四二～四五頁。

(48) 右筆日記の解説は「津山松平藩文書について」（『愛山文庫目録　津山松平藩文書の部』津山郷土博物館紀要三、一九九一年、解説）、前掲畑尚子「奥向の贈答における菓子の役割」一四頁による。

(49) 史料は全て津山郷土博物館蔵、津山松平藩文書愛山文庫（以下、愛山文庫）、（　）内の記号は分類番号。「若殿様諸式御日記帳（七宝御右筆間）」（E4-2-1）、「御日記（七宝御右筆間）」（E4-2-2～13、15～16、18～19、25、54、57）、「奥向御在国中御日記帳（七宝御右筆間）」（E4-2-51）、「御日記（御家扶）」（E9-70-1～7）、「御日記（津山御家務所）」（E9-70-8）、「日記（津山御家務）」（E9-71～72、75～76）「日誌（津山御家務）」（E9-73～74）。

(50) 畑尚子も天保三年の「右筆日記」の登場人物を、江戸城の住人、斉民の兄弟姉妹、津山松平家の関係者に大別している（前掲畑尚子「奥向の贈答における菓子の役割」一五頁）。
(51) 前掲畑尚子「奥向の贈答における菓子の役割」一九頁。
(52) 前掲斎木一馬他校訂『徳川諸家系譜』四、一二二頁。
(53) 「御用日記」天保五年（津山郷土博物館蔵、愛山文庫、分類番号：E8-1-87）。
(54) 例えば以下の記載がある。天保三年（一八三二）八月六日条「七月九日出並便軽やき千枚一箱外ニ一包園川より今日着致」、同四年正月二日条「津山十二月十日出並便今日着致候、白雪糕軽やき千枚相廻り候」、同九年四月七日条「三月廿四日出御用状並便共着、御進物御用軽やき地一箱千枚入相廻ル」。
(55) 島田勇雄訳注『本朝食鑑』一（平凡社、一九八一年）二一五～二一六頁。
(56) 橋爪伸子「『萬菓子作様并香物漬様薬酒造様之事』について――「くわすり」および「やうひ」に関する一考察」（『香蘭女子短期大学研究紀要』四五、二〇〇三年）九～一〇頁。
(57) 深井雅海・藤実久美子編『江戸幕府大名武鑑編年集成』一六（東洋書林、二〇〇〇年）。
(58) 津山市・津山市史編さん委員会編『津山市史』五（一九七四年）一一八～一二二頁。
(59) なお、他地域でも疱瘡見舞は必ずしも軽焼ではなかった。例えば幕末、讃岐で製薬・販売業を営む商家の事例では、菓子は散見されるが、その具体的な名称としては羊羹、生姜糖、せんべい等で、軽焼はみられない（荻野憲司「江戸後期における疱瘡見舞からみる子供の姿」香川歴史学会編刊『香川史学』三二、二〇〇五年、九～一八頁）。
(60) 津山郷土博物館編刊『津山郷土博物館紀要』二〇（津山松平藩町奉行日記一四、二〇〇六年）一四六頁。
(61) 前掲東昇「藩の産物調査と土産・名物・献上」二三三～二四五頁。斉民は領外産をも含む多様な産物を調査収集して「御国化」し領国の豊かさ、国主意識を将軍へ示したとされる。
(62) 「記（初雪代金の領収書）」津山郷土博物館蔵、愛山文庫、番号：599。
(63) 小島徹「元殿様と銘菓「初雪」」（『津博』七二、津山郷土博物館、二〇一二年）六～七頁。
(64) 前掲東昇「藩の産物調査と土産・名物・献上」二四五頁。
(65) 藤井學・狩野久・竹林榮一・倉地克直・前田昌義『岡山県の歴史』（山川出版社、二〇〇〇年）二七八～二七九頁。

(66) 近藤鼎『近世岡山県孝節録』初篇（武内教育書房、一八九二年）一四～一五頁。
(67) 前掲古荘仁太郎編『帝国実業名鑑』三、一三四～一三五頁。栄居堂には「十年開業」とあるが、丸亀屋の親戚、粉川与三左衛門が製法を受け継ぎ開業したとされる（前掲小山健三『作州からみた明治百年』下、二五二～二五三頁）。
(68) 「菓子製造軌範」東京都立中央図書館蔵加賀文庫、請求番号：596-K-23。
(69) 福岡世徳文書研究会「初代松江市長・福岡世徳文書」五（島根大学法文学部山陰研究センター『山陰研究』二、二〇〇九年）一四一～一三九頁。
(70) 『第五回内国勧業博覧会審査報告』第一部巻之十、一六八頁。なお「高屋平助」とあるが高原平助の誤記と思われる。
(71) 岡山市役所編『岡山市史全』下（岡山市、一九二〇年）三七五頁。
(72) 岡山県編刊『明治四三年陸軍特別大演習岡山県記録』（一九一一年）一七〇～一七二、一九二～一九三、二〇四頁（岡山県立図書館蔵）。
(73) 村川春浪（嘉一）『津山案内記』（柏原好文堂、一九一一年）八頁。
(74) 『津山町現勢調査簿』（一九二二）（前掲小谷善守『出雲街道』六、三三二頁）、津山商工会編刊『津山商工案内』一九二六年、一五一頁（津山郷土博物館蔵）。なお設立月は前者に一月、後者には三月とある。また社長は梶村良次（梶原の記載も有）とあるが、『作州からみた明治百年』（前掲、二五三頁）には設立時の社長は金田孝治で（孝二の記載も有）、昭和五年一号議員の選挙で当選したとあり、以後梶村へ交替したと考えられる。しかし昭和九年（一九三四）の『日満商工会議所議員要録』（人事興信所出版部、一九三四年、八四頁）には金田孝治とある。また昭和三六年六月二三日の岡山県知事三木行治から審判長特許庁審査官宛「和菓子「初雪」に関する件（回答）」（武田待喜堂蔵）では、同社の設立年を大正五年とし、沿革が「日露戦争前後から漸く隆盛になり大正五年「津山名産初雪製造組合」が八業者により創設され、同業界の最盛期に入ったが、第二次大戦中主食が統制されて以来衰微した」とあるが、同社の記録は八年以前にはみられない。
(75) 岡山県物産共進会編『岡山県物産共進会事務報告』（岡山県内務部、一九二〇年）五七～五八頁（岡山県立図書館蔵）。
(76) 鈴木宗康（一九二六～二〇〇八）による明治四三年（一九一〇）以降の貼り込み帳による（鈴木宗康企画編集『下戸みやげ名物銘札集』大鹿印刷所、二〇〇一年、二六頁）。

(77) 岡山県苫田郡津山町役場編『岡山県苫田郡津山町勢一班（津山町町勢要覧）』津山町、一九二五年（前掲小山健三『作州からみた明治百年』上、二五八頁）。
(78) 前掲「和菓子「初雪」に関する件（回答）」による。武田進氏のご教示によれば、糯米一俵は四斗で初雪約一二、〇〇〇枚分。
(79) 岡山県編刊『皇太子殿下岡山県行啓誌』（一九二七年）一三一、一三五、三四六、三四七頁。
(80) 岡山市勧業課編刊『大日本勧業博覧会誌』（一九二九年）一八二、一九六頁。
(81) 三笠保存会著刊『海と空の博覧會報告　日本海々戦二十五周年記念』（一九三〇年）一、六〇二頁。
(82) 岡山県編刊『昭和五年一一月陸軍特別大演習並地方行幸岡山県記録』（一九三二年）二〇四～二二五、三七三～三七六、三九六～三九七頁。
(83) 「春の雪」は大正一五年『津山商工案内』の広告に「新名産春の雪」とあり、『昭和五年一一月陸軍特別大演習並地方行幸岡山県記録』（前掲、二一八頁）に「二五〇余年前ノ創製ニ係リ初メ「かるやき」ト称シ後「春の雪」ト改ム」とあるが、それ以前に『明治四三年陸軍特別大演習岡山県記録』（前掲、一七一頁）で高原平助による伝献、天覧品にも確認できる。「東山」については、昭和一一年『津山案内』（前掲、一四～三六頁）に津山名産の一つで同社製造とあるが、それ以前明治二九年『帝国実業名鑑』以降諸史料に、前出の初雪製造者粉川栄居堂の製造としてみられる。
(84) 岡山商工協会編刊『岡山名勝と名物』（一九二八年）四頁。
(85) 岡山民話の会編『岡山の民話』（日本文教出版、一九九一年）一三〇頁。
(86) 津山商工会議所著刊『津山市商工人名録』昭和一六年度版（一九四二年）一一頁。
(87) 例えば『岡山の味と民芸』に「明治の初めまでは、数十軒の店が軒を並べてこの「初雪」を作り繁盛していた。大正初期には一六軒とサキ細り」とある（前掲、一一一頁）。但し盛衰の時期については本稿の分析結果と若干ずれている。
(88) 日本公園百年史刊行会編刊『日本公園百年史』（一九七八年）六二七頁。
(89) 前掲『津山商工案内』広告。
(90) 『日本史事典』（平凡社、一九九五年）二二八頁。
(91) 「作楽神社」岡山県神社庁〈http://www.okayama-jinjacho.or.jp/search/16904/〉（最終閲覧日：二〇一七年六月一一

日）。

(92) 聴取調査：株式会社くらや稲葉伸次氏、二〇一二年二月二七日。明治初年津山町元魚町で創業、一九九三年現地へ移転。創業当初は六方焼等の一般的な和菓子を作っていたが、京都での修業後は津山で唯一本格的な京菓子を作り、人気を博したという。「高徳羊羹」は、一九九〇年頃以降は桜の時節と年末年始の季節商品。

(93) 前掲『皇太子殿下岡山県行啓誌』二三五頁、前掲『大日本勧業博覧会誌』一九六頁、前掲『昭和五年一一月陸軍特別大演習並地方行幸岡山県記録』二一八、三九六、四四八頁。

(94) 前掲『津山案内』一四～三六頁。

(95) 岡長平『岡山今昔記』（中国民報社、一九三五年）二四七～九頁。

(96) 前掲『津山市商工人名録』昭和一六年度版、二〇頁。

(97) 例えば井上頼寿『日本の菓子』（推古書院、一九四九年）三七頁、富永次郎『日本の菓子』（社会思想研究会出版部、一九六一年）一三三頁。

(98) 前掲遠藤元男他編『日本の名産事典』六九七頁。

(99) 『城下町のお菓子　郷土菓子に残る日本の味と形』（暮らしの設計一二七、中央公論社、一九七九年）八、一一二～一一五頁。巻頭に「伝統あるものを中心に紹介する」とある。

(100) 奥山益朗編『和菓子の辞典』（東京堂出版、一九八三年）一二七七頁。編著者自序によれば「現在楽に買える和菓子」を収載。収載された津山の菓子は福吉屋の「六方焼」。

(101) 山本候充編『日本銘菓事典』（東京堂出版、二〇〇四年）二〇五～二〇八頁。編著者自序によれば「名物菓子（知名度や人気度の高い菓子）」に、「地域の食として伝えられてきた「郷土菓子」、「地元ではよく知られる和洋の生菓子」を加えて収載。

(102) 太郎良裕子『岡山の和菓子』（日本文教出版、二〇〇一年）目次、六一頁。収載された津山の菓子は鶴聲庵の「千本桜」、京御門の「桐襲」、くらやの「いちま」。

(103) 籠橋俊光は「仙台藩の国元魚・鳥類産物の調達システム」（斎藤善之・高橋美貴編『近世南三陸の海村社会と海商』清文堂出版、二〇一〇年、一二〇～一二一頁）で、領主的需要に関する諸役の業務は、将軍と藩主御用という二重の意味での「公儀」に対する御用としての性格、国家的意義を有し、産物を通じ藩主そして将軍とつながること自体への重要性があると論じている。

(104) 菓銘は日本の自然・文化・歴史を表現したものとされる（青木直己『図説和菓子の今昔』淡交社、二〇〇〇年、七五頁）。

(105)「仮枕ついかりかりとかるやきの　くだけてこよひわれと寝よ妹」（江戸狂歌本選集刊行会編『江戸狂歌本選集』九、東京堂出版、二〇〇〇年、六〇頁）。

(106) 塩田良平編『明治文学全集』四（筑摩書房、一九七七年）一〇一頁。

(107) なお当時「初雪」という種類の精製糖もあったが「花見、天光、初雪などいふ狐色のでも、皆精製したのばかり」とあり（石井研堂『砂糖の巻』少年工芸文庫第二〇編、博文館、一九一三年、七一頁）、狐色で、それを材料とすることによる名称とは考えにくい。

(108) 三田村鳶魚編、朝倉治彦校訂『江戸年中行事』（中央公論社、一九八一年）一五四頁。

(109) 井上頼寿『改訂京都民俗志』（平凡社、一九六八年）一三七頁。

(110) 岡田武松校訂『北越雪譜』（岩波書店、一九九一年）二四頁。

(111) 農商務省農務局編「砂糖ニ関スル調査」七頁、龍渓書舎、一九九七年（一九一三年刊の複製）『明治後期産業発達史資料』三五五、第七期府県産業篇Ⅵb。

(112) 前掲『津山案内』三四頁。

(113) 永原慶二『皇国史観』（岩波書店、一九八三年）六三頁。高木博志によれば、第一次世界大戦後、皇室を戴き精神性を重んずる「日本らしい」「伝統文化としての文化財」が模索され国民道徳に資する名教的な史蹟を顕彰する動向が現れたとされる（「第一次世界大戦前後の日本の文化財保護と伝統文化」山室信一・岡田暁生・小関隆・藤原辰史編『現代の起点第一次世界大戦』三、岩波書店、二〇一四年、二六二～二六三頁）。

(114) 国民学校音楽教科書の歌詞は、平和、自然等を歌う歌詞は失われ、尊皇、国家礼賛等の歌詞が中心とされる（堀内敬三・井上武士編『日本唱歌集』岩波書店、一九五八年、二〇一、二五八～二六〇、二六七～二七〇頁）。

(115) 前掲『津山商工人名録』昭和一〇年度、広告。

(116) 題材自体の事例としては、例えば前出した鶴山公園を始めとする城址の桜（ソメイヨシノ）は日清戦勝紀年植樹流行以降の景観で、また「桜＝国花観」もそれ以後広まり、日露戦争を通じて「ナショナルな意味合い」が増していったとされる（高木博志『近代天皇制と古都』岩波書店、二〇〇六年、二四一〜二七〇頁）。

(117) 高木博志によれば、地方城下町の「地域のアイデンティティ」として「藩祖のお国自慢」が成立し「郷土愛と愛国心」が「構造的に連動」していく起点は明治二二年大日本帝国憲法発布にあり、「日清・日露戦争後の国家のナショナリズムと重層的に進行する」とされる（前掲高木博志『近代天皇制と古都』二五六頁）。

(118) 前掲『津山商工案内』広告。

(119) 『直言』第二巻第一号三、直行社（労働運動史研究会編『明治社会主義史料集』一、明治文献資料刊行会、一九六〇年、三頁）。

(120) 前掲岡長平『岡山今昔記』二四八頁。

(121) 前掲小山健三『作州からみた明治百年』下、二五三頁。

(122) 例えば神崎宣武が、明治以降鉄道交通の発達で「生菓子の類が参入」すると指摘している（神崎宣武『おみやげ——贈答と旅の日本文化』青弓社、一九九七年、一九六頁）。また、京都名菓の八ツ橋はもとは焼菓子だったが、一九六六年(株)おたべ前身である(株)さか井屋が、焼く前の生地を粒餡入り生八ツ橋「おたべ」として発売して以来他の同業者でも製造発売し、現在は生八ツ橋が主流となっており、その要因は「ハードからソフトへの消費者の嗜好変化」とされている（やまだりよこ「三〇〇年目の百花繚乱八ツ橋進化論」（裏京都研究会編『京都ディープ観光』翔泳社、一九九六年、一六二〜一六四頁）。

(123) 柳田國男『明治大正史　世相編』新装版（講談社、二〇〇七年）六四頁。

第七章　品質と技の追求による地域性の確立——長崎のかすてら

はじめに

本章では、近世において特定の地域性を有さず、普遍的な南蛮菓子と認識されていたかすてらが、近代には長崎名菓として名実ともに定評を得て、地域性を確立していく過程とその背景を検証する。なお、表記についてはカステラ、カステイラ、カステーラ、粕亭羅、粕庭良、加須庭羅、加須底羅、加寿天以羅等、多様な事例がみられるが、本章ではかすてらに統一表記し、商標、商品名については「　」を付す。

かすてらは現在全国で広く製造販売される普遍的な菓子である一方、代表的な長崎名菓でもあり、その本場はやはり長崎であると認識されている。一六世紀ポルトガルから長崎に伝えられた南蛮菓子を起源とすることが、その一つの根拠とされている。しかし、近世には三都や諸国城下町で饗応や贈答に用いられた記録があり、また製法記録も散見され、特定の地域の名産よりもむしろ外来菓子という認識が一般的であったと考えられる。また、平成一八年（二〇〇六）地域団体商標として認定された長崎県菓子工業組合の「長崎カステラ」（図1）の特徴は、「卵・砂糖（ざらめ糖を含む）・小麦粉・水飴を材料とし、しっとりとした味わいをもつこと」とされるが[1]、こうした特徴を有するかすてらは近世の記録上には確認できない。

関連する先行研究として、かすてらの起源については岡美穂子がポルトガルの史料を分析し、起源となる菓子

図１　長崎県ブースに展示された「長崎カステラ」（全国菓子大博覧会、姫路、2008年）

とその名称の語源について分析している[2]。近世における製造方法については、明坂英二が製法記録の材料分量や鍋から実態を考察している[3]。佐藤康明は近世日本とスペイン・ポルトガルの料理書におけるレシピを比較分析している[4]。こうした製法記録の研究は、当時のかすてらの実態を探るうえで重要であるが、両者ともに主として材料配合の分析にとどまっている。

近世の長崎とかすてらの関係については、八百啓介が長崎街道を中心とする砂糖の流通を、北部九州の菓子を通して社会史の視点でまとめている。そこでは、かすてらを始めとする南蛮菓子の長崎における普及、さらには他地域への伝播を、唐船で運ばれた輸入砂糖が支えていたことを指摘している[5]。また古賀十二郎、和田常子、越中哲也が、長崎の菓子に関する概説でかすてらについても記述している[6]。しかしいずれも近世におけるかすてらの地域性や近代以降の展開については言及していない。

そこで本章では、第一節において長崎名菓といわれる現在のかすてらの実質的な特徴を、製造者への聴取調査によって確認する。第二節では、近世におけるかすてらの実態について、製法記録を中心に分析する。第三節では、同じく近世の長崎におけるかすてらの位置づけを、商家の年中行事記録の分析を通して検証する。第四節では近代において、長崎のかすてらが名実ともに名菓として定着していく経緯を、内国博記録、製造者所蔵の諸記録及び聴取調査を通して明らかにし、その背景や要因について考察する。

第一節　長崎名菓かすてらの現状

◆近世から続く長崎の菓子屋

かすてらは普遍的な菓子の一種類である。またその菓子名は異国の菓子名を語源とし、長崎という特定の地域を連想させる情報は有していない。にもかかわらず、かすてらが長崎の名産であるという認識は定着しており、その品質の高さとともに定評がある。例えば長崎以外の諸地域の菓子屋では、自店のかすてらの品質の高さを「長崎伝来」、「長崎式」と謳う事例が散見される（図２）[7]。また『長崎県統計年鑑』では、昭和五〇年（一九七五）版から掲載され始めた長崎県の名産に、当初からかすてらが、ざぼん漬（ざぼんの砂糖漬）、一口香、寒菊、中華菓子とともに掲載されている[8]。長崎県菓子工業組合では「長崎カステラ」の品質の維持・向上に努め、他の一般的なかすてらとの差別化を図るため認定審査会を実施している。こうした長崎のかすてらは具体的にはどのような特徴を有しているのだろうか。

福砂屋（長崎市船大工町）、松翁軒（同、魚の町）、梅寿軒（同、諏訪町）は、いずれも近世に長崎で創業した菓子屋で、かすてらの老舗とされ、近代には内国博にも出品している。このうち福砂屋は、

図２　品質の高さを店名や商品で「長崎」と謳う事例。左：松屋長崎（京都市）、右：「長崎式カステラ」ゑみや号菓子店（愛媛県大洲市）

長崎の本店以外に東京と福岡の両支店で菓子を製造し、全国有名百貨店で販売している。一方、松翁軒は本店と諫早市飯盛の両工場で、梅寿軒は本店のみで製造した菓子を、主として長崎県内で販売している。また、創業以来歴代の当主が製造に携わっている。そこで松翁軒の一〇代当主山口貞一郎氏(9)、梅寿軒の六代当主岩永徳二氏(10)への聴取調査を中心に、福砂屋については同店の歴史や「カステラの出自来歴」に関する詳細な調査結果をまとめた『カステラ読本』を参考に(11)、長崎名菓のかすてらと後出するそのほかの菓子について、現状を確認しておきたい。なお以下、松翁軒と梅寿軒に関する記述については、特に記さない限り同調査による。

福砂屋は寛永元年（一六二四）初代が引地町（現桜町・興善町付近）で創業し、米や砂糖の商いを始め、かすてらの製造も行うようになったとされる。六代の市良次事大輔の時に現地に移転した。近代以降は一二代の殿村清太郎、一三代為三郎が、後述するようにかすてらを始めとする菓子を内国博に出品している。現在の主な商品は「カステラ」や、ココア・胡桃・レーズンを加えた「オランダケーキ」等である(12)。

松翁軒は天和元年（一六八一）、初代山口屋貞助が本大工町（現、魚の町）に菓子屋の山口屋を創業し、砂糖漬や南蛮菓子を製造したことに始まる。その後、七代熊吉が文久年間（一八六一〜一八六四）に屋号を松翁軒と改称し、近代以降にはこの山口熊吉と八代の貞次郎が、内国博に出品している。現在の主な商品は「カステラ」と、それにチョコレートを加えた「チョコラーテ」、エダムチーズを加えた「阿蘭陀カステラ」である。また雛の節句の前後二〜四月には「桃カステラ」（図3）を製造販売するほか、桃の形の饅頭「西王母」（図4）や、「口砂香《こうさこ》」、「落し焼」も受注製造している。

梅寿軒は天保元年（一八三〇）に初代の岩永米造が勝山町で菓子屋を創業し、矢寄町、鍛冶屋町を経て、明治三五年（一九〇二）に三代の徳太郎が現地に移転した。徳太郎は内国博に出品している。現在の主な商品は「長崎カステラ」のほか、「寒菊」、「口砂香」、「もしほ草」で、季節や慶弔の諸行事に合わせ「桃カステラ」、「桃求

図３　「桃カステラ」松翁軒（長崎市）

図４　「西王母」の販売見本　松翁軒（長崎市）

肥」、「鯉菓子」、「落とし焼」、細工（飾）菓子の「ぬくめ細工」を受注製造している。

◈材料と製造工程

かすてらの材料及び製造工程については、松翁軒の工場長西村行廣氏への聴取調査と[13]、同店の情報誌『よむカステラ』で公開されている工程も参考にまとめると、次の通りである[14]。

材料は、卵、砂糖、小麦粉、水飴をおよそ一〇：一〇：五：二の比率で合わせる[15]。砂糖は上白糖と、粒子サイズの異なる二種類のざらめ糖（以下、ざらめ）を用いる。一度に仕込む分量は四角形の木枠一枚（五七・五×五二・五×七センチ）の大きさの一台で[16]一〇斤分である。なお、作業は一人の職人が材料の準備、製造の全工程を担当する。

製造工程は次の通りである。（1）全卵・上白糖・目の細かいざらめ・水飴をミキサーで全体が白っぽくなるまで一五〜二〇分攪拌し、粉ともう一方のざらめを加えて泡立器で混ぜ合わせる。（2）紙を敷いた木枠に流し、約二五〇度の電気釜（天火）に入れて焼く。二分経ったら「泡切」（熱で乾燥した生地表面に霧を吹き木べらで生地を混ぜる）を二分おきに計三回繰り返す。（3）三回目の泡切後に木枠を重ね、鉄板で蓋をして約四〇分焼く（「本焼」）。その間に生地が膨らんでくるので木枠をさらに重ねる。（4）焼き上がったら重ねた木枠をはずし、上下を返して木枠と底の敷紙をはがし、上下を戻して表・裏面の仕上がりを確認したうえで担当職人が敷紙の端にサインする。専用の木箱に収納して一晩寝かせた後（以下「寝かし」）、箱詰めする。なお「寝かし」により、かすてらの粗熱と湯気（水分）が木箱に一旦吸収された後一晩かけて再度かすてらに戻り、しっとりと湿度を保った状態になるとされる。

梅寿軒では、手順の細かい違いはあるが材料、製法ともにおおむね同じで、ガス釜で焼く。焼き始めの一〇分間に三回ほど「泡切」し、木枠を重ね鉄板で蓋をして蒸焼（「本焼」）し、焼き上がったら「寝かし」という工程である。泡切の主な目的は、きれいに焼き上げるために生地の温度を平均化し、しっかりした泡を残すことであるという。

一方福砂屋では、材料は卵・小麦粉・砂糖（ざらめと白砂糖）・水飴で、製法はまず卵白を攪拌し、それに卵黄・砂糖・水飴・小麦粉を順次混合し攪拌して作った生地を、紙を敷いた四角形の木枠に流し、電気釜で焼く。途中「艶切（生地の上面をかき混ぜる）」し、木枠に鉄板で蓋をする。おいしさを決めるのは「ひとえに卵白の泡立て」とされる[17]。また後出する他店の例として文明堂総本店（以下、文明堂）では、材料は同様であるが、生地の製法は全卵と砂糖を攪拌し、水飴を加えてさらに攪拌し、小麦粉を加えて生地が均一になるまで混ぜる。これをざらめを敷いた木枠に流して、電気釜で焼く[18]。

こうして作られる長崎のかすてらは、しっとりとした味となる。材料の水飴は生地に保湿性を、ざらめは重さを与えると同時に生地の水分の吸排も調節するという。製造工程においては卵を充分に泡立て、起泡性をいかして生地を作り、紙を敷いた木枠に流して電気またはガス釜で焼く。その際には「泡切」や、鉄板で蓋をして蒸焼する「本焼」、焼いた後の「寝かし」等、製造工程上のきめ細やかな調整が特徴を作り、その一つ一つが職人の手技に支えられている。

なお、かすてら以外の長崎の菓子については、桃かすてら（図3）は、かすてらの生地を桃形の金属製焼き型に流して焼き、すり蜜（砂糖と水を煮詰め、さましてから白くなるまですったもの、フォンダン）で覆い、その上から淡紅色を着けて再び白色のすり蜜で覆い、ねりきり製の葉と軸を付けて桃の果実を象ったものである。平成二〇年長崎県菓子工業組合により地域団体商標登録され、型に流して焼く、バターやチョコレート等の洋材料は使用しない、すり蜜で桃を、ねりきりで葉と軸を象ることが基準と定められている。(19)

また、口砂香、寒菊、落し焼も長崎名菓とされている。口砂香（図5）は、粳米を炒って粉末にした米粉に砂糖を加え、菓子木型で白梅の花形に打ち出した干菓子である。古賀十二郎によれば元禄の頃長崎に渡来した「唐人」が伝えた「夾砂糕」や「香沙糕」の俗称で、もとは産婦への見舞に用いられたとさ

図5　「口砂香」梅寿軒（長崎市）

図6　「寒菊」梅寿軒（長崎市）

図7　「落し焼」梅寿軒（長崎市）

図8　「ぬくめ細工 大面（恵比寿・大黒）」梅寿軒（長崎市、写真提供：梅寿軒）くんちの庭見せで披露される菓子の一つ

れる[20]。寒菊（図6）は、寒餅（乾燥させた餅）を焼き、それに生姜入りの砂糖蜜の衣掛（糖衣）と乾燥を数度繰り返した干菓子である。落し焼（図7）は南蛮菓子を起源とし、かすてら同様卵を泡立て、砂糖、小麦粉、水飴、膨張剤を混ぜて作った生地を、匕ですくって天板に落とし天火で焼く。形状はぼうろにも似るが、ぼうろと異なり生地をのして型で抜くという工程がない[21]。

「ぬくめ細工」（図8）は長崎独自の飾菓子で、昭和四六年長崎県無形文化財に指定されている[22]。その技術を保持する岩永徳二氏によれば、ぬくめた（熱した）糖蜜またはすり蜜の中に、餅粉類（寒梅粉等アルファ化した餅粉である煎餅粉《いりもちこ》）を加え、粘りがあり成形しやすい状態にした生地を、素焼きの菓子型にはめこむ等によりさまざまな形に成形し、四・五日間乾燥した後最終仕上げをする。後述するくんちの庭見せを始めとする祝儀や、仏事の供物にも用いられる[23]。

第二節　近世のかすてら――南蛮菓子の代表

（1）地域性のない外来菓子

かすてらの起源は南蛮菓子で、ポルトガルの「パオン・デ・ロー Pão-de-lø」や、スペインの「ビスコチョ Bizcocho（Biscocho）」とされている。菓子名の語源については諸説あるが、ポルトガル語の Bolo de Castela（カスティリアの焼菓子）によるという説が有力とされている[24]。実際、一五五六〜一六〇〇年の間に九州の修道院で成立したとされる写本の「南蛮料理書」に「かすてほうろ」、元禄二年（一六八九）刊の料理書『合類日用料理抄』に「かすてらぼうろ」として製法が記されている。カスティリアはポルトガル語では「カステーラ」で、イベリア半島の中部地方、現在のスペインをさすといわれる[25]。

日本の史料上で早い事例は、寛永三年（一六二六）の後水尾上皇の二条城行幸、同七年の将軍徳川秀忠・家光による薩摩藩江戸桜田邸御成の献立や、同一二年禁裏御用菓子屋の虎屋の納品記録とされる(26)。また弘化三年（一八四六）に刊行された『原城記事』に、弘治三年（一五五七）頃ポルトガルの宣教師が「角寺鉄異老《かすていら》」を肥前唐津で作ったという記述もある(27)。

近世のかすてらの地域性に関する記録としては、享保四年（一七一九）序の『長崎夜話艸』で、長崎土産物と記された「南蠻菓子色々」に「カステラボウル」とある(28)。時代は下り、第五章で前掲した大坂の木村蒹葭堂による宝暦八～文化一三年（一七五八～一八一六）の諸国産物の貼紙集記録「諸國板行帖」には「長崎　かすていら引地町福砂屋　玉英軒」とある(29)。これは前出の福砂屋の札で、引地町という創業地が記されていることより、現地へ移転する以前のものとされる(30)。ただし、「長崎」は札中央の縦書表記「かすていら」の上に付された横書の小文字で、菓子に冠する語ではなく店の所在地をさすと思われる。また「唐菓子及紅毛菓子」を扱う「大坂新町西口井戸辻南へ入西かわ　長崎屋清兵衛」の目録に、「カステラ四匁五分、丸ホウル三匁八分」のほか、「花ホウル」や「ケジャアト」という南蛮菓子名と一斤の価格が記されている(31)。所在地は大坂であるが、屋号から長崎に関係のある店とわかる。長崎の産物として南蛮菓子が、その一種としてかすてらが認識されていたことがわかる。寛延元年（一七四八）に書写された「江戸関口弥十郎殿御所持」の六七項目からなる菓子製法書『御菓子之法』には、「上々長崎かすていら」の材料と製法が記されている(32)。その内容については後述する。

一方、それ以前の寛永一五年自序の『毛吹草』には、山城国の名産として「冷泉通　南蛮菓子」とある(33)。また前出の「南蛮料理書」を始めとする刊本、写本の料理書や、正徳二年（一七一二）刊の『和漢三才図会』には製法や図が記されている。さらに献立記録では一七世紀以降、京都や江戸における特権階層の饗応や、各地の朝鮮通信使の饗応でみられ、饗応の菓子として定着していたことがわかる(34)。近世のかすてらの地域性については、それを含む南蛮菓子の伝来地が長崎であるという認識から長崎の産物とする意識が一部にはあったが、当時はそれよりむしろ外来菓子、南蛮菓子として普遍的であったと思われる。また、享保三年（一七一八）刊の『御前菓子秘伝抄』を始めとする菓子製法書には、管見の限りほぼ全てに収載されている。文化二年刊『餅菓子即席手製集』の挿絵図には、菓子屋の店頭で、上下から炭火で加熱する仕組の天火の前身である釜（以下、上下釜）やかすてら鍋でかすてらを焼き、それを切り分けている様子が描かれており、[35]一八世紀以降かすてらは上菓子屋の主要な商品の一つであったと考えられる。その実態を製法記録から具体的に探ってみたい。

（2）製法記録にみる材料及び製造工程

◆擂り混ぜる、上下から焼く

近世の製法記録によるかすてらの分析については、前出の先行研究で砂糖、卵、小麦粉の分量の配合について一一点の比較をしているが、[36]ここではそのうちの主要な九点に新たに七点を加えた計一八点の製法記録（三四二頁表1）を、より詳細に分析してみたい。まず、材料は基本的に卵、白砂糖または砂糖、温飩の粉（以下、小麦粉）の三種であるが、⑬は粳米の粉、⑮は黄粉・明礬《みょうばん》少々を加え、⑯は「玉子十三　内三ツ黄味斗り白ミ去る」と、卵黄三個分を追加している。次にできあがりの状態を左右する卵、砂糖、小麦粉の分量配合を重量（グラム）に換算した配合比は、①、③、④、⑥〜⑧、⑩、⑬、⑭の九点は粉より卵が少なく、③、⑥〜⑩、⑫〜⑭の九点は粉より砂糖が少ない。粉に対する卵の比は⑨、⑪が等倍、⑫は一・三倍、⑮は二・七倍、⑯は三・七倍、⑰は三倍と、おおむね成立年が後期になるほど高くなるが、それ以外は約〇・四〜〇・九である。

製法はいずれも卵、砂糖、粉をよく混ぜ合わせた生地を紙を敷いた鍋に流し、上下から加熱するが、ここでは生地作りにおける材料の混ぜ方、特に卵の扱いに注目したい。まず⑩、⑯は卵黄と卵白を分ける工程があるが、それ以外は全卵で使う。⑩は全量の卵黄と砂糖を合わせて擂り混ぜた後に卵白を、⑰は卵黄一三個と砂糖と小麦粉を擂り混ぜた後で卵白一〇個分を加えている。次に材料の混ぜ方については、擂り合わせる、擂り混ぜるが多く（⑥〜⑧、⑩、⑪、⑮、⑯、⑱）、次いで、こねる・こね合わせる（①〜④）、ねる・ねり合わせる（⑤、⑨、⑬、⑭）、とき合わせる（⑫）、かきまわす（⑰）とあり、その道具は擂鉢《すりばち》（⑥、⑧）、擂盆（⑪）、鉢（③）以外は特に記されていない。現在製造工程の中心とされる卵の泡立ては、当時は主流ではなかったことがわかる。ただし、次の二事例には関連の記述がある。⑩では砂糖と卵黄を合わせて「一時程」擂り「淡立候其時」に白身を入れ、また一時擂って「淡立候其時」に小麦粉を入れ、またよく擂る、⑰には（材料全てを）「とくとかきまはし」とある。材料を単に合わせるのではなく、合わせ方が具体的に記され、特に⑩は一定時間擂り混ぜると泡立つ性質を認識し、その状態を工程の目安にしている。卵の起泡性を充分に活用する製法とはいえないが、他に例がないことから当時特殊な製法だったと考えられる。その菓子名「上々長崎かすていら」の「上々」は卵・砂糖の高配合をさし、「長崎」はこの工程をさすとも考えられるが、記録の経緯は不詳である。またもう一点、筆者や成立時期の記載がなく表示はしていないが、船橋屋の主人が文化期に書いたとされる「船橋屋餅菓子手製集」の「かすていら」にも、これに類する記述がある。材料は「まん中粉（饅頭粉）百六拾目　唐三盆弐百四拾目　大玉子弐拾五」で、生地の製法は「先玉子を砂唐の中へ十程くたき入、残り十五ハ白ミを鉢へ取、黄ミはかりをいれ、鉢ニてよくすり交、凡半時程も摺、右の白味を茶せんにてふり立泡にして其砂糖の中へ泡斗流入、また残りたるをふり立泡にしてハ流し入れ不残泡にして入、柄杓にてかき廻し粉を入、やはり柄杓にてよく交」とある。[37] 卵白を茶筅で泡立てると明記された重要な記録であるが、この記述の通りでは一五個分の卵白を泡立てることは難しい。

焼き加減については⑧、⑩、⑪、⑮で、竹または藁を生地に刺してその付き具合で確かめる方法が詳述され、⑰には焼き時間が「常の線香一本半ほどたつ間なり」と記されている。

◈材料の配合比の変化

材料中の卵と砂糖の配合比は、幕末になると次第に高くなっている。その意味を、ほぼ同時期に成立した性格の異なる二つの史料、天保一二年（一八四二）刊の『菓子話船橋』⑰と「萬秘伝書」⑮、⑯の事例から考えてみたい。前者は江戸深川の菓子屋、船橋屋織江《おりえ》の主が秘事口伝を記した書とされ[38]、同店で実際に製造販売されていたかすてらのレシピに近いと考えられる。前記した長崎のかすてらと同様、卵と砂糖がほぼ同量で、それに対する粉の分量は現在よりもむしろ低い。

一方後者は、これとほぼ同時期の福岡藩士高畠由壽による衣食住の生活全般に関する記録で、本文に一点と差し紙に二点、計三点のレシピが記されている。卵と砂糖の配合比が他の事例よりも高く、前出した西村行廣氏によれば現在の一般的な配合比より高いとのことである[39]。卵黄の追加⑯、着色料と思われる色素⑮の添加も認められる。この事例からは菓子屋の船橋屋と同様、柔らかさ・甘さ・色の改良を追求する姿勢が窺えるが、その目的は菓子の嗜好性の向上よりもむしろ滋養性の追求であった可能性もある。本史料の著者は、長崎や対馬に関係の深い福岡藩において歴代が藩主の家政に関わる職務についており、職務上異国の食の滋養性に注目していたことが本史料を含む同家の史料から読みとれる。また江戸駐在や長崎出張を務め、異国からの最新の情報を得る機会も有していた。特に本史料には「阿蘭陀菓子パンネクック」、「阿蘭陀料理ラクサイソッフ」、「西洋人之食事ノ節相用庖丁研法」という項目で、西洋の食文化に関する記事が散見される[40]。

以上より近世のかすてらは、卵、砂糖、小麦粉を材料とし、それを擂り合わせた生地を鍋に流し入れ、上下から炭火で加熱して製する焼菓子で、製法記録にみる材料の配合は、粉に対する卵・砂糖の比が現在より低かった。幕末に向けてその配合比が現状に近似していく傾向や、材料の混合工程では卵の起泡性を意識する事例も若干認められたが、現在のように泡立てに重点を置き生地を膨化させる工程や器具は確立されていなかったため、かた

図9　「加須底羅」部分『倭漢三才図会』一〇五巻首一巻尾一巻、（国立国会図書館蔵）

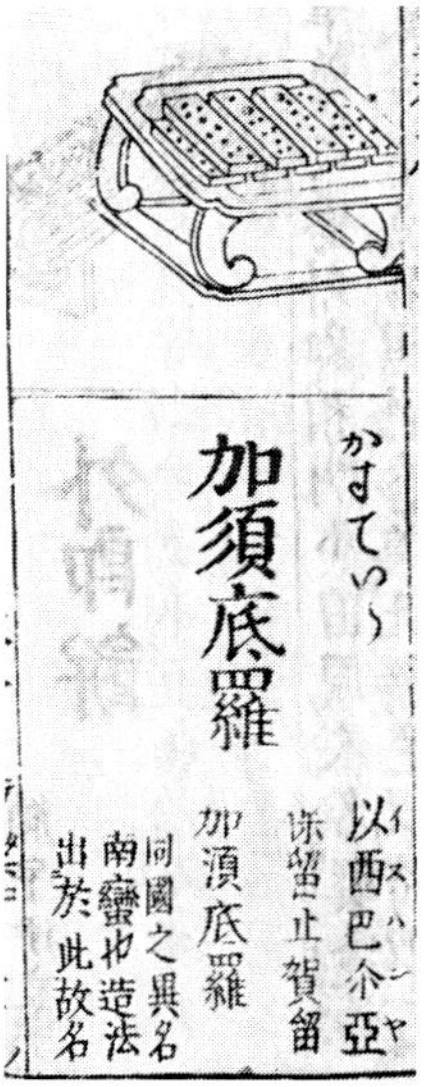

くしまった生地であったと推察される。

これに関連して、対馬藩士中川延良（号、楽郊）が、万延元年（一八六〇）に対馬の歴史・伝承などをまとめた聞書集「楽郊紀聞」に興味深い記録がある。当時の対馬藩主一一代宗義功の狩の途中、家臣が囲炉裏を囲んで夜を明かし刻限を待っていた時、御茶道方から「昼の御すべりのかすていら」が錫鉢に盛って出された。炉内の五徳の上に置いて茶ができるのを待っていたところ突然義功が現れ、あわてた家臣が鉢を灰の中にうつぶせにひっくり返してしまい、灰で掩い隠した。義功に見つかり取り出すと「かすていらは子細なし」で、灰の付いてない分を鉢に戻すと、もとは山盛だったものが少し減ったが大体鉢一杯になり、それを家臣で食べたという。[41] この記述によると、灰にまみれて鉢に戻さなかった分も一部あったとみうけられるが、大部分が食べられる状態であったことから、当時のかすてらは、現代のしっとりとした状態とはかなり異なっていたことが窺える。『和漢三才図会』（図9）[42]や、『餅菓子即席手製集』の絵図に示された拍子木形のかすてらは一つの典型であろう。

第三節　近世長崎の食文化と菓子

（1）「村上家献立帳」の全体像

◆唐紅毛商村上家

本節では、長崎の主要な構成員であった商家における、一九世紀前半の年中行事記録を対象として菓子の使用実態を分析し、近世長崎におけるかすてらの位置づけを探ってみたい。

まず史料の概要を述べる。「村上家献立帳」（以下、「献立帳」）は、長崎の貿易商家における文化一一～弘化三年（一八一四～一八四六）の記録である。[43] なお、史料名は後年付けられた表紙題箋によるもので、筆者名は記されておらず、四冊目の裏表紙に題箋と同じ筆跡で「長崎阿蘭陀唐人貿易商村上氏記録」と記されている。

勝盛典子によれば、村上家は播磨国（兵庫県）加古郡二子村の出身で呉服等の商売をしていたが、三代武兵衛藤規（一七四〇～一七八八）の代に長崎での居住を願い出て許可を受け、本博多町に家屋敷を求めて同町の町人になった。井上市郎兵衛内組になり「唐紅毛商売」を営んでいたが、その後江戸会所に申し出て、正規の五箇所商人（長崎・京都・大坂・堺・江戸の五箇所に居住する貿易品の入札権を持つ落札商人）の入札株を入手した。天明八年（一七八八）に三代藤規が没した後、四代栄称・五代藤蓮と早世し、文化七年、別家村上卯兵衛の子を養子に迎えて六代栄常となった。しかし翌八年の火災で家財を消失し、会所への受納銀支払い能力を失って入札株を返上し、同一三年には堺会所に願い出て堺商人の株を立て、和泉の上野屋富蔵の支配人として生計をたてた。[44] その後七代当主栄治となった時期は不明だが、当主の生存年は六代栄常（一七九〇～一八四七）、七代栄治（一八〇六～一八四七）とされることから、「献立帳」は、この両代における記録と考えられる。

◆献立の種類と菓子の記録

「献立帳」の内容は、前記の三三年間における種々の行事一三一例について、宴席の料理献立（以下、献立）とその案内先（客人）、進物到来、配り菓子及びその配り先の記録から成る。宴席は一例の行事につき一～七回で、数日にわたる場合もあり、またその記録は年代や個々の記事によって精粗があるが、形式はほぼ一貫している。献立には料理名や食品名が記されている。また村上家と案内先の家々とで交わされた進物到来物や、一部の物品の注文控にも、菓子を含む食品類が散見される。ここでまず、「献立帳」に記された行事とそれぞれの献立の全体像を概観する。

行事については、記載回数が多いのは法事関係三三例、寺社関係三一例である。法事は各種年忌である。寺社関係は文政六年以降ほぼ毎年行われた大般若祈祷二三例を始めとして、天保一〇年以降の稲荷社祭礼五例、天保一三～一四年の天神講二例の他、天保五年、同一二年諏訪社の祭礼である宮日（以下、くんち）が記されている。通過儀礼一三例は、婚礼五例、初節句三例や、宮参、袴着初、元服、満六〇歳の祝耳順《じじゅん》賀等である。ほかには恒例の正月初盃（以下、初盃）一五例、一〇月一九日の恵比須講一一例と、種々の接待や集会二九例、その他二例である。法事と大般若祈祷を行ったのは同家の檀那寺、真言宗医王山遍照院延命寺で、[45] 真言僧龍宣が元和二年（一六一六）に創建した。大般若祈祷は同寺の年中行事の一つで御影供ともいい、二月一五から二一日までの七日間昼夜大般若経を転読して除災招福や護国を祈る法会である。同寺境内にある弥勒菩薩の座石の銘には、同寺住職一三代慈秀と村上家九代武兵衛栄高の名があり、同家が有力な檀家であったことがわかる。

次に献立については、卓子料理、本膳料理またはそれに類する料理（以下、本膳）、膳崩しの料理様式がみられる。表2に主な行事の献立例を示す。献立の構成は、卓子や本膳部（または御膳部）と記された食事の部（表中Ⅲ）を中心とし、その前後の茶と菓子（Ⅰ）、酒と酒肴の部（Ⅱ、Ⅳ）から成り、Ⅲの料理の様式や、その前後のⅠ・Ⅱ・Ⅳの有無が、行事や対象によって異なる。

まず卓子《たくし》料理は、卓袱《しっぽく》料理、食卓料理とも表記される料理様式である。卓子は食卓、卓袱はテーブルクロスで、共皿盛りの料理が供される食卓を、共食者数人が囲んで食べる。古賀十二郎によれば起源は近世長崎に居住していた「唐人」の食文化で、長崎では元禄初年の頃、唐人に対して「唐土風の料理」を提供する職業が成立し、元禄二年（一六八九）唐人屋敷の設置以後はそこが本場となり、文化一三年自序の喜多村信節の随筆『嬉遊笑覧』によれば、享保年間（一七一六～一七三六）長崎から三都へと伝わったとある。[46] また、長崎の食文化にも影響を与え、現在の長崎の「卓袱料理」や、前記した菓子の口砂香、砂糖漬（蜜漬）も、これに端を発していると

表2 「村上家献立帳」の主な行事における献立の構成

No.	行事	献立の構成				行事の備考
		Ⅰ	Ⅱ	Ⅲ	Ⅳ	
①	法事			卓子：鉢、二、三、四、五、六、小菜		文政7(1824)10.11、5代藤蓮17回忌逮夜
②	恵比須講			卓子：鉢、二、三、四、五、小菜		文政2(1819)10.19
③	初盃		吸物ひれ、吸物みそ、取肴	卓子：鉢、二、三、四、五、六、小菜		天保2(1831)1.15
④	初盃	御茶、御菓子、煙草盆	吸物ひれ、取肴、吸物みそ、吸物すめ	卓子：鉢、二、大坪、四、五、六、小菜		文政13(1830)1.10
⑤	初盃		吸物ひれ、吸物みそ、吸物、船盛、取肴	卓子：鉢、二、三、四、五、六、小菜	茶碗、吸物、吸物、鉢肴	天保3(1832)1.6
⑥	婚礼	御台菓子	吸物ひれ、吸物みそ、船盛、取肴	卓子：鉢、二、三、四、五、六、七、小菜		文政13(1830)11.14
⑦	婚礼		吸物ひれ、吸物みそ、船盛、取肴	卓子：鉢、二、三、四、五、六、小菜	吸物すめ、恵比須鯛	天保11(1840)2.15、豊次郎婚礼、出入方
⑧	耳順賀	御茶、御菓子	船盛、取肴、吸物ひれ、吸物みそ	卓子：鉢、二、三、大坪、五、六、小菜	吸物赤みそ、皿引、吸物、鉢肴、取肴	文化11(1814)11.16
⑨	婚礼	御茶、御台菓子、煙草盆	御雑煮、吸物ひれ、重引、吸物みそ	御膳部：鱠、汁、飯、香物、向詰、坪、(引盃)、平、台引、吸物、御茶、引菓子	船盛、取肴、吸物赤みそ、大坪、皿引、鉢肴、吸物、大猪口、大平、吸物、恵比須鯛、水ノ物	天保11(1840)2.11、豊次郎
⑩	くんち	御茶、御菓子、煙草盆	吸物ひれ、重引、吸物みそ、小八寸	猪口鱠、赤飯、香物、小平	皿引、大坪、茶碗、大平、吸物、船盛、取肴、鉢肴	天保5(1838)9.2
⑪	法事			向、汁、香物、飯、坪、平、茶碗、(引盃)、台引、吸物、御茶、御菓子		文化14(1817)、4代栄弥17回忌斎
⑫	大般若	菓子二台組(供物)		雑煮、飯、汁、香物、卓子：鉢、二、三、中鉢、五、六、小菜		文政7(1824)1.20
⑬	初盃			膳崩し：吸物ひれ、吸物みそ、茶碗、大坪、皿引、梅椀、吸物、船盛、鉢肴(大鉢、大井、井)、御茶漬、向焼物、御飯、香物、猪口鱠、小平		天保9(1838)1.18

出典：「村上家献立帳」(九州大学附属図書館付設記録資料館九州文化史資料部門蔵元山文庫)

註：Ⅰは茶菓子、Ⅱは酒、Ⅲは膳部または卓子、Ⅳは新盃の部を示す。⑨～⑪のⅢについては本膳料理またはそれに類するものとして扱う

される。[47]

卓子料理（以下、卓子）が使われた宴席は、法事、恵比須講、初盃、耳順賀、婚礼における近親者や出入方への饗応で、全事例の約八割を占めている。当時長崎の商家の宴席で最も一般的な料理様式で、後述する本膳に対して非公式な宴席に用いられ、例えば婚礼では正客は本膳で招き、その後近親者を卓子で招いた。[48]その料理は大菜五～七種と小菜五～七種から成り、明和八年（一七七一）刊『新撰会席しつほく趣向帳』の「しつほくは大菜〈五種　六種〉、小菜〈七種　八種〉の物也」の通りである[49]（割注は〈　〉内に示す）。

法事や恵比須講では、前後の菓子や酒は付かない卓子の献立である（①、②）。なお、通常卓子自体に菓子は付かないが、大菜の六または七つ目に「砂糖塩梅」と記されている例もある。初盃（③～⑤）や婚礼（⑥、⑦）では、通常卓子の前に酒が出て、少例ではあるがさらにその前の菓子または後の酒のどちらか一方も出る場合がある。また耳順賀（⑧）では、前後に菓子と酒の両方が出ている。

本膳料理は、本膳と呼ばれる膳を中央にして複数の銘々膳が配される料理様式で、室町時代に武家の式正《しきしょう》の饗膳として成立した。[50]本史料では卓子に比して少なく、婚礼、特別な法事、少数例の初盃等、正式な儀礼膳で用いられている。そのうち最も盛大な宴席である婚礼（⑨）では、最初に三々九度の儀式をあげた後、茶、煙草盆、台菓子が（Ⅰ）、続いて盃、銚子とともに雑煮、鯛のひれの吸物、重引、みそ吸物が出される（Ⅱ）。続く膳部は飯・汁・香物と、鱠、向詰、坪の一汁三菜であるが、途中で盃・銚子とともに平、台引、吸物等の酒肴、最後に茶と引菓子が（Ⅲ）、膳部の後には新たな盃と銚子、酒肴が出る（Ⅳ）。婚礼、初盃以外では、食事の部に本膳部や御膳部という表記はないが、ここでは本膳に類するものとする。くんち（⑩）では、菓子（Ⅰ）、酒（Ⅱ）の後、食事の部に猪口鱠、赤飯、香物、平《ひら》（Ⅲ）、その後に酒（Ⅳ）が出される。法事では通常は前記した卓子が主流であるが、本膳が用いられる例もあり（⑪）、その場合最初の菓子と前後の酒は付かないが、膳部の途中で酒と酒肴、最後に茶と菓子が出る。また大般若⑿では、雑煮、飯・汁・香物の後で卓子が出されている。

最後に膳崩しについては、献立の記録中にそれが明記された事例二例はいずれも初盃で、料理屋の「先得」で供されている。これは文化年間に開業したとされる出来大工町の先得楼《せんとく》で、(51)村上家ではしばしば同店から料理人を呼んだり卓子を取り寄せたりしている。天保九年正月一八日の初盃における膳崩しの献立⒀は、吸物二種（鯛のひれ、味噌）、茶碗、大坪、皿引、梅椀、吸物、船盛、鉢肴（大鉢、大丼、丼等九品）、茶漬、向焼物、飯、香物、猪口鱠、小平が出されている。

この膳崩しについて、文化二年刊『素人庖丁』二編に「めづらしき振舞の料理」として図説されている。料理の順序はまず「本膳」で膾、味噌汁、硯蓋、平、焼物を出し、続いて「二膳」で二の汁、鉢肴、さしみ、菓子椀、吸物、茶碗、坪を酒をすすめながら出し、酒後に飯を出した後、食後に干菓子と茶をすすめる。「右膳くずしの料理は九洲辺にてはやることなり、此料理いかほど客人多くありても膳部を一度に出さず、一色づゝゆる〳〵と焚出すゆへ勝手まはりせわしからずよろしく出来、其上酒の肴に心を用ひず膳部にて酒も飯もすゝむる妙手段なり」とある。(52)先得楼の膳崩しと比べると、料理の種類や順番が若干異なるが、従来の本膳料理と異なり料理を一品ずつ時系列で出す、それらを酒肴にして酒をすすめ、飯は最後に出すという点が共通している。また九州で流行したとあることから、その成立にはこうした長崎の卓子の影響も考えられる。

菓子の記録は、献立では前記の通り基本的に本膳にみられ、卓子では少例であるが、献立以外に到来物、配り菓子にも散見され、これらも含めた菓子の記録は全事例の約三割に認められる。それらは個々の事例や行事による差異が顕著で、具体的な菓子名や「菓子」等の記載が混在する。また記録がない場合には省略の可能性もあり、記録の有無が使用の有無を示すとは限らない。しかし同じ行事で具体的な菓子名が記された複数事例の照合により、行事と菓子の関係をみることは可能であろう。

菓子名の記録がある主な行事の事例は、寺社関係ではくんちの全二例、大般若祈祷二二例中三割弱（但し供物）、通過儀礼では婚礼全五例と、法事関係の約九割弱である。そこに記された主な菓子名は、かすてら、花ぼうろ、丸ぼうろ、千代結び、千代のためし、鶴《つる》、海老糖、茶巾糖、鬚人参糖《ひげにんじん》、源氏糖、ひたち帯、唐国、枝桃、桃饅頭、朧饅頭、腰高饅頭、饅頭、小倉野、西王母、落雁、羊羹、牛房餅、きんとん、都饅頭、最中、雪ノ下、おく霜、霜柱、みやぎの、おもだか、東雲、柚ノ香、結び松風、雪輪等である。そこで具体的な菓子名の記載がある行事のなかから、くんち、婚礼、法事をとりあげ、それぞれの行事で使われる菓子に注目して、行事と菓子との関係をみてみたい。

（2）行事と菓子

◈くんち

長崎のくんちは諏訪神社の祭礼行事で、寛永一一年九月七日・九日に、諏訪・住吉二神の御輿の渡御と還御が行われ、渡御に先立ち丸山町虎屋の遊女二人が神前に謡曲鼓舞を奉納し、他町はそれぞれ諸芸を奉納したことに始まるとされる。その後日程は七日に渡御、九日に還御と流鏑馬、一一日に神事能が行われるようになったが、寛政四年（一七九二）以降、将軍徳川家治忌日の七日を避けて、九、一一、一三日と変更された。新政府が明治元年（一八六八）四月七日・九日に改めることを布告したが、同八年太陽暦の一〇月七日・九日を祭日に決定し、現在は七～九日の三日間行われている(53)。

行事の一連の流れは、まず六月吉日（現、六月一日）「小屋入り」と称し、奉納踊りを披露する当番の「踊町」が踊りの稽古を始める。踊町は長崎の町八〇町からから出島、丸山、寄合三町を除いた七七町を一一町ずつ七組とし、各組が七年で一巡する。次いで九月朔日「庭卸」（現、「庭見せ」、一〇月三日）で踊町の家を開放し、演物・

奉納踊りの衣装や、前出したぬくめ細工を主とする砂糖菓子を披露する。翌二日「人数揃《にいぞろい》」で、踊町内を踊り歩いて踊りや演物を披露し、家々では親戚知音を案内して祝宴を設ける。案内しない先へは人数揃までに菓子を配り、案内を受けた家からは返礼として到来物が届く(54)。

「献立帳」では、天保五年と同一二年、踊町としての両度の人数揃の祝宴献立が、九月二日前後にわたり数回分ずつ記されている。くんちで使われた菓子について、献立、到来物、配り菓子に具体的な菓子名が記された全六例を表3に示す。配り菓子は、宴席に招待しなかった者へ箱に入れて配る菓子である(55)。

天保五年の事例では、まず八月二六日夜に仲間内一九人を、晦日夜には取引のあった廻船の船頭二〇人を、そして九月二日には踊町以外の諸町家々一〇九人を案内し、菓子、吸物と酒が付いた先得楼の料理を供している。同一二年は記録が比較的粗雑であるが、八月晦日に廻船中三〇人を、前回と異なり卓子で案内し、九月二日諸町家々一二一人へ、祭礼後九月二三日仲間内へ前回同様先得楼の料理で宴席を設けている。

献立における菓子の記載は卓子一例④を除く五例に認められ、いずれも膳部の前に茶とともに出されている。天保五年は三例とも「かすてら・海老糖・小千代・のし・昆布・柿・栗」の一揃いが、同一二年九月二日⑤はこれに加えて桃饅頭が、同二三日⑥にはかすてら、桃饅頭、栗、柿と鶴が出された。また天保五年の八月二六日、九月二日には、膳部後の酒宴で、壱斤を四ツ切にしたかすてら及び砂糖菓子の枝桃と唐国が、同一二年の九月二三日には膳部の最後に包菓子として、かすてら・大海老糖・つる・きんとん・柿・のし・昆布が茶とともに出されている。海老糖は有平糖、鶴は打物である(56)。

配り菓子については、五年はかすてら・唐国・枝桃・のし・昆布の五種、延命寺へはかすてらとのしを東雲と柚ノ香に差し替えた五種、そのほかにはかすてら・小海老糖・小千代の三種等、配り先によって菓子の種類や数に違いがある。一二年はかすてら・大海老糖・大千代のためし・桃饅頭・昆布の五種であった。到来物は一種類

表３　「村上家献立帳」のくんちにおける菓子

№.	年	月日	献立	到来物	配り菓子	注文控
①	天保５ (1834)	8. 26	（Ⅰ）かすてら・小海老糖・小千代・のし・昆布・柿・栗 （Ⅳ）かすてら・枝桃・唐国・のし・昆布	かすてら、丸ぼうろ、鶴、菓子台、桃饅頭	「かすてら・唐国・枝桃、のし・昆布」、「（延命寺へ）桃・東雲・柚ノ香・唐国・昆布」、「かすてら・小海老糖・小千代」	小川屋：枝小桃、唐国、小海老糖、小千代、柚ノ香、東雲、羊羹松葉、五三焼かすてら、かすてら、桜屋：朧桃饅頭
②		8. 晦	（Ⅰ）かすてら・小海老糖・小千代・のし・昆布・柿・栗			
③		9. 2	（Ⅰ）かすてら・小海老糖・小千代・のし・昆布・柿・栗 （Ⅳ）かすてら・唐国・枝桃			
④	天保12 (1841)	8. 晦		かすてら、丸ぼうろ、桃饅頭、海老糖	「かすてら・大海老糖・大千代のためし・桃饅頭・昆布」	小川屋：小海老糖、千代のためし、上かすてら、朧桃饅頭
⑤		9. 2	（Ⅰ）かすてら・小海老糖・千代のためし・桃饅頭・のし・昆布・柿・栗			
⑥		9. 23	（Ⅰ）かすてら・鶴・桃饅頭・栗・柿 （Ⅲ：包菓子）かすてら・鶴・大海老糖・きんとん・柿・のし・昆布			

出典：「村上家献立帳」（九州大学附属図書館付設記録資料館九州文化史資料部門蔵元山文庫）
註：献立のⅠ～Ⅳは表１の献立構成、配り菓子の「　」は一揃いを示す

または数種類の組み合わせで届く。五年は一三〇人から届き、うち一七人（または組、以下同）から菓子が届いている。主な例をあげると桃饅頭六人、丸ぼうろ四人、かすてら三人、鶴三人で、鶴は丸ぼうろとの組み合わせであった。一二年は八二人からの到来物のうち一三人が菓子で、桃饅頭五人、かすてら三人、丸ぼうろ一人であった。

　このうちぼうろは、ぼうるとも称される南蛮菓子である。小麦粉と砂糖を水でねった生地をのして、切形あるいは型抜きして成形して焼く。形状や加える材料により多くの種類があり[57]、丸ぼうろは生地を丸く成形して焼いた干菓子と考えられる[58]。なお、現在佐賀名菓として知られる丸ぼうろは、近世以来のぼうろの材料に卵を加えて材料の配合も変えたやわらかい生地の焼菓子で、明治以降成立した[59]。

　ここで参考として他家の事例もみておこう。桶屋町乙名藤家の文化二年の人数揃でも[60]、宴席

では桃饅頭・丸ぼうろ・鶴が出され、かすてらを配り、客からは桃饅頭・丸ぼうろ・鶴・みやぎの（宮城野）が到来している。同じく寛政一〇年は桃饅頭・丸ぼうろ・鶴が供されている。かすてら・桃饅頭・丸ぼうろ・鶴が村上家の事例と共通している。なお、みやぎのは、村上家では次に述べる通り婚礼の引菓子に用いられている。紫蘇の穂に砂糖衣をかけた菓子で、京都で茶菓子として考案された(61)。

◈婚礼と耳順賀

婚礼は表4に示す通り、安之助（七代栄治）の、文政一三年一一月八・一〇〜一四・一八日、国の天保四年一二月一九・二一日、三保の同九年一一月二・四日、豊次郎の同一一年二月一一・一四〜一六・一九日、りきの同一三年八月一三・一五日・計五例である。男女によって婚礼の規模が異なり、宴席の回数は、女子は婚礼当日と、三日目の祝いの儀三ツ目（三ツ目戻り）の二日であるが、男子はその後も数日にわたり計五〜七回行う。また献立の料理様式についても、男子は主として本膳で、近親者、出入方や客の供人には卓子を用いるが、女子は三ツ目でも卓子である。最も盛大な七代栄治の婚礼は一一日間にわたる七回の宴席で、身内への卓子の一回以外は本膳料理で、多くの客を接待している。

婚礼における菓子については、献立に記されているのみである。到来物はほとんどが食品で、婚礼の規模に応じて多数の客からの記録があるが、鮮鯛が主流で菓子は認められない。献立における菓子は、本膳で膳部の前に台菓子、膳部の最後に引菓子として出されている。卓子では一例、七代栄治の婚礼における一一月一四日に近親者へ出した献立（⑥）で、膳部の前に台菓子が出されている。台菓子の八例のうち具体的な菓子名が記された三例の菓子はいずれも、かすてら、小海老糖、千代または千代のためし、昆布、のしまたは笹の葉である。具体的な菓子名の記載がない二例についても大概同様であろう。なお、かすてらについては、天保九年の三保の婚礼（⑩）では「五三かすてひら」と記されている（図10）。これについては後述する。引菓子については、四例のう

表４　「村上家献立帳」の婚礼における菓子

No.	年／人名	月日	備考	料理	台菓子	引菓子
①	文政13(1830)／安之助(7代栄治)	11. 8	婚礼	本膳	○	○
②		11.10	三ツ目	(不詳)		
③		11.11	昼献立(御家中衆)	本膳	○	
④		11.12	七ツ時より案内	本膳		
⑤		11.13	七ツ時より案内	本膳		
⑥		11.14	昼案内	卓子	○	
⑦		11.18		本膳	かすてら・小海老糖・千代のためし・のし・昆布	
⑧	天保4(1833)／国	12.19	婚礼	本膳	○	○
⑨		(12.21)	三日目戻り	卓子		
⑩	天保9(1838)／三保	11. 2	婚礼	本膳	五三かすてら・小海老糖・千代のためし・笹の葉・昆布	
⑪		11. 4	夜三ツ目	卓子		
⑫	天保11(1840)／豊次郎	2.11	婚礼	本膳	○	○
⑬		2.14	晩三ツ目	本膳		
⑭		2.15	晩(出入方)	卓子		
⑮		2.16	晩	本膳	(十四日之通)	
⑯		2.19	晩	本膳	(十四日之通)	
⑰	天保13(1842)／りき	8.13	婚礼	本膳	かすてら・小海老糖・小千代・のし・昆布	かすてら・大海老糖・大千代・みやぎの・昆布
⑱		8.13	(供人)	卓子		
⑲		8.15	三ツ目	卓子		

出典：「村上家献立帳」(九州大学附属図書館付設記録資料館九州文化史資料部門蔵元山文庫)
註：台菓子の○は具体的な菓子名の記載がない事例を示す

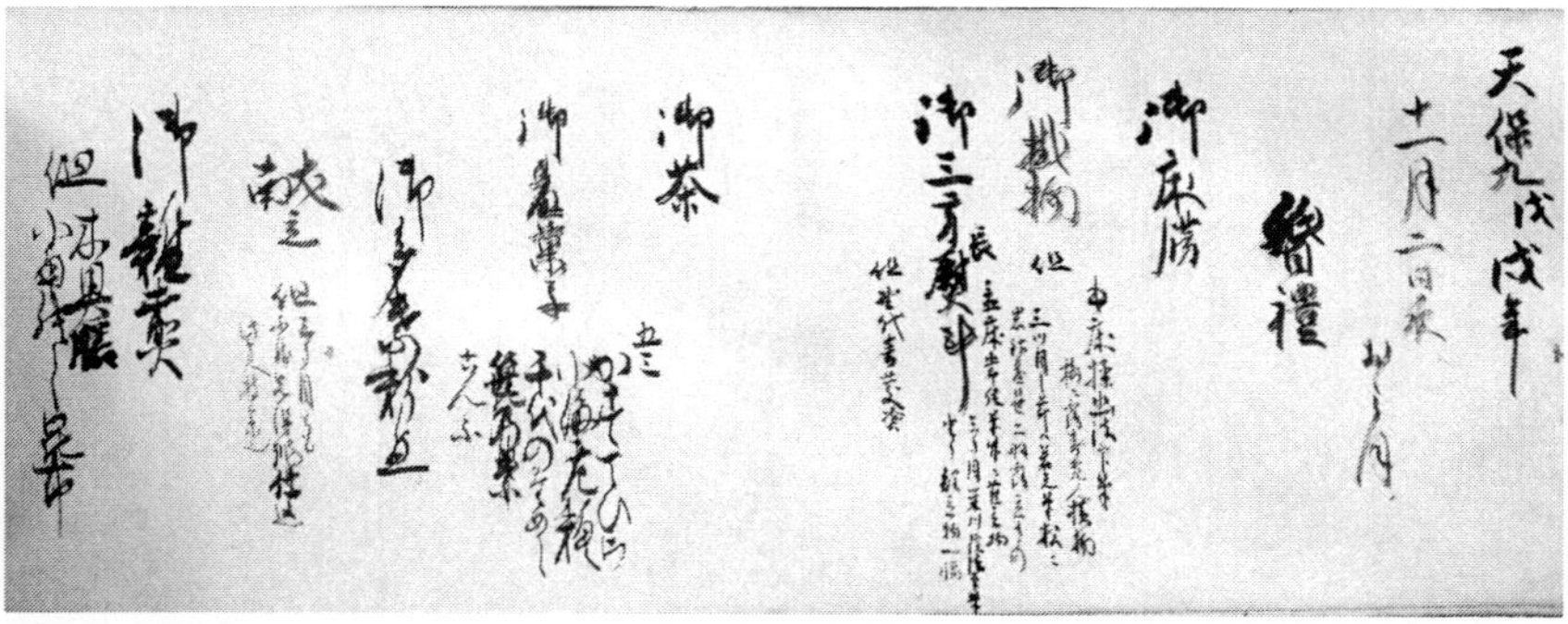

図10　婚礼の献立「村上家献立帳」天保９年11月２日（部分）（九州大学附属図書館付設記録資料館九州文化史資料部門蔵元山文庫）

ち、天保一三年八月一三日、りきの婚礼にのみ菓子名が「大海老糖　大千代　かすていら　みやきの　昆布」と記され、かすてら、海老糖、千代は台菓子と共通している。

以上より、婚礼で用いられる菓子は、かすてら、海老糖、千代で、これらはいずれも台菓子や引菓子として用いられていた。因みに同じく長崎の商人である他家で、長州藩御用商人海老屋足立家における万延二年（一八六一）二月婚礼の記録でも、[62]最初にかすてら、千代のためし、小海老糖、のし、昆布が出されている。また、家の詳細は不明であるが天保一二年の事例でも、膳部の前に出された菓子として、同じく「熨斗　こぶ　千代様　かすていら　えひ糖」と記されている。[63]

同じ通過儀礼との比較として、六代栄常の養母茂勢《もせ》が六一歳に達した祝いである耳順賀の事例をみると、前記のように卓子献立を中心とする宴席で、膳部の前に茶と、かすてら・海老糖・鶴・みちしお・昆布が出された。また到来物の約五割は「桃饅頭一台」であった。

◆法事

法事は文化一四年五月二七日の幼泡観空居士（四代栄弥）一七回忌から、天保一五年一一月一八日の観月道慶大姉一周忌まで、一周忌一、七回忌二、一三回忌六、一七回忌八、二五回忌七、三三回忌四、五〇回忌三、百回忌一回、計三二事例の年忌が記されている。年忌では通常忌日前夜の逮夜と当日の斎の二回分の記録があるが、片方または両方の略記により献立が不詳な事例もある。また、三回、四回の事例もあり、これについては後でとりあげる。

年忌の献立の料理様式は卓子が主流であるが、五例では逮夜か斎の片方に本膳を用いる。文化一四年の四代栄弥一七回忌の逮夜、同年一一月二〇日宗国三三回忌逮夜、天保二年一一月二一五日の三代藤規妻茂勢一三回忌の斎、同八年一一月二〇日の三代藤規五〇回忌の斎及び一一月二八日の献立である。[64]

法事で使われた菓子について、献立、到来物、配り菓子に具体的な菓子名が記された二一例を表5に示す。なお、到来物は親族知音からの仏前の供物や、法事の案内を受けた返礼で、主として法事に必要な蠟燭、線香、料理食材（乾物類）、菓子（貯蔵できる砂糖漬・砂糖菓子類、間食に用いられる餅・饅頭）等である、配り菓子はくんち同様何組か準備し、配り先によって菓子や品数を変えている。

献立における菓子の記載は、前記した本膳の五例中、三代藤規妻の一三回忌を除く四例（①、②、⑰）と、卓子でも一例、三代藤規の五〇回忌の逮夜（⑰）にある。また、盛物（供物）にも三例、円山慈観居士の一三回忌（④）と、同一七回忌（⑧）、智明童女の五〇回忌（⑱）に菓子が記されている。

法事における菓子の種類については、三三回忌以前の一八例と、五〇回忌以降の四例（⑤、⑰、⑱、⑳）で違いが認められる。まず三三回忌以前では、全例で献立、配り菓子、到来物のいずれかに朧饅頭が使われている。これは蒸した後に表皮をはいだ饅頭で、現在も仏事で一般的に使われる。[65]また羊羹が配り菓子に九例、膳部で二例（①、②）、盛物に一例（④）、落雁五例（⑤、⑧、⑪、⑬）及び花ぼうろ五例（④、⑤、⑧、⑰）が盛物と到来物に記されている。羊羹、牛房餅（⑩⑪の注文控）は、他の行事には認められず、[66]落雁と花ぼうろはほかの事例では大般若祈祷に認められるのみである。このうち羊羹は③、⑩、⑲に材料分量が記され、村上家で作ったものが配られたと考えられる。⑲は寒天を用いた煉羊羹で、それ以外は蒸羊羹である。なお、羊羹については第八章で後述

到来物	配り菓子	注文控
	羊羹・錦糖・朧饅頭	
朧饅頭	朧饅頭・羊羹・巻乃	
朧饅頭、花ぼうろ、菓子、饅頭、台菓子		
落雁、花ぼうろ、朧饅頭、万頭	朧饅頭・羊羹・茶巾糖	
饅頭、盛物菓子	羊羹・朧饅頭・ひたち帯	
饅頭、台菓子、朧饅頭		
朧饅頭、落雁、菓子、大花ぼうろ	羊羹・おもだか・朧饅頭	
	朧饅頭・みかん漬・ひたち帯	
饅頭、台菓子、朧饅頭	羊羹・饅頭・茶巾糖	桜屋：腰高朧饅頭、濱ノ町餅屋：牛房餅
饅頭、台菓子、落雁、唐人菓子、朧饅頭		桜屋：饅頭､小川屋：雪の下、泉屋：茶巾糖、濱ノ町餅屋：牛房餅
	雪の下・朧饅頭・千代結び	
朧饅頭、落雁	髪人参糖・羊羹・朧饅頭	注文覚：朧饅頭、鬚人参糖紅白黄
饅頭、朧饅頭、盛物菓子		桜屋：腰高饅頭、泉屋：紅錦飩
桃饅頭、盛物菓子、饅頭、砂糖菓子	赤飯桃饅頭添	
盛物菓子、菓子、朧饅頭、砂糖菓子、饅頭	「饅頭・羊羹・ひたち帯」､梅花形	泉屋：ひたち帯、梅花形、桜屋：朧腰高饅頭
桃饅頭、朧桃饅頭、菓子、大花ぼうろ、腰高朧饅頭、盛物菓子、砂糖菓子	赤飯菓子添、「紅錦飩・小倉野・西王母、西王母・小海老糖・小千代」､「朧桃饅頭・海老糖・千代のためし」	泉屋：海老糖・鶴、小川屋：西王母、小千代、小海老糖
菓子、朧饅頭	「紅白錦飩・極上都饅頭・最中・黄鬚人参糖」､「煉羊羹・友白髪・白黄朧饅頭」	
桃饅頭、朧桃饅頭、西王母	赤飯菓子添、「海老糖・鶴・朧桃饅頭」	小川屋：海老糖、鶴、千代のためし、森田屋・桜屋：朧桃饅頭
朧饅頭、盛合台菓子	「紅白友白髪・羊羹・都饅頭黄白」､「羊羹・錦飩・腰高饅頭」	小川屋：紅白友白髪、羊羹、都饅頭、腰高饅頭、桜屋：朧腰高饅頭

表5　「村上家献立帳」の法事における菓子

No.	年月日	人名	回忌	献立
①	文化14(1817)5.27＊-8	幼泡観空居士(4代栄称)	17	(5.27逮夜本膳後) 羊羹・錦糖・黄朧饅頭
②	文化14(1817)11.20＊-21	宗国	33	(11.20逮夜本膳後)羊羹、黄朧饅頭、大八千代結び
③	文政7(1824)2.17-18	圓明慈鏡大姉	17	
④	文政7(1824)8.24-25	圓山慈観居士	13	(盛物)朧饅頭・茶巾糖・羊羹
⑤	文政7(1824)10.11-12	周巌恵浄居士(5代藤蓮)	17	
⑥	文政8(1825)5.27	幼泡観空居士(4代栄称)	25	
⑦	文政8(1825)12.4-5	貞巌智空持戒大姉(3代藤規妻)	7	
⑧	文政11(1828)8.24-25	圓山慈観居士	17	(盛物)柿、朧饅頭、大花ぼうろ、大落雁
⑨	天保2(1831)5.24-25	寶壽妙圓禅定尼	25	
⑩	天保2(1831)11.25＊、12.4-5	貞巌智空持戒大姉(3代藤規妻)	13	
⑪	天保3(1832)2.17-18	圓明慈鏡大姉	25	
⑫	天保3(1832)8.10	湛寂禅明童子	13	
⑬	天保3(1832)10.11-12	周巌恵浄居士(5代藤蓮)	25	
⑭	天保4(1833)4.27-28	幼泡観空居士(4代栄称)	33	
⑮	天保5(1834)11.19-20	覺翁宗円禅定門	50	
⑯	天保6(1835)12.5	貞巌智空持戒大姉(3代藤規妻)	17	
⑰	天保8(1837)11.19＊-20＊、22、28	雪巌恵空東鳥居士(3代藤規)	**50**	(11.19逮夜卓子後) 朧桃饅頭・海老糖・鶴、(11.20斎本膳後)西王母・小千代・小海老糖、(11.28本膳後)朧桃饅頭
⑱	天保9(1838)9.10	智明童女	**50**	(盛物)桃饅頭・菓子・柿
⑲	天保11(1840)10.11-12	周巌恵浄居士(5代藤蓮)	33	
⑳	天保12(1841)8.10	慈光妙雲大姉(初代七右衛門妻)	**100**	
㉑	天保14(1843)12.4-5	貞巌智空持戒大姉(3代藤規妻)	25	

出典：「村上家献立帳」(九州大学附属図書館付設記録資料館九州文化史資料部門蔵元山文庫)
註：月日の＊は本膳料理の献立、回忌のゴチック体は50回忌以上、配り菓子の「　」は一揃いを示す

する。

牛房餅は、長崎では近世から明治期まで作られていたとされるが(67)、第九章で後述する通り近世には二系統が確認される。本史料上の実態は不詳であるが、同じ長崎の平戸名菓として現在知られている「牛蒡餅」に類するものと考えられる。それはごぼうは使わず、上用粉と砂糖を材料とする生地を蒸した円柱形の餅菓子で、法事では通常より大きく作ったものが用いられる（図11）(68)。この系統は近世には平戸藩主松浦家に伝わる弘化二年成立の「百菓之図」(69)や、熊本藩士による食品の製法書で文化一四年に書写された「歳時記」に確認できる(70)。また現在長崎市内でも同様の牛房餅が製造販売される事例を一件確認している(71)。

図11　法事用「牛蒡餅」つたや総本家（長崎県平戸市）

花ぼうろは前記したぼうろの一種で、生地に複雑な切目を入れていろいろな形に作った焼菓子である。現在は沖縄で法事に用いられるとされる(72)。なお本史料では、花ぼうろは法事や大般若祈祷の供物に用いられているが、一般的には朝鮮通信使の饗応記録のほか、黄表紙や川柳においても散見される(73)。またぼうろについては、もう一種類の丸ぼうろはくんちに使われており、花ぼうろとは行事による使い分けがみられる。その根拠については、推測の域を出ないが、丸ぼうろには材料に卵が使用されていたのかもしれない。

次に五〇回忌以降の年忌に注目すると、三三回忌以前に使われた朧饅頭、落雁、羊羹に替わり、全例で桃饅頭または朧桃饅頭が使われている。菓子を添えた赤飯（⑮、⑰、⑳）や、くんちや婚礼と同様の海老糖、鶴（⑰、⑳）から、この年忌が慶事の扱いであったことが窺える。海老糖は五〇回忌以降にしか認められないが、同じく有平糖類の千代結び、錦糖、茶巾糖、鬚人参糖は三三回忌以前にもみられる[74]。

また、三代藤規の五〇回忌、初代七右衛門妻・登以の百回忌（⑰、⑳）には、到来品や配り菓子に西王母がみられ、「蒸菓子なり」と付記されている。西王母に因んだ不老長寿の桃を象った菓子と考えられるが、その発注先は桃饅頭を注文する桜屋ではなく、かすてらや有平糖類を注文する小川屋であった。この西王母は現在の松翁軒の慶事菓子「西王母」（図4）と同様のものと考えられる。それは小豆の漉し餡を包んだ薯蕷饅頭で、主に婚礼の引出物に使われるとのことである。西王母信仰は古代日本に中国より伝わり、古典文学や謡曲、近世の俳諧等にも散見され、また上菓子の完成以降、西王母や千寿等の菓銘が桃形の菓子にみられる[75]。中国の影響をより強く受けていた長崎では、桃を象った菓子が慶事で定着しており、またそれには、饅頭屋で製造販売される桃饅頭（図12）と、その上品といえる菓子屋製の西王母と、製造者や材料により格の違いがあったと考えられる。

この二事例の対象は、いずれも村上家の重要人物である。特に三代藤規は、「献立帳」が記された当時の当主六代栄常の養父で、かつ長崎の村上家の開祖であり、栄常は三代夫妻の絵像を長崎会所筆者だった香月丹丘《かつきたんきゅう》（一七四八〜一八三五）に描かせている[76]。夫妻の年忌に注目すると、特に藤規の五〇回忌、妻の一三・二五回忌において、蒸物や菓子の配り先が多く、記録が詳細である。また、宴席の回数が藤規の五〇回忌は四回、妻の一三回忌は三回と多く、通常の逮夜や斎のほかにも設けられている。

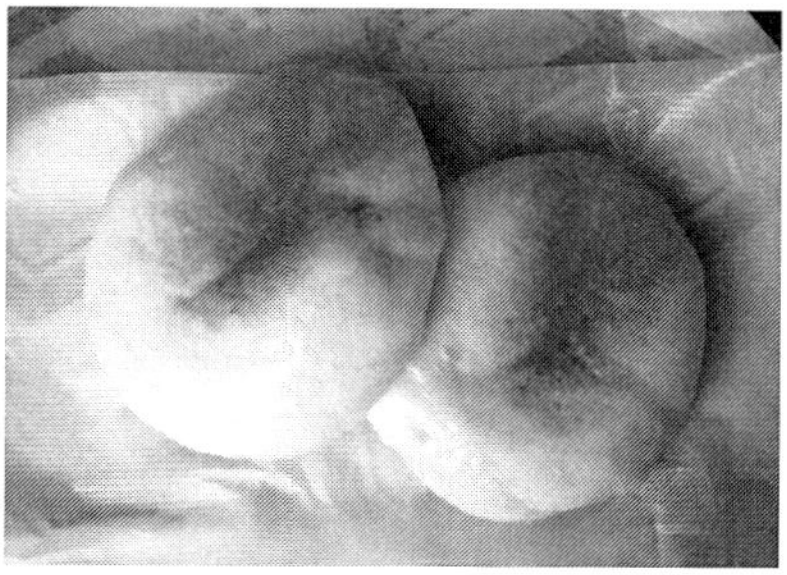

図12　「桃饅頭」亀屋饅頭（長崎市）

以上、村上家の法事では三三回忌以前で朧饅頭、羊羹、落雁、花ぼうろ、牛房餅が、五〇回忌以降で桃饅頭または朧桃饅頭、海老糖、鶴が用いられ、特に三代藤規の五〇回忌と初代妻の百回忌には西王母が使われていた。なお長崎の

表６　「村上家献立帳」における主な行事と菓子

菓子	くんち	婚礼	法事		他の行事
			33回忌以前	50回忌以降	
かすてら	○	○			耳順賀
海老糖	○	○		○	耳順賀
桃饅頭	○			○	耳順賀、稲荷祭
西王母				○	
鶴	○			○	耳順賀
丸ぼうろ	○				
花ぼうろ			○		大般若
牛房餅			○		
朧（腰高）饅頭			○		
落雁			○		大般若
羊羹			○		

出典：「村上家献立帳」（九州大学附属図書館付設記録資料館九州文化史資料部門蔵元山文庫）

他家における法事の事例では、まず桶屋町の乙名藤家で文化八年一〇月、初命日の配り菓子は饅頭、羊羹のほか、牛房餅、大花ぼうる（大花ぼうろ）、五七日《いつなのか》の逮夜の献立に饅頭、牛房餅、源氏糖、一回忌の献立に饅頭、牛房餅、花ぼうる、おもだかが記されている(77)。また文政六年三月、オランダ通詞本木正栄一回忌の献立に饅頭、牛房餅と大花ぼうろが記されている(78)。牛房餅と花ぼうろは、当時長崎において一般的に法事に使われる菓子だったと考えられる。

以上より、近世長崎の商家では、各行事で使われる菓子が定まっていたことが判明した。表６に主な行事と菓子の関係を示す。このなかから、かすてらに加え、後出する同じく長崎の桃饅頭に注目し、それぞれの菓子が行事との関連においてもつ意味を、次項で考えてみたい。

（３）　行事にみる菓子の意義

◆かすてら

かすてらはくんち、婚礼、耳順賀において、献立、配り菓子、到来物として使われ、くんちと婚礼では五三焼かすてら（以下、五三焼）の記載もある。くんちでは、天保五年の小川屋への菓子の注文控に「五三焼かすてら　壱斤半　代九匁、かすてら　壱斤　代四匁」と記されている。「五三焼かすてら」壱斤は六匁で「かすてら」の一・五倍の値段である。天保一二年のくんちには、同じく小川屋への注文控で「四十匁　かすてら　拾斤」、「弐拾匁　かすてら　五斤」とあるが、この注文分の小川屋から村上家への請求書には「上粕亭羅」と記されている。また婚礼では、天保九年一一月二日夜、三保の事例で御台菓子に「五三かすてひら」と明記されている。従って村上家がくんちや婚礼に用いたかすてらは、小川屋の「上粕亭羅」と「五三焼かすてら」であることがわかる。加えて小川屋の「上」という表記から、かすてらには品質によって等級が数段階あり、なかでも五三焼は極上品であったことが窺える[79]。そしてそれを用いるくんちや婚礼は、極めて慶賀すべき重要な行事だったと考えられる。因みに天明七年版『江戸町中喰物重法記』によれば、江戸神田の柏屋では「並かすてら一斤ニ付四匁八分、上同五匁八分、上々同六匁八分、大極上五三かすてら十匁」であった[80]。江戸においても同様の等級があったと考えられる。

なお、海老糖はかすてらと同じく婚礼、くんち、耳順賀に使われているが、五〇回忌以降の年忌では海老糖は使われ、かすてらは使われていない。五〇回忌以降が祝儀として扱われていることは指摘した通りであるが、卵を用いるかすてらは、法事という性格上、忌避されたと考えられる。

ここでほかの史料からもう一例、かすてらが使用された事例をみる。幕府が将軍の代替りごとに全国各地に派遣する巡見使《じゅんけんし》の、天保九年の長崎での接待記録「天保九戊年巡見御上使御下向一件書留一」[81]において、上使曾我又左衛門の到着当日の献立に、御台菓子として「かすてら　千代結　はつ霜」と記されている[82]。かすてらが、重要な接待の格式を示す菓子として用いられている事例とみなすことができる。

近世、長崎においてかすてらは、地域最大の祭礼くんちや、家の継続と繁栄に関わる婚礼等、家や地域にとって最も慶賀される行事や重要な接待に用いられ、当時の長崎において極めて重要で格式の高い菓子として認識されていたことが明らかとなった。またその際「五三焼かすてら」、「上かすてら」等の、品質や値段の異なる数段階が、使途によって使い分けられていた。

◈桃饅頭

長崎の桃饅頭は、小豆餡を包んだ甘酒饅頭に紅をさした桃形の饅頭で（図12）、大小数種の大きさがある。鎌倉時代に伝来したとされる饅頭の系統とは別に、寛永六年創建の黄檗宗崇福寺の中国僧がもたらしたものが、慶事に用いられるようになったとされている(83)。現在も、くんちでは踊町の庭見せで大きな桃饅頭を宗和台へ盛り上げて飾り付ける。またそのほか宮参の返礼や初節句、初午や稲荷祭、棟上の諸祝儀でも用いられる。なお現在、雛の初節句の返礼は、桃饅頭に代わり、前記した桃かすてらが主流となっている。

本史料で桃饅頭と関連のあった行事は、くんち及び五〇回忌以降の年忌、耳順賀で、献立、配り菓子、到来物として散見される。三代藤規の五〇回忌、初代妻の百回忌等特別な年忌では桃饅頭の上品ともいえる西王母が供されていた。また、稲荷祭、恵比須講で供物や進物に用いられている。なお初節句の事例は女児一例、男児二例があるが、いずれの事例にも菓子の記載はない。比較的簡略な記録なので、省略されていることも考えられる。

以上より、桃饅頭は耳順賀、五〇回忌以降の慶事扱いの年忌、祭礼の供物に使われる菓子であった。かすてら同様に慶賀の意味を有し、くんちでは両方が用いられていた。しかし、材料や値段、注文先の違いから、菓子としての格式や用途が、かすてらとは異なるものであったと考えられる。桃饅頭はかすてらに比して安価であり、注文先は前記の通り、かすてらは有平糖と同じく小川屋であったが、桃饅頭は他の饅頭類と同じく桜屋または森田屋であった。前者は菓子屋、後者は饅頭屋であろう。

なお近世の長崎の菓子屋については、文化年間（一八〇四〜一八一八）の後半頃から出島出入の絵師であった川原慶賀が、オランダ人の依頼を受けて日本人の生活を図譜的に描いたとされる各種職業図の一絵図「御菓子所」（図13）[84]から、その様子を窺い知ることができる。のれんに「御くはし所」とあり、店内では籠に入った多くの卵とそれを擂鉢で擂り混ぜている様子、棚には「金へい糖」や長崎名物の「生姜漬（砂糖漬）」の壺、土間では上下釜が使われている様子が描かれていることから、南蛮菓子を製造販売する店とわかる。菓子簞笥の引出には（右上から下に）「つる、松葉、玉椿、花ほふる、千代例（ちよのためし）、甘菊（寒菊）、初霜、松風、二見浦、松の雪、丸ほふる、霜柱、松緑、こふさこ（口砂香）、落鴈」とあり、「献立帳」にもみられた多くの菓子の名や、前記した長崎名菓の寒菊、口砂香が描かれている。また、中央の作業台には、ぼうろの抜き型のようなものが確認できる。村上家に南蛮菓子を納めていた小川屋も、同様の菓子屋であったと推察される。

以上より、近世長崎においてかすてらは民間の行事に組みこまれ、その需要に応じる菓子屋もあり、同地の食文化として定着していたと考えられる。しかしそれを同地の地域性とする指摘は近世の諸記録に認められず、一般的には認識されていなかった可能性が高い。このかすてらが近代長崎の名菓へと展開していく経緯について、次節で検討したい。

図13　川原慶賀「御菓子所」ライデン国立民族学博物館蔵（©Collection Nationaal Museum van Wereldculturen. Coll. No. RV-360-4321）

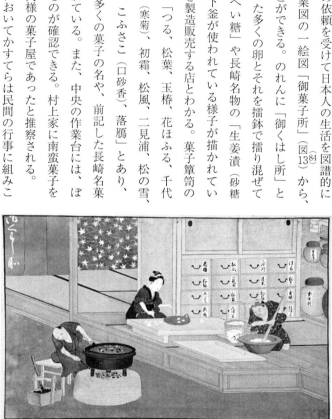

第四節　近代長崎におけるかすてらの変容と地域性

(1) 近世以来の長崎名産砂糖漬

長崎は、幕末から明治初期において著しく転変する。慶応四年（一八六八）に明治新政府が設置した長崎裁判所は長崎府を経て、明治二年（一八六九）の版籍奉還で長崎県と改称する。同四年の廃藩置県以降、旧藩領は合併と編入を繰り返し、同一一年の郡区町村編制法を経て、同二二年の町村制施行に伴い長崎市が成立する。一方近世以来の貿易の独占は安政六年（一八五九）の開港により崩れ、首位を横浜に奪われ、居留地の外国貿易商社も横浜・神戸に移転していった。近世の貿易都市・港湾都市としての長崎は衰退に向かう(85)。本節ではこうした近代の長崎におけるかすてらの変容や製造者の動向を、内国博記録と前出の聴取調査を通して探ってみたい。

まず、内国博全五回の長崎県の菓子の出品・受賞の状況をみる（表7）。明治一〇年の第一回において、長崎からの菓子の出品は、西彼杵郡長崎村の福屋藤吉による蜜漬　橙《だいだい》実と、県庁の砂糖漬（蜜柑、冬瓜、柚、天門冬《てんもんどう》、生姜、金柑）であった。福屋は中村藤吉が明治初期に旧丸山遊郭の上手、小島郷に開業した西洋料理屋で(86)、第一回には同時に炮腿（ハム）も出品している。次いで同一四年の第二回にも、同店の福屋藤七が炮腿と、蜜漬橙子糖蜜煮製、ジャム（李子、橙子）を出品した。このように第一、二回においてかすてらは長崎から出品されていないが、他府県からは第一回東京、新潟、和歌山、静岡、愛知等の複数県から出品された。

この時期の長崎におけるかすてらは、明治八年の『長崎県地理図誌』に、産物として「粕亭羅四萬五千斤」が「砂糖漬類、南蛮菓子、支那菓子」と併記されていることからわかるように、主要な産物と認識されていた(87)。しかし林源吉は、明治一二年の長崎博覧会に福砂屋と松翁軒の両店がかすてらではなく砂糖漬を出品していることに注目し、当時長崎名物として砂糖漬がかすてらの上位にあったと指摘している(88)。内国博の初期の出品の中心は近世以来の特産であったことを、第三、六章の事例で確認した。長崎でもこの時期の最も主要な特産は、第一章でみた通り近世以来の砂糖漬で、かすてらは同地の一産物であったとしても現在の長崎名菓の位置づけにはなかったと考えてよいだろう。

明治二三年の第三回において、船大工町の殿村清太郎が、長崎から初めて「カステイラ」を口砂香・果物砂糖漬・細工菓子・ビスケットとともに出品し、「鯛形干菓子・カステイラ・ビスケット」で三等有功賞を受けた。出品者は、前出した福砂屋の一二代当主である。(89) このかすてらについては、「菓子製造軌範」に収載された出品解説書を通して実態を窺うことができる。

本史料は編著者名は記されていないが、巻頭の「凡例」で、明治三〇年（一八九七）に「東海の異郷」に住む編者が「第三及ひ第四内国博出品解説書を主として纂輯」したものとあり、種々の菓子八九〇点の出品者名・住所、出品菓子名、材料分量、製法が記されている。(90) 長崎のかすてらについては六点の記録があり（表8）、以下それを分析することによって内国博に出品された長崎のかすてらの実態を検討するが、分析に先立ち本史料の有用性を確認しておきたい。

出品解説書は序章で前述した通り、出品者が出品物の詳細を規定の書式にもとづき記載し主催者事務局へ提出する書類である。審査報告で示されるごく一部を除き、基本的に事務局外部には公開されないが、出品物の実態が詳細にわかる貴重な史料である。山形名菓「のし梅」の製造者である佐藤屋の佐藤正三郎は、同家に所蔵された出品解説書の控から、製品の改良過程を分析し、合わせて史料としての重要性を明らかにしている。またそのなかで第四回内国博出品関連書類として示されている同市六日町の菅野味之助の「熨斗梅及甘露梅」の「出品解説書写」の一部「熨斗梅」の「製造法」は、本史料に収載されている同氏のそれと同文である。(91) 従って本史料は、確かに事務局に提出された出品解説書の入手が可能な関係者が、その製法記録を中心に纂輯したものと考えられ、

		長崎市銀屋町	吉村籐吉	別製カステーラ、生姜漬	褒状：カステイラ
		南高来郡小浜村	田中徹次	湯煎餅	
		長崎市本紺屋町	塚原金次	カステーラ、ビスケット、鰹魚菓子細工	
		南高来郡口津村	植木平太郎	カステーラ、海膽煎餅	褒状：カステイラ
		長崎市本大工町	山口貞次郎	カステーラ、バタカステーラ、カステーラ缶詰、バタカステーラ缶詰、橙砂糖漬、蜜柑砂糖漬	一等賞：カステーラ
		長崎市大黒町	山本太平	菓子原料水飴、滋養水飴缶詰、菊露水飴瓶詰	
		南高来郡小浜村	小高竹三郎	湯煎餅	
		長崎市八阪町	近藤生男	缶入ウニ煎餅	
		南高来郡南有馬村	江島久吉	八重櫻、湯煎餅	
		長崎市外浦町	東屋吉太郎	カステーラ	褒状：カステイラ
		下県郡鶏知村	宮本瑞穂	カステーラ	褒状：カステイラ
		南高来郡小浜村	宮崎富蔵	湯煎餅	褒状：湯煎餅
		長崎市西浜町	山浦治吉	キャンディ	
		南高来郡島原町	森川三吉	ジャボン漬、橙漬、蜜柑漬	

出典：第１～５回出品受賞目録（凡例参照）により作成

内国博の出品物の実態を示しているといえる。

そこで改めて「菓子製造軌範」で、第三回の殿村清太郎の「カステイラ」（表8①）に注目する。材料は「五温糖、麦粉、氷砂糖、玉子」とある。五温糖は後述する通りざらめであるが、水飴は記されていない。生地作りでは砂糖と卵黄、次いで卵白、小麦粉の順に擂り混ぜるとあり、焼き方も含めて近世と大きな違いはないが、焼き上げたあと氷砂糖を粗粉にしてふりかける工程が特徴的といえる。なお福砂屋の近代の事例はこれ以前にも明治一八年刊『商工技芸崎陽之魁』に「蒸菓子　干菓子　カステイラ　砂糖漬　製造処」とある[92]。かすてらは主要な商品の一つであったとわかる。

(2)　材料と製法の変容

◆ざらめ、水飴、卵泡立て

明治二八年の第四回には長崎県から九名が三四点の菓子を出品し、そのうち長崎市の六名は全員がかすてらを出品し、うち三名は褒賞を受けた。出品者は福砂屋の殿村為三郎[93]、山口貞次郎（松翁軒）、岩永徳太郎

表７　内国勧業博覧会における長崎県の菓子の出品・受賞

回	開催年	出品者住所	出品者	出品物	受賞
1	明治10（1877）	西彼杵郡長崎村	福屋藤吉	蜜漬橙実	
			県庁	砂糖漬蜜柑、冬瓜、柚、天門冬、生姜、金柑漬	
2	明治14（1881）	西彼杵郡長崎村	福屋藤七	蜜漬橙子糖蜜煮製	
3	明治23（1890）	長崎市船大工町	殿村清太郎	カステーラ、口砂香、果物砂糖漬、細工菓子、ビスケット	三等有功賞：鯛形干菓子、カステイラ、ビスケット
4	明治28（1895）	長崎市出来鍛冶屋町	岩永徳太郎	細工菓子、粕亭羅、口砂香、ビスケット	
		長崎市新橋町	有馬實二郎	細工菓子、粕亭羅、口砂香、蜜柑蜜漬	
		長崎市船大工町	殿村為三郎	カステイラ、寒菊、ビスケット、ソーダビスケット	有功三等賞：カステラ
		長崎市本大工町	山口貞次郎	細工菓子製山口熊吉、加寿天以羅、ビスケット	
		長崎市本籠町	渡辺貞吉	郁李砂糖漬製渡辺甚三郎、林檎、梨子、葡萄、青梅、サボン、粕亭羅、口砂香、菓子細工物	褒状：カステラ
		長崎市江戸町	泉谷辰三郎	粕亭羅、落シ焼、松風、口砂香、細工菓子	褒状：カステラ
		西彼杵郡面高村	坂本伊惣治	芋飴	
		東彼杵郡大村	松尾文吾	糯飴、麦飴	
		北松浦郡平戸町	道山彌助	飴菓子缶詰、氷飴同	
5	明治36（1903）	北高来郡本野村	井星藤助	飴	褒状：水飴
		長崎市出来鍛冶屋町	岩永徳太郎	カステーラ、寒菊	褒状：カステイラ
		南高来郡小浜村	伊藤ツル	湯煎餅	
		長崎市万屋町	泉谷太三郎	カステーラ、ビスケット、松風、國の花	三等賞：カステイラ
		長崎市江戸町	濱田喜作	カステーラ五三焼、カステーラ、押物口砂香、蜜柑砂糖漬、寒菊、細工菓子	
		長崎市船大工町	殿村為三郎	カステーラ五三焼、カステーラ	三等賞：カステイラ
		長崎市本紙屋町	大仁田八郎	カステーラ、寒菊	
		長崎市本五島町	渡邊駒太郎	カステーラ、ビスケット缶詰、寒菊	
		長崎市本籠町	渡邊貞吉	通常カステーラ、牛乳入同２、キャンディ２	褒状：洋式菓子
		長崎市本博多町	鎌田榮次郎	カステーラ、真砂焼缶詰、果物砂糖漬	

表8　第3・4回の内国勧業博覧会に長崎から出品された「カステーラ」の出品解説書の製法記録

No.	出品者	本文
①	殿村清太郎 長崎市船大工町	五温糖、麦粉、氷砂糖、玉子／右砂糖ト玉子半数ノ黄身(玉子三十個ナレハ十五個)トヲ摺鉢ニ入レ、摺ルコト十五分間、又残り半数ノ黄身ヲ入レ再ヒ摺り、次テ白身ヲ数量見斗ヒ混和シ尚ホ摺ルコト十四分間、而シテ麦粉ヲ混入シ充分捏ね合セ鉄釜ニ入レ上下ニ火ヲ置キ凡ソ三十分時ニシテ焼上ケ氷砂糖ヲ粗粉シテ散着ス
②	有馬寅次郎 長崎市新橋町	五温糖二百八十匁ヲ銅製広鉢ニ入レ、之ニ玉子白身ヲ除キ二百八十匁ヲ加合シ練リ合セ砂糖ノ細末ニ溶解スルヲ度トシ、亦之ニ水飴四十匁ヲ加ヘ再ヒ煉リ合セ更ニ別器ニテ右ノ玉子ノ白身(此内七個分ノ白身ハ除キテ用ヒス)ヲ攪拌シ、純白ノ泡トナシ前ノ溶解物ニ混入シテ能混和セシメ、而シテ後チ小麦粉百二十匁ヲ投合シテ亦能ク練リ予メ備ヘアル焼釜ニ運ヒ、釜ニハ長方形即チ深二寸五分立一尺二寸横八寸ノ底ナキ箱ニテ純質ノ紙ヲ貼リ、釜ノ内面ニ附着セシメテ底トナシ此箱ノ中ニ入レ適宜ノ量ヲ計リテ其釜ニ附属セル蓋ヲ覆ヒ(此蓋ノ上ニハ火ヲ載セル様仕立テタルモノ)釜ノ上下ヨリ適度ノ火熱ヲ以テ焼クコト凡ソ三十分時間ニテ焼キ上ルナリ／器具　銅鉢　焼釜　附属箱
③	山口貞次郎 長崎市本大工町	分量ハ砂糖四貫目、鶏卵四貫六百目、麦粉二貫四百目、飴一貫目トス、而シテ之ヲ配合スルノ法ハ、先ツ鶏卵ノ黄白肉を分ケ、白肉ヲ鉢ニ入レ器具ヲ以テ泡雪ノ如ク形態ニ変化セシメ(白肉混セ器具ハ鐵ノ針金ヲ楕円形ニ幾線モ曲ケタルモノヲ歯車ニテブリ車ヲ回転スル時ハ鉄線ノ回転スルニ付テ物質ヲ摩擦シテ泡沫トナルナリ)原形ノ千倍位ノ量トナル　之ニ砂糖少々ツヽ投入シ悉皆投入シ了リタル時マテ器械ニテ能ク混合セシムル時ハ其白沫ハ砂糖ノ為メニ減縮シテ三分ノ一位トナル　此時黄肉ト飴トヲ入レ最後ニ麦粉ヲ混和ス黍ノ粉ヲ入レ攪和スルニハ適度ノ時間アリ焼方ハ前記和合品二十分ノ一即チ三斤ヲ一釜ノ焼量トシ焼上クルナリ而シテ其焼釜ノ方法ハ蒸焼ノ仕掛ニシテ、先ツ木製枠ノ底ニ紙ヲ貼付セシモノヲ釜中ノ中央ニ備ヘ置キ其枠内ヘ原料ヲ注入シ、直ニ上釜ノ火度ヲ與フルトキハ枠中ノ「カステーラ」ノ上面適度ノ黄色ニ焦焼ス　此時上釜ハ取除キ鉄葉一枚乃至三枚ヲ以テ上面ヲ覆ヒ、火度ノ適度ヲ測リ甚タシク焦燬セサラシコトヲ要ス、此間概子三十乃至三十五分時ナリ程能ク膨張シテ適度ノモノトナル要するに該製造法タル火度ノ適否如何ニヨリ大ニ其形体ヲ左右スルナリ／器具　焼釜　大小鉢　泡立器　木枠
④	泉谷辰三郎 長崎市江戸町	最初和三盆砂糖目方二百八十目ヲ広鉢ニ入レ、之ニ卵二百八十目ヲ白肉ヲ除キ黄肉ノ分ヲ投シテ砂糖ヲ溶解セシメ、木片ヲ以テ充分練合シ、又之ニ水飴四十目ヲ投合シテ再ヒ練リ合セ、更ニ別器ニテ右玉子ノ白肉此内ノ目方三十目ヲ取除キ残量白肉ヲ充分攪拌シテ純白ノ泡トナシ、之ヲ右砂糖ノ溶解中ニ合セ再三練交スルナリ、而シテ之ニ小麦粉百二十目ヲ投シテ更ニ充分混合セシメタル後チ、予メ備ヘ置タル焼釜ニ運ヒ、釜ニハ長方形ニシテ深サ二寸五分立一尺二寸横八寸余ノ底ナキ箱ニナシ、純良ノ紙ヲ貼付シ釜ノ内面ニ附着セシメテ、底トナシタル其箱中ニ流シ込ミ、其釜ニ附属セル蓋ヲ覆ヒ(此釜ノ上ニ火ヲ載セル様仕立タルモノ)釜ノ上下ヨリ適当ノ火気ヲ以テ焼クモノトス
⑤	岩永徳太郎 長崎市出来鍛冶屋町	五温糖二百八十目　玉子黄身二百八十目　水飴四十目　麦粉百二十目／先ツ砂糖ヲ広鉢ニ入レ置キ之レニ玉子ノ黄身ヲ混入シ、練合シテ又飴ヲ合シ再ヒ練和シテ別ニ右玉子ノ白身七個分ヲ除キ余ハ悉ク器ニ入レ、充分攪拌シテ泡ヲ起サシメ、右ノ混合品ニ流シ込ミ能ク混合シテ後チ、小麦粉ヲ合シ再三捏子タル上焼釜ニ入レ焼上ス／焼キ方ハ深サ二寸五分立一尺二寸横八寸余ノ底ナキ木枠ニテ底ニ白紙ヲ貼付シ、釜ノ内面ニ附着セシメ底トナス、而シテ其枠中ニ原料ヲ入レ、釜ニ附属セル上部ニ炭火ヲ入ルル様、製鋳セル蓋ヲ覆ヒ上下両火ニテ焼クモノトス
⑥	殿村為三郎 長崎市船大工町	砂糖　玉子　小麦粉／右砂糖ト玉子ノ黄身トヲ鉢ニテ能ク攪和シ、而シテ小麦粉ヲ混合シテ後チ白身ヲ掻キ立テ充分泡ノ起リタルヲ加ヘ攪拌シ、之ヲ木製枠ニ紙ヲ以テ底トナシタルモノヘ移シ込ミ、鉄釜ニ入レ両火ニ掛ケ蒸焼ス

出典：「菓子製造軌範」東京都立中央図書館蔵加賀文庫
註：本文中のスラッシュは改行を示す（筆者加筆）

（梅寿軒）に加え、泉谷辰三郎、渡邊貞吉、有馬實二郎で、受賞は殿村が有功三等、渡邊と泉谷の二名が褒状であった。また、寒菊と口砂香もこの回から出品されており、特に口砂香・細工菓子・かすてらの揃いでの出品は長崎市の出品者六名中四名であった。

このうちかすてらについては、同じく「菓子製造軌範」で渡邊を除く五名の出品解説書が確認でき（表8）、第三回とは明らかな違いが現れている。まず材料については、飴（水飴）が有馬・山口・泉谷・岩永の四例（②〜⑤）に、五温糖（ざらめ）が有馬・殿村・岩村の三例（②④⑤）にみられる。

生地作りでは、全例で卵の泡立てが認められるが、手順は製造者によって若干の違いがある。有馬・泉谷・岩永（②④⑤）は卵黄・砂糖・飴を擂り混ぜ、別立てした「純白ノ泡」を混和する。山口（③）は卵白を「泡立器」で攪拌し「千倍位ノ量」になったら砂糖を加え、卵黄及び飴、続いて小麦粉と加えて生地を作る。器具名の明記は長崎のかすてらの製法記録において管見では初出で、その形状が詳述されていることから当時は普及していなかったものと考えられる。殿村（⑥）は卵黄と砂糖を鉢で「攪和」し、小麦粉、次いで卵白の泡を合わせる。長崎の複数事例で共通する、卵の泡立てを主体とする生地作りと、紙を敷いた木枠に生地を流し鉄板で蓋をして釜で蒸焼く工程は、材料のざらめ、飴とともに現在同地のかすてらの主要な特徴の成立を示す動向といえる。

◈「此地「カステラ」ヲ以テ著名ナリ」

明治三六年の第五回には長崎から二四名が五八点の菓子を出品し、そのうち一四名による二〇点がかすてらであった。また、受賞した一二名のうち八名がかすてらによる受賞であった。前回に比べ砂糖漬、口砂香、細工菓子、寒菊の出品が減り、一人の出品者が数種のかすてらを出す傾向がみられた。例えば山口貞次郎は「カステーラ、バタカステーラ、カステーラ缶詰、バタカステーラ缶詰」、殿村為三郎と濱田喜作は「カステーラ五三焼、カステーラ」、渡邊貞吉は「牛乳入カステーラ」、吉村藤吉は「別製カステーラ」を出している。褒賞は山口貞次郎の「カステイラ（乳油入）」が一等賞、泉谷太三郎・殿村為三郎二名の「カステイラ」が三等賞、岩永徳太郎・吉村藤吉・東屋吉太郎・宮本瑞穂・植木平太郎五名の「カステイラ」が褒状を受けた。この回には全国のかすてらの受賞数四二のうち、長崎がその約二割を得ている。審査報告では府県別批評で「此地「カステラ」ヲ以テ著名ナリ」とあり、その評価が次のように記されている(94)。

今回長崎県ノ出品二十点ニ及ヘリ、而シテ良品モ亦少カラス、其一斉ニ濃褐色即チ狐色ノ色澤ヲ備ヘ、風味ノ甜滑ナルカ如キ一種ノ特色アリト謂フヘシ、就中今回一等賞ニ擬シタル山口貞次郎ノ乳油入《バタ》「カステイラ」ノ如キハ、最優品ニ属シ、凡手ノ能ク弁スル所ニアラス、本人ハ近来大ニ「カステイラ」ノ改良ヲ図リ、蒸気力ヲ応用シテ製品ノ均一ト労力ヲ節スルコトニ努メツツアルハ頗ル嘉スヘシ（略）
砂糖ハ各府県トモ四温ヲ用ヒ居レトモ独長崎ハ五温ニ依リ、引釜ヲ用ヒ、其焼上ケタル形状ハ他府県ノモノト同ク狐色ヲ帯ヒ、浮目揃ヒタルモノヲ貴ヘリ

長崎県のかすてらの特徴として狐色の色澤、甜滑な風味と評されている。砂糖は各府県が「四温」を用いるなか長崎だけが「五温」を用い、製造では「引釜」で焼くと記されている。四温は上白糖、五温はざらめで、香港の機械精糖すなわち洋糖である(95)。引釜とは、山口貞一郎氏によれば前出した近世の上下釜を引き継いだ天火の前身で、浅い円筒形の釜部分とそれにかぶせるフライパン状の蓋から成る。生地を流した木枠を釜の中に入れて蓋をかぶせ、釜と蓋の両方に炭を入れ、上下から加熱する。引釜で一回焼くことを「一釜何斤」といい、通常は八斤の大きさの木枠を用いて焼いたという(96)。「蒸気力ヲ応用」とは「長崎式」といわれるかすてらの製造上の特徴で、蒸焼をさす（現代の製造工程③の「本焼」）。ところで、この山口貞次郎の研究改良の過程については、明治二五年以降の記録「菓子製造仕様手控」に認められる(97)（スラッシュは改行、筆者加筆）。

通常粕亭羅

砂糖弐百匁／玉子弐百壱匁／麦粉百弐十匁／飴四拾匁

（略）

ヲースタラリヤ　罐詰カステーラ

砂糖三百五十匁／玉子四百弐拾匁／麦粉弐百六十匁／アメ四十匁

第五回内国勧業博覧会出品　罐詰カステラ分量左ノ如シ

五温ふるい出し三百五十目／玉子四百五十目白内八ツ分引四ツ加フ／麦粉弐百六十目／水アメ四十匁／

同罐詰バーターカステーラ

五温荒キ分ニテ二百目／玉子二百六十匁／麦粉百五十匁／バータ四拾匁

缶詰のかすてらを研究し、オーストラリアへの輸出も考えていたことがわかる。またバター入りにのみ水飴の記載がなく、水飴と同じ分量のバターが記されていることから、バターを添加する目的の一つはしっとりした生地の追求か、あるいは輸出先国での嗜好性をめざしたものであったと思われる。

こうした成果は、国内外の博覧会、品評会、共進会への出品を通して発表されていた。同店で所蔵されている国内外の各種博覧会の賞牌全一八点や賞状等の受賞記録全一〇四点は、八代貞次郎と九代健市が当主であった明治中期から昭和初期にかけての約五〇年弱の期間のもので、(98) 国内外の博覧会に年に数回もの頻度で出品していたことがわかる。

なお賞牌から確認できる国外の受賞四件のうち、明治三三年パリ万国博覧会の名誉大銀牌は、山口貞次郎の「果物砂糖漬」である。長崎県の同博覧会関係史料によれば、それは橙・蜜柑・東瓜（冬瓜）の砂糖漬であった。長崎からは他に渡邊貞吉が橙・蜜柑・冬瓜、殿村為三郎が蜜柑の砂糖漬を出品してそれぞれ銀牌、銅牌を受賞しており、砂糖漬はこの時期においてもかすてらと並ぶ長崎の特産だったことがわかる。また、この時山口貞次郎だけは「カステーラ缶詰」の出品も出願したが許可がおりず、二年後の英国グラスゴー万国博覧会に際しても再度かすてらの出品を希望している。[99] 山口には、かすてらを同地の特産として海外に輸出しようとする計画があったと推察される。

　こうした出品に際しては、菓子自体の品質向上に加え、それを遠方の開催地へ出品するために品質保持性を高める方法の研究も必要であった。その成果は商品へも反映され、他地域への運搬移動を要する名菓の品質向上にも直結した。特にかすてらの改良が進むと、しっとりと柔らかくなる一方で傷つきやすく、またカビも生じやすくなるため、その対策としての包装技術の改良は、重要な課題であったという。[100]

（3）異文化認識の変容

◆西洋菓子器具の鉄製泡立器

　ところで、卵の泡立てを主体とする生地作りは、近世の史料にはその萌芽はみられたものの確かな証拠となる記述は認められず、近代以降の主要な変容の要点といえる。ここでは、それが洋菓子の「スポンジケーキ」（以下、スポンジ）からの発想である可能性を考えてみたい。

　明治五年（一八七二）刊『西洋料理指南』は在留英国人の手控帳を翻訳した西洋料理書とされ、序文に「西洋割焙《キリアプリ》ノ方法」とある。そこに「我国ノ「カステラ」ハ鶏卵十个ノトキニハ鶏卵ヲ割リ、黄白ヲ分チ、先ツ白ヲ器ニ盛リ、茶筅ニテ能挑攪《カキマハ》シ、漚《アハ》ヲ催シ凝固スル、復黄ヲ投入シテ漚ヲ催サシメ、生牛脂大三匙ヲ細末ニシテ加へ、小麦粉二合五勺入レ、砂糖一合五勺ヲ入、乾葡萄又砂糖葡萄ヲ適宜ニ投入シ、徐ロニ煉ルベシ、此図ノ如キ器中へ牛酪ヲ塗抹シ、少シク温ヲ加ヘテ之エ盛り「スタフ」へ入テ焼キ、此器ヨリ抜き出スベシ」とある。[101] 卵白を「茶筅」で攪拌して泡立てており、「凝固」するとはメレンゲをさすと思われる。「スタフ」は炭火の天火で、

図14　「玉子泡立器」阿部彦四郎商店広告（桜井ちか編『主婦之友』大倉書店、1908年）

生地を入れる「器」については丸菊形の金属製焼き型が図示されている。菓子名には「カステラ」とあるが、材料に牛脂を加え、金属の型に牛酪（バター）を塗っていることから洋菓子であることがわかる。

また文久三年（一八六三）の遣欧使節団員であった須藤時一郎が著したフランス料理の翻訳書とされる明治六年刊『万宝珍書』で、「甘菓之製法」に収載された洋菓子の一点「スポンジビスキット」の製法をみると、卵黄と卵白を別々に「攪和」して泡立て、小麦粉を合わせ牛酪を塗った型に流して焼竈で蒸焼にし、焼き上がる直前に「精良なる洋糖少許を飾り掛く」とある。[102] 最後に砂糖をふりかける以外は『西洋料理指南』の「カステラ」と同じである。つまり、近代以降到来した洋菓子のスポンジには卵を泡立てる工程が必須であることがわかる。

そのために必要な器具が泡立器で、それも西洋料理用の器具であった。明治二九年刊『西洋料理法』の「菓子製造法　ケーキ」には、卵をとく「軽便安価な機械」として「エッグビーター」が図示され、[103] 同三九年刊『和洋菓子製造のおけいこ』では「西洋菓子類製法」の最初に「かすてら」を載せ、西洋食料品店で販売されている「泡増《あわだて》殖器《きかい》」または箸五六本を拡げて持ち、二〇分間休まず「ガチャ〳〵搔廻し」、「泡を濃く濃く」立てるとある。[104] 同四〇年刊の『和洋菓子製法』では、「鶏卵泡立器」を「普通の家庭」で備えるべき「西洋菓子製法用の器具」であり「西洋食料品販売店」で売られていると記し、同四一年刊の西洋料理書『主婦之友』巻末の阿部彦四郎商店（東京浅草）食器部の広告には車付と茶筅形の二種の「玉子泡立器」が図示されている（図14）。[105]

◆南蛮菓子かすてらから西洋菓子カステーラへ

そして洋菓子に関するこれらの複数の記録から、スポンジとかすてらは同一視されていたことが窺える。明治一八年刊の翻訳料理書『手軽西洋料理』では、「カステイラ Sponge Cake」とある。[106]明治以降の史料で「かすてら」という菓子名がさすものには、従来かすてらとして知られている菓子のほかに、洋菓子名のスポンジの別称もあったとわかる。従って卵の泡立て工程の記されたかすてらがどちらをさすのかという明確な判断は難しいが、近代以降の材料である牛脂・牛酪・レモンや、金属製の焼き型の記載がある場合は、洋菓子とみなすことができるであろう。

なお、内国博記録では、すでに第一回、東京馬喰町米田新吉「カステーラ」の出品解説書で、卵の泡立てが認められる。[107]

鶏卵凡六十五顆ヲ選ヒ、其黄ト白トヲ分チ、蛋白ハ器中ニ入レ鉄製ノ「大茶筅」ヲ以テ攪拌シ、卵黄ハ歯盆ニ入レ棍木ニテ研リ其中ニ本邦製ノ精糖〈凡五百目〉ヲ投シテ尚研ルコト三十分時間、之ニ「浮粉」〈凡三百二十目〉ヲ混和シ、又蛋白ヲ和シテ鉄製ナル各種模型ニ入レ、火炉ニ上セ炭火ニテ炙フルニ十分時間ニシテ模型ヨリ取リ出シ匣ニ入レテ貯フ、其大ナルモノヲ製スル型ハ鉄製ノ方匣中ニ框ヲ嵌シ、箱底ニ厚紙ヲ敷キ、其上ハ油紙ヲ以テ蓋トナシ炙クコト凡十五分時間ニシテ全ク成ル

材料は鶏卵・精製糖・浮粉で、製造では卵白を鉄製の「大茶筅」で三〇分攪拌し、別器で擂り混ぜた卵黄と砂糖に浮粉を合わせた中に加え、鉄製の各種模型に入れて炭火の天火で焼くとある。この出品者は第二回以降みられず、詳細は不明であるが、器具からは洋菓子と考えられる。なお「大ナルモノ」は鉄製の角形箱の中に枠をはめ、底に厚紙を敷き、油紙で蓋をして焼くとあることから、形状は現在の長崎のかすてらにも似るが、材料に水飴やざらめはみられないため、それとは異なる。

実は同時期、「長崎製法」または「長崎製」と称するかすてらの事例が、大阪を中心に認められる。例えば明治一三年四月七日の『朝日新聞』の広告に大阪平野町の西陽堂「長崎製法かすてゐら　同花かすてゐら　同ぶと

う入　同おとしやき」、とあり、同じく同一六年一一月一〇日の広告に、北浜の浪華堂「長崎本精法　かすていら　花かすていら　をとし焼」とある。花かすてらは花形の金属製の型で焼いたもの、ぶどうは干ぶどうである。また同二一年二月三日、心斎橋和田風月堂の広告に「正真西洋菓子非常安売」として「ビスケット　上等食パン　カルルス煎餅　菓子パン　長崎製カステーラ」とある。いずれも洋菓子屋で、その主要な商品であることがわかる。[108]西陽堂の一七年の「西洋菓子販売広告」には「十二年始て蘭人傳法のカスティラを精製発売せし（略）爾来弊店の顰《ひそみ》に倣ひ長崎製のカステイラを鬻ぐ店、目今既に十餘の多きに至れり」とあり、西洋のオランダ人伝法のかすてらを「長崎製」と称していることがわかる。同一七年、中ノ島の永寿堂小柳の広告には「阿蘭陀製かすていら」ともあり、長崎製はオランダ製またはオランダ人伝法の別称だった。[109]すなわちこれらの「長崎製法」とは、「阿蘭陀製」とも称される、鉄製泡立器による卵の泡立てを主体とする生地作りの呼称だった可能性が高い。

現在長崎のかすてらにおいて製造の主体をなす卵の泡立て工程は、長崎の菓子屋に関する史料では内国博の第四回で初めてみられること、また洋菓子のスポンジの製造では当初から必須の工程であることから、洋菓子の技術から採用した可能性は高いといえる。その際かすてらに対する認識については、洋菓子のスポンジに既存のかすてらとの共通性を見いだしその技術を採用したか、あるいはかすてらを洋菓子として再認識したのか検証はし難いが、後者と考えられる根拠はある。例えば殿村清太郎が第三回で出品した「カステイラ」の製造における、仕上げに砂糖をふりかける工程は、前出した翻訳書『万宝珍書』の洋菓子「スポンジビスキット」にもみられる。またその時には洋菓子のビスケットも同時に出品していることから、同店ではかすてらも洋菓子と認識されていた可能性がある。この点に注目すると、山口貞次郎が第五回に出品した「バタカステーラ」も、従来の南蛮菓子に西洋の材料である乳を加えた和洋折衷菓子ではなく、洋菓子と認識されていたとも考えられる。

こうした異文化認識に関し、かすてらの呼称についても興味深い事例がある。明治三七年刊『和洋家庭料理法全』は、初の女性向け料理学校を開設した赤堀峰吉著の家庭向け料理書で、料理が日本料理と西洋料理に分類されている。かすてらは西洋料理に「スパンジケーキ（カステラの事なり）」として収載され、巻頭の正誤表には「かすてらはかすてーらに改む」と記されている(110)。内国博記録上にも散見されるカタカナや漢字表記の「カステイラ、カステーラ」の音は、「西洋語」表現と認識され「かすてら」と区別されていたのかもしれない。明治期においてかすてらはビスケットとともに、天火またはその仕組をもつ釜を備えた和菓子屋・洋菓子屋の両方で作られていた。その際、小麦粉・砂糖・卵という材料と天火とを使用する南蛮菓子のかすてらと、ぼうろ・落とし焼が、起源を同じくする洋菓子のジェノワーズとビスケットに置き替えられていたと考えられる(111)。

（4）全国的な展開と地域性の確立

◈名声と「長崎式」技術の伝播

長崎のかすてらはこうした変容を経て地域性を確立した。第五回内国博の二年後の明治三八年に刊行された、村井寛（弦斉）著の小説『実地経験　台所重宝記』で、菓子の産地を細君が下女に教える場面には「お菓子には色々の名物が御座いますネ」という下女に、細君が「カステラと云へば長崎」と応える描写があり(112)、長崎名物（名菓）としての認識が定着していることが窺える。ここでは長崎のかすてらが名実ともに全国的な定評を得ていく主要な契機として、商品の宣伝と他地域への進出をみておきたい。

まず全国的な宣伝活動の嚆矢は、文明堂の創業者中川安五郎とされる。自叙伝によれば、中川は明治三〇年頃より泉屋、福砂屋での修行を経て、同三三年丸山町に「カステーラ」と蒸菓子の菓子屋、文明堂を創業した。修行当時の福砂屋は、カステーラ、蒸菓子、ビスケットの三部に分かれ、カステーラ部では四斤釜を毎日二〇釜、節季には三〇釜焼き、明治三一年頃の長崎市のかすてらの年間製造高約六万斤のうちの半分を売っていたとされる[113]。以上のことから、かすてらの高い需要が窺えるが、この時期長崎の菓子屋の他地域におけるかすてらの広告は確認できない。

文明堂は、明治四三年頃、全国要所の鉄道沿線に「長崎文明堂のカステーラ」と大看板を設置したほか、大正三年（一九一四）の東京大正博覧会では、同じく長崎の白水堂とともに出張製造販売を行った。なお白水堂は、明治二〇年に白水喜八が長崎市思案橋で創業し、大正三年にはすでに東京店を開業していた。これは長崎のかすてらが県外へ進出した最初の例とされる[114]。

大正一一年には文明堂も東京支店を上野下谷黒門町に開設し、同年の平和記念東京博覧会には白水堂とともに売店を出した。同年三月一〇日付の『読売新聞』には、「長崎カステラの上品」の見出で「長崎カステラの総本家である長崎文明堂は、横須賀、舞鶴、呉、佐世保各鎮守府の御用達であるが、今回平和博を機会に下谷区東黒門町に支店を開設、長崎カステラの真価を全国的に宣伝すべく三越と特約をして開業した」と掲載されている[115]。「長崎カステラの総本家」、「長崎カステラの真価」の表現から、長崎のかすてらの名声が高まり、その商品名が流布する状況が窺える。また横須賀、舞鶴、呉、佐世保各鎮守府の御用達は、全国宣伝と東京大正博覧会の成果と考えられる。同博覧会において長崎から出品された「カステーラ」は、三二名が受賞しており、賞牌は上位から金牌一名（山口貞次郎）、銀牌六名（白水喜八、岩永徳太郎他）、銅牌一四名（中川安五郎他）、褒状は一一名であった[116]。内国博の出品者に加え新たな出品者や、佐世保、高来郡島原からの出品も散見される。

文明堂はまもなく新聞広告も始める。同年三月二四日『朝日新聞』の広告には「文明堂支店　長崎カステーラ」と掲載される[117]。こうした宣伝を含む一連の展開は、長崎のかすてらの知名度と需要の全国的な拡大を導いた。

同一五年一二月二三日付の『読売新聞』に「かすてら　長崎物と東京もの」の記事が掲載されている[118]。

カステラは歳末歳始の贈答品によく用ひられます（略）カステラには長崎製と東京製があり、長崎製にくらべると東京製は原料も焼き方も味もすつかり違ひ、品物が劣ります。上等品はなんといつても長崎製です。値は大して違ひありません。そこで昨今東京製のカステラに長崎式の名前をつけて売出して居る向もあります。けれどいくら真似をしてもやはりこしらへ方が違ふので味は長崎品のやうには行きません。

この後も続けて長崎製と東京製の違いが具体的に記されている。その第一は材料で、基本の卵・砂糖・小麦粉は同じだが、長崎製は水飴、東京製はアンモニヤを加える。第二は焼き方で、長崎製は蒸気を外へもらさぬが、東京はわざともらす。第三は焼き型で、長崎は八斤一釜で製造し一斤ずつ切り分けて売るが、東京は一斤・二斤の容量の枠で焼くとある。また最もわかりやすい違いは切口で、長崎製は水飴を使うために「非常にしつとりとしておまけになかの目がこまかい」が、対する東京製は「サラサラしている」とある。両者の違いとともに長崎製の特徴が明確に認識されている。また、以上にあげた東京製の特徴（膨張剤のアンモニア、切り分け工程のない焼き型の使用）は、洋菓子のスポンジに近いといえる。さらに家庭で作る「長崎式カステラ」の材料分量と製法に併記された保存法には「ボール箱や木箱だとカステラのうまい湿分をみな吸ひ取ってしまふから塗箱に入れて保存するに限ります」とあり、長崎製のしっとりしたかすてらが人気だったことがわかる。

こうして長崎のかすてらは全国へ展開し、その製造技術も「長崎式」と認識された。昭和八年（一九三三）に開始された文明堂の電話帳広告「カステラ一番、電話は二番」は、需要をさらに拡大させる契機になったとされる。[119]それに伴い、製造の器具や燃料も変化する。特に引釜は、前述の通り長崎のかすてらの特徴的な加熱器具とされていたが、昭和三〇年代以降電気釜（天火）へ移行する。[120]電気釜はその後他地域へも普及し、かすてらの製造技術の伝播を促したと考えられる。[121]

◈材料や意匠の工夫による種類の多様化

次に、基本の材料で作る通常のかすてらに、他材料の添加や形状の工夫で商品の種類を増やす多様化に注目したい。多様化は、需要者の嗜好の変化や新しい用途を製造者の側から予測し、消費者の選択肢を増やすことを可能にする。現在種々の菓子にみられる一般的な傾向であるが、かすてらにおける嚆矢は松翁軒山口貞次郎の「チョコレートカステラ」とされ、史料上では大正三年東京大正博覧会における御買上品としてみられる。[122]同一四年には、「五三焼カステーラ壹箱、チョコレートカステラ壹箱」を秩父宮雍仁親王へ献上した記録が同店に蔵されている。[123]同店では昭和一〇年代頃から通常のかすてらより一割高い値段で受注製造販売を始めたが、引釜で焼いていた当時は少ない受注でもその都度一単位（八斤分）を焼き、残りの大部分は破棄するか家内で消費せざるを得なかった。昭和四一年一二月に「チョコラーテ」の品名で一般販売を始めたが、現在につながる多様なかすてらの販売が軌道に乗ったのは昭和六〇年頃からという。[124]

そして前出の桃かすてらも、焼き型による成形とすり蜜・ねりきりによる細工で意匠に工夫を加えており、かすてらの多様化の一形態といえる。その始まりについては不詳であるが、意匠は同地のくんちで使われる桃饅頭からの発案とされ、松翁軒では大正一三年の発売とされる。[125]ここでは、その意匠表現が洋菓子の手法を採用したものであった可能性を指摘したい。

明治・大正期の東京・横浜の洋菓子店主の座談会録によれば、かすてらは当時日本人の洋菓子店の商品の中心で、「撒いたカステラ」と「焼きっぱなしのカステラ」と「焼いたものをホンダン（フォンダン、すり蜜）掛けしたグラスデコレーションもの」があったと記されている。そこでは「カステラ（またはカステーラ）」は、「ゼノワーズ」または「スポンジ」の同義語として扱われており、菓子名のほか、現在一般にスポンジと称される洋菓子生地もさしていたことがわかる。そして三つ目の例、すなわち型に流して焼いた生地にフォンダンをかけ、グラスロワイヤル（粉糖・卵白・レモン汁で作った生地。以下、グラス）で飾るグラスデコレーションは、明治・大正期の洋菓子において、バタークリーム導入以前のデコレーションの主流であったとされる。[126]これに関する具体的

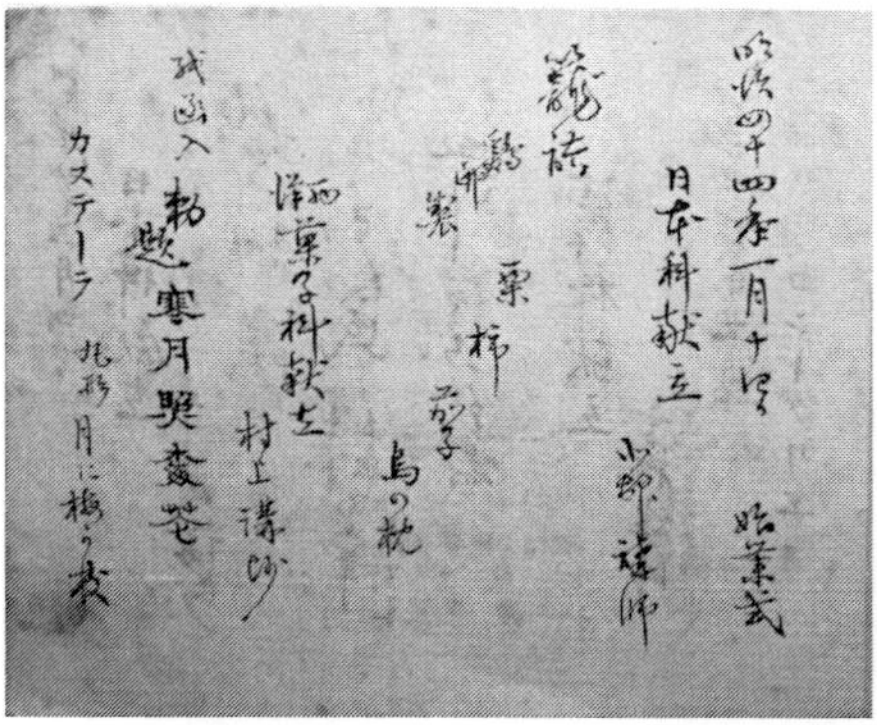

図15 「勅題寒月照梅花／カステーラ 丸形月に梅か枝」「私立家庭割烹学校献立貳之巻」明治44年（京都市・村上開新堂蔵）

な事例として、明治四二年に京都に設立された私立の家庭割烹学校の西洋菓子科の講習記録をみる。講師は同四〇年に京都寺町に創業した洋菓子屋村上開新堂の村上清太郎で、二期目と思われる明治四四年の講習記録の初回（正月一四日）に、「紙箱入　勅題寒月照梅花　カステーラ　丸形月に梅か枝」とある（図15）[127]。丸形のスポンジ生地に、勅題に因む「和」の意匠の飾りが、フォンダンとグラスでほどこされたと推察される[128]。

当時かすてらを作る菓子屋では、前述の通り同じく天火を使うビスケットや、洋菓子のさまざまな材料や技術・器具を積極的に導入していた[129]。桃かすてらは、四角の木枠ではなく桃形の金属製焼き型に流して焼いた生地にフォンダンをかけ、グラスの代わりにねりきりで飾りをほどこした和洋折衷菓子といえ、当時洋菓子屋で一般的だったグラスデコレーションのかすてらから発想を得たものと考えられる。

なお、現在長崎における桃かすてらの主要な用途は女児の初節句の返礼であるが、その定着時期については不詳である。一方、桃饅頭は前述の通り近世においてすでに長崎の諸行事に定着し、かすてら同様重要な位置づけにあり、地域性を有していた。しかし『長崎県統計年鑑』において、桃饅頭が長崎名産として桃かすてらとともに掲載されたのは平成五年版が初出で[130]、当初は名産と認識されていなかったと考えられる。長崎名菓として地域性が確立されたかすてらを、同じく慶賀の意をもつ桃饅頭と組み合わせた桃かすてらが、初節句の菓子として使われるようになり、地域性が県内外で認識されたことで、その起源である桃饅頭も長崎名菓として改めて認識されるに至ったと考えられる。すなわち桃かすてらは、近世において長崎の桃饅頭に内在していた地域性と、近代以降同地のかすてらが有した客観的な地域性を組み合わせた展開といえる。

おわりに

かすてらは近世において三都や城下町では御用菓子屋の主要な商品であり、外来の南蛮菓子と認識されていた。一方長崎ではくんちや婚礼等、家や地域で慶賀される行事や重要な接待に用いられ、最も格式の高い菓子として重視されていた。そこでは品質や値段の異なるかすてらが使途によって使い分けられ、その需要に応じる専門の菓子屋があり、長崎固有の食文化として浸透していた。

近代以降の長崎では、近世以来の菓子屋を中心に現代につながる同地固有の製法を究め、名菓として定評を得ながら地域性を確立していく。内国博では第三回以降に長崎からの出品が始まり、第四回には材料のざらめと水飴、製造では泡立器による卵の泡立てと引釜による蒸焼という現在につながる特徴が複数の製造者でみられ、第五回にはそれが長崎で作られるかすてらの共通する特徴として評価されるに至る。すなわち同地固有の製法で作られるかすてら自体が地域性の根拠とされる現在の「長崎カステラ」の原型は、明治二〇年代後半~三〇年代に成立したといえる。

明治四〇年代以降全国的な宣伝活動や支店展開が進み、製造技術も「長崎式」と認識されて地域性が確立されていく。その原動力となったのは、同地の菓子屋の継続的な研究改良である。現在の「長崎カステラ」の実質的な基盤を作り、その後も国内外の博覧・品評会への出品を通して品質及びそれを保持する包装方法の改良や多様化の工夫を続けた。また各地の菓子屋が、長崎で学んだかすてらをそれぞれの地で「長崎」を冠して販売し、その伝播をさらに促した。

こうした改良が長崎で行われた背景としては、近世以来同地で最も格式の高かったかすてらが、近代以降各地域の名産が重視されていくなかで、長崎を代表する菓子として改めて着目された可能性がある。つまり近世の長崎におけるかすてらの意義が、菓子屋に品質向上の追求を促し、後に長崎名菓かすてらを成立させる一要因として機能したと考えられる。卵と砂糖の配合を高めるという改良については、近世末期から近代にかけて滋養性がとりわけ重視されていく傾向との関係を指摘できる。そこには甘さや柔らかさを求める嗜好性に加え、近代以降「衛生」を冠する菓子名の流行へとつながる「栄養分を多くとることが健康を保つ」という価値観が窺える。[131]

また、かすてらの需要がこの時期拡大した背景には一因としてかすてらに対する異文化認識の変化も関与していたと思われる。内国博の第五回、審査報告には「カステイラハ原欧州ヨリ伝ハリタルモノニシテ所謂「スポンジケーク」是ナリ、而シテ今ヤ既ニ日本化シタレハ邦菓トシテ之ヲ収容スルヲ便トス（略）万国共通ノ性格ヲ具ヘタル」と記されている。[132] また明治三九年（一九〇六）刊『日本家庭百科事彙』では、「セイヨーガシ」の項に「カステイラ」の製法が記されている。[133] こうした事例は、かすてらに対する外来菓子としての認識が、元来の南蛮菓子から起源を同じくする洋菓子のスポンジケーキへ更新されていた可能性を示す。

このようにかすてらは近代の長崎において、菓子の位置づけとしては近世以来の高い格を継承しつつ、高滋養性食品、西洋という異文化認識等、近代において生じた新しい価値観にそって変容したことで、長崎内外で需要を伸ばしながら同地の名菓として定評を得ていったと考えられる。また、その「万国共通」の性質上、「和」、「洋」のさまざまな材料の添加や、焼き型を用いた意匠の工夫等で多様化による展開が可能だったことも、現代まで需要が進展している一つの要因といえる。

（1）　長崎県菓子工業組合〈http://www.nagasaki-kashi.net/lowsuit.php〉（最終閲覧日：二〇一七年六月二五日）。なお「長崎カステラ」の特徴については、同組合に属する菓子屋・梅寿軒の岩永德二氏（後出）のご教示による。

（2）岡美穂子「南蛮菓子の文化的背景」（カステラ本家福砂屋編刊『南蛮貿易とカステラ』二〇一六年）六五～九九頁。

（3）明坂英二『かすてら加寿底良』（講談社、一九九一年）、同前「飛ぶカステラ鍋——カステラとカステラ鍋の文化史ノート」（虎屋文庫編『和菓子』八、二〇〇一年）二一～三二頁。

（4）佐藤康明「カステラ文化を「東と西」菓子レシピから読み解く」（前掲カステラ本家福砂屋編『南蛮貿易とカステラ』）一一五～一二六頁。

（5）八百啓介『砂糖の通った道　菓子から見た社会史』（弦書房、二〇一一年）五二～七〇頁。

（6）長崎市・古賀十二郎編『長崎市史』風俗編上（長崎市、一九二五年）六五一～六七一頁、和田常子『長崎料理史』（柴田書店、一九五八年）一五～一九、七二～七四頁、越中哲也『長崎の西洋料理』（第一法規出版、一九八二年）七六～九二頁、同前『長崎学・食の文化史』（長崎純心大学博物館、一九九五年）八四～一〇二頁。

（7）例えば京都の越後屋多齢堂では「カスティラ専門店」と自称し、商品に「阿蘭陀傳来　長崎根元」と付す（二〇〇九年一月二三日調査）。

（8）菓子は「かすてら、ざぼん漬、一口香、寒菊、中華菓子」が記されている（長崎県総務部統計課編『長崎県統計年鑑』二二、長崎県統計協会、一九七五年、三五四頁）。

（9）聴取調査：株式会社松翁軒、山口貞一郎氏（一九三三年生）、二〇〇五年二月九日、二〇〇七年二月一五日。

（10）聴取調査：有限会社梅寿軒、岩永徳二氏（一九四九年生）、二〇一三年一二月九日、二〇一五年一一月二三日、二〇一七年五月一日。

（11）カステラ本家福砂屋編刊『カステラ読本　復古創新福砂屋』（二〇〇五年）。

（12）「オランダケーキ」については昭和五八年の発売とされる（前掲『カステラ読本』一三二～一八七頁）。

（13）聴取調査：株式会社松翁軒、西村行廣氏（一九四五年生）、二〇〇五年七月二六日。

（14）『よむカステラ』二一（松翁軒・山口貞一郎、一九九六年）三四～三六頁、同三（一九九七年）三五～四一頁。製造工程において特に注意を要することは、生地の温度調整という。年間を通して一定量のざらめが生地に溶けている状態が望ましいが、気温の高低によりざらめが溶ける量が変動するため、職人による微妙な調節が求められるという。

（15）昭和三〇年代の配合比で、一回の仕込み量は八斤分だった（前掲聴取調査：山口貞一郎氏）。なお「かすてら今昔物語」（『サライ』九九、小学館、一九九三年、二三頁）では松翁軒での取材結果として、卵三キログラム（四〇〜五〇個）、砂糖二・八キログラム、小麦粉一・二キログラム、水飴五六〇グラムと記されている。
(16) 岩永徳二氏によれば、木枠の大きさは店によって異なる。同店では、木枠一枚分から端を切り落として一号サイズ（一本約五八〇グラム）を八本とる（前掲聴取調査）。
(17) 前掲カステラ本家福砂屋編『カステラ読本』一五一〜一五三頁。
(18) 長崎市『NAGASAKIさるく』一四（二〇〇五年）五頁。
(19) 前掲長崎県菓子工業組合（最終閲覧日：二〇一七年七月一日）。「桃カステラ」の基準については同組合に属する梅寿軒の岩永徳二氏による（前掲聴取調査）。大きさは店によって異なるが、同店では約直径九、高さ四センチ、一三〇グラム。
(20) 前掲長崎市・古賀十二郎編『長崎市史』風俗編上、六四八、六六九頁。
(21) 口砂香、寒菊、落し焼の製造方法については岩永徳二氏による。それぞれのおおよその大きさは「口砂香」直径二・二、厚さ一センチ、「寒菊」縦五〜六、横四〜五、厚さ一センチ、「落し焼」直径六〜七、厚さ一センチ。なお「落し焼」は製造後、二、三日程経つと乾燥してさくっとした食感になる。また同店では近年、毎年四月二一日弘法大師の縁日に製造し、二枚一組にして参詣者へ「お接待菓子」として配っている（前掲聴取調査）。
(22) 松尾玄次著刊『ぬくめ細工　長崎県無形文化財菓子工芸』一九九三年。
(23) 前掲聴取調査：岩永徳二氏。「大面」（図8）の一つの大きさは、恵比寿・大黒ともに縦横約三〇センチ。ぬくめ細工の起源については不詳であるが、明治三〇年頃長崎で「細工物」を専門とする第一流の菓子屋は泉屋であったとされる（中川安五郎『文明堂主中川安五郎苦闘録』長崎文明堂、一九三八年、八頁）。なお長崎歴史文化博物館によれば泉屋は現存せず、店の沿革等の詳細は不詳である（二〇一五年一一月二三日）。同時期内国博では泉谷辰三郎が細工菓子を出品しているが、泉屋との関係は不詳である。
(24) 中山圭子『事典和菓子の世界』（岩波書店、二〇〇六年）三八〜三九頁。「南蛮料理書」の成立については、松本仲子「『南蛮料理書』の成立年代について」（『風俗』三四、一九九六年）四六頁。
(25) 前掲岡美穂子「南蛮菓子の文化的背景」六六頁。

(26) 赤井達郎『菓子の文化誌』(河原書店、二〇〇五年)一〇五～一〇六頁、前掲中山圭子『事典和菓子の世界』一一五頁。
(27) 長崎市役所編『長崎叢書』上(原書房、一九七三年)三九頁。
(28) 飯島忠夫・西川忠幸校訂『町人嚢・百姓嚢・長崎夜話草』(岩波書店、一九四二年)二九四、三〇四頁。
(29) 清野謙次『日本考古学・人類学史』下(岩波書店、一九五五年)七三〇頁。なお蒐集年については広告の年号による推定で、木村蒹葭堂の死後に後人が貼付したものも含むとされる(同、七二八頁)。
(30) 佐藤康明「『諸国板行帖』と福砂屋の札」(前掲カステラ本家福砂屋編『カステラ読本』一六七～一七一頁)。
(31) 前掲清野謙次『日本考古学・人類学史』下、七三二頁。
(32) 吉田隆一「史料解題」「史料翻刻」(虎屋文庫編『和菓子』一九、二〇一二年)二八、四一頁。
(33) 竹内若校訂『毛吹草』(岩波書店、二〇〇〇年)一五八頁。
(34) 江後迪子・山下光雄「一六世紀から一七世紀における菓子について」(『日本調理科学会誌』三〇-二、一九九七年)一一〇～一一二頁。
(35) 鈴木晋一・松元仲子編訳注『近世菓子製法書集成』一(平凡社、二〇〇三年)二七八～二七九頁。
(36) 前掲明坂英二『かすてら加寿底良』一八三～二〇八頁。
(37) 虎屋文庫「史料翻刻　船橋屋餅菓子手製集草稿　解題」(『和菓子』二〇、二〇一三年)九〇、九五頁。
(38) 鈴木晋一・松元仲子編訳注『近世菓子製法書集成』二(平凡社、二〇〇三年)三九七～三九八頁、青木直己『図説和菓子の今昔』(淡交社、二〇〇〇年)八八頁。
(39) 前掲聴取調査：西村行廣氏。橋爪伸子「カステラのレシピを研究していた福岡藩士」(九州国立博物館編『asiage アジアージュ』東京書籍、二〇〇五年、九六頁)。
(40) 橋爪伸子「朝鮮菓子「くわすり」の製法を記した福岡藩士高畠氏」(福岡県地域史研究所編『県史だより』一一七、西日本文化協会、二〇〇三年)二～四頁。高畠家は、御納戸、勘定奉行、御構頭分等の役職を歴任している。
(41) 鈴木棠三校注『楽郊紀聞』一(平凡社、一九七七年)三一頁。
(42) 島田勇雄・竹島淳夫・樋口元巳訳注『和漢三才図会』一八(平凡社、一九九一年)二四〇頁。
(43) 「村上家献立帳」九州大学附属図書館付設記録資料館九州文化史資料部門蔵、元山文庫二一七-一～四。横帳四冊から

成り、一冊目に文化一一～文政一二年（一八一四～一八二九）、二冊目に文政一三～天保五年（一八三〇～一八三四）、三冊目に天保六～同一一年（一八三五～一八四〇）、四冊目に天保一二～弘化三年（一八四一～一八四六）の記録がある。

(44) 勝盛典子「村上家文書と輸入裂見本帳についての一考察」（神戸市立博物館編『鎖国・長崎貿易の華』一九九四年）一二九～一三〇、一三六～一三七頁。

(45) 長崎市編刊『長崎市史』地誌編仏寺部上（一九二三年）七四九、七七一、七八六頁。

(46) 長谷川強・江本裕・渡辺守邦・岡雅彦・花田富二夫・石川了校訂『嬉遊笑覧』四（岩波書店、二〇〇五年）二七六～二七七頁。

(47) 前掲長崎市・古賀十二郎編『長崎市史』風俗編上、六一八～六五〇頁。

(48) 前掲越中哲也『長崎学・食の文化史』八三頁。

(49) 吉井始子編『翻刻江戸時代料理本集成』四（臨川書店、一九七九年）一九七頁。

(50) 熊倉功夫「日本料理における献立の系譜」（芳賀登、石川寛子監修『全集日本の食文化』七、一九九八年）二四頁。

(51) 前掲長崎市・古賀十二郎編『長崎市史』風俗編上、六八七頁。

(52) 吉井始子編『翻刻江戸時代料理本集成』七（臨川書店、一九八〇年）一七八～一八一頁。

(53) 原田博二「諏訪神社とくんち」（長崎歴史文化博物館編『くんち三七二年展』、二〇〇六年）五六～五九頁。なお踊町は御供町ともよばれ、当初は長崎の六六町のうち出島町と、遊女町の丸山町、寄合町を除いた六三町を二一町ずつ三組に分けて、一組が三年に一度（両遊女町は毎年）踊りを奉納した。その後町数の変更等により、延宝四年（一六七六）より本文に示す通りとなり、現在に至っている。

(54) 前掲長崎市・古賀十二郎編『長崎市史』風俗編上、三九七頁。

(55) 前掲長崎市・古賀十二郎編『長崎市史』風俗編上、五七五～五七六頁。

(56) 前掲長崎市・古賀十二郎編『長崎市史』風俗編上、三九七頁。

(57) 前掲中山圭子『事典和菓子の世界』一二六頁。

(58) 文久二年刊『古今新製名菓秘録』の「丸ぼうる」によるが（前掲鈴木晋一他編訳注『近世菓子製法書集成』二、三〇九頁）、編訳者の注によれば享保三年刊『御前菓子秘伝抄』所収の「はうる」の転載とされる。
(59) 橋爪伸子「名菓成立の要因と背景」（『平成一八年度日本食生活文化財団調査研究助成報告書』二〇〇七年）一一～一九頁。
(60) 前掲和田常子『長崎料理史』五四、五五頁。
(61) 服部比呂美「庄内地方における雛祭りの飾り物──雛菓子と押絵雛菓子」（文化財研究所東京文化財研究所『無形文化遺産研究報告』二、二〇〇八年）三六頁。京都から茶菓子として金沢に持ち込まれ、大名を中心とする主として領主階層に用いられた。砂糖衣の色は祝儀用は紅白、不祝儀には紫色とされる。
(62) 前掲和田常子『長崎料理史』六〇頁。
(63) 「婚礼一件　天保十二年丑十一月十一吉祥日」長崎大学附属図書館長崎学デジタルアーカイブズ、武藤文庫、目録番号：三一二〈http://www.lb.nagasaki-u.ac.jp/siryo-search/ecolle/muto/eturan/049.pdf〉（最終閲覧日：二〇一七年七月二七日）。
(64) 「献立帳」では一二月二〇日と記されているが、前後の記述から一一月の誤記と推定した。
(65) 前掲中山圭子『事典和菓子の世界』一三三頁。
(66) ただし牛房餅は使途の明確な記載はなく、濱ノ町餅屋の注文控の二例のみである。
(67) 前掲長崎市・古賀十二郎編『長崎市史』風俗編上、六九七頁。
(68) 聴取調査：株式会社つたや総本家（長崎県平戸市戸石川町）、二四代目店主・松尾俊行氏、二〇〇四年八月二七日、一〇月一日。大きさ八×四×二・八センチ、一二〇グラム（通常の商品は五・五×二・七×一・七センチ、二五グラム）。なお、同店は文亀二年（一五〇二）の創業で、平戸藩主松浦家の御用菓子司を勤めた。平戸の牛蒡餅の詳細は以下で報告している。橋爪伸子「「萬菓子作様并香物漬様薬酒造様之事」について二──くわすり、牛蒡餅、玉子素麵、博多練酒──」（『香蘭女子短期大学研究紀要』四七、二〇〇五年）八～一〇頁。
(69) 江後迪子著、『Fukuoka Style』編集部編『江戸時代の平戸の菓子』（つたや総本家、一九九九年）一七～二〇頁。
(70) 米谷隆史編『熊本文化研究叢書』三（熊本県立大学日本語日本文学研究室、二〇〇六年）九六～九七頁。
(71) 日之出饅頭店（長崎市諏訪町）。二〇〇七年二月一五日。なお聴取調査は許可されなかった。

(72) 牛島千繪美、村岡安廣監修「九州の菓子」八（『FUKUOKA STYLE』一一、一九九八年）一二三、一二五頁。

(73) 例えば朝鮮通信使記録については本書第九章の表1参照。黄表紙と川柳については虎屋文庫『黄表紙江戸おもしろお菓子展――干菓子でござる――第五六回虎屋文庫資料展』（一九九一年）一六、三二頁。

(74) 例えば茶巾糖、千代結、錦糖、海老糖については金澤丹後の慶応四年（一八六八）「雛形帳并ニ小石川仙台嘉祥図」による（金沢復一編著『江戸菓子文様』青蛙房、一九六六年、九七、九八、一〇一頁）。人参糖については正徳二年（一七一二）刊『和漢三才図会』で「浮石糖《かるめいら》」に、かるめいら、有平糖、人参糖が同類の物として図示されている（前掲島田勇雄他訳注『和漢三才図会』一八、二四〇～二四一頁）。

(75) 中山圭子『和菓子ものがたり』（新人物往来社、一九九三年）二二八頁。

(76) 前掲勝盛典子「村上家文書と輸入裂見本帳についての一考察」一二九、一四八頁。なお絵像は絹本著色で箱書は文政三年（一八二〇）のもの（個人蔵）。

(77) 前掲和田常子『長崎料理史』六四～六六頁。

(78) 本馬貞夫「オランダ通詞本木氏の諸様相――庄左衛門正栄を中心に――」（『シーボルト記念館鳴滝紀要』一〇、二〇〇一年）一〇三～一〇四頁。

(79) 前掲長崎市・古賀十二郎編『長崎市史』風俗編上（六六三頁）によれば、当時五三焼かすてらは、五三かすてら、五味かすてらとも称された。なおそこでは『八僊卓燕式記』に所収とされる「五味かすてら」の材料分量と製法が記されているが、加賀文庫本を翻刻した以下の文献では該当する記事は確認できなかった（前掲吉井始子編『翻刻江戸時代料理本集成』四、一四一～一五〇頁）。

(80) 天明七年板『江戸町中喰物重法記』（長友千代治編『重宝記資料集成』三三、臨川書店、二〇〇五年、八五～一三八頁）。

(81) 「天保九戊年巡見御上使御下向一件書留一」長崎歴史文化博物館蔵（長崎歴史文化博物館編刊『長崎奉行所関係史料』二〇〇七年）二〇九～二一三頁。

(82) 前掲「天保九戊年巡見御上使御下向一件書留一」二〇九～二一三頁。

(83) 林源吉「長崎名物考」二（長崎史談会編『長崎談叢』二、藤木博英社、一九二八年）五〇～五一頁。崇福寺では古く

から媽祖殿に桃饅頭を供えた記録があると記されている。

(84) 川原慶賀「御菓子所」（絹本彩色画）オランダ、ライデン国立民族学博物館蔵。『鎖国の窓を開く　出島の絵師　川原慶賀展』（西武美術館、一九八〇年）二八五頁。川原慶賀については同書の解説、陰里鉄郎「川原慶賀について」を参照。なお、本絵図の釜を「引釜」とする指摘もみられる（山口貞一郎『カステラの故郷へイベリア半島紀行』（そしえて、一九九五年、四頁）。

(85) 『国史大辞典』「長崎」「長崎県」、『日本歴史地名大系』「長崎県」。

(86) 長崎市史編さん委員会編『新長崎市史』三（近代編、長崎市、二〇一四年）三五一頁、長島正一『続々長崎ものしり手帳』（長崎放送、一九八三年）八五、二八二頁、宮崎岩太郎編『長崎案内』（緑金堂、一八九七年）三一頁。

(87) 『明治八年編纂長崎県地理図誌乾』長崎歴史文化博物館蔵一五　一三-七-一-一。

(88) 林源吉「長崎名物考」四（長崎史談会編『長崎談叢』四、長崎史談会、一九二九年）三八頁。

(89) カステラ本家福砂屋編刊『カステラ読本抄書』（二〇〇九年）七七頁。

(90) 「菓子製造軌範」東京都立中央図書館蔵加賀文庫、請求番号：596-K-23。

(91) 佐藤正三郎「博覧会出品解説書に見る「のし梅」の製品改良――山形市十日市町佐藤松兵衛家文書を中心に――」（虎屋文庫編『和菓子』二二、二〇一五年）三三、四二頁。なおこの論文では、同家所蔵の菅野味之助の「熨斗梅及甘露梅」の「出品解説書写」については、明治二九年頃という年代が推定されているが、「菓子製造軌範」に収載されている同じく菅野味之助の「熨斗梅」の以下の出品解説書と同一の内容であった。「梅実ノ成熟シタルモノヲ採リ蒸シテ之ヲ破砕シ種実ヲ除去シ布袋ニテ圧搾シ以テ皮ヲ去リ其肉汁ニ最上ノ角砂糖及蜂蜜（肉汁一貫目ニ付砂糖六百目蜜百目ノ割）ヲ和シ鍋ニ移シテ攪拌シナカラ煮熟スルコト三十五分時間ヲ適度トシ、其泡垢ノ出ツルヲ除去シ塗箱ニ盛リ日乾スルコト三日間トス」。

(92) 泉亀吉編『商工技芸崎陽之魁』（川崎源太郎、一八八五年）。

(93) 前掲カステラ本家福砂屋編『カステラ読本抄書』七七頁。

(94) 『第五回内国勧業博覧会審査報告』第一部巻之一〇、六七～七二頁（『発達史』三七）。

(95) 谷口學『砂糖の歴史物語』（一九九七年）四一頁、『なにわのさとのものがたり――戦前までの大阪糖業史』（『糖華』第

一四巻第五五号別冊、大阪糖業倶楽部、一九七〇年）三〇頁。
(96) 前掲聴取調査：山口貞一郎。以下も参照。山口貞一郎「引釜の話」（松翁軒編刊『よむカステラ』九、二〇〇三年、四〇～四一頁、図説有）、同前「毎日、カステラを焼いていた」（同一〇、二〇〇四年、四八八頁）。
(97) 山口貞次郎「菓子製造仕様手控　明治廿五年」松翁軒蔵。
(98) 同店で二〇一〇年頃まで商品に付けていた栞の一点「カステーラ創製松翁軒来歴」による。
(99) 「巴里万国博覧会書類　明治三〇年　勧業諸会ノ部附属」長崎歴史文化博物館蔵一七-二七九。山口貞次郎は内国勧業博覧会第五回でも橙・蜜柑の砂糖漬を出品している。
(100) 包装の方法や材質等の改良を続け、昭和五五年一二月に脱酸素剤入の密封袋詰を導入した。詳細は以下で報告している。前掲橋爪伸子「名菓成立の要因と背景」二六頁。
(101) 敬学堂主人『西洋料理指南』下（雁金書屋、一八七二年）三三～三四頁。
(102) 須藤時一郎編『万宝珍書』（文恭堂、一八七三年）二三～二四頁。
(103) 大橋又太郎編『西洋料理法』（博文館、一八九六年）六四頁。
(104) 梅田竹次郎『和洋菓子製造のおけいこ』（六合館、一九〇六年）一八三頁（ケンショク「食」資料室蔵）。
(105) 亀井まき子『和洋菓子製法』（博文館、一九〇七年）一三〇頁。桜井ちか編『主婦之友』（大倉書店、一九〇八年）、広告三頁。
(106) クララ・ホイトニー著、津田仙・皿城キン訳『手軽西洋料理』（江藤書店、一八八五年）二八～二九頁。
(107) 「明治十年内国勧業博覧会出品解説」、三七四頁（『発達史』第七集五）。
(108) 『朝日新聞』一八八〇年四月七日付、大阪、四頁、同一八八三年一一月一〇日付、大阪、四頁、同一八八八年二月三日付、大阪、三頁。浪花堂は「西洋菓子カステイラ各種」（同一八八六年一一月三日付、大阪、四頁）、「西洋菓子カステイラ各種　舶来麦粉洋酒食料品」（同一一日、大阪、三頁）の広告を出している。
(109) 『朝日新聞』一八八四年一二月一四日付、大阪、四頁。同一八八四年六月二六日付、大阪、四頁。
(110) 赤堀峯吉『和洋家庭料理法全』（自省堂、一九〇四年）八三二～八三三頁、正誤表は江原絢子編『近代料理書集成』三（クレス出版、二〇一二年）二頁。

(111) 橋爪伸子「近代日本の乳受容における菓子の意義――京都の事例を通して」(『平成二六年度乳の社会文化学術研究・研究報告書』乳の社会文化ネットワーク、二〇一五年)。
(112) 長友千代治編『重宝記資料集成』四三(臨川書店、二〇〇五年)一九三～一九四頁。
(113) 前掲中川安五郎『文明堂主中川安五郎苦闘録』一四～一五頁。以下同店に関する記述は本文献による。
(114) 白水堂(東京都港区麻布十番)二〇〇六年一二月一三日閉店。「かすてら釜元白水堂」麻布十番未知案内〈http://jin3.jp/kameiten2/hakusuido.htm〉(最終閲覧日：二〇一七年六月一日)。なお、白水喜八は岩永徳太郎の弟子であった(前掲聴取調査：岩永徳二氏)。
(115) 『読売新聞』一九二二年三月一〇日付、四頁。
(116) 東京大正博覧会編『東京大正博覧会受賞人名録』(東京大正博覧会、一九一四年)二一、七九、二一〇、五〇三頁。
(117) 『朝日新聞』一九二二年三月二四日付、東京、夕刊、三頁。
(118) 『読売新聞』一九二六年一二月二三日付、三頁。
(119) 嘉村國男編『長崎町人誌』三(長崎文献社、一九九五年)五三、五三、七四頁。
(120) 松翁軒については前掲山口貞一郎「引釜の話」四〇～四一頁、前掲同前「毎日、カステラを焼いていた」四八頁。福砂屋については殿村育生「洋から和へ、カステラの歩み」(虎屋文庫編『和菓子』一四、二〇〇七年、八頁)。
(121) 昭和初期創業の玉井菓子舗(愛媛県大洲市長浜)では、当初煎餅、岩おこし、蒸し物、流し物を作っていたが、昭和二一年に松山市に開店した百貨店の松山三越で長崎から来た菓子職人から焼き物の講習会を受け、電気釜を導入してカステラ、タルト等を作るようになったという(聴取調査：同店二代当主・玉井純一氏(一九三三年生)、二〇一三年一月一八日)。
(122) 「カステーラ一箱　一六八〇円、チョコレートカステーラ四斤入　二七五〇円」とある(東京府編刊『東京大正博覧会事務報告』下、一九一六年、六〇五頁)。
(123) 「大正一四年二月山口貞次郎献上記録」松翁軒蔵。
(124) 昭和六〇年に「カステラ、阿蘭陀カステラ、小倉カステラ」の三種を〇・五号(半斤)ずつ詰め合わせた「南蛮カルタ」を発売したが、「小倉カステラ」の品質が安定しなかったため、その代りを「抹茶カステラ」にして販売した。「小倉カステラ」は平成一二〜一三年頃再商品化されたという（前掲聴取調査：山口貞一郎氏）。

(125) 前掲嘉村國男編『長崎町人誌』三、六六頁、松翁軒編刊『カステラ文庫』五（一九九五年）八頁。

(126) 前掲池田文痴菴編著『日本洋菓子史』七六四〜七六八頁。

(127) 「私立家庭割烹学校　献立　貳之巻」村上開新堂蔵。

(128) 聴取調査：有限会社村上開新堂（京都市中京区寺町通二条上ル東側）、四代当主・村上彰一氏、同社菓子職人（一九五三〜二〇〇八年勤務）岩森敏夫氏、二〇一五年九月三〇日。

(129) 前掲橋爪伸子「近代日本の乳受容における菓子の意義」。

(130) 長崎県総務部統計課編刊『長崎県統計年鑑』四〇（長崎県統計協会、一九九三年）三七五頁。

(131) 小野芳郎『〈清潔〉の近代』（講談社、一九九九年）一四二〜一四五頁。

(132) 前掲『第五回内国勧業博覧会審査報告』第一部巻之一〇、六七頁。

(133) 芳賀矢一・下田次郎編纂『日本家庭百科事彙』改訂増補版、上（富山房、一九一七年）七四四頁。

表1　近世のかすてらの製法記録

No.	史料名	成立年	名称	本文（出典）	材料配合＊		
					卵	砂糖	粉
①	南蛮料理書	一六〇〇以前（推）	かすてほうろ	たまこ拾こに砂糖百六十目、麦のこ百六十匁、此三色こねて、なへにかみをしき、こをふり、そのうへにいれ、うへしたにひをゐてやき申也、口伝有（鈴木晋一他編訳注『近世菓子製法書集成』二、平凡社、二〇〇三年、一八頁）	10個（500）	160目（600）	160匁（600）
②	料理塩梅集 地	天和三（一六八三）	かすてら	玉子一つにさとう拾匁づゝ入、こねかげんはしるく、さしにて、おとし申にべたりべたりと仕程にして能也、粉はうどんの粉斗にて水不入、五つにても十にても玉子わり、玉子汁におふし粉を入こね申候　扨鍋はたに美濃紙にごまの油を引、其紙を敷、其上へこね汁をうつし、上にも右のごとくの油紙あて、火のしに火を入あて、上よりも色付程やく也、扨下のやけたる時、上を下へ返し、能きかげんにやく也、扨きり候て中へ火け入不申候へば、右の鍋にて、四方より能かげんにやく也	1個（50）	10匁（37.5）	—

番号	書名	年代	名称	本文・出典	卵	砂糖	粉
				（松下幸子他「古典料理の研究二」『千葉大学教育学部研究紀要』二五―二、一九七六年、一七六頁）			
③	合類日用料理抄	元禄二（一六八九）	かすてらぼうろ	一白さたう百六十目、一玉子十六、一うどんのこ壱升、右鉢にて能こね合、菓子鍋に油紙を鍋なりに丸ク敷、其上へ右の練合申を入、下の火は成程弱ク上は火をつよくして焼申候、紙を敷不申候ても能候へとも自由にとれ不申候故敷申候、右のねりかげんはねり合候て茶匙にてすくい、下へおとし候へはいかにもたらたらと落るかげんよく候、やきかげんはこげぬほどにやき申候（吉井始子編『翻刻江戸時代料理本集成』一、臨川書店、一九七八年、二四九～二五〇頁）	16個（800）	160目（600）	1升（900）
④	和漢三才図会	正徳元（一七一二）	加須底羅	浄な麪一升・白沙糖二斤を鶏卵八個の肉汁でこねまぜ、銅鍋に入れ炭火で熬って黄色にする。竹針で窠をつくって火気をよく中まで透らせる。取り出して切って食べる。最上級のものである。（島田勇雄他訳注『和漢三才図会』一八、平凡社、一九九四年、二四〇頁）	8個（400）	2斤（1200）	1升（900）
⑤	御前菓子秘伝抄	享保三（一七一八）	かすてら	玉子五十つふし、白沙糖六百目に小麦の粉五百目入、ねり合、銅の平なへに紙を敷入、大なる鍋に入粉にしてかねのふたを仕り、上下に火を置、こげ候程にやき申候。なりは色々に切申候。但し、下の火、上の火よりつよく仕候。（鈴木晋一他編訳注『近世菓子製法書集成』一、平凡社、二〇〇三年、三三頁）	50個(2500)	600目(2250)	500目(1875)
⑥	料理集	享保一八（一七三三）	かすてい、	うどんの粉一升、玉子十五、さとう百五十目とり合、摺鉢にてよくすり合せ、かすてい、焼鍋にて上下より炭の火にてやき申候、竹串にて通見候て、串へ付不申候へば焼通申候、焼なべ無之ときは、銅閉鍋へ紙を敷やき候て、下の方焼候はゞ紙ともにかへし、上の方をやき申候、こげめの処はきりすて、色々切か色紙短冊にきり菓子に克候（松下幸子他「古典料理の研究七」（『千葉大学教育学部研究紀要』三〇―二、一九八一年、四二〇～四二一頁）	15個（750）	150目（563）	1升（900）
⑦	黒白精味集	延享三（一七四六）	かすていら	温飩の粉一升上々の粉挽立よし、砂糖一斤よくちりを取て、玉子夏十二、冬十三、右一斤の砂糖へ玉子七つ八つ入、先摺合、右の砂糖白く成る迄摺、玉子を入、温餅の粉も三度に入摺合、よくしまりたる時かすていら鍋へ美濃紙を敷、胡麻の油少紙に引、扨ねりたる粉を入、上下に火を置也、火の置様第一也、上の火の十分一下に置也、真中を明け、上下共にぐるりに斗火を置、あふぎたて、上の火焼候内二三度もかき集め、又ぐるりへ直にかきのけやき申也、一いきやきてふたを取り、内の油	12-13個（600-650）	1斤（600）	1升（900）

				のやけし気をぬき申し候也、黒煙出る物也、又蓋をしてやき申す也、匂ひ出る時蓋を取り見候へば、黄色に色付候ばよし、くろみ付候は上の火過候也、上の火少し下へ廻しやき申し候、黄色の時は其まゝおき、少の内やきあげ申候、けし炭にてやき申し、炭半分ほどへり申候時やけあがり申す積り也 （松下幸子他「古典料理の研究一四」『千葉大学教育学部研究紀要』三七-二、一九八九年、二五五頁）			
⑧	同右		同右	玉子十六、砂糖一斤、小麦の粉一升、先ず砂糖を摺鉢にてよく摺、扨玉子を入摺合、小麦の粉を入摺合、如此三段に入、よく摺べし、扨鍋の中へ胡麻の油を引、其上へ美濃紙を敷、其上へ右の摺合たるを入、蓋をして先火を鍋の上に置焼へし、少狐いろに成る頃、上の火を下へ廻し、火斗にして置也、内焼加減を見るには、わらのみごさして見るえし、みごへ付かざるを相図にするべし、又あひるの玉子二つほど取替いれば、すだちて面白きもの也、是をかすていら一斤と云也、又法、玉子一つ、砂糖一匁、葛の粉一匁、摺様やき様右同前也 （同前）	16個（800）	1斤（600）	1升（900）
⑨	同右		同右	玉子十八　砂糖一斤、温飩の粉一升、酒三盃、右ねり合せ、せいろうに薄板にてしきりを入、敷布して蒸すなり、よくむせたる時、取出、上下に火少し当、色を付る、大秘法也 （前掲「古典料理の研究一四」、二五七頁）	18個（900）	1斤（600）	1升（900）
⑩	御菓子之法	寛延元（一七四八）写	上々長崎かすていら	一玉子　六十六、一さとう　上々大白　五斤、一うとんの粉　四升、右玉子を割白身きみを取分ケ、先きみをさとう一つニ合摺申候、一時程すり候得ハ淡立候其時ニ右の白身を入、又々すり申候、又壱時すり淡立候、其時うとんの粉入又能すり申候、扨焼鍋ニ油を引紙を敷焼申候、上の火つよく置候而下の火ハ随分少ク置申候、度々蓋を取こかれ付不申候様ニ焼申候、加減ハわらしべにてとおしねばりの付不申候時ニ上ケさまして切候（後略） （吉田隆一「史料解題」「史料翻刻」虎屋虎屋文庫編『和菓子』一九、二〇一二年、二八、四一～四二頁）	66個（3300）	5斤（3000）	4升（3600）
⑪	御前菓子図式	宝暦一一（一七六一）	春庭餹	玉子丸にて百目皮去り、麦の粉百目入レ、擂盆にてすり、白沙糖を竹簾にてふるひて百拾五匁入レ、よく摺候て火鉢に火をいたし、四隅に火をいけ、扨焼鍋に宜程の板にて篗を作り、其内へ厚紙を箱にして敷、右の玉子を流し、右の火にかけ、上に渋紙のふたしてしばらく置候得ば、右鍋の内へあたたかみ入候時、火蓋にかるく火	100目（375）	150匁（563）	100目（375）

				を仕、尤真中をすけ、ぐるりに火置、火ぶたいたし焼候、右の火まはり候へは段々かすていら浮上り、尤色付候時竹をほそく割、所々へさし込、かげん見申候、とくと焼通候へば右の竹にねばりけなく成候時、鍋共に一さましさまし勝手程に切リ候、右火かげん、上下共にゆるやかにして宜候、凡二時斗に出来候、何程ニ而も右の割合なり（前掲『近世菓子製法書集成』一、一三二頁）			
⑫	万宝料理秘密箱	天明五（一七八五）	家主貞良卵	上々大玉子を十八に白砂糖百六十匁、うどんの粉八合入レ、右三品をよくとき合セてもじの切か布の目のあらきかに入レ、一へんしぼりて、さて大和鍋か江戸鍋かの底へ油をとくと引、右のたまごをいれ、下へひをよわくして、上に行燈の火皿をのせ、此中へ灰を一重引、其上に火を入レやくべし、此仕方は上々菓子の仕方に同し（原田信男校註解説『料理百珍集』八坂書房、一九九七年、一三八頁）	18個（900）	160匁（600）	8合（720）
⑬	餅菓子即席手製集	文化二（一八〇六）	早かすてゐら	一小麦の粉一升　一うるし米のこ五勺　一砂糖一斤　一玉子十三　一酒盃にてひとつ／右五品をねりあはせ、鍋にごまのあぶらを引て鍋のうへ下に火を置、急にやくべし（前掲『近世菓子製法書集成』一、二七五～二七六頁）	13個（650）	1斤（600）	1.05升（945）
⑭	同右		本かすてゐら	一小麦の粉一升五合　一たまご二十五　一砂糖一斤半／右三品、よくねり合せ、鍋の中へ紙をしき、上下ニすみ火を置てやくなり（前掲『近世菓子製法書集成』一、二七八頁）	25個（1250）	1.5斤（900）	1.5升（1350）
⑮	萬秘傳書	天保七（一八三六）頃写	かすていら	一鶏卵八ツ但大之分、一白砂糖半斤余、一うとん粉四十匁、一黄粉少シ、一明礬少シ、此二品ハ大指の先位入てよし、右玉子を鉢にて能々擂り、砂糖を入、又よく〱擂りてうとん粉、明礬も同やう入、能く〱擂立置、赤かねの器ニ辛子油を引、其上ニ紙を敷キ、右之五品を入、蓋いたし、尤蓋も赤かねよろし、其後たどん二ツをこし器の下ニ入、上へにもたどん二ツ置たどんおこり終る頃ニ竹の串ニて蓋の処より中ニ差込、竹を貫取、自然竹ニねばりけ有之義ハ又たどん壱ツ其上下ニ入、見合せ串にて試むへし、ねばりけ無くハ取出し、已前の紙菓子ニ付キ候へハ水にてぬらし紙をはき取除くへし、〆（福岡県地域史研究所蔵高畠文書）	8個（400）	半斤（300）	40匁（150）

⑯	同右		カステイラ	一玉子十三、内三ツ黄味斗り白ミ去る、右十をの白みをとり置き、砂糖、うとんの粉を右十三の卵の黄味と一同ニ擂りませ、焼鍋へ入れ、右十をの白ミを入れませ焼立申候、一砂糖九十匁、一うとんの粉四十匁 （同前）	黄13白10　（560）	90匁　（338）	40匁　（150）
⑰	菓子話船橋	天保一二（一八四一）	嘉寿亭羅	小麦御膳粉百二十匁、大雞卵十五、唐三盆砂糖二百目、是は生砂糖のまま塵をふるひ取て、小麦の粉を水にて程よくゆるめ、玉子を入て三品とも一所にしてとくとかきまはし、扨かすてら鍋の中へ厚紙にて文庫を拵へ入子にして置、その中へ種をあけて鍋の友蓋をして、其蓋の上へ火をのせて焼なり、火加減は上の火が七分、下の火が三分との定なり、上の火なるたけ強くして下の火はよわくする事なり、とくと中まで火が通りて焼る間は、常の線香一本半ほどたつあひだなり、線香を立てはかるべし （前掲『近世菓子製法書集成』一、三六二頁）	15個（750）	200目（750）	120匁（250）
⑱	鼎左秘録	嘉永五（一八五二）	カステイラ	鶏卵壱つ、砂糖拾匁、温飩粉拾匁、右三品鉢にてよくよくすりまぜおき、鍋のうちに厚紙をしき、其中へどろりと流しこみ、蓋をして蓋の上には至て強き火をのせ置、下の火はいたつてよわくして焼くなり、下火はあれども無きがごとく、ぬるき火にて焼べし、焼かげんを見るには、藁すべを一筋、鍋の中へ通し試むべし、火よく廻りたる時は、すべはねばりつかず、火いまだ不足なれば藁にねばり付としるべし （前掲『近世菓子製法書集成』二、九二～九三頁）	1個（50）	10匁（37.5）	10匁（37.5）

註：＊（　）内の数値の単位はグラム。卵1個＝約50g、小麦粉1升＝約900g、1斤＝160匁＝600gとして換算した。

第八章　地域性の創出と発掘——地域型羊羹と普遍型羊羹

はじめに

本章では、近世において特定の地域性を有していなかった普遍的な菓子が、近代以降にどのような展開を迎えたかを、羊羹を事例として検証する。

羊羹は生餡と砂糖を寒天液と合わせて煉りながら煮詰め、棹状に流し固めた菓子で、煉羊羹とも呼ばれる。饅頭と並び普遍的な和菓子の代表であるが(1)、饅頭とは異なり時間の経過や環境の変化によって劣化しにくく、品質保持性にすぐれていることから、進物の代表でもある。この性質は、近年災害などに備える非常食としても改めて注目されている(2)。一方、現在は各地で特産を用いた多様な羊羹がみられ、代表的なみやげものとされている(3)。それらは、特産で地域性を表す地域名菓の典型ともいえる。

このような羊羹に関する食文化史研究は、近世以前を中心に進んでいる。主要なものとしては青木直己が和菓子の通史において、中世の羊羹の伝来から近世の煉羊羹の誕生まで、先行研究をみなおしながら論じている(4)。また、虎屋文庫が機関誌『和菓子』で「羊羹の歴史的検討」を特集し、近世を中心とする通史と、一四世紀中頃から幕末明治初期の歴史を年表にまとめている(5)。ここではまず両者の研究に依拠し、羊羹の歴史とされている概要を確認しておきたい。

羊羹は、もとは鎌倉から室町時代に留学した禅僧が饅頭や麺とともに将来した点心の一つである。点心とは禅僧が食間にとる軽い食べものまたはその習慣で、例えば一四世紀後半に成立した『庭訓往来』の「十月状往」の返事には、「点心」として羊羹を始めとする数種の羹《かん》や饅頭、麺類が記されている。また別記に「菓子」として「柚柑・柑子・橘・熟瓜・沢茄子等（略）伏兎・マガリ・煎餅・粢・興米・索餅」とあり、[6]当初点心は菓子とは別の位置づけであったことがわかるが、日本に伝来し寺院外へも広がりながら変容していったとされる。

点心の羊羹とは、当初羊肉の羹、すなわち「汁物に米粉や穀粉を加えてとろみをつけた料理」であったが、日本の禅宗寺院で植物性の豆類や穀物の粉をねって「成形した蒸物」を動物性の具材に見立てた固形の料理となり、その「固形物が甘味をもち料理と共存しながら徐々に独立して菓子に変化」していったとされる。それが砂糖を用いた菓子として定着するのは、遅くとも安土桃山時代から江戸初期とされる。典拠としては、「後奈良院宸記」天文四年（一五三五）一二月一七日条を始めとする天皇や公家の日記の、折や籠に入れて贈られた記録があげられる。ほかには、「言継卿記」同一三年閏一一月二一日条の贈答記録「羊餡一包」、「松屋会記（久政茶会記）」同一一年四月三日条の茶会の菓子としての記録、慶長八年（一六〇三）刊『日葡辞書』で「カン、チョカン、ベッカン、サトウヤウカン、ヤウカン」を植物性の豆類や穀類に砂糖を加えて作る甘い菓子とする記録が示されている。[7]そして一七世紀には京都の上菓子屋の主要な商品となるが、それは現在の煉羊羹とは異なり寒天を使わず、餡に砂糖・小麦粉を加えて混ぜ、蒸し固めたものであったとされる。

煉羊羹の始まりについては諸説あるが、実証されている説では、その材料となる寒天が万治年間（一六五八〜一六六一）に発明され、一八世紀以降に菓子への利用が始まり、寛政年間（一七八九〜一八〇一）に煉羊羹が商品として江戸で発売された。煉羊羹は一九世紀半ばには江戸を中心に各地へ広まり、「蒸羊羹との逆転」が始まっていた。また蒸羊羹の語は煉羊羹が出現した後、従来の羊羹の呼称として生じ、天保一二年（一八四一）刊『菓子話船橋』で、「煉羊羹」と「蒸羊羹」がともに収載されているのが年代の明確な初見とされている。(8)従って一七世紀以前の文献上の羊羹は、いわゆる蒸羊羹をさしているとされる。

一方、近代以降については主体的にとりあげられてはいないが、前記の『和菓子』の特集の巻頭文では「現在、名産品の使用をはじめとした、各地の地域性に根ざした羊羹が製造・販売されている」と述べられている。(9)またその一事例として、村岡安廣が小城を中心とする九州の羊羹の歴史と現状をまとめた論考を収載している。それによれば「小城羊羹」は、大坂の菓子屋虎屋の手代から製法を伝授された森永惣吉が明治八年（一八七五）に小城で羊羹の製造業を始め、その後鉄道の普及に伴う観光用と軍用を合わせた同地の羊羹の需要の増大により、製造販売者が増え、大正末期から昭和初期にかけて活況を呈したとされる。(10)なお、現在の「羊羹＝煉羊羹」という認識は、大正一四年（一九二五）『和洋菓子大鑑』で確認できるとする。(11)

以上、先行研究による羊羹の歴史は、中世における点心の羹（汁物料理）としての伝来に始まり、見立て料理としての固形物（蒸物料理）を経て、それに砂糖を加えた菓子（蒸羊羹）への変容過程と、近世においてそれが菓子屋の主要な商品となり、さらに寒天を用いる煉羊羹が出現するまでを主な範疇としている。しかし、近代以降については、小城羊羹の事例を除くと具体的な検証はなされていない。現在、近世以来の製造者を中心に継承されている伝統的な羊羹に加え、地名を冠する菓子名や特産の材料を用いる「各地の地域性に根ざした羊羹」の展開も顕著であるが、その経緯については充分に検討されているとはいえない。

また近世以前についても、羊羹が菓子の一つとして定着するまでの変容やその時期については研究が蓄積されてきたが、菓子として定着した後、そのなかで主要な位置を占めるようになる経緯や、蒸羊羹から煉羊羹への変容が用途や位置づけへ及ぼした影響については検証されていない。例えば、進物という現在も主要な用途は、もとの汁物料理がまず「固形物」である蒸物料理となり、次いでそれが甘味を有し菓子となることによって始まり、さらに移動性を有する煉羊羹の出現によって進展したと考えられ、羊羹の実態の変遷と密接に連関していると考えられる。本章の課題である地域名菓としての羊羹も、移動性を有する進物からの展開である。

なお、近世の贈答記録の菓子の種類を分析した江後迪子、櫻井美代子、深井康子の研究で、羊羹の出現年次及び回数が指摘されているが[12]、具体的な実態や用途についての分析はみられない。

そこで本章では以下のように論考を進めてみたい。第一節では近世において羊羹が菓子として定着した後、上菓子の代表となる経緯及び理由と、その後煉羊羹の出現による影響を、菓子の完成期といわれる一七世紀後半以降の製法記録と贈答記録を中心に分析する。第二節では近代における羊羹の展開を、内国博の記録を中心に、特に現在の羊羹にみられる地域性と普遍性の両面に注目して検証する。なお蒸羊羹の語は、寒天を材料とする煉羊羹の出現後に生じた既存の羊羹の呼称であるが、本書では煉羊羹が出現する以前の羊羹の実態を示す語として用いる場合もある。

第一節　近世の羊羹——蒸羊羹から煉羊羹へ

（1）上菓子における蒸羊羹の意義

◈多彩な意匠表現

ここでは羊羹が菓子として定着した後、上菓子の代表としての位置を占めるようになっていく経緯を追い、その理由を探る。羊羹が砂糖を用いた菓子として定着する時期は、一六世紀中期から一七世紀初期とされていたが、ほぼ同時期の茶会に出された菓子を分析した秋山照子の研究によれば、「加工菓子類」のうち羊羹の頻度は約三%と低く、同じく点心に由来する饅頭の頻度一一%と比しても、主要な菓子とはいえない[13]。しかしその後、寛永一二年（一六三五）九月一六日から五日の間に、後水尾上皇の御所に御用菓子屋の虎屋と二口屋が五三八棹の羊

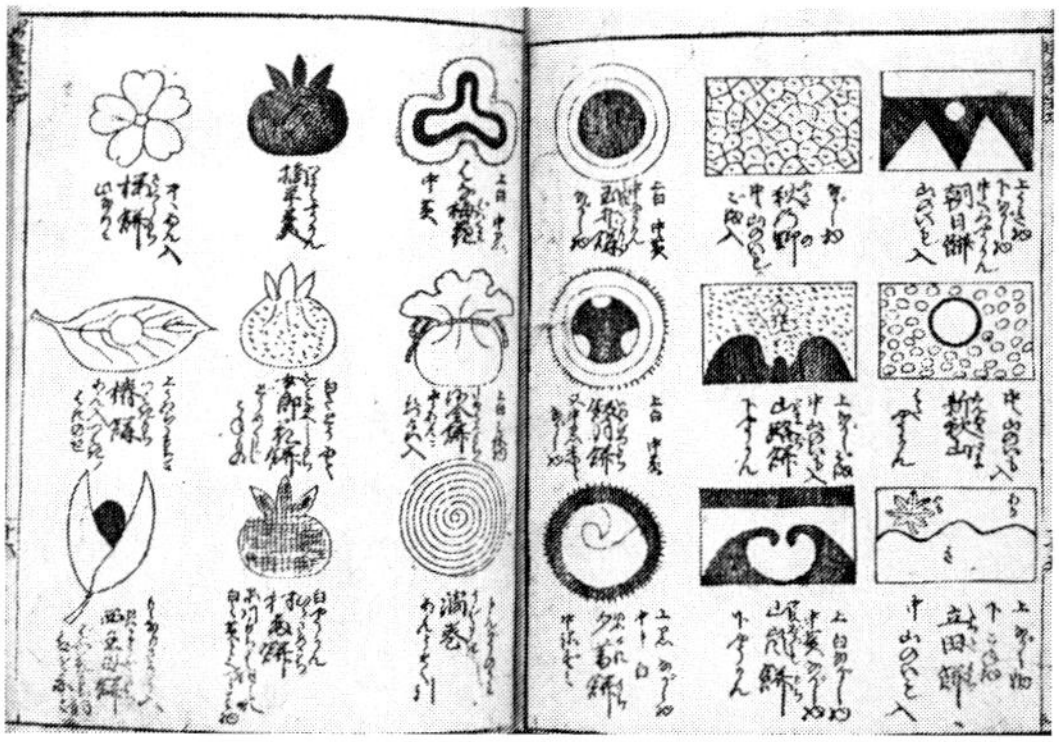

図1　「菓子類　蒸菓子干菓子凡二百五十種余」『男重宝記』巻之四、元禄6年（筑波大学付属図書館蔵）

羹を納めた記録があることから、(14)一七世紀には菓子屋の主要な商品になっていたと考えられる。また、第五章で前掲したが、元禄三年（一六九〇）京都で刊行された『人倫訓蒙図彙』にも、「菓子師」の代表的な商品として、もろもろの乾菓子、羊羹、饅頭の類と記されている。(15)

　このように羊羹が菓子として定着し、主要な位置を占めるようになる過程において、羊羹自体にはどのような展開があったのだろうか。その実態を探るため、一七世紀の羊羹の実態が具体的に把握できる菓子の絵図及び製法記録を検討したい。

　まず、元禄六年刊『男重宝記《なんちょうほうき》』の巻之四「菓子類　蒸菓子干菓子凡二百五十種余」をみる（図1）。これは当時一般に、若い男子に必要な基礎的教養とされていた菓子を図示したものである。(16)中山圭子によれば「菓銘とその意匠がともにわかる絵図の初見資料」で、その菓子は棹菓子が多く、菓銘は「当時の教養書『古今和歌集』に読まれた地名や情景を思わせる物」が多いことが特徴とされる。(17)

　冒頭に「饅頭　羊羹　外郎餅　求肥　酸漿すはま」とあり、羊羹は上菓子を代表する一種であったことがわかる。蒸菓子については一八二点の菓子名と、材料、製法、色、形が記され、最初の二四点は絵図入りで紹介されており、おおよその実態がわかる。そのうち羊羹という菓子名は「摘羊羹」一点のみであるが、生地の名称に羊羹とある菓子は八二点あり、合わせて蒸菓子全体の四割強を占める。表1にそれら八三点を掲載順に示すが、このうち1の鯨餅から8の村雨餅《むらさめもち》までは図示されている。生地名はほかに、うきもの、ながしもの、こねもの、し

43	肉桂餅	上うき物　中羊羹　下ながし物　羊羹肉桂入
44	ふゞき餅	上しめし物　中羊羹　下ながし物
45	霞玉餅	中へ羊羹　わきしめし物
46	浮世餅	上三通りながし物　山の芋入　下羊羹入
47	難波餅	中羊かん　はだをもろこしにて包み　わきながし物
48	横藤餅	上しめし物　中羊羹　下ながし物　小豆入
49	なぎの葉餅	上下ながし物　中羊羹入
50	杜若餅	上ながし物　小豆入　中しめし　下羊羹
51	塩竈餅	上こね物　中しめし物　小豆入　下羊羹
52	わか浦餅	上ながし物　黒ごま入　中羊羹　下しめし物
53	ふか見草餅	上しめし物　下羊羹
54	中の霜餅	上うき物　中羊羹　下ながし物
55	小倉山餅	上うき物　中羊羹　下ながし物
56	やしほ餅	わきしめし物　中羊羹　山芋　下ながし　はた黒ごま
57	秋の空	下山形なし　羊羹にて　上しめし物　小豆入
58	山吹餅	上ながし物　中羊羹　下しめし物
59	霞の玉	昔ながし物　中へ丸羊羹入
60	初霜	皆しめし物　中山の芋に羊羹付
61	稲妻	上しめし物　下羊羹　中しめしに黒ごま
62	焼刃餅	上羊羹　下こね物　上二通しめし物
63	尾上餅	上しめし物　中羊羹　下ながし物
64	岩根餅	皆しめし物　羊羹(図)此形に
65	岩世餅	上ながし物　下羊羹
66	烏丸餅	上ながし物　下羊羹
67	綾ながし	上しめし物　下うき物　小豆粒入　羊羹
68	せんがんひ餅	皆ながし物　白羊羹　白さゝげ入
69	竿落鳫	上ながし物　中羊羹　下しめし物
70	鉄仙ながし	上しめし物　豆入　中羊羹　下ながし物
71	玉の緒餅	上しめし物　中うき物　下羊羹　中に山の芋入
72	小倉餅	上しめし物　中羊羹　下うき物
73	花の友餅	上白ながし物　中へ芋入　下羊羹
74	四季相餅	上赤ながし物　中黄ながし物　中羊羹　下白ながし物
75	琉球餅	上白ながし物　中黄　山の芋入　下羊羹
76	小笠原餅	上白ながし物　中黄　山の芋入　下羊羹
77	磯辺餅	上黄ながし物　中羊羹　芋入　下白ながし物
78	新短尺餅	上黄ながし物　中羊羹　下白ながし物
79	めざめ友餅	上羊羹　中赤ながし物　下黄ながし物
80	米花餅	上ながし物　黒ごま入　下羊羹にて山の芋
81	うす雪餅	上白ながし物　中黄　山の芋入　下羊羹　以上角
82	あさぎ餅	上白こね物　中黄　こね物　中羊羹　丸
83	忍袖餅	上白ながし物　中黄ながし物　中羊羹　丸

出典：長友千代治校註『女重宝記・男重宝記――元禄若者心得集』社会思想社、1995年

表1　『男重宝記』にみる羊羹

番号	菓子名	製法用語
1	鯨餅	上羊羹　下こねもの
2	朝日餅	上うき物　下ながし物　中黒羊羹　山の芋入
3	新秋山	中へ山の芋入　はた　羊羹
4	山路餅	上ながしごま　中山の芋入　下羊羹
5	山嵐餅	上白ながし物　中黄ながし物　下羊羹
6	玉井餅	上白中黄　中羊羹　ながし物
7	摘羊羹	
8	村雨餅	白羊羹　品川餅も同し形　白と黄となり　つまみ物
9	三芳野	中羊羹　山の芋入　わき白ながし物　角
10	歌がるた	上しめし物　下羊羹にごま入　角
11	忍ぶ餅	上ながし物　中羊羹に小豆入　下ながし物　角
12	ふされ餅	白羊羹　中へ山の芋　角
13	水仙ながし	みな羊羹　山の芋菊様に切入　角
14	九重餅	上下ながし物　中羊羹
15	藤錦餅	上うき物　中小豆入　下羊羹　ながし物
16	すみやれ	羊羹白　ながし物
17	江戸三弥	上羊羹　下しめし物
18	せいかう餅	上下中羊羹　ながし物
19	まふ道餅	上しめし物　下こね物　中羊羹
20	かるた餅	上しめし物　中ながし物　下羊羹
21	月かん餅	羊羹に山の芋入
22	ふくら餅	中羊羹に山芋入　わきながし物
23	朧夜餅	下羊羹　山の芋入　中こね物
24	幾夜	下ながし物　くるみ入　中羊羹　上しめし物
25	道連餅	上しめし物　二ながし物　三羊羹　下こね物
26	水無瀬餅	上羊羹　中しめし物　下ながし物
27	夕なみ	山の芋おろし入　中羊羹栗入　ながし物
28	玉すだれ餅	上ながし物　中羊羹　下うき物
29	弥生餅	上うき物　中こね物　下羊羹
30	うきとの餅	上しめし　中羊羹　下ながし物
31	夕桐餅	上下ながし物　中へ羊羹入　山の芋入
32	秋霞	上うき物　中羊羹　下ながし物
33	段だら餅	上羊羹　中しめし物　下こね物
34	沢辺餅	上羊羹　下ながし物
35	うつみ牧	白羊羹　白さゝげ　中へ山の芋入
36	小塩山餅	下羊羹　上下こね物　芋入
37	明石月餅	上羊羹　中しめし物　下うき物　山の芋入
38	蘭辺友	上うき物　中羊羹　下ながし物　山の芋入
39	名月餅	上羊羹　中ながし物　下しめし　赤のわき　白なが
40	小さらし餅	上羊羹　下こね物
41	阿蘭陀餅	上うき物　中しめし物　下こね物　羊羹
42	新りうき餅	上しめし物　下羊羹　山の芋入

めしもの[18]がそれぞれ同等の頻度でみられ、羊羹のように菓子名でもある生地名としては、外郎《ういろう》の二事例のみである。羊羹が蒸菓子の意匠において、下地となる生地の一つとして、またさまざまに切形して生地に加え模様を作るための材料としても使われていることがわかる。生地としての羊羹の種類には黒、白、肉桂入があり、その中に山芋、ごま、小豆、栗等を入れるもの（朝日餅、三芳野、歌がるた、忍ぶ餅、水仙ながし）のほか、逆に山芋に羊羹をつけるもの（初霜）等、他材料と組み合わせることで、多彩な意匠と味をもつように工夫されている。なお中山圭子は、これらの蒸菓子について「自然風物を見立てたデザインの羊羹」と述べている[19]。

蒸羊羹は生地の性質上、加熱前の生地にこうした随意な意匠化が可能である。その性質により、それ自体が菓子の一種でありながら、上菓子の製造において極めて有用な生地の一つとしても定着したと考えられる。結果として、上菓子において最も頻用される生地と、菓子そのものという二重の意味で主要な位置を占め、『日葡辞書』の事例から大きく進展していることがわかる。

◈もみかえして成形する羊羹

このような羊羹の位置づけは、宝暦一一年（一七六一）、京都で刊行された菓子製法書『御前菓子図式』を通して、より具体的に判明する。全九五項目のうち菓子名に羊羹が含まれるものは、上巻に三点（匕《すくひ》羊羹、羊羹、撮《つまみ》羊羹）と、下巻の「蒸菓子部」三八点のうちの五点（本羊羹、白羊羹、撮羊羹、玉の井羊羹、三段羊羹）の計八点である。そして同部には『男重宝記』と同様、菓子名は羊羹ではないが製法についての記述のなかに羊羹という語を含む菓子が一六点ある。玉川、塩竈、不二鯨、定家餅、唐紅、夕霧、唐錦、新野月、玉鬘、小紫、細石、烏芋、霞の玉、水山吹、早蕨、未開紅である。それぞれに材料の分量と詳細な製法が記され、匕羊羹、羊羹、白本羊羹以外は絵図入りで紹介されている[20]。

まず、羊羹という菓子名の八点をみる。匕羊羹と羊羹には、小豆の漉《こし》粉・葛の粉・うどん粉・塩・煎じた白砂糖を合わせ、水を加えて混ぜ、木綿布を敷いた角形の容器に入れて蒸すとあり、蒸羊羹とわかる。匕羊羹は蒸し上げた後しばらく冷まし「金杓子を水にぬらし、菓子椀に装出す、尤寒気の節茶菓子に宜し」とあり、できたてを茶菓子として供す方法が記されている。他の六点は材料とそれを混ぜ合わせて蒸すまでの工程は同様であるが、その後に成形するという製法である。例えば「撮羊羹　餡百目ニうどんの粉拾匁、蕨の粉拾匁粉にして合、右三色ねり合、蒸候へば上すだちたる様ニなる時、挽鉢にてこね合せ、よくさまして布に包み、形を作るなり」とある。また「本羊羹　小豆漉粉壱貫目に煎沙糖一升を四合にせんじ詰、小麦の粉を入レよくもみ候て一時程蒸上、よくさまし、臼にて搗申候」とあり、洲浜形の絵図に「すはま形」と付記され、臼で搗いた後に成形すると考えられる。白羊羹は大角豆の漉粉を材料とする生地を洲浜形に、撮羊羹は茶巾絞りに、玉の井は白羊羹の生地を五色に染めて玉形に成形する。

一方、製法についての記述のなかに羊羹と記された一六点については、より詳しい最初の二点をみる。これ以降の菓子には「玉川に同じ」として、主に意匠に関する記載がある。

玉川　粉一升ニ沙糖五合入レ、よく煉候て四分程にながし候て、上に羊羹を流、やうかんの内へ、長いも二分四方程に切り、入レ申候て、二時ばかりむし申候（略）右羊羹の仕様、上々小豆漉粉三百目、右煎じ沙糖五合、よくもみ合せ、ながし申候

塩竈　右、玉川に同し仕様にいたし、白地に羊羹を木耳のやうに仕入レ申候、一右羊羹仕様は小豆漉粉三百目に、右煎沙糖五合を三合に煎じ詰、よくよくもみ合せ、蒸候てさまし、又もみかえし候なり

絵図と本文から、いずれも羊羹生地と、しんこ生地からなる棹物である。玉川は、しんこ生地の上に二分四方の長芋を散らした羊羹生地を重ねて蒸し固め、塩竈は同じくしんこ生地（白地）に、羊羹生地を木耳《きくらげ》のように切って散らし蒸し固める。羊羹生地の仕様は前記のそれと同様であるが、塩竈の方は蒸した後「もみかえし」、

成形する方法である。このように蒸した後で成形するという蒸羊羹の手法は、現在、上生菓子の一つの生地の製法またはそれにより作られた生地の呼称である羊羹製（または、こなし、もみ）の原型とされている[21]。

こうした蒸羊羹は、主として茶会や饗応で用いられたと考えられる。贈答の記録もみられるが、折や籠に入れた事例から、比較的近距離の範囲で届けられたと考えられる。その後一八世紀以降、前記の通り寒天を用いる煉羊羹が登場する。材料・製法が変わったことで高い品質保持性を有した煉羊羹には、どのような展開がみられるのだろうか。以下、製法や評価の記録から具体的に探ってみたい。

（2）煉羊羹の出現

◈寒天を用いる菓子の席巻

江戸深川佐賀町の上菓子屋、船橋屋織江の主の著、天保一二年（一八四一）刊『菓子話船橋』には、前記の通り成立年が明確なものとしては初めて蒸羊羹と煉羊羹、両方の製法が具体的に記されている。ここではまず、その記述を確認する。

本史料は計八〇項目から成り、まず砂糖の煎方、寒晒白玉粉等材料の製方、各種餡の煉方等下拵えに関する一五項目があり、個々の菓子六五項目の製法が続く。そのうち菓子名に「羊羹」とあるものは八点（蒸羊羹、煉羊羹、柚羊羹、麦羊羹、紅羊羹、青羊羹、白羊羹、栗羊羹）で、蒸羊羹以外の全てに寒天が用いられている。そのほかに「羹」とある菓子名が一二点（難波羹、小倉羹、久年保羹、玉子羹、八重成羹、胡麻羹、百合羹、薯蕷羹、山吹羹、鶯羹、薄雲羹、琉羹）みられ、その全てにも寒天が用いられている。寒天を用いる菓子はほかにも金玉糖、柑玉糖等があり、全体の約三割強を占めている。前出の『御前菓子図式』では羊羹が属す「蒸菓子部」が四割を占めていたが、本史料にはその分類項目がなく、生地として蒸羊羹を用いる菓子もみられず、蒸す工程がある菓子は饅頭

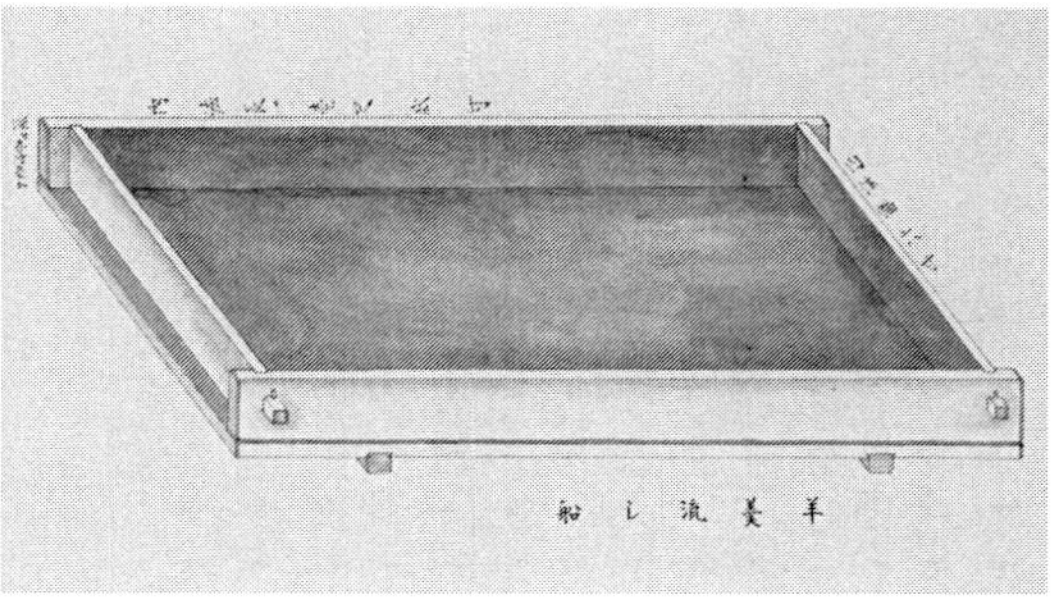

図2　「羊羹流し船」の図　「船橋繁栄録」四（京都府立京都学・歴彩館蔵）

類を主とする七点である。(22)収録される菓子の種類の主流が、蒸菓子から寒天を用いて煉り固める菓子に移行している。

製法の記述に注目すると、蒸羊羹は赤小豆・唐雪白砂糖・小麦御膳粉・久助葛を材料とし、白砂糖を煮詰め小豆の漉粉を煉り合わせ、火からおろして他材料とよく混ぜ合わせ、蒸籠に布を敷いて蒸し上げ、布を取り冷ましてから棹に切るとあり、(23)生地の製造方法は前出の蒸羊羹とおおむね同じであるが、そこに意匠表現の工程はみられない。一方、煉羊羹は白大角豆・唐三盆砂糖・白寒天を材料とし、唐三盆を煮詰めて、大角豆の漉粉を煉り合わせ、煮溶かした寒天を漉し入れ煉り合わせ、船の中に厚紙で文庫を拵えて入れた中へ流す。船とは「製して流し入る箱を菓子屋の通言にて船といふ」とあり、(24)「羊羹流し船」のことである。明治初期に船橋屋の家業の歴史について記した「船橋繁栄録」にはそれが図説され（図2）、「檜の節なしにして溜色に塗たる物なり　但一舟ハ羊羹拾弐棹入なり」とある。(25)また材料の砂糖については、唐三盆・唐雪白はいずれも中国からの輸入品の白砂糖で、三盆は三盆白の略称で最高級品であり、次の等級が雪白であったとされる。(26)煉羊羹の方が、より高級な砂糖を用いている。

そのほかの羊羹および羹の類をみると、豆類等の餡・砂糖・寒天を主材料とする、いわゆる羊羹類と、煮溶かした寒天に砂糖や水飴を加えて煮詰め流し固めた錦玉羹《きんぎょくかん》（または錦玉糖、金玉羹・糖）に大別される。(27)羊羹類では、餡の種類によって赤小豆餡の難波羹、大納言小豆餡に大納言小豆の砂糖蜜煮を散らした小倉羹、白大角豆餡の白羊羹、白羊羹に大納言小豆の砂糖蜜煮を散らした薄曇羹、薩摩芋餡の琉球羹、栗餡の栗羊羹、八重成《やえなり》小豆餡の八重成羹、薯蕷製白餡の薯蕷羹、百合根製白餡の百合羹等、種類が多様化し、現在の主な羊羹類がほぼ揃っている。錦玉羹の類では久年保羹、胡麻羹や、すりおろした青柚の皮を加える柚羊羹、ゆで卵の黄身の裏ごしを加える鶏卵羹等がある。先の「船橋繁栄録」には「各羊羹類ハ大概此舟に流す」とあり、これらの羊羹類の製造にも同じ船が用いられた。また「現今此舟四五拾個あれども来年に至り来春の仕込をする時ハ四五拾個の舟にてハはなか〳〵不足にして日〻流し込たる羊羹ハ翌日毎に外の板に遷置なり」とあり、一度に多くの羊羹を仕込んでいたことがわかる。(28)

◈今制煉羊羹

煉羊羹に対する価値観については、『菓子話船橋』に「今は煉羊羹を製せざる所もなく、常の羊羹はあれども無が如く、煉をのみ好み玉ふ様には成たり」とある。また天保一一年刊『北越雪譜』に「ねりやうかんも近年のものなり、常のやうかんにくらぶれば味ひまされり」とある。(29) 一九世紀の『守貞謾稿』には、「羊羹の古製」と「今制煉羊羹」を比較して、それぞれの材料、製法、形状、大きさ、価格が詳述されている。古製は「はなはだ粗製」で、小豆一升に砂糖一升・小麦粉五勺・鍋墨少々を加えてゆるく煉り合わせ蒸して製すとあり、蒸羊羹をさす。対する煉羊羹は赤小豆一升を煮てあくを取り去り、皮を除いて漉粉にし、「唐雪白砂糖七百目」と「乾天二本半」を加えて煮詰めて製する。一棹はいずれも同じ大きさ（長さ六寸、厚さと幅各一寸）で、価格は三都ともに同じで、煉羊羹は銀二匁、浪華羹と蒸羊羹は各銀一匁とある。

なお、この「浪華羹」については「同粗製のもの同制、ただ白砂糖三百目を用ふ、江戸にて近年これまた行はる、号けて浪華羹と云ふ、けだしかの地に始め製すにあらず、ただみだりにこれを号すのみ」とある。(30) 一方船橋屋の「難波羹」は、『菓子話船橋』によれば小豆、雪中三盆砂糖、角寒天を用いるが、砂糖の分量が「煉羊羹」に比べて少ない。「船橋繁栄録」には「難波羹の事」として、一般の菓子屋では「水羊羹」と称されるもので

「煉羊羹」以前からあり、同店では先祖が難波出身であることに因み寛政年間に改称した、煉羊羹より安価で同店の名物の一つになったとある。[31]砂糖の分量が少ない煉羊羹で、また菓子名の「浪華」は、産地をさしていないことがわかる。

このように煉羊羹は従来の羊羹に比して上等と認識され、次第に羊羹の主流になっていく。その状況を、贈答・献立記録を分析した研究からみておきたい。羊羹と煉羊羹を区別する記録は限られるが、まず江戸の滝沢馬琴が記した「馬琴日記」の文政九～一二年（一八二六～一八二九）、天保二～五年（一八三一～一八三四）、嘉永元～二年（一八四八～一八四九）に記録された菓子四八〇事例を分析した江後迪子によれば、羊羹は文政期四回と天保期以降五回の計九回、煉羊羹は文政九年の初見以来、文政期三回、天保期以降八回の計一一回で、天保期に羊羹と逆転するとされる。また武州生麦村（現、神奈川県）の名主関口籐右衛門が記した「関口日記」の文化三～天保一〇年（一八〇六～一八三九）の三三年分について分析した結果、計九六四事例のうち羊羹は文政三年から二回前後、そのうち煉羊羹は天保五年に三回のみであり、「まだ貴重な菓子」だったと考察している。[32]

江戸から離れた長崎の事例としては、第七章で前出した文化一一～弘化三年（一八一四～一八四六）の「村上家献立帳」に確認できる。村上家の法事で用いられた羊羹の材料分量の記録によれば、文政七年及び天保二年の事例では小豆・砂糖・葛・麦ノ粉とあることから蒸羊羹と推察できるが、同一一年の事例は小豆・唐白砂糖・白角寒天とあり「煉羊羹」と明記されている。[33]いずれも用途は近親者への配り菓子であるが、蒸羊羹から煉羊羹への転換が読みとれる。

以上、近世における羊羹の位置づけをまとめる。砂糖を加えた固形物となり菓子として定着した羊羹は、一七世紀後期に完成した上菓子において、蒸菓子の多彩な意匠表現を可能とする主要な菓子であり、また、その表現に有用な生地の一つでもあるという、二重の意義により大きな位置を占めていた。主な用途は蒸菓子のそれと同様、茶会や饗応に供されるもので、遠方への贈答には適していなかったと推察される。

一九世紀に出現した煉羊羹は、寒天と多量の白砂糖とを材料とし、長時間の煉り（加熱）で仕上げる製造工程により、いっそう高級で、かつ移動距離や気候にも左右されない品質保持性を備えた贈答・進物の好適品となる。また小豆以外にも多様な材料を用い、種類も多様化する。ただしその地域性については、地名を冠する羊羹がみられたが少例であり、またその地名は産地を表すものではなく、近世の主要な特徴とはいえない。そこで次節で、羊羹の近代以降の動向を内国博記録を中心に探ってみたい。

第二節　近代の煉羊羹における地域性の表出

（1）内国勧業博覧会出品記録にみる概況

◈羊羹＝煉羊羹

分析に先立ち、羊羹という呼称について近代以降の認識を確認しておきたい。内国博記録には羊羹と煉羊羹の両表記が全五回を通して散見されるが、そこでは両者の区別はみられず、いずれも煉羊羹をさしている。例をあげると、明治一〇年（一八七七）第一回の出品解説では「羊肝」、「煉羊肝」が各二点ずつ取りあげられているが、いずれも材料に「凍瓊脂《カンテン》」とある。[34]またこれらの商品名は出品目録では「羊羹」である。また第五回の審査報告には「羊羹類」の項目で「本品ハ蒸羊羹ト煉羊羹トノ二種アレトモ煉羊羹ヲ以テ主トナシ、蒸羊羹ハ僻遠ノ地方罕ニ少数ノ出品ヲ見ルノミ、蓋煉羊羹ハ蒸羊羹ノ進化シタルモノニシテ、今ヤ単ニ羊羹ト称スルモ殆ント煉羊羹ノ略称タルカ如キノ状況ナリ」とある。[35]羊羹が煉羊羹をさすという認識が、内国博では明治初期の時点ですでにほぼ定着している状況が窺われる。

これをふまえ、内国博の羊羹の出品状況を、主として出品目録から概観する。府県別の出品者数（件数）・出品数の推移と、出品された羊羹の種類の年次的な傾向を、主として出品・受賞記録から抽出し表2に示す。羊羹の抽出については出品物名に「羊羹」とある菓子のみとする。ほかに「羹」という菓子名の菓子にも羊羹に類するものが含まれると考えられるが、実態不詳のため対象外とした。表中の「種類」とは、出品受賞品名における「羊羹」または「煉羊羹」以外の記載、例えば使用材料や色、形を記している。以下、材料については小豆類またはその餡・砂糖・寒天を「基本材料」、それ以外を「他材料」とし、他材料の記載がない事例は基本材料から成るとみなし「煉羊羹」と称す。

なお序章で前記した通り、出品目録の出品物名は種類や回により精粗があり、羊羹に関しては、第一・二回には材料や菓銘の付記により具体的な実態が判明する事例と、記載が簡略であるため実態不詳の事例の両方がみられる。その両例をあげると、詳細な例では「菓子　小豆・結ヒ羊羹・松葉形」、「煉羊羹　赤青白」、「羊羹　白小豆・白砂糖・五色」、簡略な例では単に「煉羊羹」、「羊羹」等である。第三・四回については全体的に記載が簡略で、受賞記録と審査報告にとりあげられたもの以外、材料や形状は不詳である。また出品物名には「菓子」とのみあり、受賞記録によって羊羹と判明する例もある。従って全ての出品物の詳細を完全に把握することはできないが、史料上の記載の範囲内で、おおよその傾向を探ってみたい。

◈第一・二回——煉羊羹を中心とする出品

全体的な傾向としては出品者数、出品数とも、第三〜五回で段階的に増加している。まず明治一〇年第一回は九県からの出品で、出品者一九名、出品数二〇点であり、そのうち東京からの出品が過半数を占めていた。

種類については煉羊羹が主流であった。このうち、京都から煉羊羹を出品した伏見の岡本善吉については後述する。他材料は、開拓使の山百合、東京の牛乳・鶏卵、山梨甲府の干柿入があった。また色は、東京から五色、京都から赤青白、形では東京から結び羊羹・松葉型、羊羹霰等がみられた。

表2　内国勧業博覧会における羊羹の出品状況

No.	都道府県	第1回			第2回			第3回			第4回			第5回		
		人	点	種類	人	点	種類	人	点	種類	人	点	種類	人	点	種類
①	北海道	1	1	山百合	0			0			0			1	1	昆布
②	東京	11	11	牛乳鶏卵入、五色、干、霰、結び	3	8	白琅羹、紅琅羹、夜の梅、玉子	3	6	晒、鶏卵	0			2	2	
③	京都	1	1	赤青白	2	3	二色、茶席用	2	3		9	9	梅肉、日出、東雲、二段、若菜、胡麻、山吹	26	36	薄茶製、引茶2、柚、栗、芋、胡麻、葛、チョコレート、白2、紅、紫、敷島5、松葉、若菜、齢の梅
④	大阪	1	1		0			3	12	鶏卵3、栗2、カタクリ2、肉、雲丹	5	15	挽茶入、缶流	23	29	鶏卵2、挽茶、昆布、葡萄、細工、赤色、五色、缶詰、花、滋養、蒸
⑤	神奈川	1	2	羊羹	0			0			1	1		1	2	
⑥	兵庫	0			0			1	1		6	11	夜ノ梅	12	18	栗2、林檎、挽茶、大石、朝日曾良、君が代、改良
⑦	長崎	0			0			0			0			0	0	
⑧	新潟	0			3	3	白小豆	1	1		4	4		11	16	桃、柿、旭、小倉、雪晒、寒晒菊、箱入
⑨	埼玉	0			1	1	白小豆	0			0			0	0	
⑩	群馬	0			0			0			1	1	麦	1	1	麦
⑪	千葉	0			0			0			1	2		3	3	栗3
⑫	茨城	0			0			0			0			0	0	
⑬	栃木	1	1		1	1		3	6	塩原	1	2		7	20	茶2、栗、柚、日光5、栃木、光神、白雪

⑭	奈良	0			0			0			0			2	3	葛、菟多(宇陀)
⑮	三重	0			0			0			1	1		14	16	桑、百合、栗、紅、富貴、白2、月桂、雪
⑯	愛知	1	1		1	6	白小豆	1	1		4	6		12	12	味噌、麦、百合、蓮根、栗、黄身、御前、衛生、泡雪
⑰	静岡	0			0			0			2	3	白、紅	9	10	自然薯、葡萄、栗、干梅、桃、白、富士
⑱	山梨	1	1	干柿	1	1	柿	1	1	柿	1	1	葡萄	2	3	柿、梅、柿柚梅
⑲	滋賀	0			0			0			1	1		8	8	鶏卵、小倉小豆入、白、千歳、五色、三色、朝の海(小倉小豆入)
⑳	岐阜	0			0			0			5	5	蜂屋柿	12	13	柿3、胡麻、バナナ、枇杷、銀杏、林檎2、栗2、柚、芭蕉(バナナ)
㉑	長野	0			0			1	1		0			1	1	岩茸
㉒	宮城	0			0			0			0			4	4	桃、亀甲
㉓	福島	0			0			0			0			3	3	百合
㉔	岩手	0			0			0			1	2		24	39	葡萄4、林檎4、栗、麦、白10、改良5、丸め
㉕	青森	0			0			0			3	3	千年、昆布	8	14	昆布5、林檎3、海苔2、榲桲、葡萄、人参、梅、生姜
㉖	山形	0			0			0			0			6	10	栗、胡桃、千歳くわり
㉗	秋田	0			0			0			5	5	梨、松実、泡雪	3	3	葡萄、梅苔
㉘	福井	0			0			0			0			12	14	葡萄2、胡桃2、桃、百合根、胡麻、杏、達磨、沖の玉
㉙	石川	0			0			0			0			1	1	
㉚	富山	0			0			0			0			3	3	栗、大豆
㉛	鳥取	0			0			2	2	栗、薯蕷	1	1		0	0	

㉜	島根	0			0			0			1	1		17	17	佐久良、夜の梅
㉝	岡山	0			0			3	4	紅、三色	2	2	菓膏、薯蕷	13	13	山芋、薯、落合、箸立、旭、白２、五色
㉞	広島	0			0			1	1		1	1		12	22	柿７、鶏卵３、栗２、白、赤、夜の梅、鯨、八千代、玉兎印
㉟	山口	1	1		3	3	白小豆、鶏卵、白、紅、茶	2	2		8	8	茶、旭	21	22	紅、白、桜、藤
㊱	和歌山	0			0			1	1		1	2		8	8	柿、青竹詰
㊲	徳島	0			1	1	柿	0			2	2	照	1	1	
㊳	香川	0			0			2	2		3	3	紫	5	5	葡萄、卵味
㊴	愛媛	0			4	17	五色、桜２、紅梅、夜ノ梅、雲錦、叢雲、龍田川、龍田、菜種、玉羹、霜夜	3	3		7	8	白煉	18	26	鶏卵、胡麻、蜂蜜、栗、白３、薄紅、紅、貯蔵菓子３、衛生滋養、蟬、挽茶製宇治の友
㊵	高知	0			0			0			1	1	桜	0	0	
㊶	福岡	0			1	1	紅	0			1	1	紅	3	3	
㊷	大分	0			0			0			0			10	10	柚煉４、栗、梅、柿
㊸	佐賀	0			0			1	1		2	2		5	7	柿、百合、茶、武雄百合、春日、白
㊹	熊本	0			0			1	1	薏苡	1	1		2	2	
㊺	宮崎	0			0			0			0			4	4	菅原
㊻	鹿児島	0			0			0			0			0	0	
㊼	沖縄	0			0			0			0			0	0	
	計	19	20		21	45		32	49		82	105		330	425	

出典：第１～５回出品受賞目録（凡例参照）により作成。なお、人は出品者数（件数）、点は出品数（点数）を示す。

明治一四年の第二回は、初回とほぼ同じ一〇県からの出品で、全体の出品者数も同等だが、出品数は四五点と約二倍に増加した。東京、愛媛、愛知を中心に複数の羊羹を出す出品者が現れたことによる。これについては後述するが、特に愛知は一名が六点、愛媛は二名で一五点を出している。

種類は初回と同様煉羊羹が中心だが、主材料の豆の種類は白小豆が二五事例ある。そのいくつかには、白琅羹、紅琅羹、紅羊羹、五色羊羹のように、外観の色を示す菓子名が記されているが、煉羊羹という出品物名で材料を白小豆と記す事例もあった。豆の種類はほかに大角豆、白大豆、鉈豆《なた》がみられた。

他材料では、柿羊羹（山梨、徳島）に加え、鶏卵と牛乳を使った玉子羊羹（東京）、卵を用いた鶏卵羊羹（山口）・玉羹（愛媛）・霜夜（同上）、薯蕷と鶏卵を用いた菜種（同上）等が出されている。

ところで第二回に複数の羊羹を出した出品者に注目すると、愛知の一名は名古屋の岡本善蔵で、出品した六点全てが煉羊羹であった。この岡本は前出した京都伏見の岡本善吉と同族で、初回から煉羊羹を出品している。また愛媛の二名については、田中助太郎は六点（出品数計一八点）、崎山龍太郎は九点（出品数計二〇点）で、いずれも多品目の生菓子・干菓子とともに、白小豆を主として薯蕷等の他材料も使い菓銘を付した羊羹を出品した。例えば田中は桜、紅梅、叢雲、龍田、夜ノ梅（材料はいずれも石花菜《テングサ》・白砂糖・白小豆）、崎山は雲錦（寒天・錦玉糖・白小豆・砂糖）、龍田川（寒天・錦玉糖・砂糖・氷卸・白小豆）である。なお夜ノ梅については、東京日本橋の細田安兵衛からも出され、「砂糖・大小豆・寒天ヲ梅花形ニ夜ノ梅」とある。

◈第三回以降――地域性の表出

明治二三年の第三回の出品府県は一七府県と増え、そのうち兵庫、長野、鳥取、岡山、広島、和歌山、香川、熊本は、本回が初めての出品であった。出品者数は三二名、出品数は四九点で前回と大差はないが、府県ごとの出品者や全体的な出品傾向などには、前回までとは異なる動向が認められた。出品数が最も多かったのは大阪で、計一二点であり、出品者三名がそれぞれ二・四・六点を出品した。

種類については、記載が簡略な本回の出品目録からは具体的に把握し得ないものが多いが、他材料のうち複数事例は、鶏卵が東京一点、大阪三点、栗が大阪二点、鳥取一点、カタクリが二点のほか、単一事例では大阪から肉、雲丹、茶、山梨から柿、鳥取から薯蕷、熊本から薏苡仁を冠する名称の羊羹が出品されている。山梨の柿羊羹は第一・二回とは異なる出品者によるものであるが、同じく甲府からの出品であり、特産の活用と考えられる。同地からは羊羹以外にも特産の葡萄を使った葡萄羹、初雪葡萄、月ノ雫も出され、この葡萄羹は羊羹に類する可能性もある。色では岡山から紅羊羹缶詰、三色羊羹がみえる。また地名を冠する品名が、初めて栃木の小寺平吉の塩原羊羹でみられた。塩原には九世紀初めの発見とされる温泉群があり、近代以降観光地として人気を博し、現在塩原温泉郷（現、栃木県那須塩原市）として知られる(36)。

煉羊羹については、第一回以来継続出品している名古屋の岡本善蔵のほか、同族とされる京都の岡本眞吉、和歌山の岡本善右衛門による出品がみられた。

明治二八年に京都で開催された第四回においては、出品府県は三〇となり、出品していない一七県を超えた。出品者数は八二名、出品数は一〇五点で、前回から倍増している。府県別では本回の開催地である京都を始めとして、その周辺の近畿や東海の府県からの出品が多い一方で、遠隔地である東北の秋田、青森、岩手からも初めて出品された。

種類については、他材料では京都の梅肉・胡麻、大阪の挽茶、群馬の麦、山梨の葡萄、岐阜の蜂屋柿、青森の昆布、秋田の梨・松実、岡山の薯蕷がみられた。これらは主として特産の活用と考えられる。

また品名は菓銘ともいえるものが多く、名称のみでは実態は不明だが主なものを例示すると、京都の日出・二段・若菜・山吹、兵庫の夜ノ梅、静岡と福岡の紅、静岡と愛媛の白、青森の千年、秋田の泡雪、山口の旭、徳島の照、香川の紫、高知の桜である。開催地であった京都では、羊羹に限らず出品者が多く、その中心が近世以来の上菓子屋の流れをくむ製造者であったことが一因と考えられる(37)。

また前出の岡本姓の出品者による煉羊羹がさらに増え、初回以来の京都伏見の岡本善吉、第三回以来の和歌山の岡本善右衛門、京都伏見の岡本眞吉に加え、新たに大阪の岡本善三郎、徳島の岡本壽平が出品している。

明治三六年に大阪で開催された第五回には、福井、大分、山形、宮城、宮崎、福島、奈良、石川の各県が初めて出品し、全国の約八割の三九府県が出品した。出品者は三三〇名、出品数は四二五点と、ともに前回の四倍に急増している。一〇名以上が出品した府県は、岩手、京都、大阪、愛媛、山口、島根、三重、広島、兵庫、岡山、福井、岐阜、愛知で、岩手は二四名が三九点を出し、前回（一名が一点を出品）から一変して最多出品数であった。岩手以外は開催地大阪との位置関係をおおむね反映しているといえる。全五回通して羊羹の出品がなかった県は、長崎、茨城、鹿児島、沖縄の四県であった。

種類については他材料は多様化が進み、また同地域から同じ特産物を用いた羊羹が複数出品されている。例えば岐阜大垣及び広島の柿、青森の昆布・林檎、岩手の葡萄・林檎、京都の挽茶、大分の柚煉、千葉成田の栗である。ほかに初回以来の鶏卵も増え、前回と同じく大阪や、愛媛、広島、滋賀、愛知、香川で九事例みられた。

◈日光羊羹と落合羊羹

地名を冠する品名も、複数の事例で認められた。例えば、栃木の日光、岡山の落合・箸立、宮崎の菅原、奈良の菟多（宇陀）、佐賀の武雄である。このうち日光羊羹と落合羊羹は、地域名菓として現在にも継承されている。なお、前記した小城羊羹については品名としては同記録にはみられないが、同町の森永惣吉による第三・四回の「羊羹」、本回の「白羊羹・茶羊羹・煉羊羹」は、その前身またはそのものの可能性がある。

日光からの出品者五名は全員羊羹を出し、出品物名は三名が日光羊羹で、ほかの二名は煉羊羹であったが、実際の商品名は日光羊羹の可能性がある。そのうちの一名である塚原半平（半兵衛）は、全五回に継続して煉羊羹を出品しているが、この塚原の店が天明七年（一七八七）創業の綿半で、日光で最初に羊羹を製造・販売した店とされ、「元祖日光煉羊羹」の製造元である。(38)

落合羊羹については、その出品物名は加藤音作の一例のみであるが、落合から計四名が四点の羊羹を出品している。ほかの出品物名は、同地の箸立天満宮に因む箸立羊羹や、旭羊羹、羊羹である。これらは現在真庭市落合の特産「落合羊羹」として継承されている。それを商品名としている製造者もあるが、同地で作られる羊羹の通称とされる。

落合は近世の垂水村内の旭川と備中川の合流するあたりをさす通称で、旭川を往来し美作と備前間で物資・人を運ぶ高瀬舟の積荷港があり、山陽道から備中足守を北上して伯耆大山に向かう大山道（大山往来）沿いの要衝でもあった。落合羊羹は、この舟荷であった讃岐産砂糖と吉備産小豆による産物で、木山参詣のみやげとして名を博したとされる。木山神社は落合のうち垂水の惣氏神で、また古くから農耕牛馬殖産の神として信仰され、当社と木山寺に参る木山詣が盛んであった。明治以後は、美作・備中北部を中心に木山講（敬神講）と呼ばれる崇敬者の団体が多数組織された。(39)

図3　大正15年皇太子岡山県行啓の際の店主・福島薫一と献上品「煉羊羹」（岡山県真庭市・古見屋羊羹蔵）

同地における羊羹の製造は、古見《こみ》屋羊羹（真庭市落合垂水）に始まるとされる。(40)九代当主福島正明氏によれば、明和元年（一七六四）に初代の福島太郎八が古見から現地に来て創業し、第五回に「箸立羊羹」を出品した福島傳七郎は五代当主である。(41)その後明治四三年に岡山の

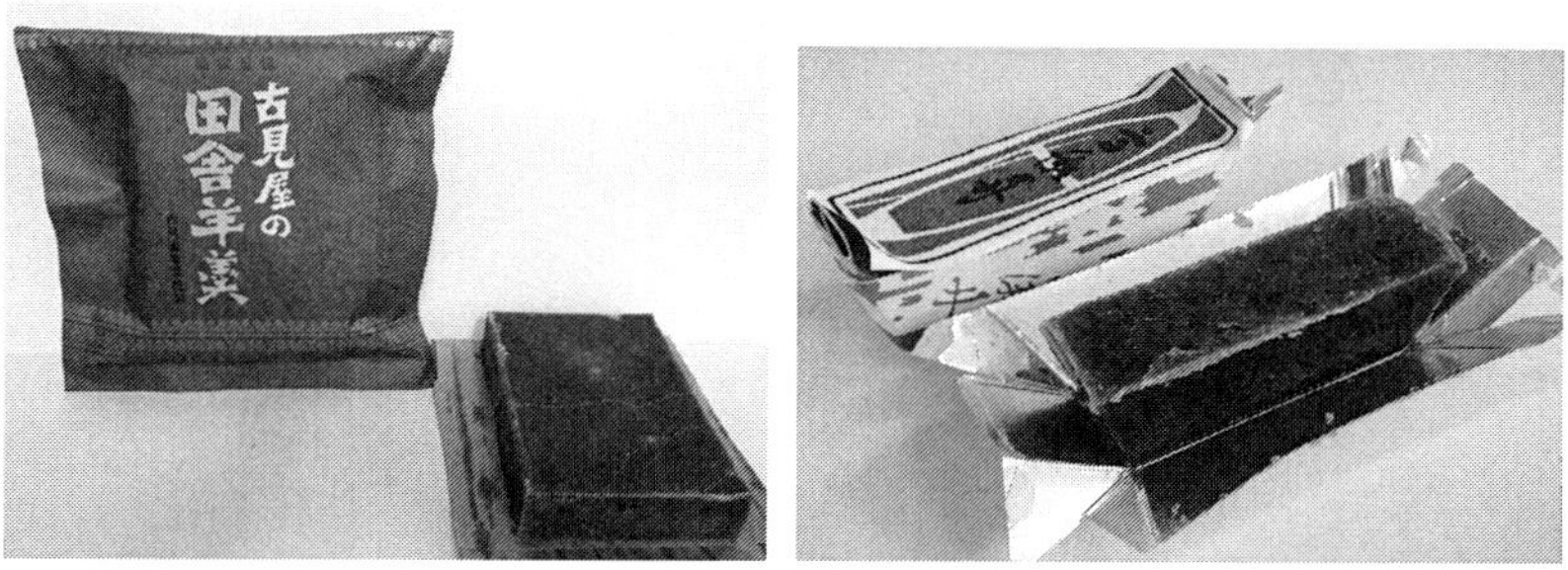

図4　「田舎羊羹」（左）と「高瀬舟」（右）古見屋羊羹（岡山県真庭市、「田舎羊羹」写真提供：古見屋羊羹）

陸軍特別大演習で傳七郎が「白羊羹」を伝献し(42)、七代の福島董一が大正九年（一九二〇）岡山県物産共進会で「煉羊羹」を出品し三等銅牌を受けた(43)。また、同一五年の皇太子の岡山県行啓では同じく「煉羊羹」が献上品に(44)、昭和五年（一九三〇）陸軍特別大演習並地方行幸では天覧品・一般献上品となっている(45)。同店ではこれらの献上に関する写真や、宮内省や県からの文書類が保管されている（図3）。なお現在の主な商品は、創業以来の「田舎羊羹」と、八代の福島欣一が昭和三八年に発売した小形の羊羹「高瀬舟」である（図4）。現在の落合羊羹の製造者は同店を含む四軒であるが、大正時代には一五軒あった。同町の中心地である垂水には昭和初期まで高瀬舟の発着場があり、船宿や旅館が並び活気があったという(46)。

そのほかに、色を表す白、紅、三色、五色や、近世以来の文学的な題材と思われる夜の梅、小倉、雪、桜、藤、富士、光神、春日、富貴、千歳に加え、近代の価値観や社会状況を菓子名に反映した事例もみられた。例えば旭、君ケ代、敷島等で、旭は旭日旗、敷島は国生み神話で最初に創造された国であり日本海軍の戦艦名で、軍隊や皇国史観につながる事例である。時代は少し下るが第六章で前述した岡山津山の児島高徳に因む高徳羊羹も同様の事例といえる。これに関連し、岐阜の吉田直吉による「芭蕉羊羹一名バナナ、羹」は、バナナを特産とする台湾を明治二八年（一八九五）日清戦争により割譲したことに因む名称と考えられる。また兵庫赤穂の「大石羊羹」は、赤穂藩家老の大石内蔵助に因み、地域の歴史を題材とする名称の事例といえる。

一方、岡本姓の出品者による煉羊羹出品者が前回からさらに増えて七名となり、前出の京都伏見の岡本眞吉・岡本善吉、和歌山の岡本善右衛門、大阪の岡本善三郎に加え、新たに京都から岡本仙三郎、大阪の岡本壽英、三重の岡本権右衛門が出品している。

以上、全五回の全体的な傾向としては、出品府県数、出品者数、出品数が漸次増え、羊羹の種類は多様化していった。多様化の主流は他材料の使用、特に特産の活用が第三回以降みえ始め、第四回以降さらに顕著になっていった。地名を冠する名称も同様の傾向をみせた。第五回には同地域から同じ特産を材料とする、あるいはその材料名や地名を冠する菓子名の複数の羊羹が出品される事例が多くなり、その結果、冒頭で示したような「各地の地域性に根ざした羊羹」が成立するに至った。羊羹は多様な地域性を表出する方向で展開したといえる。

一方、他材料や特徴的な菓子名は用いない煉羊羹を継続的に出品する動向も認められた。その中心は、京都伏見の岡本眞吉を始めとする各地の岡本姓の出品者で、現在も駿河屋の屋号で「煉羊羹」を代表菓子としている。その羊羹自体は地域性を表出せず、和菓子を代表する普遍的な羊羹に位置づけられる。これは前記の傾向とは相反するもう一つの傾向といえる。

そこで以下、両者をそれぞれ地域型、普遍型とし、近代における羊羹の主要な二つの展開として改めて注目し、それらの製造・出品の具体的な状況やその背景を審査報告を通して探ってみたい。

(2)　地域型にみる特産の活用

◈舶来砂糖の輸入抑制対策

ここでは地域型の、主として材料の多様化による展開に注目する。主な資料とする審査報告については序章で前記した通り、審査を担当した専門の審査官によって作成された報告書で、出品物全体の総評と、受賞した菓子を中心に優劣の評価とその根拠や課題が記されている。菓子の審査報告は第三回以降に記されるが、羊羹が立項されるのは、第四回以降である。

まず、第四回の審査報告で「煉羊羹」の項目をみる(47)。前述の通り、出品記録では材料の多様化が顕著に認められたが、審査報告ではそれに関する記述はなく、高位の褒賞を受けた駿河屋または岡本一派と称される岡本氏（以下、駿河屋とする）の煉羊羹を中心に記されている。これについては後述するが、品質・製造技術が具体的に評価され、さらに末尾に「煉羊羹配合率一班」として、受賞した一三例を含む煉羊羹一五例の主要な材料（小豆、砂糖、寒天）の配合と、製造者名が記されている。主催者が高評価する煉羊羹の具体的な情報を公開し、改良の方向性を示していることがわかる。しかし、改良を促す記述をみると、「衛生家」の説を参考にして次のように記されている。

従来ノ製法ニテハ沙糖ノ用量多キニ過クルノ傾キヲ有セリ、故ニ或ハ煉羊羹ヲ以テ胃ニ害アリトナスモノアリ、是固ヨリ煉羊羹ノ声価ヲ左右スルニ足ラスト雖モ、現時ノ煉羊羹ヲ以テ最モ完全ノモノトハ見倣シ難カラム、切ニ望ム当業者一層沙糖ノ用量ヲ軽減シ、之ニ適当ナル香料等ヲ賦シテ以テ過甘ノ陳套ヲ脱シ、一種爽快ヲ感セシムルノ工夫アラハ一層其需用ヲ増加セムカ

従来の製法は、砂糖の用量が多すぎて胃を害するとして、砂糖の減量と、適当な香料を加える工夫を製造者に求めている。しかしこの指導の実の意図は別にあった。菓子全体の評をみると「風味軽淡」、無着色または淡彩、特産や滋養がある材料（果物・薯蕷・油等）の応用は肯定され、多量の砂糖や有害な着色料の使用、濃厚な着色、大きすぎる形状は否定され、それが褒賞にも反映されている。なかでも砂糖の多量使用については、羊羹に限らず菓子の審査報告全体を通して繰り返し否定され、代替材料の工夫を推奨し、褒賞を授与して高く評価した。そ

のなかで審査官河内美代之助は、改良の要点の第一として「果物ヲ応用シ沙糖ノ用量ヲ減シ、本邦各地特産ノ果実中、甘味ヲ有セル物ヲ原料ニ用ヒテ之ヲ製造」すれば、「船来沙糖ノ輸入」を防げると述べている。つまり、砂糖の減量を求めた目的は、第二章で前述した貿易収支の赤字の一因である洋糖の輸入の抑制であり、果実の応用の推奨はその対策的指導であったとわかる。

推奨された果実類は柿、梅肉、葡萄等の果実のほか、栗、胡桃、胡麻で、柿は特に重視されていた。審査報告には「柿製菓子」の項目が、出品数はさほど多くないにもかかわらず設けられており、柿を用いた菓子の評価が詳述され、砂糖の量を軽減して柿の配合を多くするよう指導されている。そこには柿製羊羹もとりあげられている。例えば岐阜の羽根田豊三郎の柿羊羹は、砂糖が主材料で柿肉は乏しい多くの製品とは異なり、専ら柿肉より成るもので、生の柿の果実を主材料としており、渋味がなく香味があり、貯蔵に耐えるとして進歩三等賞を受賞している。また羊羹ではないが、京都の吉田吉次郎の「萬年柿（小サキ柿形ノ菓子）」は有功三等賞を受けたが、柿肉の分量が乏しく、それよりもむしろ出品物に原料として添付した「柿肉ヲ煉リタル一壜」が「船斎菓膏」を凌ぐとして高く評価されている。柿を「我カ東洋特有ノ名産」と注目し、輸出品の原料に適した、砂糖に代わる甘味として期待していたことが窺える。(48)

◆果実応用の推奨

次に第五回の審査報告で「羊羹類」の項目をみる。(49)本回羊羹は前記の通りほぼ全ての府県から出され、種類別では出品数が最も多く、その約二割五分が褒賞を受けている。審査報告には全体的な傾向が次のように記されている。

今回ノ出品ハ普通ノ煉羊羹ト果実類ヲ応用セシモノトノ二種ニ大別スルコトヲ得ヘク、両者孰レカ多キカト云ヘハ果実ヲ応用セシモノ最多キヲ占タルハ実ニ予想外ノ現象ナリ（略）従来煉羊羹ハ専ラ貯蔵ニ耐ヘシメンコトヲ努メタルカ為、製式上多ク糖分ノ力ヲ籍ラサルヲ得サルニ至レリ、而シテ此結果トシテ概ネ甘美ニ過クルノ傾向ヲ有セリ、煉羊羹ノ世ニ歓迎セラルルノ優点ハ実ニ此ニ存セリ、而シテ又他ノ一面ヨリ之ヲ観察スルニ煉羊羹カ動モスレハ衛生的ノ批難ヲ受クルノ短慮モ亦多ク此ニ在リトス、然ルニ今回ノ出品ヲ査スルニ、煉羊羹ハ大率過甘ノ陳套ヲ矯正セント試ミタルカ如キノ形跡アリ

出品された羊羹が「普通ノ煉羊羹」と「果実類ヲ応用」したものに大別され、後者の方が多いのは、主催者の予想外の現象で、それを「過甘ノ陳套」を矯正しようとした形跡としている。第三回の頃から徐々にみえ始めていた他材料使用の傾向は、この回で一気に増大したことがわかる。

また、その要因としては「糖分過量ノ弊ニ鑑ミテ製造上ニ意ヲ致シタルノ結果ナルカ、将本品ニ対スル審査ノ方針カ前回以来兎角過甘ノ弊ヲ痛論セシヲ看取シ一時ノ虚名ヲ博センカ為、殊更ニ糖分ヲ軽減シタルカ、二者其一ニ居ラサルヲ得ス」と記されているが、後者の審査方針の影響は大きいだろう。本回の審査でも主催者は「果実応用ハ時勢ノ進歩ト共ニ嗜好ノ変遷ト共ニ衛生思想ノ発達ト共ニ世界的知識ノ共通ト共ニ前途倍々之カ必要」と説き、果実を応用した優等品に対しては相当の等級の賞を出した。舶来砂糖の輸入を抑え、「本邦各地特産」を活用して輸出に結びつけようとする方向性は、主催者が導いたものといえる。これに対する製造者の対応については、次のように記されている。

各種ノ果実類ヲ以テ製シタル煉羊羹ノ出品ハ前回ニ於テハ纔ニ数点ニ過キサリシカ、爾来果実応用ハ当業者間ノ重要問題トナリテ、少シク進歩的ノ思想ヲ有スルモノハ期セスシテ此問題ニ集中セルヲ見ル、是今回顕著ナル新現象ナリ

果実の応用を行ったのは、それを「当業者間ノ重要問題」とする「進歩的ノ思想」を有する製造者とあり、果実を始めとする多様な材料を用いた羊羹が列挙されている。そのうち岐阜大垣槌谷祐七の柿羊羹、青森の田邊富

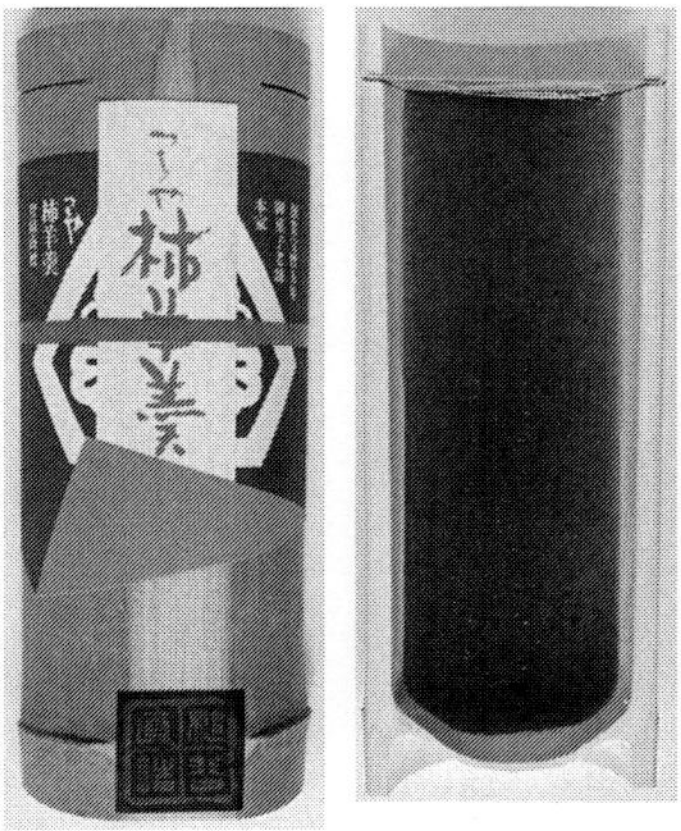

図５　「柿羊羹」槌谷（岐阜県大垣市）

吉の林檎羊羹、静岡の森川勝太郎の桃羊羹について、各出品解説書に記された商品化までの経緯から、各製造者の意識を探ってみたい。

◆岐阜の柿羊羹、青森の林檎羊羹、静岡の桃羊羹

まず柿羊羹をみる。柿は内国博記録上、羊羹に用いられた最初の果実であった。初出品は第一回の山梨の牧野長右衛門で、花紋賞牌を受けている。以降は第二回に徳島から、第三回に山梨と岐阜から、第四回に岐阜から毎回一～二名ずつ出品がみられたが、第五回には広島・大分・佐賀等も加わり八名による一五点の出品があった。そのうち岐阜大垣から二名が計三点（槌谷祐七が二点、羽根田豊三郎が一点）を出し、槌谷が二等賞、羽根田が三等賞を受賞している。

この槌谷祐七の柿羊羹の出品解説の要点をまとめると、天保一二年（一八四一）の頃先代である父が創製して柿羹と称し、当代が柿羊羹と改称して研究を重ねた。その結果、明治二二～二三年頃完成したが容器が未完成だったため前回（第四回）には出品しなかったところ、同地の羽田豊三郎の柿羊羹が先に進歩二等賞をとり、そのことを悔いて、竹製の半月形の容器を考案したとある。大垣では近世においてすでに特産の柿を羊羹に使う発想があり、近代以降商品化に向けて改良し、内国博を通して同業者との競争で奮起し、容器も含めて完成させたという経緯である。この容器は審査報告でも高く評価されている。なお、槌谷の九代当主槌谷祐哉氏によれば、同店は宝暦五年（一七五五）の創業で、槌谷祐七は六代当主とされる。この竹製容器入の柿羊羹は明治二九年から販売され、以後デザインを若干変更し、現在にも継承されている[50]（図５）。

次に青森の林檎羊羹の事例をみる。田邊富吉は、明治以降、同地で栽培者が増加し名産となっていた林檎のう

ち、輸出用の等級の条件を満たせず処分されていた下等品を菓子に活用できれば、貴重な穀物の節約になり、林檎栽培家の利益にもなると考え、明治二七年八月より弘前及び中津軽郡産の紅玉を用いて試験を開始した。材料は当初は大角豆との混合だったが、「専心研究ノ結果」同三〇年五月に林檎のみで作ることに成功し、同年八月に発売した。同三二年四月青森県主催の奥羽三県連合共進会に参考品として出品し高評を得て、増産したという。青森県の林檎栽培は、明治八年内務省勧業寮から配付された苗木を県庁内に植えたことに始まる。以降民間にも配布・植栽されて発展し、同二四年以降は鉄道開通もあり、東京への出荷が始まったとされる。(51)この事例は近代において同地で特産となった果実の活用で、その主な目的は地場産業の活性化であったと考えられる。

最後に静岡の森川勝太郎の桃羊羹については、明治二六年、桃郷に沼津御用邸が建設され桃郷が有名になったのを機に、名産の桃で「弊店ノ名産」を作ろうと発案し、同二七年から材料の桃の熟度や製造工程の試行錯誤を経て同三二年完成したとある。この事例は、近代において成立した新名所の新たな名物需要を見据え、同地の特産を活用した菓子の考案といえる。

以上のように果実の応用は、主催者が砂糖の輸入を抑え、特産を活用した菓子を輸出する目的で指導されたものであるが、結果として地場産業の活性化を導いたと考えられる。同様の事例は国外にも認められる。中島梓によれば、現在イタリアにおけるチョコレートの主要な産地であるピエモンテ州トリーノの名物「ジャンドゥイオット」は、同地方特産のヘーゼルナッツがねりこまれた固形チョコレートで、一八〇六年のナポレオンの大陸封鎖令以降輸入が困難になったカカオの使用量を抑える目的で開発された。それは当時人気を博した仮面即興喜劇中の登場人物ジャンドゥーヤに因む名称と、その帽子を模した形をもち、サヴォイ家の栄華を表す金色の包装紙でくるまれるという「人為的な創意工夫」によって創製されたものとされる。これは従来欧州では異国の飲食物と認識されていたチョコレートに初めて生産地の地方色が付された事例として、その後イタリア各地でカカオとヘーゼルナッツの組み合わせによる「チョコレート商品」が開発される契機となり、さらに現在はその多様性がイタリア産チョコレートの特徴にもなっているとされる(52)。輸入原料の節約を目的とする特産の活用によって新しい菓子が開発され、それが同地の地域性を有する名菓となり、その発想が全国的に伝播して地域性を軸とする体系が成立するという一連の流れは、日本の羊羹と共通する現象といえる。

ただし、内国博ではこうした主催者の指導に応じて糖分を軽減した結果、腐敗したものもあり、よい成果が得られていない事例も多かった。そのなかで審査方針に左右されることなく継続して出品され、審査報告では「普通の煉羊羹」と称されていた普遍型の羊羹及びその製造者の動向と、主催者側の意識をみる。

（3）普遍型にみる上菓子の技と表現

◆品質の追求──駿河屋一派

普遍型の羊羹は、京都伏見の岡本眞吉を「宗家」とする駿河屋を中心に出品されていた。ここではまず第一〜三回の内国博の出品受賞状況を確認しておこう。

明治一〇年の第一回に、京都伏見（油掛村）の岡本善吉が「煉羊羹赤青白」を、愛知名古屋の岡本善蔵が「煉羊羹」を出品し、それぞれ褒状を受けた。同一四年の第二回には、前回に続き、岡本善吉が「煉羊羹　白砂糖・白小豆・寒天　二色」を、名古屋の岡本善蔵が「煉羊羹六点　寒天・白小豆・白砂糖」を出品した。同二三年の第三回には前回と同じく名古屋の岡本善蔵が「煉羊羹」を、この回が初出品となる京都伏見（伏見町）の岡本眞吉が「煉羊羹」を、和歌山駿河町の岡本善右衛門が「羊羹」を出し、岡本眞吉・善蔵が褒状を受けた。なお和歌山の岡本は第一回から菓子を出品しているが、羊羹の出品はこの第三回が初めてである。

明治二八年の第四回には、京都伏見の岡本善吉と岡本眞吉が煉羊羹を出し、それぞれ有功二等賞、有功三等賞を受けた。また、和歌山の岡本善右衛門が煉羊羹・琥珀糖・砂糖漬（佛手柑等）を出し、煉羊羹で有功三等賞を受けた。大阪の岡本善三郎が煉羊羹・挽茶入羊羹・琥珀糖缶流・干菓子・綿花糖・煎餅・煉羊羹缶流・琥珀糖缶流を出し、煉羊羹で有功三等賞を受けた。また、徳島の岡本壽平が煉羊羹・麦菓子を出品している。

明治三六年の第五回は、京都伏見の岡本眞吉が煉羊羹で一等賞、同地油掛の岡本善吉が煉羊羹で二等賞、同じく下京区東塩小路町の岡本仙三郎が煉羊羹で三等賞を受けている。また、和歌山の岡本善右衛門が煉羊羹と打物和歌浦を、大阪の岡本善三郎が煉羊羹罐詰、同じく岡本壽英が三種類の煉羊羹（煉羊羹・煉羊羹挽茶入・煉羊羹赤色）を、三重の岡本権右衛門が煉羊羹を出品している。いずれも毎回煉羊羹を出し、特に京都伏見の両者は毎回煉羊羹のみを出品して高位の賞を継続的に受け、全五回にわたって出品者が各地に広がりながら増えていることがわかる。

こうした駿河屋の煉羊羹に対する主催者の意識を、審査報告を通してみておきたい。まず第四回の審査報告をみると[53]、この回に受賞した二五点の羊羹において、有功二等賞を受けた伏見町の岡本眞吉と、有功三等賞の岡本善吉の煉羊羹が特に高く評価されている。「京都府伏見ノ岡本眞吉及ヒ岡本善吉ノ煉羊羹ハ大抵同一ノ製式ニシテ、該家独特ノモノタリ」とあり、その起源が出品者の提出した出品解説書に依拠して記されている。それによれば、天正一七年（一五八九）の岡本善右衛門による創業以来、同家独特の製法を代々継承し、「煉羊羹ノ製式ハ源ヲ該家ヨリ発セシモノ多ク児童走卒モ亦善ク之ヲ知レリ」とあり、すでに駿河屋の煉羊羹が著名であったことがわかる。また、同派である和歌山県の岡本善右衛門と大阪府の岡本善三郎にも有功三等賞が授与され、この回に多数出品された煉羊羹のなかでも駿河屋製を凌駕するものは一点もないと記されている。

本審査報告からは、駿河屋の羊羹は近世以来の製法を極めた高度な技能と品質、及びその完成度が評価され、日本独自の輸出品としての可能性が見込まれて上位の褒賞が授与されたことが窺える。しかし煉羊羹自体については、「凡菓子品類中其味ノ甘美ナルモノハ蒸菓子ニ若クハナシ、然ルニ蒸菓子ハ数日ヲ経過スレハ腐敗ノ患ヒアリ、煉羊羹ノ佳品ニ至リテハ其味既ニ甘美ニシテ又能ク貯蔵久キニ耐へ行旅携帯ニ便ナリ、是其一般需用ノ大ナル所以ナリ」とあり、菓子としては蒸菓子に及ばないが、その需用は蒸菓子にはない高い保存性によると指摘されている。そして砂糖の減量が指導されたが、続く第五回にはどのような動向が現れるのだろうか。

第五回の「羊羹類」の審査報告によれば、全体的には前回の審査報告における指導が反映され、糖分軽減の傾向にあるなか、京都伏見の岡本眞吉は「時流ニ従ヒテ其配合率ヲ一二三ニスルノ態ナク（略）製造ノ極致ニ達セル」と記される煉羊羹を出品し、その姿勢を含めて高く評価され一等賞を受賞している。岡本善吉は二等賞を受けている。姿勢としては、他の菓子製造者は、蒸菓子・干菓子を問わずあらゆる種類の菓子を製し、数百の品を一手に扱うが、駿河屋は「煉羊羹ヲ以テ唯一ノ専業」であり、そのため「其技倆ノ倍々精良ニ趣ク所以ニシテ其卓然樹立スル所アリテ数百年間不動不退ノ地位ニ在ルモノ亦決シテ偶然ニアラサルヲ知ル」と評価されている。[54]また「煉羊羹トシイへハ直ニ伏見ノ駿河屋ヲ連想セシメ謂ハユル岡本式一派ノ特色ヲ有セルハ斯業ノ泰斗タルニ負カス」とあり、京都、大阪、岡山等に支店を設置して販路拡張し、「煉羊羹一手張ヲ以テ天下ニ標榜」し、当業者中、駿河屋の右に出るものはないとある。

このように、普遍型羊羹では、駿河屋を中心とする近世の上菓子の御用商が先導者となって煉羊羹の技術を継承しつつ品質が追求されていった。しかしそこでは、実質的には普遍型でありながら地域性を伴う展開も認められた。以下、愛媛の事例を通して詳しくみてみよう。

◈菓銘と意匠による地域性の表現——愛媛の元御用菓子屋

愛媛からの全五回の主な出品物は羊羹・干菓子・生菓子であるが、なかでも出品数が多いのは羊羹で、出品者総数八四名（香川県域を除く）のうち三二名が羊羹を出品している。第五回の審査報告における府県別概評では、愛媛について「比較的羊羹ノ稍々良好ナルモノ二三点アリ」と記され[55]、その水準も高かったことが窺える。このうち、初回から継続的に出品を重ねた出品者二名の事例に注目する。

まず同県で唯一、全ての回において多数の菓子を出品した崎山龍太郎は、初回から生菓子・干菓子を、第二～五回に羊羹を出している。そのうち受賞は計三度で、第一回は生乾菓子で花紋賞を、第三回は羊羹、第四回は片栗菓子で褒状を受けている。第一回の花紋賞は、この回の菓子に対する賞で鳳紋賞に次ぐ高位の賞であった。明治一九年刊『松山街三津街諸用案内記』には「干製上菓子」の分類に「紙屋町崎山龍太郎　花紋賞牌上等品」とあり、同二七年の『商工案内松山名所普通便覧』でも「内国勧業博覧会花紋賞牌・褒状、御菓子処」と大書されている[56]。

同店は現存せず、店や商品の具体的な実態は不詳であるが、大正一二年の『愛媛県人物名鑑』に、崎山廷一郎（明治二〇年生）の「父（戸主）龍太郎」として、「松山市紙屋町に生る、家は数代菓子商にして旧藩時代藩主の御用商人たり、君は其五代目に当り屋号を鶴雲堂と称し現在尚ほ旧藩主伯爵久松家にその製品を納入しつゝあり」と記されている[57]。崎山龍太郎は、松山藩主の御用菓子屋の四代当主であったことがわかる。羊羹については昭和二四年に記された「伊豫の名菓」には、「旧藩時代からの崎山菓子店」の羊羹の煉りと風味・重厚な味わいが、東京の凮月堂、京都伏見及び和歌山の駿河屋、京都の虎屋の羊羹と並ぶと評価されている[58]。

次に、第二～五回まで四度続けて出品した中野喜十郎・歌次郎・元三郎は、現在の中野本舗（松山市大街道、旧魚之棚）である。同店は、五代当主中野英文氏によれば、江戸末期に中野喜衛門が古町に菓子屋を開業したことに始まり、その後魚之棚に移転した。中野喜十郎は喜衛門の弟で、明治七年以前に小唐人町に店を出した[59]。第二～四回まで干菓子・羊羹・金花糖を出品し、第三回には干菓子白地打物で褒状を受けている。これについては前記した『商工案内松山名所普通便覧』で、「褒状拝受」と付記されている[60]。歌次郎は喜十郎の子であるが、湊町

図6　「薄墨羊羹」中野本舗（愛媛県松山市、写真提供：中野本舗）

に別に店を持ち、第三・五回に菓子・羊羹・カステーラ・珈琲糖を出品し、第四回に喜十郎が出品したおふくめん製の菓子も歌次郎が製造した。その後、歌次郎は陶芸家に転身したため元三郎が二代目を継ぐが、後に四代英幸の指導のため一時的に菓子業に戻り三代当主を務めたという。そして第五回では元三郎が打物と羊羹を出品している。

当時の商品については、明治一七年の『松山市街玉盡独案内』及び前出の『松山街三津街諸用案内記』に「干製上菓子　風流砂糖漬」、『商工案内松山名所普通便覧』に「棒砂糖　コーヒト（珈琲糖）」とある(61)。また、明治四〇年一二月二八日付の『海南新聞』に「松山市魚之棚中野菓子店にては例年の通り勅題菓子を売出したり」とあり(62)、新春の勅題に因む菓子の製造販売を毎年の恒例としていた。同紙の明治二四年一月六日付には「松山湊町魚之棚中野喜十郎か製したる勅題菓子は鳥居に注連飾り、富士の山、勾玉の三種にして製法は中野の手際世上に評判良きも左ることなり(63)」と、技能の高さが報じられている。

現在、同店の代表的な商品は「薄墨羊羹」である（図6）。菓銘は西法寺（松山市下伊台）の名桜「薄墨桜」に因むもので、小豆の漉餡と糸寒天を煉って抹茶を加えた生地に、手亡豆《てぼまめ》のぬれ納豆を散らして薄暮に舞う桜の花弁を表しているという。その始まりについては同店では幕末と伝えられるが(64)、現時点で確認できている最初の記録は、明治三〇年の『海南新聞』の広告「抹茶入薄墨羊羹、此広告切抜き御持参の御方へは一割引にて差上申候、松山市魚之棚菓子商、製造元中野本店」とされる(65)。内国博の記録では薄墨羊羹という品名は確認できないが、この広告の年次から、第五回に出した「羊羹」もその可能性がある(66)。

ここで両菓子屋の共通点を探ってみると、出品物については菓銘を付した干菓子・生菓子で近世以来の上菓子類であり、羊羹もそのなかの一品目と位置づけられる。店の所在地はともに旧城下町で、近世の御用菓子屋を中心とした菓子の文化・技能の拠点といえる。崎山は同藩の御用菓子屋として近世以来の実績があり、中野は勅題菓子の製造販売を毎年の恒例としていたことから、京都の上菓子屋にも匹敵する菓子屋と推察される。また、崎山は明治一三年の時点で紙屋町九番地の地主であり(67)、中野については明治一四年に松山市街にかけられた匪石橋の架橋経費の寄附者名簿に中野元三郎の名があることから(68)、いずれも相応の財力を有しており、それゆえ高級な材料の調達や博覧会への幾度もの出品・参加が可能であったことが窺える。

「薄墨羊羹」の事例は、地域の名所の菓銘への活用という点では、地域性を有する方向への展開（地域型）としても位置づけられるが、羊羹の実質としては普遍型に位置づけられる。近世の御用商を中心に旧城下町で継承された上菓子の羊羹が、近代において菓銘と意匠で地域性を表現した展開の一つのかたちといえる。

おわりに

菓子の完成期とされる一七世紀後期において蒸菓子だった羊羹は、上菓子及びその意匠表現に有用な生地という二重の意義により、菓子文化の中核を担う主要な位置づけにあった。その主な用途は饗応や茶会の菓子であり、贈答品としては蒸菓子の品質が保持される限られた圏内での利用にとどまっていた。

一八世紀に寒天と多量の白砂糖とを材料とする煉羊羹が出現する。これは、高濃度の糖分と長時間の煉り（加熱）という製造工程によって品質保持性にすぐれていたため、移動性を有する上菓子として贈答・進物の好適品となった。一方、従来の蒸羊羹は「古製」として煉羊羹よりも「粗製」と評されるが、生地としての利用は上菓子の手法として継承される。ただし近世の煉羊羹には現在の羊羹がもつ多様な地域性は認められず、普遍的な菓子の一種であった。

近代に入り一九世紀後期に羊羹＝煉羊羹の認識が定着し、この煉羊羹が二〇世紀初頭にかけて地域型、普遍型といえる両方向へ展開する。地域型は、近世または近代の各地域の特産の材料への活用や、地名を冠した菓子名などで地域性を表出し、多様化へ向かう。普遍型は近世に完成した上菓子としての煉羊羹の技術を継承しつつ、材料と技の追求により品質を高め、普遍的な和菓子の代表として定着する。この普遍型は実質的には地域性を有さないが、そのうち一部には歴史上の人物や名所を菓銘や意匠に活用し、地域性を表出する展開も認められる。結果的に羊羹の現状とされている「各地の地域性に根ざした羊羹」の基盤が成立する。

こうした二つの展開には、次のような経緯が考えられる。地域型の契機の一つは、内国博を通して主催者が指導した果実類を始めとする特産の活用である。主目的は砂糖の輸入の抑制であったが、製造者の創意工夫により地場産業の活性化と羊羹の多様化を導き、第四回以降本格的な傾向として出現する。その製造者の中心は、必ずしも近世以来の菓子屋とは限らず、地域振興を主目的とする新興の菓子屋も含まれていた。

一方普遍型は、近世以来の御用商や上菓子屋が中心となって、上菓子を代表する最も高級な煉羊羹を初回から継続的に出品した。その羊羹を主催者は当初評価しながらも、一方では砂糖の大量使用を批判し、減量や代替材料の使用を求めた。しかし製造者はこうした審査方針には左右されず一貫して煉羊羹の品質を追求し、第五回では主催者がその姿勢をも含めて高評価するに至る。またそのなかで、羊羹自体は「普通ノ羊羹」とも評されていたように、材料による実質的な地域性は有しないが、意匠や菓子名で固有の地域性を表現することで、地域名菓へと展開した例も認められた。

羊羹は、近世においては特定の地域性を有さず普遍的な菓子であったが、近代において地域性をまとう方向へ展開した。その際、地域性の題材には、近世から近代において各地域で成立した歴史的地理的個性が、菓子屋により掘りおこされる、もしくは新たに創出されることによって、材料や菓子名・意匠、由緒等に活用されたといえる。

（1）　一般的な見解であるが、例えば鈴木宗康『諸国名物菓子』（改訂版、河原書店、一九五〇年、四頁）に「羊羹と饅頭、それに餡を使用した餅、この三つのものは今日諸国名物として遺っているものにも一番多い」、青木直己『図説和菓子の今昔』（淡交社、二〇〇〇年、三七頁）に「羊羹と饅頭は和菓子の代表」とある。また村岡安廣は、総務省統計家計調査の菓子類の部で、菓子類全体の項に続く第一の項目に羊羹の項目があることを、羊羹が日本を代表する菓子という意識の表れと指摘している（村岡安廣「九州における羊羹の歴史と現状」、虎屋文庫編『和菓子』二〇、二〇一三年、九頁）。

（2）　株式会社虎屋（東京都港区赤坂）では、二〇一一年八月「おいしい和菓子を、いつも」というキャッチコピーで、エネルギー補給と長期保存という羊羹の機能性を訴求するちらしを作成した。また二〇一二年八月一六日〜九月一五日には「おいしい備え　羊羹を、いつも」というコピーで、小形羊羹を、持ち運びに便利なサイズ、手軽なエネルギー補給、常温保存で賞味期間は一年間、等が非常食に向いているとしたちらしを発行したとされる（二〇一七年四月五日確認、営業企画部による）。

（3）　一般的な事象といえるが、例えば中山圭子は「旅先の土産物屋でよく見かける菓子は饅頭と羊羹（略）饅頭はどこも似たり寄ったりだが、羊羹は栗、柿、夏みかん、西瓜、葡萄、林檎（略）など各地それぞれに独特な風味があるから変化に富む。もともと羊羹は小豆が主材料とされるが、今や野菜や果物を煮、寒天と砂糖を混ぜて煉りこめば、何でも羊羹の名がついてしまう」と記している（中山圭子『江戸時代の和菓子デザイン』ポプラ社、二〇一一年、一〇頁）。

（4）　前掲青木直己『図説和菓子の今昔』三四〜四四、八九〜九二頁。

（5）　虎屋文庫「特集にあたって」、同「羊羹年表」、「史料にみる煉羊羹・蒸羊羹の呼称について」、青木直己「羊肝餅と羊羹：日中食物交流史の一コマ」（前掲虎屋文庫編『和菓子』二〇、六〜八頁、四八〜四九、四一〜四七、五〇頁）。

（6）　石川松太郎校注『庭訓往来』（平凡社、一九七三年）三二一、二六五、二六六頁。

(7) 土井忠生・森田武・長南実編訳『日葡辞書邦訳』（岩波書店、一九八〇年）五二、八六、一二五、五六一、八一三頁。

(8) それ以前に一九世紀初頭の成立で同じ著者と考えられる「船橋屋餅菓子手製集草稿」にも両記載があるという（前掲虎屋文庫「史料にみる煉羊羹・蒸羊羹の呼称について」五〇頁）。

(9) 前掲虎屋文庫「特集にあたって」八頁。一九九一年に行った特別展示「羊羹物語」の展示解説書でも「各地の名物羊羹」として展示解説している（虎屋文庫『第三六回虎屋文庫資料展「羊羹物語」』一九九一年、一〇頁）。

(10) 前掲村岡安廣「九州における羊羹の歴史と現状」九～一三頁。

(11) 前掲虎屋文庫「史料にみる煉羊羹・蒸羊羹の呼称について」五一頁。煉羊羹を中心とする「羊羹」が「日本菓子の部」、対する蒸羊羹は「生菓子の部」に収載されたとある。

(12) 江後迪子・吉川誠次「江戸末期の菓子普及状況（第一報）――関口日記にみえる菓子について」（『別府大学短期大学部紀要』一〇、一九九一年）三〇、三四、三五頁、同前「江戸末期の菓子普及状況（第二報）――馬琴日記にみえる菓子について」（同前）三九、四〇頁。櫻井美代子「主婦の日記にみる幕末から明治期の食生活――『小梅日記』を中心に」（『日本食生活文化調査研究報告集』二〇、財団法人日本食生活文化財団、二〇〇三年）一〇～一二頁、同「幕末から明治期における食生活の一考察――主婦の日記を中心に」（『東京家政学院大学紀要』人文・社会科学系三九、一九九九年）三二頁。深井康子「近世金沢の菓子文化の基礎研究（一）――鶴村日記にみる菓子史料（上）」（『富山短期大学紀要』三七、二〇〇二年）一～一七頁、同「近世金沢の菓子文化の基礎研究――鶴村日記にみる菓子の種類と利用の仕方の検討（下）」（『富山短期大学紀要』三八、二〇〇三年）二一～三二頁、同「鶴村日記にみる江戸時代の金沢の菓子文化」（『会誌食文化研究』七、二〇一一年）二三～三四頁。

(13) 秋山照子「『松屋会記』・『天王寺屋会記』・『神屋宗湛宗湛日記』・『今井宗久茶湯日記抜書』にみる中世末期から近世初頭の会席（第一報）会席の菓子」（『日本家政学会誌』五一、二〇〇〇年）三三頁。

(14) 前掲虎屋文庫「特集にあたって」七頁。

(15) 朝倉治彦校注『人倫訓蒙図彙』（平凡社、一九九〇年）二二六頁。

(16) 長友千代治校註『女重宝記・男重宝記――元禄若者心得集』（社会思想社、一九九三年）三三五～三四一頁。

(17) 中山圭子「元禄時代と和菓子意匠」（虎屋文庫編『和菓子』三、一九九六年）二二～三四頁。

(18) 中山圭子はこれらを「製法用語」として、近世の製法書を参考に以下で考察している（前掲中山圭子「元禄時代と和菓子意匠」二三～二四頁）。
(19) 中山圭子文、阿部真由美絵『和菓子夢のかたち』（東京書籍、一九九七年）一三頁。
(20) 鈴木晋一・松本仲子編訳注『近世菓子製法書集成』一（平凡社、二〇〇三年）一二四～一九五頁。
(21) 中山圭子『事典和菓子の世界』（岩波書店、二〇〇六年）七〇頁。
(22) 前掲鈴木晋一他編訳注『近世菓子製法書集成』一、三三一～四一二頁。なお立項された分類は「極製押物之部」、「極製干菓子之部」で、それぞれ六、一三点の菓子が収載されている。
(23) 前掲鈴木晋一他編訳注『近世菓子製法書集成』一、三六六頁。
(24) 前掲鈴木晋一他編訳注『近世菓子製法書集成』一、三六九頁。
(25) 図には大きさが「内法長サ壱尺弐寸　内法幅六寸　深サ壱寸壱分」と記されている。「船橋繁榮録」四、京都府立京都学・歴彩館蔵、貴重図書二三八。巻之二見返しに「巻一欠先祖代々戒名有之　傳云畫松本楓湖　筆者三世種彦」とある。今村規子は本史料を分析し、内容の正確性には疑問もあるが、同店に関する基本史料と述べている（今村規子「二つの「船橋屋織江」」、虎屋文庫編『和菓子』二二、二〇一五年、七八～九九頁）。なお史料の所蔵先については「京都市立図書館蔵」とあるが誤記とされる（二〇一七年八月九日確認）。
(26) 編訳者註による（前掲鈴木晋一他編訳注『近世菓子製法書集成』一、三二九頁）。
(27) 前掲中山圭子『事典和菓子の世界』五二頁。
(28) 前掲「船橋繁榮録」四。錦玉羹にも、もとは同じ船を使っていたが三代目郡次郎の時銅製の流し船を購入したとある。
(29) 岡田武松校訂『北越雪譜』（岩波書店、一九九一年）二四八頁。
(30) 宇佐美英機校訂『近世風俗志（守貞謾稿）』五（岩波書店、一九九六年）一二九～一三〇頁。
(31) 前掲鈴木晋一他編訳注『近世菓子製法書集成』一、三六七～三七〇頁。前掲「船橋繁榮録」四「難波羹の事」。今村規子も同店の「難波羹」を「特定の菓銘というよりは一般名称に近い」と考察している（前掲今村規子「二つの「船橋屋織江」」九一～九二頁）。
(32) 前掲江後迪子他「江戸末期の菓子普及状況（第二報）」三九、四〇頁、同前「江戸末期の菓子普及状況（第一報）」三〇、三四、三五頁。

(33)　第七章表5で、③の文政七年（一八二四）は「小豆壱升、砂糖三斤、葛四拾目、麦（麦カ）ノ粉四拾目」、⑩の天保二年（一八三一）は「小豆四升、出島白砂糖拾四斤、麦ノ粉壱斤、葛壱斤」、⑲の同一一年は「小豆二升四合、唐白砂糖七斤、白角寒天三本」（「村上家献立帳」九州大学附属図書館付設記録資料館九州文化史資料部門蔵、元山文庫二一七一一～四）。

(34)　『明治十年内国勧業博覧会出品解説』三四九～三五一頁（『発達史』第七集五）。

(35)　『第五回内国勧業博覧会審査報告』第一部巻之一〇、一七頁（『発達史』三七）。

(36)　『日本歴史地名大系』「塩原温泉郷」。

(37)　橋爪伸子「明治期における京都の菓子と内国勧業博覧会」（『民俗と風俗』一九、衣の民族館、二〇〇九年）一～一九頁。

(38)　「ご挨拶」日光煉羊羹有限会社綿半〈http://www.nikko-watahan.jp/greeting.html〉代表者塚原保利、「綿半」日光老舗名店会〈http://www.nikko-shinisekai.com/s_watahan.html〉（最終閲覧日：二〇一七年六月一四日）。

(39)　落合町史編纂委員編纂『落合町史』民俗編（一九八〇年）四～一五、三四一～三六〇、五七〇頁。『日本歴史地名大系』「木山神社」。

(40)　尾崎蘭青著『落合町史』（落合町教育委員会、一九五四年）四八頁。「明和の頃福島氏（古見屋）目木村より分れ来り羊かんの製造を創めたりしが、品質佳良価格低廉なるを以て、木山神社参詣者土産として必ず購ひ帰りしより其名四方に喧傳せらるへに至れり」とある。

(41)　聴取調査：株式会社古見屋羊羹（真庭市落合垂水）、福島正明氏、二〇一〇年一二月五日。

(42)　岡山県編刊『明治四三年陸軍特別大演習岡山県記録』（一九一一年）一七〇頁。

(43)　岡山県物産共進会編『岡山県物産共進会事務報告』（岡山県内務部、一九二〇年）五六頁。

(44)　岡山県編刊『皇太子殿下岡山県行啓誌』（一九二七年）三六七頁。

(45)　岡山県編刊『昭和五年一一月陸軍特別大演習並地方行幸岡山県記録』（一九三二年）二三五、三九七頁。

(46)　古見屋羊羹の商品の大きさは「田舎羊羹」一一・五×八・五×二・二センチ、三〇〇グラム、「高瀬舟」六・五×

一・七×二センチ、三〇グラム。なお、落合羊羹の現在の製造者は、落合垂水に古見屋羊羹、西口屋本店、加藤商店、梅田屋羊羹本舗の三軒と、栗原に福本屋（前掲聴取調査：福島正明氏）。

(47)『第四回内国勧業博覧会審査報告』第三部下巻（第四回内国勧業博覧会事務局、一八九六年）三七〇～三七七頁。

(48)前掲『第四回内国勧業博覧会審査報告』第三部下巻、三七七～三八〇頁。

(49)前掲『第五回内国勧業博覧会審査報告』第一部巻之一〇、一一七～一二九頁。

(50)聴取調査：株式会社槌谷（岐阜県大垣市俵町）、槌谷祐哉氏、二〇一七年四月一八日。

(51)青森県農業総合研究所編刊『青森県りんご史資料』三一（一九五七年）九、四五～四六頁。

(52)中島梓「トリーノとチョコレート――通説からたどる、首都遷都の物語との不思議な結びつき」（日伊協会『日伊文化研究』五三、二〇一五年）六四～七五頁。

(53)前掲『第四回内国勧業博覧会審査報告』第三部下巻、三七〇～三七七頁。

(54)前掲『第五回内国勧業博覧会審査報告』第一部巻之一〇、一一五～一二九頁。

(55)前掲『第五回内国勧業博覧会審査報告』第一部巻之一〇、一一七〇頁。なお「良好ナルモノ二三点」について具体的な出品者、出品物の記載はない。

(56)松山市史料集編集委員会編『松山市史料集』一二（松山市、一九八五年）一〇〇三頁。近藤南岳編刊『商工案内松山名所普通便覧』（一八九四年）三七頁。

(57)海南新聞社編刊『愛媛県人物名鑑』一（一九二四年）一四〇～一四一頁。

(58)松山の生菓子は京都に次ぐという文脈のなかで紹介されている（北川淳一郎「伊豫の名菓」三、『伊豫史談』一二七・一二八、一九五一年、三二頁）。

(59)聴取調査：株式会社中野本舗、中野英文氏（昭和二四年生）、二〇一〇年二月一八日、九月二八日。

(60)前掲『商工案内松山名所普通便覧』三六頁。前掲の中野英文氏によれば、その打物は「松山八景の菓子」であったことが『海南新聞』で報じられている。

(61)前掲『松山市史料集』一二、一〇二二、一〇〇二頁。前掲『商工案内松山名所普通便覧』三六頁。棒砂糖は、丸く棒状にかためた上等のざらめ砂糖（『日本国語大辞典』「棒砂糖」）。

(62)　『海南新聞』一九〇七年一二月二八日付、三頁。
(63)　『海南新聞』一八九一年一月六日付、四頁。
(64)　中野本舗所蔵の大正四年（一九一五）の広告の「薄墨羊羹発売以来五十有余年」という記載により、逆算した推定年とのことである（前掲聴取調査：中野英文氏）。
(65)　『海南新聞』一八九七年一〇月八日付、一四頁。「抹茶入」については、色を落ち着かせるために現在も継承されている製法上の特徴という（前掲聴取調査：中野英文氏）。
(66)　中野本舗が所蔵する品評会の記録で「薄墨羊羹」が確認できる最初は、大正八年（一九一九）大阪商品陳列所で開催された第三回全国菓子飴大品評会で、元三郎が出品し最高位の名誉大賞牌を受賞しているとされる（前掲聴取調査：中野英文氏）。
(67)　「市街地地価一筆限表」伊予八藩土地関係史料、愛媛県立図書館蔵。本史料は、柚山俊夫氏のご教示による。
(68)　柚山俊夫「明治一五年の松山市街第三組の住民」（『伊豫史談』三五六、二〇一〇年）五頁。

第九章　埋もれた地域性——対馬と朝鮮菓子くわすり

はじめに

本章では、近世において対馬藩の日朝外交で重視されていた朝鮮の菓子くわすりが、固有の地域性を有しながらも、それが認識されることなく近代以降消失していく様相を検証する。そのうえで朝鮮菓子に対する価値観と、くわすりに内在する対馬の地域性を、近世の日本の食文化史、対馬の日朝交流史において考察する。

くわすりは南蛮菓子以前に朝鮮から伝わった菓子であるが、日本の菓子に影響を及ぼした主な外来菓子としては、奈良時代に唐より伝来した唐菓子、鎌倉時代に南宋より伝来した点心、室町時代末期に南欧より伝来した南蛮菓子とされ、朝鮮半島由来の菓子についてはとりあげられてこなかった[1]。従って関連する研究は皆無に等しいが、日朝関係史の田代和生が、近世において対馬藩が朝鮮に設置していた外交施設の倭館における日朝交流を論じ、朝鮮側から出される饗応料理の菓子の一つとしてくわすりに言及している[2]。

一方、調理学分野では高正晴子、大坪藤代・秋山照子が、朝鮮通信使の饗応における献立や食品を分析しているが[3]、朝鮮由来の菓子については言及していない。また個別の菓子については、村岡安廣は現存する九州地方の餅菓子が、鄭大聲は日本の飲食物の多くが、朝鮮半島由来である可能性を指摘しているが、いずれもくわすりにはふれていない[4]。また朝鮮の食生活史については尹瑞石、朴容九、姜仁姫が通史をまとめているが[5]、日朝外交における朝鮮の菓子については言及していない。

そこで本章では、第一節では日本に現存しないくわすりがどのような菓子であるかを、韓国の食文化史研究と現状の調査を通して可能な限り具体的に確認する。第二節では日本の食文化史におけるくわすりの受容の状況を、茶会・御成等の饗応記録、製法の記録を通して検討する。第三節では対馬を中心とする日朝交流史におけるくわすりの位置づけを分析し、くわすりが地域性を有しながらも近代以降消失した要因を考察する。なお本章では、朝鮮半島の菓子を朝鮮菓子とする。

第一節　くわすりの実態と油蜜果

(1)　近世日本における記録

くわすりの実態を示す材料や製法の記録は刊本には認められず、管見の限りでは一点の写本でのみ確認している。それは福岡藩士高畠由周が安政五年（一八五八）四月に書写した「萬菓子作様并香物漬様薬酒造様之事」（以下、「萬菓子作様」）で、次のように記されている。(6)

くわすり之事

一　麦之粉壱升ニ砂糖入、こねて色々に切、油ニ而上申也、白砂糖ニてハ白シ、黒さとうニてハすこしくろミさし候、右粉収合申時かや、くるミあら〳〵入てかため切上吉

記述は簡略であるが、小麦粉と砂糖を主材料とする生地をこねていろいろな形に切り、油で揚げる菓子で、生地には榧や胡桃を入れる場合もあることがわかる。

くわすりの語は、対馬藩儒雨森芳洲が釜山滞在中に編纂したとされる日本人のための朝鮮語学習書『交隣須知』に認められる。三巻の飲食の部門で「蜜果」の項目の例文中に、ハングルで「クワスル〔kwa-seul〕」と表記

された左傍に「クワシ」（菓子）と日本語が付されている。(7) ハングルの読みは、田代和生氏のご教示によれば、文章中では最後の「ル」音（終音、パチムという）が次に続く母音〔ㅏ〕と一緒に発音されて「リ」音に転訛され、日本語では「クワスリ」となる。また日本語にない音を日本語表記するために、「クワ」は「カ」、「スリ」は「ツリ」、「チュリ」などと聞いた人により書き方が変わり、ハングル表記も「クワツル〔kwa-tsul〕」、「クワヅル〔kwa-dzeul〕」等数例あるとされる。(8)

そして例文中の「蜜果」は、朝鮮では油蜜果「ユミルクヮ〔yu-mil-kwa〕」とも呼ばれ、現在「韓菓」と総称される朝鮮半島の伝統的な菓子として継承されている。ここではまずその実態について、朝鮮の食生活史・食文化史に関する研究から確認しておきたい。

（2）朝鮮の油蜜果と薬果

油蜜果の発祥については不詳であるが、統一新羅時代に仏供とされ、その後喫茶習慣とともに上流階級に広まり、高麗時代には貴族の間で流行し、婚礼や仏事等の儀礼や饗宴に用いられたとされる。(9) 一方で、油や蜜等の貴重な材料を用いる贅沢な嗜好品であったため、明宗二二年（一一九二）五月の「自今禁用油蜜果代以木実」とされる令を始めとして、(10) 高麗初期より李氏朝鮮時代に至るまで使用制限令や禁止令が度々出されている。(11) また外交にも用いられ、忠烈王二二年（一二九六）に高麗王室が元の晋王の王女を迎えた時、元で催された結納の宴会に高麗から油蜜果を送った記録があるという。(12)

油蜜果の定義については、韓国の食文化史研究者による諸説がある（なお、朝鮮菓子名の油蜜果、薬果、梅雀果の果の表記については、文献により菓とする事例もあるが、以下、果に統一する）。まず尹瑞石は、油蜜果は狭義では薬果の別称で、高麗の文献の油蜜果は油と蜜を使う各種の菓子類、すなわち薬果、糠飣《カンジョン》、糤子《サンジャ》、煎果類の総称と

図１　梅雀果（左）とカンジョン（右）　ホウォンダン（韓国ソウル特別市）

する。[13] 韓福麗は、韓菓はカンジョン、油蜜果、タシク（茶食）、ヨッカンジョン等七種に分類され、油蜜果の代表は薬果であるとする。[14] 姜仁姫は、油蜜果は現在の薬果類であるとする。[15] また大阪外国語大学朝鮮語研究室編『朝鮮語大辞典』には、小麦粉を蜂蜜と油でねって型取りし油で揚げた菓子とある。[16] 一方、鄭大聲は、油蜜果は穀類粉と油と蜂蜜を使う菓子で、作り方により糠精《カンジョン》、薬果、梅雀果《メジャックワ》に三分類されるとする。[17] 以上の説をまとめると、油蜜果についてはいずれも菓子名の示す通り油と蜜を使う菓子の総称とするが、薬果をその代表、または一種とする点が異なる。そこで鄭大聲以外の三者が油蜜果の代表または別称としている薬果に注目し、もう少し詳しくみていく。

　まず一八〇九年に成立した朝鮮時代後期の家庭百科全書といわれる憑虚閣李著の『閨閤叢書』酒食篇には、「薬果法」として詳細な製法が記されている。[18] それによると、小麦粉一〇升・胡麻油七合・蜂蜜を混ぜ合わせてこね、菓子型で形を抜きとる。油を熱し「泡立ちがしなくなったら」薬果を入れてきつね色に揚げ、熱いうちに蜂蜜に入れ、蜜がべったり付いたら平板にのせて斜めに立てかけ、蜂蜜の汁が垂れきってから用いるとある。また尹瑞石によれば、小麦粉に油を混ぜ合わせ、蜂蜜と酒を加えてこねた生地を、薬果型にはめて型取りして、一四〇度くらいの温度で油がしみこむような要領で揚げ、熱いうちに蜂蜜または水飴に浸して蜜を中までしみこませる。[19] これらの記述より、薬果は小麦粉、油、蜂蜜で作った生地を型取りで成形し、油で揚げて蜂蜜に浸ける菓子である。油蜜果と称される前記の菓子のなかでは、「萬菓子作様」の「くわすり」と材料、製法、形状が最も近い。また後述する通り、近世対馬では薬果の事例も散見され、そのなかには製法記録もある。

一方、油と蜜を使う薬果以外の菓子については、梅雀果は小麦粉をねって薄くのばし、中央に刃で入れた切目をひねり返して揚げる菓子である（図1・左）[20]。薬果と同じく小麦粉製の生地を油で揚げるが、その特徴である成形について、「萬菓子作様」の「くわすり」には記載がない。またカンジョンとサンジャについては、材料、製法ともに薬果とは異なる。糯米粉を酒で潤して蒸し、こねて板状にのばし、短冊形（カンジョン、図1・右）または四角形（サンジャ）に切って陰干の後、二度揚げする。膨らんで中が空洞となった生地の表面に蜂蜜を塗り、ごまや松の実をまぶす[21]。

以上より、日本の史料にみるくわすりは、油蜜果のうちの薬果と考えられる。そこでくわすり＝薬果として論述を進めるが、分析に先立ち、日本に現存しないくわすりの現状を韓国の薬果を通して確認しておきたい。

（3）　韓国の薬果の現状

韓菓は、前記の通り朝鮮の伝統的な菓子で、穀物、果物、木の実等の材料を用いてさまざまな色、味、形に作ったもので、現在も節日や通過儀礼、祖先祭祀の儀礼膳で用いられている[22]。例えば、還暦膳の回甲床や祭祀（法事）の祭床の膳立には、古来の習慣が継承され、茶食、乾果、生果、薬果、カンジョン、餅の高盛が調えられる[23]。また、来訪者の旅みやげ用として、百貨店や免税店でも販売されている。しかし、市販される一般的な薬果の多くは（図2）、尹瑞石氏によれば伝統的な手法で作られておらず、後述する本来の薬果固有の特徴が認められないため、薬果とはみなし難いとされる[24]。

このような状況下、朝鮮王朝の宮廷料理の人間文化財第二代の黄慧性が創立した宮中飲食研究院の付設機関と

図２　韓国で市販される薬果（左）とその断面（右）

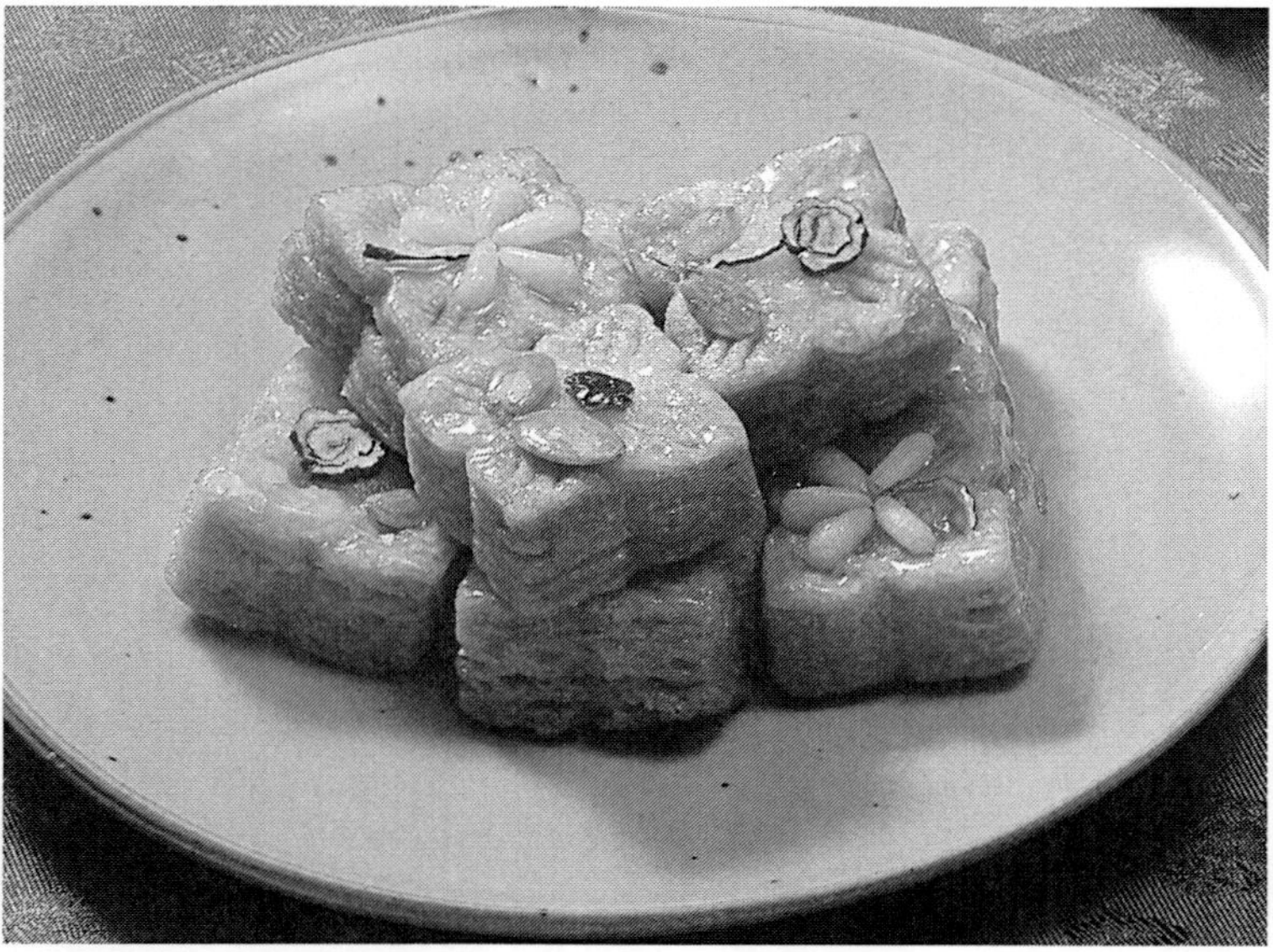

図３　「薬果」宮中餅菓研究院（韓国、ソウル特別市、写真提供：宮中餅菓研究院）

して、一九九九年に開院した伝統餅菓教育院を前身とする社団法人宮中餅菓研究院（韓国、ソウル特別市鍾路区嘉会洞）は、本来の薬果の価値と製法を継承する公式機関である。黄慧性の弟子で、宮廷料理の餅菓子の人間文化財である同院長の鄭吉子氏から、くわすりの原型である薬果の実態について、筆者が二〇一四年に受けた講義及び実技の研修結果を以下に記す。(25)

材料と製造工程は次の通りである。①小麦粉に塩・胡麻油・蜂蜜・砂糖・水飴・焼酎を混ぜ合わせて生地を作る、②①を台上で平たくのばし、好みの形に包丁で切るか、または菓子型で型抜きする、③低温の油で時間をかけて揚げる、④ざるの上で油を切る、⑤水飴に生姜を加えて作ったシロップに浸けてから取り出す、⑥余分なシロップを切る。

材料のなかでも蜂蜜は、朝鮮では極めて重視され、薬果の名称の薬とは胡麻油と蜂蜜を使うことを示すという。(26)そして薬果の重要な特徴は、多層をなす生地である（図3）。そのため製造では①（生地作り）と③（油で揚げる）は薬果の質を左右する最も重要な工程である。①では層が形成されるようにこねすぎずに手早くまとめ、③では揚げるというより油で煮るように低温で時間をかけて加熱する。完成までに五～六日間を要するが、適切に仕上げられた薬果は、常温で三ヶ月間は品質が保たれるという。

以上よりくわすりは、朝鮮において高麗時代より宮中で重視された菓子の薬果であるといえる。実態は、小麦粉、胡麻油、蜂蜜、砂糖を材料として作られた多層をなす生地に、油と蜜がしみこんだ菓子で、高い品質保持性を有する。

第二節　近世におけるくわすりの流行と衰微

(1) 織豊期における茶会と御成

くわすりは日本では一六世紀後期から一七世紀前期にかけて、茶会や御成の饗応記録に散見される。ここではその事例を通して、日本の食文化史上における位置づけを探ってみたい。まず茶会記では、四大茶会記といわれる「松屋会記」[27]、「天王寺屋会記」[28]、「今井宗久茶湯日記抜書」[29]、「宗湛日記」の会席記「神屋宗湛茶会日記　三献立」(以下、「神屋宗湛茶会日記献立」)を中心に[30]、「利休百会記」と「南方録」も参照すると[31]、菓子としてくわすりが供された会席が三例みられる。そのうち最も早いものは「天王寺屋会記」の「宗及他會記」元亀三年(一五七二)一〇月二七日朝、平野道是の茶会で、二汁五菜の後、七種類の菓子「ミつから　くしかき　木ねり　すんきん〔寸金羹〕　くろくわへ〔黒くわい〕　きんかん　くわすり　栗」が縁高で出されたというものである(〔　〕内筆者付記、以下同)[32]。続いて同史料の天正元年(一五七三)一一月二三日、明覺寺で行われた上洛中の織田信長による茶会では、三の膳に続いて白鳥の汁等が引物として出された後、金の濃絵の施された縁高で、九種盛の菓子「美濃柿　こくししいたけ〔小串椎茸〕　花すり〔くわすり〕　むき栗　キンカン　さくろ　キントン　むすひこふいりかや」として出されている[33]。また「神屋宗湛茶会日記献立」では、天正二〇年(一五九二)一〇月三〇日、博多における豊臣秀吉の御成の会で、本膳料理で二の膳の後、折の菓子「やうひ　かん　くわすり　ミかん」が出されている[34]。当時の茶会は、本膳から発した料理が次第にわび化の傾向をたどっていく時期であったとされるが[35]、その時期においてくわすりは豪華な仕立ての会で出されている。ちょうどこの頃より、高麗茶碗が茶湯の茶碗の主流となることとも関連があるように思われる[36]。

次に御成記では、文禄五年(一五九六)三月二七日、豊臣秀吉による長宗我部元親亭への御成の記録「豊臣秀吉土佐元親亭江御成献立記」に、五献、七膳からなる献立のなかで「御菓子　ミんしゆつかん　うすかわ　松こふ（昆布）むすひのし（結熨斗）みの柿　くはすり　あふら物也　ミつから　かや　くるミ　やうひ　ミつかんきんかん　くもたこ」とあり、一三種の菓子が縁高で出されている。(37) くわすりには「あぶら物也」と注釈が付されていることから、珍しい菓子と認識されていたことが窺える。

当時の饗応に用いられる菓子は木菓子が主流で、四大茶会記の会席にみる菓子は、種実類や果実類等の食品類が全体の約四分の三であったとされる。(38) また、南蛮菓子が饗応に供されるようになるのは一七世紀以降で、(39) 四大茶会記においても、南蛮菓子の事例は「松屋会記」の「久重茶会記」寛永一五年（一六三八）一〇月二〇日朝と同一七年卯月一五日に、ぼうろが出された二例のみである。(40) そのような状況下、くわすりは造菓子、しかも異国由来という点で極めて特異な菓子といえる。くわすりは、信長や秀吉が関与する豪華な饗応において、七～一三種の菓子の盛り合わせの一つとして供されていたことから、朝鮮における油蜜果同様、日本でも極めて貴重な菓子と認識されていたと考えられる。

次に、近世初期の福岡藩でくわすりが進物に使われた例を示す。同藩が島原の乱に出陣した際の藩主黒田忠之の本陣御賄方による「寛永十四丁丑年肥前嶋原一揆起候節御出陣中御台所日記」には、次の記録がある。(41)

一　やうひ　くわすり　わけ物壱ツニ入　〇　毛利又左衛門ゟ進上

一　御菓子壱箱但やうひ くわすり荷まゝ　〇　曽我部金右衛門ゟ請分

曲物入りのくわすりが、家臣から進上されている。また同史料中、砂糖の出納記録では、「右御賄中くわすりこしらえ申候」とあり、本陣賄方でくわすりを拵えたことがわかる。その後の用途は同史料からは読みとることができないが、本史料では、幕府の上使や西国各地の大名が参陣した戦場で、諸国の特産や外来の飲食物が饗応や音物として散見されることから、(42) くわすりも同様の価値が認識されていたと考えられる。ところが、この後くわすりは、こうした場面では次第にみられなくなっていく。以下にその経緯を追ってみたい。

(2) 南蛮菓子の台頭

以降の茶会記では、例えば享保九年（一七二四）から同二〇年正月の「槐記」[43]、天明七年（一七八七）から寛政元年（一七八九）の「酒井宗雅茶会記」[44]のほか、「織部茶会記」、「宗和茶会記」、「遠州茶会記」、「石州茶記会」[45]のいずれにも、くわすりの事例は認められない。また茶湯関係書の元禄九年（一六九六）の『茶湯献立指南』[46]や、享保三年刊の『御前菓子秘伝抄』を始めとする菓子製法の専門書、宝暦一一年（一七六一）刊『御前菓子図式』、天保一二年（一八四一）刊『菓子話船橋』等にも収録されていない[47]。

一方、一六世紀に欧州から新たに伝来した南蛮菓子が、くわすりと入れ替わるように一七世紀以降の饗応記録の同様の場面、様式で散見され[48]、また一八世紀以降の菓子製法書にも収載される。例えば前出の『御前菓子秘伝抄』には、全一〇五の項目中に南蛮菓子名の有平糖、おろす、ちくう糖、かるめいら、金米糖、かすてら、ぼうろ、けさいな餅、パン、かせいた等一一点と、菓子名は菓銘であるが実質的には南蛮菓子である、りん、みどり、砂糖榧、竹流し、藤のみどりの五点が収録されている。

『御前菓子図式』では全九五の項目中、南蛮菓子名はかすてらの一点のみであるが、巻絹、玉手箱、二見浦、花蕨、桜玉、伊達曲の六点は、全て南蛮菓子の一種の有平糖である。また小麦粉と砂糖で製した生地を上下から焼く松風も、実質的には南蛮菓子といえる。続く『菓子話船橋』では、約八〇の項目中で南蛮菓子名は同じくかすてらの一点であるが、実質的に南蛮菓子とみなせる、あるいは南蛮菓子の手法をとり入れた約一〇点の菓子に菓銘が付され、「極製干菓子之部」の分類で収録されている。主な事例をあげると、有平糖の生姜糖、胡椒糖のほか、落葉焼（平鍋に油を引き、砂糖・小麦粉・卵で作った生地をたらして焼く）、水の月（餅焼種に砂糖蜜をはく）、蟻通（カルメラにすり蜜の衣をかける）、霜柱（餅焼種にすり蜜の衣をかける）、笹乃友（松葉形にした煉羊羹にすり蜜をかける）、村時雨（金玉糖に砂糖蜜をかける）、玉兎（餡入の求肥をすり蜜で包む）等である。[49]

南蛮菓子は、伝来時は異国由来の菓子名で受容されたが、一八世紀後期以降の菓子製法書には上菓子としての分類や菓銘で収録されている。すなわち上菓子として同化され、当初の外来の南蛮菓子という認識は希薄化し、分類の再編成が生じていることを指摘できる。対するくわすりはそれ以前に伝来していたが、ほかの外来菓子のようにその異国名を冠する分類の認識は生じることなく、日本の菓子にも組みこまれないまま消失に向かう。その背景には、ほぼ同時期における南蛮文化の接触との関係が考えられるが、これについては後述する。

以上より日本の食文化史におけるくわすりは、一五〜一六世紀に室町幕府の西国大名や博多商人等による多元的・重層的な日朝関係のなかで伝来したと考えられる。[50]そして一六世紀末には領主の関与する饗宴で本膳料理の様式に組みこまれ、菓子の盛り合わせの一つとして用いられた。菓子は木菓子が主流だった当時、外来の造菓子として珍重されたと考えられる。しかし、続く一七世紀以降は同様の事例が激減する。[51]くわすりは、後に和菓子と呼ばれる日本の菓子の一要素とならずに、菓子の歴史の主流からは消えていく。

第三節　対馬の日朝外交にみるくわすりと薬果

(1)　日本における外交儀礼

◈饗応——対馬藩の朝鮮膳

一方、日朝外交の場では、対馬藩が実務を担う外交儀礼において、引き続き饗応や進物に用いられていた。本節では日本と朝鮮、それぞれの地における相互間の饗応や進物の記録から、日朝外交におけるくわすりの位置づけを検討したい。

7.8	風本（勝本）	やうひ、あるへいとう、かすていら、はるて、ぼうる、やうかん、まんちう、くす餅、こま餅、ふちのみ、せんへい、ゆへし、くるみ、水から、かや、ふり、つるしかき、もも(153)
7.9	藍嶋	くわすり、花やうひ、やうかん、まんちう、うつら餅、うひかん、すいしゆかん、巻煎餅、みとり、さとうかや、かや、花かいとう、とこふし、切のし、にしめ蓮根、にしめ麩、氷こんにやく、水くり、こんきり、水から、ひめくるミ(153)
7.10	赤間関	あかた、あるへいと、かすていら、かるめいら、長崎ほうる、ほうる、やうかん、すいしかん、雲月かん、ういきやう餅、南蛮餅、なんきん餅、はつし餅、ふもち、すいたん、らくがん、あいをい、さくら木、大りん、小りん、みとり、みつから、いりかや、かや、くるみ(153)
7.16	上関	かるめら、玉子そうめん、あんめんとう、はんとんす、防宇露、へつかう、まんちう、小饅頭、やうかん、かん、白かん、外郎餅、鯨餅、南京餅、青粉餅、ふわもち、薯蕷羹、巻せんへい、かるかん、洲浜、鶉焼、にしめささへ、りんこ、瓜、青なし、ふとう、落花生、結のし、丸貝、龍眼肉、串鰒、水から、榧子、蒸山いも(153)
7.18	蒲刈	ほうる、あるへいと、羹、饅頭、きり餅、飴、巻せんへい、緑、らくかん、串柿、煎榧子、結熨斗、昆布、きりかき、なし(153)
7.19	鞆浦	水ほうる、かすていら、小あるへい、花ほうる、ほうる、やうかん、まんちう、さんき餅、巻せんへい、りん、大りん、みとり、にんしんとう、らくかん、小らくかん、花らくかん、さとうかや、山のいも、なし、もも、かや(153)
7.21	牛窓	かすてら、あるへいと、花ほうる、かるめいら、やうかん、羹臺、まんちう、やきまんちう、あんもちい、あつき餅、りん餅、すあま、まめあめ、さとうかや、かや、らくかん、大らくかん、みとり、大りん、こんふ、くり、水くり、川たけ、なし(153)
7.22	室津	あるへいと、かすてら、ほうる、やうかん、まんちう、雪餅、さんき餅、鶉餅、氷餅、あつき粉餅、さつさ餅、さんき餅、すすもち、さとうかや、みつかん、瓜、枝柿、みつから、くるみ、かや、りんこ、かちくり(153)
9.7	江戸屋敷	あるへいとう、蜜漬色々、氷さたふ、はうる、やふかん、まんちう、りよふかん、ういろう餅、雪餅、よねまんちう、椿餅、山ふき餅、さくら餅、御所餅、焼麩、せんへい、ふしゆかん、龍眼、山のいも、ふたう、なし、かき、丸かき、西瓜、枝かき、御所柿、かや、かふの物、焼鳥うつら、にしめ鮑(158)
10.5	大坂屋敷	すすりたんこ、せんさい餅、まんちう、餅(158)
10.17	（対馬）国分寺	かすていら、はうる、まんちう、小りん(158)
10.22	（対馬）屋鋪	はうる、まんちう、せんさい餅、けし餅、せんへい、さんき餅、大りん、小りん、こんふ(158)
10.22	（対馬）屋敷＊	クワスリ、ヤウヒ、ハウル、ナンハン漬物、カステラ、氷サタウ、ヤウカン、マンチウ、イリイリ、天門冬、小串鹿・仕替椎茸、フトニ牛房、ケツリ栗、マツノミ、クルミ、松実、蜜水、色付餅、ムラ干飯、タマコ・仕替串柿、煮物麩、小板カマホコ・仕替デンガク、葉大根、ネキ、煮物アケタウフ(158)

出典：大韓民國國史編纂委員會所蔵「信使記録」24「明暦元乙未年信使来聘記　於対府御振廻膳部組」、同28「信使来聘記　従壱州大坂迄所々御振廻献立」、同153「天和信使記録　参向船中所々ニ而膳部献立」、同158「天和信使記録　佐須奈対府大坂江戸ニ而此方屋鋪江信使招請之献立并対府ニ而招請之規式江戸ニ而通イ方次第」。なお、田代和生・李薫監修『マイクロフィルム版対馬宗家文書朝鮮通信使記録』（ゆまに書房、1999年）を利用した。

註：明暦度、天和度の朝鮮通信使来聘時対馬から大坂までの饗応地で三使、上々官、上官、中韓、下官、長老、通詞等へ供された「菓子」を抜粋して、饗応地ごとに一括表示した。朝鮮膳については、菓子を特定できる表記がないので、調味料を除く全ての食物名を示した。なお表記はできるだけ原文を残し、わかりにくいものは適宜改めた。月日は史料に記載があるものを示した。表中の＊は朝鮮膳をさし、「菓子等」の（　）内数字は出典の番号である。

表1　明暦度、天和度の朝鮮通信使来聘時、各饗応地（対馬～大坂）で供された菓子等

年	月日	饗応地	菓子等
明暦元（1655）		対州＊	クワスリ、ヤウヒ、ハウル、コヘイト、ヤウカン、餅、キリ餅、ミカン、クネンボ、水クリ、カキ、鹿小串・カヘコンニャク、大コン、セリ、ヒジキ、蜜水、松実、ニモノ、ムラホシイ、タマコ、カマホコ・カヘヤキトウフ、ネキ、チサ、ワカメ(24)
		勝本	けさちいな、ほうる、あるへいと、かすてら、はるて、かるめいら、やうひ、こまもち、せんへい、やうかん、まんちう、くるみ、かや、こんふ、つるし柿、もも、うり(28)
		藍嶋	くわすり、やうひ、花やうひ、あるへいと、はうる、花はうる、かりめる、まきせんへい、やうかん、まんちう、すいしゆかん、さん餅、とろろ餅、水から、かや、姫くるみ、むすひのし、にしめふ、水くり、とこふし、枝かき、からかや、きくらけ(28)
		赤間関	あかた油あけ、かすてらはうる、かるまいら、あるへい、こんへいとう、玉子ういらう、羊羹、りん餅、せんさい餅、胡桃、すいしかん、らくかん(28)
		上関	かるめいら、あるへいたう、氷さとう、羹、小まんちう、まんちよかん、やうかん、洲浜、青粉餅、くしら餅、雪餅、さん餅、色餅、あめ、水から、煮染、きくらけ、桃、青なし、林檎、とち、かや、なし、煮染小さざえ、竹の子、こんふ、柿(28)
		蒲刈	ほうる、あめ、ようかん、かん、まんちう、きり餅、くす餅、ミとり、くしかき、いりかや、むすひのし、こんふ、なし、ふたう、木くらげ、かき(28)
		鞆浦	かすてら、かるめら、あるへいと、はうる、花ぼうる、りん餅、葛餅、さんき餅、くす餅、らくかん、ミとり、さとうかや、水くり、こんきり、からすミ、きくらけ、うり、かき、もも(28)
		牛窓	やうひ、花やうひ、はうる、ありへいと、やうかん、もち、あん餅、さん餅、あつき餅、雪餅、藤のみ、あめ、すあま、らくかん、さたうかや、いりかや、かや、水くり、水から、水なし、なし、かき、山のいも、こんふ、木くらけ、川たけ(28)
		室津	あるへいと、かすてら、はうる、やうかん、まんちう、雪餅、うつら餅、鶉焼、青豆餅、さつさ餅、水もち、さん木餅、もち、らくかん、すあま、さたうかや、かき、くるみ、かや、いりかや、水なし、かちくり、りんこ、山のいも、水から、こんふ(28)
		兵庫	かすてら、ほうる、あるへいと、やうかん、まんちう、りん餅、雪餅、小豆餅、ふしのみ、らくかん、さたうかや、のし、むすひのし、えたかき、つり柿、かちくり、こんふ、くるみ、山もも、りんこ(28)
		大坂	あるへいと、はうる、かすてら、やうかん、まんちう、雪餅、さん木餅、すあま、らくかん、つり柿、衣かや、いりかや、水から、もも、すもも、こんふ、のし、むすひのし、くもたこ(28)
天和2（1682）	6.18	（対馬）佐須奈	ばうる、らくかん、みとり(158)
	6.24	（対馬）国分寺	かすてら、ぼうる、まんちう、小りん(158)
	6.24～29	（対馬）屋鋪	24日花ぼうる／25日はうる、まんちう、ういろう餅、みとり、大りん、ふつしゆかん、西瓜／27日こんへいとふ／28日はうる、みとり、白さとう、西瓜(158)
	6.29	（対馬）屋鋪＊	クワスリ、ヤウヒ、ナンハン漬物、ハウル、カステラ、氷サタウ、ヤウカン、イリイリ、マンチウ、天門冬、鹿小串・仕替柑茸、フト煮牛房、ケツリ栗、マツノミ、クルミ、蜜水、ムラ干飯、タマコ・仕替串柿、煮物麩、小板カマホコ・仕替タウフ、葉大根、ネキ／居酒盛・花台：くわすり、こんへいとう、はうる、いりいり、まんちう、大りん、小りん、せんへい、やうかん、けし餅、さん木餅、さとうあめ、氷さたう、ふつしゆかん、山のいも、ぬかこ、こんふ、なんはん漬物、あはひ、かまほこ(158)

まず、日本における朝鮮通信使の饗応に注目する。明暦度、天和度の通信使来聘時、対馬から大坂までの饗応地で供された菓子を一覧すると、両度とも対馬と藍嶋《あいのしま》でのみ、くわすりが出されている(52)（表1）。藍嶋は福岡藩の饗応地である。朝鮮外交を統括していた対馬藩と、同じ九州で饗応の任務をもっていた福岡藩では、くわすりという菓子を認識していたことが判明する。(53)

ただし両藩の饗応膳部に注目すると、その出し方に顕著な差異がみられる。天和度の例で詳しくみよう。(54) まず福岡藩の饗応では、天和二年（一六八二）七月九日、本膳料理のなかで、くわすりが三使上々官、中官、下官に出され、上官、長老、伴僧に出されていない。それぞれの膳部と菓子については、三使上々官には七五三膳引替三汁一五菜の膳部において、菓子は六角縁高で九種「やうかん　まんちう　水から　かや　ひめくるミ　くわすり　花やうひ　みとり　にしめ麸」、中官には二汁八菜の膳部において菓子は六種「やうかん　まんちう　くわすり　みとり　巻煎餅　花やうひ」、下官には一汁六菜の膳部において菓子は三種「まんちう　くわすり　にしめ蓮根」と記されている。前出した饗応の事例と同様、盛り合わせの菓子の一つとして出されている。

一方、対馬藩の饗応では、信使が江戸へ発つ前の同年六月二九日と、江戸から帰着後の一〇月二二日の府中屋敷における招請の饗応で、朝鮮膳として三使・長老と、上々官・上官・次官に出され、中官、下官には出されていない。朝鮮膳は、足付の大きな膳（盤）上に複数の台・盆・皿・碗・鉢に盛られた料理と、匕箸《さじ》が一同に配膳される料理様式で、身分が高いほど膳の寸法が大きく高く、料理の数も多い。その料理の数・種類は両事例ともおおよそ同じであるが、饗応の流れの記録については一〇月の事例では一部が省略されている。そこで以下、文字がより鮮明な一〇月の事例を中心に（図4）、略記の箇所は六月の事例で補いながらみていく。なお、朝鮮膳の献立記録には本膳料理のように「菓子」という明記はないが、くわすり及び造菓子がどのように出されているかに注目する。

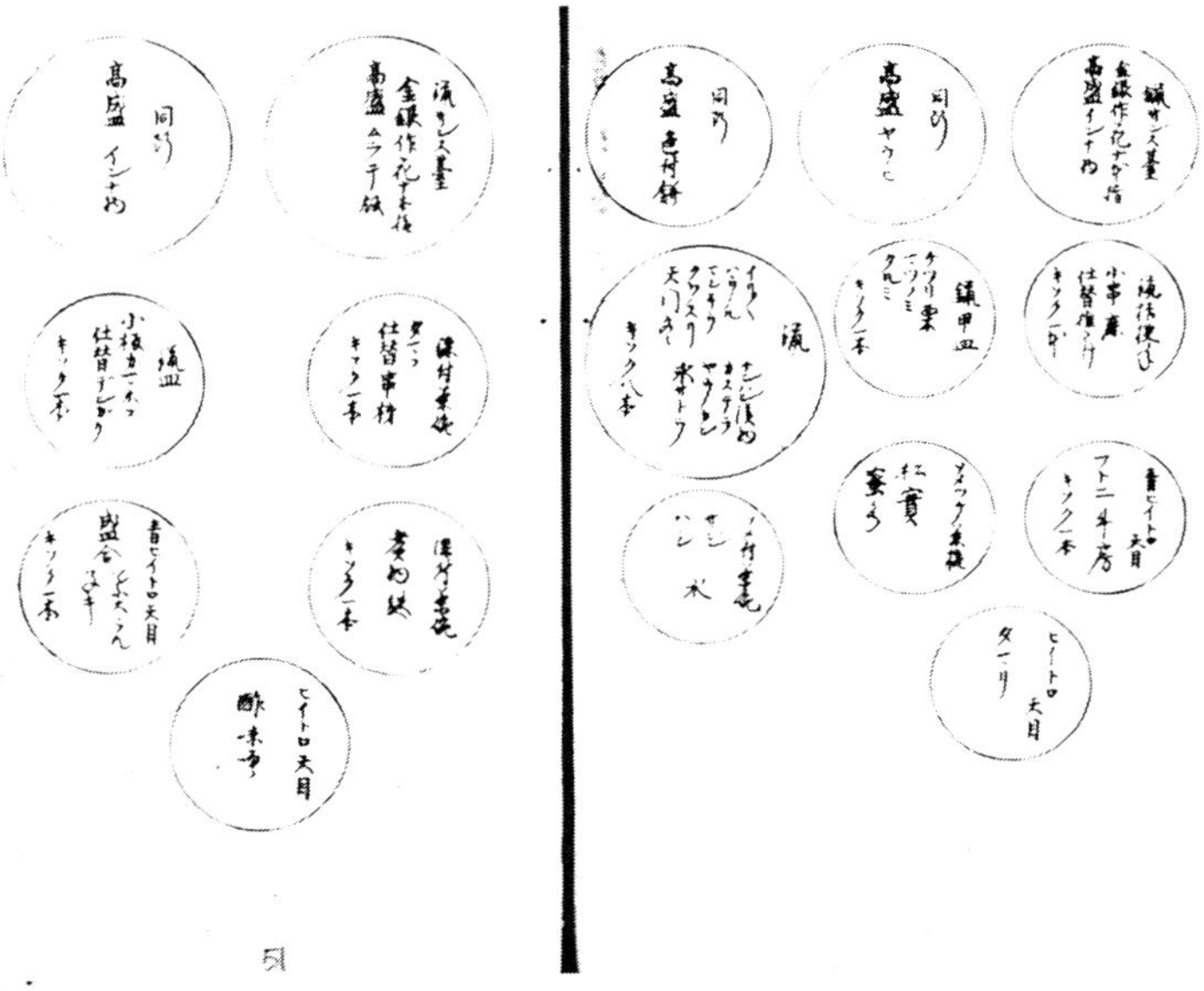

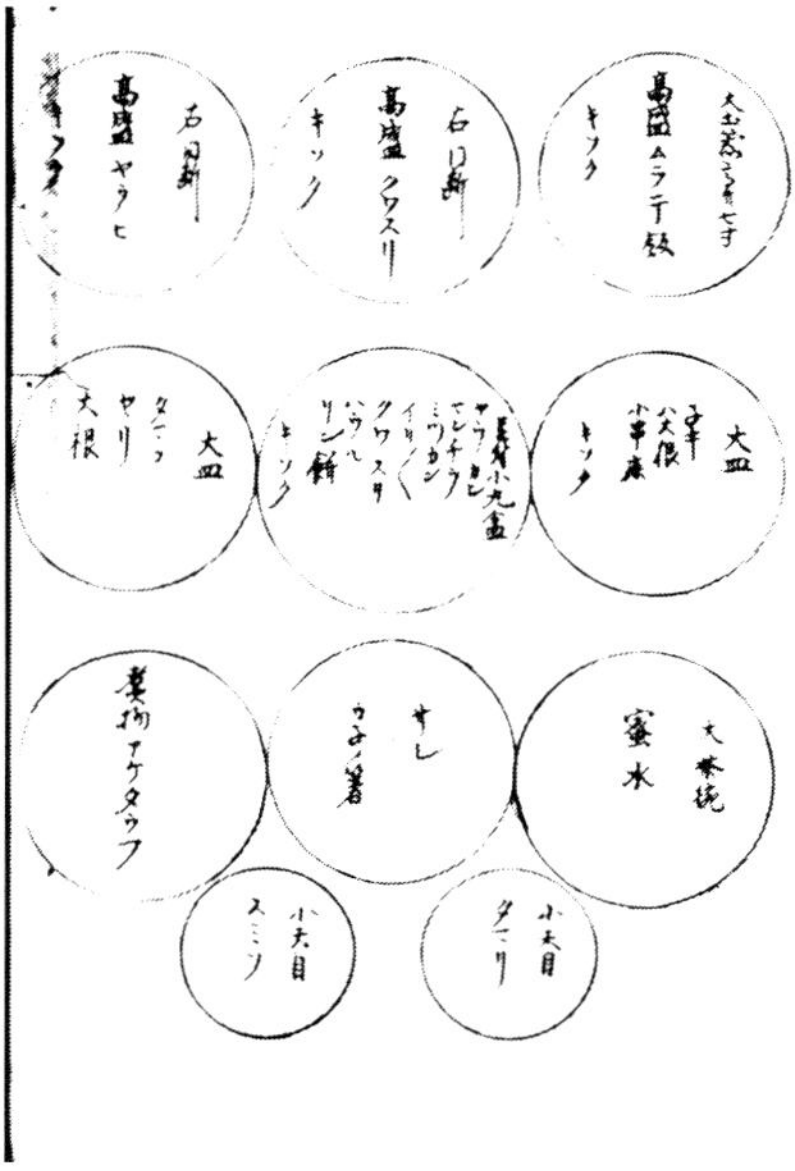

図４　対馬藩の府内屋敷における信使招請饗応。上：三使・長老　朝鮮膳（部分）、下：上々官・上官・次官　朝鮮膳（部分）。「天和信使記録佐須奈対府大坂江戸ニ而此方屋鋪江信使招請之献立并対府ニ而招請之規式江戸ニ而通イ方之次第」天和２年10月22日（大韓民國國史編纂委員会所蔵「信使記録」158、田代和生・李薫監修『マイクロフィルム版対馬宗家文書朝鮮通信使記録』ゆまに書房、1999年）

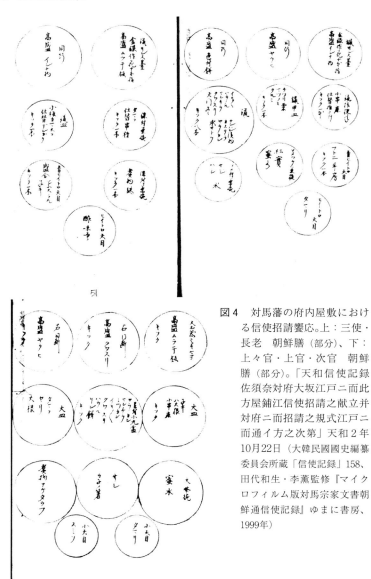

まず、三使及び長老へは一七皿の朝鮮膳で、種々を盛り合わせた一皿に「イリ〲　ナンハン（南蛮）漬物　ハウル　カステラ　マンチウ　ヤウカン　クワスリ　氷サタウ　天門冬」とある。ほかに菓子と思われるものは「高盛　ヤウヒ」と「高盛　色付餅」がある。六月の事例によれば、この時に酒も出て、その後「曳而《ひきて》」と続き、酒がさらに九献まで出た後「居酒盛之次第」とあり、「銘々花台」として「あはひ　かまほこ　ふつしゆかん　いり〲　氷さたう　なんはん漬物　やうかん　くわすり　こんへいとう　山のいも　ぬかこ　さとうあめ　けし餅」が、濃茶とともに供されている。なお南蛮漬物は、一六〇〇年以前の成立とされる「南蛮料理書」の「なんはんの付物」に、梨・生姜・みょうが・筍・桃・くちなしの花をゆでて三日ほど陰干をし、煎じた砂糖に漬けて壺に入れるとあり、これと同様の砂糖漬と推察される。(55)

次に、上々官・上官・次官へは一一皿の膳で、「高盛　クワスリ」と「高盛　ヤウヒ」、「ヤウカン　マンチウ　ミツカラ　イリ〲　クワスリ　ハウル　リン餅」が出されている。なおこの一皿は六月の事例では「盛合」として「天門冬　ヤウカン　マンチウ　イリ、　カステラ　ハウル　クハスリ」とある。この後は「曳而」として「けし餅　小串牛　煮そふめん　ゆて猪　小豆粥　汁ふた　なんはん煮　鯛　大皿 干魚 塩貝 香ノ物 飯」、「菓子　小りん　せんへい　さんき餅　こんふ」とある。

以上のように福岡藩では日本の、対馬藩では朝鮮の料理様式である。さらに両藩の饗応でくわすりの位置づけが異なり、福岡藩では本膳料理の最後に出す数種類の菓子の盛り合わせに含まれる一つであるが、対馬藩では朝鮮膳の一皿である。この朝鮮膳の饗応は、対馬藩以外では行われていない。また、対馬藩においても献立を確認できた事例では、(56)対馬府中と江戸藩邸以外は他藩同様本膳料理であった。天和度では、前記した対馬府中屋敷における招請であった。他年度では天和度以前に寛永一三年（一六三六）一〇月一二日晩、対馬における「入船之時御振舞」で、上々官、上官に、本膳料理三汁六菜とともに朝鮮膳（九皿）が出され、その一皿に高盛の「クワ

図5　「あかだ」総本家あかだ屋清七（愛知県津島市）

スリ」が含まれている[57]。享保四年（一七一九）は一〇月九日、国書交換後江戸屋敷における招請で、天和度と同様の様式・料理の朝鮮膳が出されている[58]。また、文化八年（一八一一）四月九日、対馬で聘使上々官に出された朝鮮膳の記録には「薬果」と記されている[59]。

なお、朝鮮通信使の饗応で供される菓子については、朝鮮人に評判の南蛮菓子や白砂糖を材料とするものが選ばれたとされている[60]。先行研究では地域性に関する指摘はないが、表1で各饗応地の菓子をみると、くわすりのほかにも地域的な特徴がみられる。例えば、両度とも赤間関だけで「あかた」が供されており、明暦度には「あかた油あけ」とある。これは、現在津島神社（愛知県津島市）に伝わる「あかだ」に類するものと考えられる。門前で文政一三年（一八三〇）に創業したあかだ屋清七の六代当主岡田貞雄氏によれば、「あかだ」は粳米の粉を熱湯でこねた生地を指先大の団子状にちぎって油で揚げて作る、直径二センチほどの丸くかたい菓子である（図5）[61]。赤間関や朝鮮との関連については不詳であるが、慶長八年（一六〇三）の『日葡辞書』に「Acada.〔アカダ〕油で揚げた小さな米団子」とあり[62]（〔　〕内は訳者註）、当時は津島以外の地域でも作られていた可能性がある。

◆進物――朝鮮通信使からの薬果

続いて朝鮮通信使からの進物に注目する。例えば享保度の通信使として来日した製述官申維翰《しんいかん》による日本紀行「海游録」では、享保四年一二月二六日、対馬府中の以酊庵《いていあん》で、申維翰から同長老へ、紅緑箋、芙蓉香、蜜果が贈られている。[63]蜜果は薬果と考えられる。以酊庵は日朝外交を推進するため、幕府の任命により外交文書に精通した専従の外交僧が置かれた寺で、寛永一二年以降、京都五山の僧が交替で赴任していた。[64]

宝暦度の通信使として来日した従事官書記の金仁謙による日本滞在中の記録「日東壮遊歌」でも、宝暦一四年（一七六四）六月一七日、同じく対馬府中で、金仁謙から守瑛長老へ、かち栗、薬果、朝鮮松の実が贈られている。[65]また『海行摠載』に記された宝暦度の通信使からの進物記録をみると、対馬藩主を始め馬州奉行、傳語官、裁判等の対馬藩関係者にのみ薬果が贈られ、将軍や他大名、幕府の役人へは贈られていない。[66]同じく宝暦度の「信使立御参向御船中毎日記」を確認すると、宝暦一三年一二月六日に壱岐勝本、同一二月晦日に赤間関、翌年正月元日に大坂で、三使から薬果が対馬藩主へのみ贈られており、京都所司代、老中等、同藩以外の者へは贈られていない。[67]

文化度の通信使の正使金履喬（竹里）による記録「辛未通信日録」によれば、文化八年六月、両使から対馬島主以下へ、対馬藩の裁判書記二人へ薬果四〇立、以酊庵へ薬果二〇立を贈っている。[68]薬果は、朝鮮側から対馬藩関係者への特別な進物であったことがわかる。また各地で贈られていることより、持ち運んでいたか、移動中に作っていた可能性がある。

（2）　朝鮮における外交儀礼

◈倭館における饗応――茶礼儀《されいぎ》と封進宴《ふうしんえん》

ここでは、朝鮮半島南端の釜山草梁に設けられた日朝外交のための日本人居留施設である倭館における、朝鮮側から日本への饗応に注目する。倭館で朝鮮側から出される儀礼膳のうち、主要な茶礼儀と封進宴をみる。田代和生の研究（『新・倭館』）によれば、茶礼儀は、倭館に入港した正官以下の使者が、饗応場（宴大庁）における朝鮮側の担当役人である東萊府（倭館の監督官庁）使と釜山僉使《せんし》へ行う渡海の挨拶である。また、封進宴は、諸交渉が妥結して朝鮮側から出る書契（外交書簡）と別幅（別紙目録）を受取る儀式の日の祝宴である。(69)

まず、茶礼の定式を記した「茶礼之節他膳部書付」には「茶礼之節膳部」として「丸木台」に「板くわすり弐枚　厚くわすり弐　小板くわすり六　色々形くわすり十二」(70)、「封進宴席膳部」として「高盛丸木台」に「板くわすり弐　厚くわすり弐　小くわすり十弐　亀足花三本」とある（図6）。儀礼におけるくわすりの種類や数、盛付方が定まっていたことがわかる。またその膳は、いずれも日本で朝鮮膳と呼ばれた前出の料理様式で、くわすり以外にもさまざまな食材や料理の盛られた丸木台と複数の器皿が並ぶ。(71)

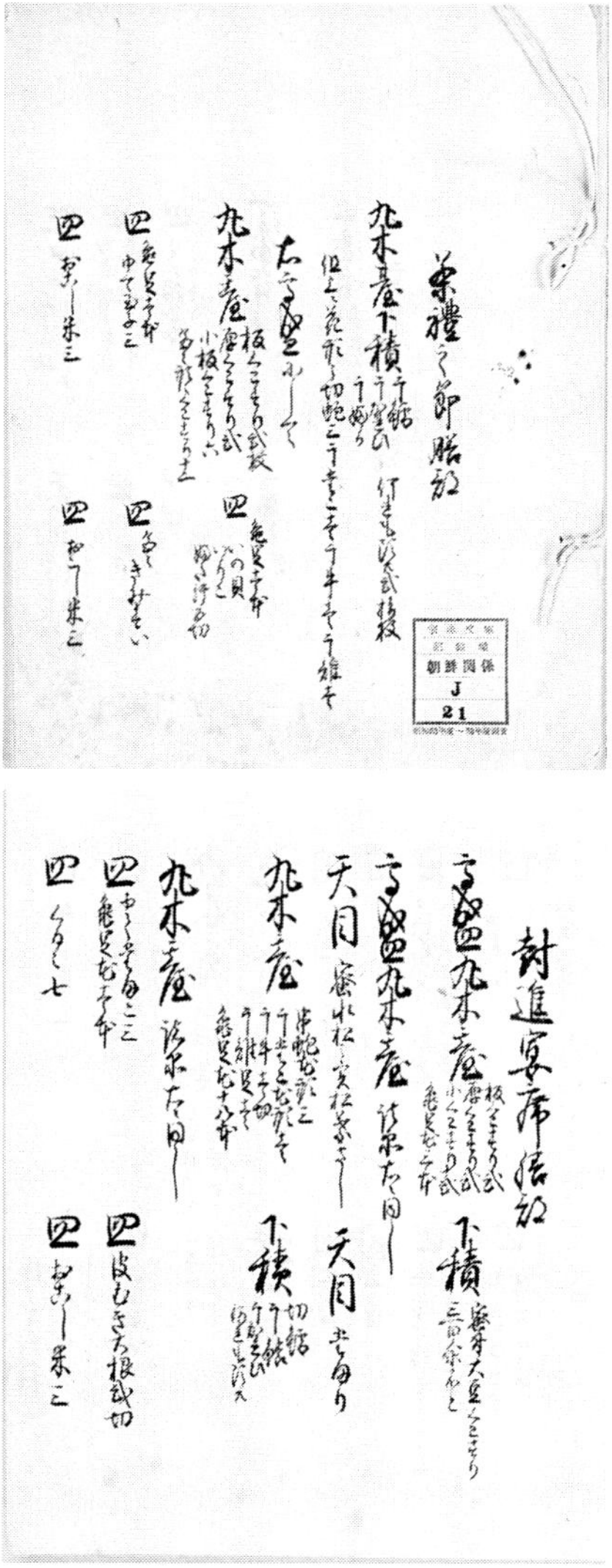

図6　茶礼儀の膳部（上）、封進宴の膳部、（いずれも部分）「茶礼之節他膳部書付」（長崎県対馬歴史民俗資料館蔵宗家文庫）

次に、実際の茶礼儀の事例をみる。例えば「図書相換使記録」の「訳官入来之時献立」で、享保五年一二月二八日の「茶礼膳部」には、一五器皿の膳部の詳細が記され、「丸木台」に「板くわすり二枚　厚くわすり弐　小板くわすり六　いろ〳〵くわすり十二」とある。(72)

また封進宴の事例では、「裁判」（特別外交交渉官）として派遣された対馬藩士による執務日誌「裁判記録」の享保一五年八月一二日に、一九器皿の膳部のなかで次のような記録がある。(73)

大豆角くわすり　高盛高サ壱尺、上ニ厚薄くわすり二枚ツ、又上ニ小くわすり三ツ

大豆長くわすり　高盛高サ壱尺

白はせくわすり　高サ六寸

赤はせくわすり　右同断

同史料では他に同四月一九、二〇日、八月二三日、同二九日等にも同様の事例があり、くわすりには大きさ・形状が異なるものや、大豆入り等の多様な種類があったことがわかる。前掲の対馬藩による通信使の饗応で供されていた朝鮮膳も朝鮮の正式な儀礼膳で、くわすりはその必須要素であったことが判明する。同藩では、くわすりの朝鮮における位置づけや価値を的確に認識し、朝鮮と共有していた。また、対馬藩士は「くわすり」と記録していることより、倭館での呼称は「薬果」や「油蜜果」ではなく「くわすり」が主流だったと考えられる。

◈漂着した薩摩藩士への饗応

ここで、くわすりが対馬藩関係者以外へ供された特殊な事例もみておきたい。それは文政二年（一八一九）、朝鮮に漂着した薩摩藩士への饗応である。同藩士安田喜藤太義方による絵図入の「朝鮮漂流日記」と、それを分析した池内敏の研究に依拠し饗応の内容に注目する。薬果（くわすり）が供されたのは同年一〇月二五日、釜山湾内繋留中の船中で、日記の著者安田が訳官の慰問を受けた後に供された朝鮮膳である。それは二尺四方の卓で、

安田と日高（与一左衛門）銘々の前に一膳ずつ供された。この膳は「食卓図」として彩色で図説され（図7）、卓上には碗と皿に盛りつけられた一三皿が並び、その一皿に薬果がある。(74) 薬果を通し、朝鮮側が出したこの膳が外交儀礼の膳と同等であり、朝鮮側は武士である漂流者を貴賓とみなしていた意識が窺える。

(3) 対馬におけるくわすりの位置づけ

◈対馬人の記録——職務上必要な情報

このように、対馬ではくわすりが近世以降も日朝外交上継続して必要な菓子として用いられ、朝鮮で重視されている薬果として認識されていた。ここでは対馬のくわすりを記録した事例から、くわすりの対馬における位置づけを探ってみたい。

まず対馬藩関係者の記録をみる。倭館の通詞小田管作の「象胥紀聞拾遺《しょうしょきぶんしゅうい》」に「菓子色々あり、薬果、小麦と蜜を和し油にてあげ、または肉桂を小麦粉に和し蜜を加ゆ、蒸たるものもあり（略）薬果大中小あり、魚形などをなす」とある。(75) 材料や製造工程、多様な種

図7　「食卓図」「朝鮮漂流日記」文政7年稿本を加工（神戸大学附属図書館蔵住田文庫）

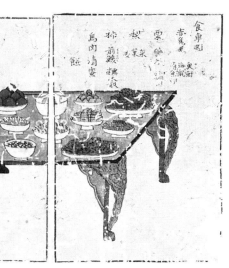

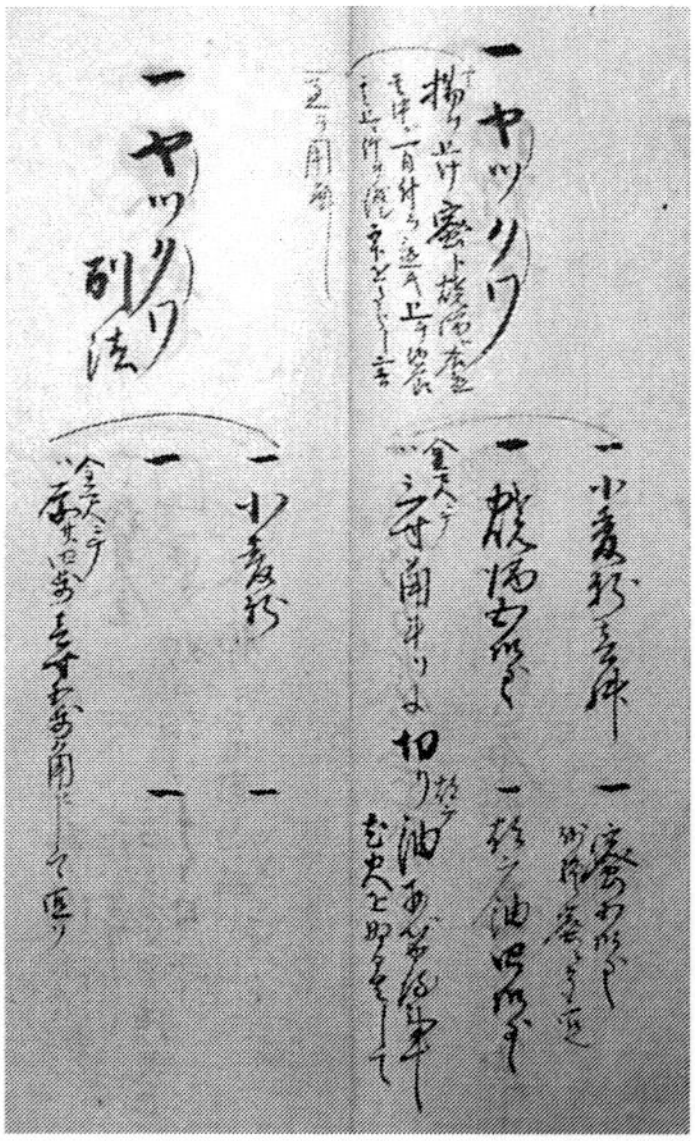

図８　「ヤックワ」製法「干菓子調法記」天保８年（長崎県対馬歴史民俗資料館蔵宗家文庫）

類（大きさ、形、餡入り等）があることを記している。倭館の通詞という職務上得た情報の記録と考えられる。

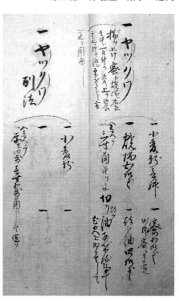

また、天保八年（一八三七）に手束喜圓堂主櫨雲利魯川が記した「干菓子調法記」には、詳細な製法が記されている(76)（図８）。目録には「朝鮮伝　薬果」とあり、朝鮮人からの直伝と考えられる。生地の材料は小麦粉・蜜・焼酒・胡麻油で、蜜は現在同様「砂糖蜜ニテモ宜」とある。それを油で揚げるとあるが、そこには「尤火をぬるくして」と、油の温度が注記されている。さらに揚げた後「蜜ト焼酒ニ合込、其中ニ一日付ケ置キ、上ケ候節其上ニ竹ヲ渡シ、雫をたらし二三日過テ用へし」とある。この製法と要点は、前出した現在の宮中餅菓研究院に継承されているものと同様である。著者については不詳であるが、この史料は、薬果が対馬で作られていたことを示している。対馬藩では、前記したような日朝外交儀礼で実際に薬果を作る際に、詳細なレシピが必要であった。また薬果が発音の記号付きで「ヤックヮ」と明記されていることも注目に値する。永留久恵によれば、対馬では花・果等の音は「カ」と判別して「クワ」と発音するとのことである(77)。これはおそらく朝鮮語の影響で、薬果は対馬経由で伝来したことにより、日本で「クワスリ」と呼ばれるようになったことを示している。

◈他国人の記録――異国の珍しい食べもの

次に他藩士による記録をみる。文化八年の通信使来聘では国書交換が対馬で行われたため、九州諸藩からの来島者が記録を残している。佐賀藩多久の朱子学者草場《くさば》佩川《はいせん》もその一人で、通信使来聘に際し幕命により対馬府中へ赴いた儒者の古賀精里に随行して対馬へ渡り見学し、「津嶋日記」を記した。その五月一五日に「韓使ヨリ所饋ノ饌具ヲ林家ヨリ頒チ贈ラル、大略左ノ如シ」とあり、江戸幕府の大学頭林家が通信使から贈られた食品を分与された記録として、「薬菓　米麦等分ノ粉ヲ丸シ油ニアゲ蜜ニ漬タルナリ」と記されている。(78) 異国の珍しい食べものに対する学者としての関心が窺える。

同様の関心は、前掲した福岡藩士高畠由周によるくわすりの製法記録（「萬菓子作様」）にも窺える。そこでは、くわすり以外にも異国の飲食物が多く収載されていた。例えば、南蛮菓子である玉子素麺、かすてら、ひりょうずや、多種類の生薬を配合した「薬酒につは（暹羅酒）」である。(79) こうした記録の背景には、第七章で前述した同家の職務上の関心としての滋養性の追求も窺われる。

以上のように、近世対馬では、くわすりを朝鮮膳の一部、もしくは朝鮮人への音物として価値を朝鮮と共有し、朝鮮同様に作る技術や供し贈る様式を、日朝外交儀礼の実務上必要な文化として成立させていた。くわすりは対馬において「日本の中の異国」でのみ機能する、異国の菓子のままであったといえる。その位置づけは、日朝両属の立場で日朝外交の実務を行っていた対馬の位置づけとも重なる。しかし、近代以降は日朝外交の実務を離れた対馬にも不要となる。

第四節　名菓化しない朝鮮菓子

（1）地域性の内在――朝鮮油菓子

くわすりは、菓子の歴史上重視されてきた異国由来の食物であり、また、伝来後は近世を通して対馬固有の地域性を有していたといえる。しかし近代以降、対馬の名菓として展開することなく消失する。本節ではそうした経緯の背景を、くわすりに内在する対馬の地域性と、くわすりに対する異文化としての認識に注目して考察してみたい。

近世において、くわすりは対馬を通した日朝の外交儀礼でのみ機能した。またその場面では全てが朝鮮式で、日本であっても異国であった。くわすりは日本の文化として受容され得る対象ではなかったと考えられ、くわすりに内在する対馬の地域性も認識されていなかった可能性が高い。これとは対照的に、異国由来の菓子が近代以降に地域名菓として展開した前出の事例に改めて注目すると、かせいたは、近世において一般的には南蛮菓子と認識されていたが、同時に細川家の国元産物として地域性を確立していた（第四章）。また、かすてらは、近世には南蛮菓子と認識され、特定の地域性は有していなかったが、長崎では民間の食文化において格式の高い菓子として定着していた（第七章）。いずれも地域で受容される段階を経ていたといえる。

近世対馬におけるくわすりの位置づけは、出島オランダ商館における食文化にも通ずる。そこでのオランダ人の食生活・食文化は本国同様で、日本の学者や通詞には強い興味をもたれたが、一般への影響は弱かったとされている。[80]ただし近世のオランダ商館に因み、オランダを長崎の地域性とするような意識は、現代に至るまで認められる。これと同様、朝鮮を対馬のブランドとするような意識も近世には認められる。例えば第一章でみた同藩の時献上には、朝鮮塩鶴（二月）、朝鮮寒塩鴨（暑中）等、朝鮮を冠する品目が『享保武鑑』以降の武鑑に確認できる。またそのことが元禄一〇年（一六九七）刊の『本朝食鑑』でも指摘され、[81]対馬の特産と認識されていたことがわかる。

実はくわすりにも、これに類する認識があったことが窺える記録がある。対馬藩で年寄（藩家老）のもとに置かれ、藩政記録の作成・編集や対外的な公文書業務に従事する記録管理の専門部署であった表書札方の、[82]「表書札方毎日記」享保六年（一七二一）正月一五日条に、次の記録がある。[83]

町人原田與三右衛門

右者御当地ニ而菓子商売仕候へ共、近年ハ甚売レ劣り至極及困窮候付、大坂表へ罷越菓子類之商売仕度候間、上下弐人五ヶ年逗留被差免朝鮮油菓子与申看板御免被仰付候様ニ以書付願出候御国ニ而之生業無之由ニ付、願之通被差免候間勝手次第相仕廻罷越候様ニ可被申付之旨、町奉行山川作左衛門江以書付申渡ス

対馬で菓子商売を営んでいた町人・原田與三右衛門が、近年売上が劣ったので大坂へ出て菓子商売を行ったところ、さらに五年の逗留が許され、「朝鮮油菓子」の看板を出すことを藩に願い出て許可されている。この菓子の詳細を確認できる史料は未見だが、くわすりである可能性は高い。また「朝鮮油菓子」の名称の使用を藩に願い出たことが「表書札方」に記録されていることから、「朝鮮」という異国を対馬藩のブランドとするような、藩と町人双方の意識、それを商売に利用しようとする菓子屋の意向が窺われる。しかしながらその菓子が大坂で販売された事実を示す史料は確認できておらず、名産の位置づけには至らなかったと考えられる。

結果としては、近世においてくわすりは、対馬の食文化に受容されず、また名産にもならなかった。つまり、その異国性を対馬の地域性とする意識は結実しなかったといえる。そして、近代以降もくわすりが対馬名菓として認識される事例は確認できず、内国博には対馬から菓子の出品はみられない。近代の日朝関係の変化により、近世の日朝交流を菓子の歴史的由緒として積極的に使うことができなかった時代の潮流も関与していたかもしれない。この点は同じく朝鮮に因む菓子で、第三章で事例とした熊本の朝鮮飴とは大きく異なる。朝鮮飴の場合、近世の地域性は同藩主細川家の時献上によるものであり、朝鮮由来説は史料上確認できない。しかし近代において、朝鮮出兵における加藤清正の功績と組み合わせた由緒が地域性の根拠と認識され、現代に至るまで熊本の伝統的な地域名菓として継承されている。

以上により、くわすりが対馬名菓にならなかった経緯を考察した結果をまとめる。くわすりは、近世においては外交儀礼でのみ機能する異国の菓子であり、領主に需要されたが国元産物ではなく、対馬の地域性も認識され

ていなかった。近世において対馬のいくつかの産物に認められた朝鮮をブランドとする異文化認識は、くわすりにもその萌芽が確認できたが、名産品化は結実しないまま近代を迎え、くわすりの地域性とともに、注目されることなく消失に至った。

(2) 埋もれた朝鮮菓子くわすり

くわすりは伝来後の一時期、外来菓子として重視されていたにもかかわらず、その後次第に消失に向かうことを確認したが、実はそれは消えたのではなく、重視されなくなっていく状況のなかで、外来菓子としての実質が正確に認識されないまま何らかの因子に覆い隠され、埋もれていった可能性が高い。以下四つの具体例を通し、考察してみたい。

◈事例1：寒具《かんぐ》――中国文化との混同

第一章で前掲した福岡藩の儒者貝原益軒による元禄一六年（一七〇三）刊『筑前國續風土記』の「土産考」には、「寒具《ひくはし》」という項目で「福岡博多所々製する者多し（略）昔は此国に、やうひ、くはすりなど云粗糙なるのみ有て、他品なかりしか、五十年已来長崎及上方より伝ならひて製す」と記されている。[84] この寒具とは、清朝で寒食《かんしょく》すなわち冬至後百五日に当たる日の前後三日間、火の使用を禁じる節の食べものである。唐菓子はこの寒具から発展し、後に干菓子類へと変遷するとされている。[85] この記述より貝原益軒は、くわすりを寒具、つまり中国から伝わったものと誤認していることがわかる。

貝原益軒は朝鮮通信使と詩で交流し、朝鮮側からも評価を受けていたとされ、朝鮮の文化に関する教養をもっていたと考えられるが、[86] くわすりを中国由来の寒具として扱っている。益軒はこの菓子をくわすりではなく、油蜜果や薬果として認識していた可能性もあるが、この事例は朝鮮と中国の文化が混同されやすかったことを示している。もっとも当時の人びとは両者の区別が明確でなく、区別自体もあまり重要視されていなかったとされる。例えば朝鮮人を意味する語とされた「唐人」の語は、現在も朝鮮通信使の寄港地に伝えられる「唐人踊り」等に残っている。[87] 異国や異文化に対する認識は、時代や階層によって異なることにも留意する必要があるが、この誤認の事例からは、くわすり及びその異文化認識に対する価値観の衰微が窺える。

◈事例2：高麗餅——別系統の朝鮮菓子

現在日本で高麗餅として知られているのは、米の粉と小豆餡を混ぜ合わせて目の粗い裏漉器に通しそぼろ状にした生地を、そのままの状態で蒸籠で蒸した棹物菓子である。旧薩摩藩領の名菓で、鹿児島県では高麗餅《これもち》、宮崎県都城市では高麗菓子《これがし》と呼ばれ、[88] 朝鮮出兵の際に島津氏が連行してきた陶工により苗代川流域に伝えられたとされている。[89] また、韓国に現存する同様の餅菓子のシルトックが、その起源といわれている。[90]

近世には薩摩藩島津家や、[91] 琉球王府時代の八重山頭職宮良《みやら》家で、饗応や法事に用いられたとされている。琉球の高麗餅については、宮良殿内《みやらどうんち》で執り行われた文久二～明治三四年（一八六二～一九〇一）の家庭祭祀の記録「祭之時膳苻日記」及び明治一三年の「御菓子并万例帳」によれば、米粉に砂糖を加えて蒸した餅菓子で、真高麗餅は白米と小豆が用いられたものとされているが、[92] 具体的な実態は不詳である。また、製法記録の事例は少ないが、美濃岩村藩の伝で明和八年（一七七一）頃の成立とされる「調味雑集」、仙台藩の料理人橘川房常による享保一八年（一七三三）の「料理集」によれば、[93] いずれも米の粉を用いる蒸菓子である。

ところで、高麗は元宗から恭愍王の初期に至る九〇余年間（一二七〇～一三五六）元に朝貢し、忠烈王（高麗の第二五代王、在位一二七四～一三〇八）が元の王女と結婚して以降文化交流が進んだとされる。元では高麗由来の文化が高麗様といわれ、その一例として油蜜果は「高麗餅」と呼ばれた。[94] 清代の一七七五～一七七九年頃成立したとされる満州語の学習書『漢清文鑑』では、「高麗餅」が「クヮヅル〔kwa-dzeul〕」、すなわちくわすりと記されている。[95] この事例から、日本でも高麗から伝来した菓子を高麗餅と総称した可能性があり、その場合現存する前記のような高麗餅以外に油蜜果、つまり、くわすりの別称等、異なる伝来経路により数種の高麗餅があったと考えられる。もとは数種の系統がある菓子でも、現存する菓子にもとづきその由来や定義が通説として定着すると、現存しない別系統の菓子はその影に隠れ、いずれ吸収されてしまう可能性があるのではないだろうか。[96]

◆事例3：油物――くわすりの別称

油物と称される菓子についてはこれまで実態は不明とされながら、唐菓子との関連が指摘されてきた。[97] また、唐菓子を神饌とする春日大社の元権宮司の岡本彰は、「唐菓子《からがし》」について「春日社ではこれらを「油物」と呼んでいた」と記している。[98] しかし、油物が唐菓子をさすと明記する事例は後年に至り、大正二年（一九一三）の「数寄の友」に「油物とは油にてあけたる菓子、上にいへるからくたものなり」とある。[99] また史料上では以下に示す通り、油物は必ずしも唐菓子をさす語ではない。

まず、文永五～建治元年（一二六八～七五）の成立とされる語源辞書『名語記《みょうごき》』五に、「フト」の語の説明として「菓子、油物ニフト如何」とある。[100] ぶとは唐菓子の一種であるが、ここでは油物のうちの一つという意味と解釈できる。また、同じく鎌倉時代に三条公房が父実房と外舅中山忠親の口伝を記した公事の書『三条中山口伝』第二甲に、「油物　尤可有之、菊花之體ナル物并枝等ノ類常盛之歟」とある。[101] 油物は菊花や枝類の形のものとわかるが、唐菓子であると断定はできない。

次に、茶会で菓子として供された油物の事例をみる（表2）。それは「天王寺屋会記」、「松屋会記」、「利休百会記」の天正年間の記録に散見される。[102] 特に「天王寺屋会記」の「宗及自会記」の天正元年（一五七三）一二月二日昼に「大小之油物　そうめんの油物」（①）とあるのを始めとして、同六年九月三〇日まで、多くの事例が散見される。同年一二月三日「あふら物大小色々」（⑨）、同日昼「ふとき油物」（⑩）、同六年六月二一日の「大

表２　茶会記の菓子にみる油物

No.	年月日	菓子
①	天正元年12月２日昼	大小之油物　さうめんの油物
②	天正２年11月６日朝	ふ　まる〳〵　油物
③	天正３年１月４日朝	あふら物　こほう　みそつけて
④	天正３年４月４日朝	油物　こほう、みそつけて、あふりて
⑤	天正３年４月12日朝	きひし　あふらもの
⑥	天正３年６月８日朝	みつから　あこや　すいとん　山もゝ　りんこ　さもゝ　あふら物　瓜之
⑦	天正３年11月17日昼	キヒシ　アフラ物
⑧	天正３年11月25日朝	キヒシ　カヤ　ミつから　ぬきくり　きんかん　サウメン　油物　しいたけ　くもたこ
⑨	天正３年12月３日	あふら物大小色々　焼くり　くしかき
⑩	天正３年12月３日昼	ふとき油物
⑪	天正４年１月１日昼	キヒシ　サウメン　油物　土筆　焼栗
⑫	天正４年７月22日朝	ふとう　さうめん油物　せんへい油物
⑬	天正４年12月18日朝	カヤ　サウメン油物　スイトン
⑭	天正５年１月８日	焼栗　かや　大あふら物
⑮	天正５年１月15日朝	油物三色　アリノミ　サクロ　ムキカヤ　ムキクリ
⑯	天正５年２月晦日朝	焼栗　油物
⑰	天正５年３月１日朝	大小油物　かや
⑱	天正５年５月15日朝	油物　濃州柿
⑲	天正５年６月11日朝	油物　山桃
⑳	天正５年６月11日昼	油物
㉑	天正５年８月27日昼	いか　くり　かや　あふら物　山のいも　さくり　雪もち　椿もち
㉒	天正５年12月24日朝	コハウ・マルモノ　油物
㉓	天正６年６月21日	大なる油もの　くしかき入て
㉔	天正６年９月30日巳刻	ミつから　かや　つはきもち　きんかん　打栗　からすミもとき　油物　すいとん　さくろ
㉕	天正16年１月22日	クワイ・アフラ物　クチナシ　三色
㉖	天正18年12月４日	ふのやき　あぶらもの　やきぐり
㉗	天正18年12月９日	ふのやき　くり　あぶらもの

史料及び出典：①〜㉔「宗及自會記（天王寺屋会記）」（千宗室編『茶道古典全集』８、淡交社、1956年）、㉕「久好茶会記（松屋会記）」（千宗室編『茶道古典全集』９、淡交新社、1957年）、㉖㉗「利休百会記」（千宗室編『茶道古典全集』６、淡交新社、1958年）。

なる油もの　くしかき入て」（㉓）とあり、大小の大きさや太さ、串柿入の種類があったことがわかる。これらは前掲した『名語記』の「菓子の油物」の具体事例といえる。「神屋宗湛茶会日記献立」には、天正一四年一二月二一日晩に「油あけ物　米のこニあまミ入」、同一五年二月九日に「麦粉の油あげもの」、同三月一四日朝に「米のこの物油あけ」とある[103]。これらも同類の菓子と考えられ、主材料は麦粉や米粉が用いられたことがわかる。前掲の「南蛮料理書」には、「あふら物」の製法が「米いりて、こにして、くろ砂糖を入、こね、かわには麦のこ、こねつつみ、すき〳〵に切、油にてあける也　口伝あり」と記されている[104]。米粉を炒って黒砂糖を加え、麦の粉の皮で包み、さまざまな形に成形し、油で揚げたものと考えられる。

一方、前出の「宗及自会記」の「そうめんの油物」（①⑫⑬）、「瓜のあふら物」（⑥）、「コハウ マルモノ油物」（㉒）は、素麵、瓜、ごぼうを油で調理したものと考えられる[105]。以上より、菓子の油物とは固有の菓子名ではなく、油で調理されて菓子として用いられた食物の総称で、その実態から穀類の粉で作る生地を成形して揚げたもの、もう一つはさまざまな食材を油で調理したものと大きく二分できることがわかる。

ここで改めて、菓子の油物とくわすりとの関係性を考えてみたい。くわすりは、前述したように穀類粉の生地を成形して油で揚げるものであるから、油物に該当する。前掲した文禄五年（一五九六）三月二七日の「豊臣秀吉土佐元親亭江御成献立記」にある「くはすり　あふら物也」の記載に改めて注目すると[106]、くわすりの別称という意味や、油を用いて作ったものであるという意味等幾通りかの解釈ができるが、いずれにしても、くわすりが油物の一つと認識されていた可能性は高い。

そこで重視したいのは、油物が史料上に出現する時期である。実は茶会の事例は、前掲した初期の茶会記に集中しており[107]、その時期はくわすりとも共通している。一方、油物との関連が指摘されてきた唐菓子については、平安時代初期より市で売られ、また朝廷の諸儀式に用いられたが、鎌倉時代末期には実態不明となり、中世においては一般の目には触れない存在であったとされている。(108)このような唐菓子が、茶会記で散見される油物のような頻度で用いられたとは考えにくい。

一八世紀には、油物に対する認識がよりあいまいになってくる。本草学者神田玄泉による享保一一年の『食物知新』では、寒具類として「飛龍頭、餃子、油餅、牛蒡餅、薯蕷煎、柿熬、捻頭」を挙げ、「凡訓釈家ニ寒具ヲ以テ和称ノ干果子ト為スハ非也、寒具ハ皆油者ノ類也」としている。(109)寒具は前述のように中国に由来するが、ここには南蛮菓子を起源とするひりょうずも併記されている。寒具とは油を用いたものであるとする著者の解釈と考えられるが、この事例から油物が唐菓子であると断定することはできない。

一方、対馬藩関係者からの贈答記録には、くわすり同様油物の事例も認められる。日野大納言資勝の「資勝卿記」寛永八年（一六三一）五月一二日条に「御ふくより杉重二重〈ヤウカン　アフラ物〉、文持参候間返事申候」とある。(110)ふく（福）は資勝の娘で、元和六年（一六二〇）六月、対馬藩主二代宗義成に嫁いでいる。この油物は対馬藩のくわすりをさしていると考えられる。

以上より、油物には複数の意味や実態があり、時代による変遷も考えられるが、主として一六世紀後期の茶会で菓子とされていた油物がくわすりの別称である可能性は高い。漢字表記のないくわすりという異国語の菓子名が周知される以前に、その形状を示す油物という呼称が当てられ、朝鮮菓子という本来のすがたがみえにくくなったと考えられる。

◈事例４：牛房餅――ごぼう入りくわすり

牛房餅（牛蒡餅、以下牛房餅）といえば、現在平戸名菓の「牛蒡餅」（第七章で前出）が知られるが、ここでは近世の製法記録上主流であった別種の系統に注目する。それは寛永二〇年刊の『料理物語』を始めとして元禄二年（一六八九）の『合類日用料理抄』、元禄一〇年の『和漢精進料理抄』、延享三年（一七四六）の「黒白精味集」等

表3　牛房餅・くわすり（薬果）・ひりょうずの比較

菓子名	生地の材料		製造工程		
	主材料	その他の材料	揚げる前	揚げた後	
牛房餅	米粉	ごぼう、砂糖	湯煮するまたは蒸す	蜜または煎じ砂糖	浸ける、煮る、かける
くわすり（薬果）	小麦粉	胡麻油、蜂蜜	—	蜜、蜂蜜	浸ける
ひりょうず	米粉または小麦粉	卵	—	煎じ砂糖	浸す、かける

出典：以下の製法記録より作成
牛房餅：『料理物語』『合類日用料理抄』（吉井始子編『翻刻江戸時代料理本集成』１、臨川書店、1978年）、『和漢精進料理抄』（吉井始子編『翻刻江戸時代料理本集成』４、臨川書店、1979年）、「料理私考集」（東京都立中央図書館蔵加賀文庫）、「黒白精味集」（松下幸子他「古典料理の研究13」（『千葉大学教育学部研究紀要』36-２、1988年）/薬果：「干菓子調法記」（長崎県対馬歴史民俗資料館蔵宗家文庫）、『閨閤叢書』（鄭大聲編訳『朝鮮の料理書』、平凡社、1996年）/ひりょうず：「南蛮料理書」『餅菓子即席手製集』（鈴木晋一他編訳注『近世菓子製法書集成』１・２、平凡社、2003年）、『合類日用料理抄』、「料理私考集」、『卓子式』（吉井始子編『翻刻江戸時代料理本集成』７、臨川書店、1980年）

比較的初期の料理書に散見されるが、現存していない(111)。製法は、米粉と砂糖に、煮て割くか擂鉢で擂ったごぼうを混ぜた生地を、成形後蒸すか湯煮し、油で揚げた後、蜜または砂糖蜜に浸ける。この、揚げて蜜に浸けるという工程は、くわすりには認められるが、他の餅菓子にはみられず、外来の可能性が高い。

同じ工程は南蛮菓子のひりょうずにも認められる。現在は飛龍頭や雁もどきと称される豆腐料理であるが、起源は菓子であり(112)、近世の料理書には菓子と料理の両方がみられる。そのうち菓子のひりょうずは、例えば前出の『合類日用料理抄』、「南蛮料理書」や、天明四年（一七八四）の『卓子式』に記され、小麦粉または米粉に卵を混ぜた生地を油で揚げた後、煎じ砂糖か蜜をかける、またはそれに浸けるというものである。料理書により穀類粉の種類や配合が異なるが、南蛮菓子の特徴的な材料とされる卵が、必ず生地に使われている。

ここで、牛房餅の起源を外来菓子と仮定し、くわすり（薬果）、ひりょうずと比較検討してみたい。まず材料、製造工程における三者の相違点を製法記録から抽出して

表3に示す。主材料の穀類粉については、くわすりは小麦粉、牛房餅は米粉、ひりょうずは米粉または小麦粉である。ひりょうずの主材料も伝来した当初は小麦粉であったが、唐菓子の受容時と同様に入手し易い米粉に代替されたといわれている(113)。卵はひりょうずでのみ用いられていることから、他の二者とは起源が異なると考えられる。また製造過程において、牛房餅にみられる蒸す工程は、主にアジアで用いられる調理法とされている(114)。

次に牛房餅の事例がみられる時期に注目すると、前述した通り四大茶会記には南蛮菓子の事例はほとんどないが、牛房餅は少数確認できる。例えば「松屋会記」の「久重茶会記」に寛永四年一二月一五日朝「菓子　食籠ニコハウモチ　クリ　キクラケ　三種」とある(115)。南蛮菓子が伝来して間もない時期において、牛房餅が南蛮菓子のひりょうずから展開する可能性は低い。加えて牛房餅が収録された料理書の年代も比較的早期であることから、近世初期あるいはそれ以前からあったとも考えられる。

また地域性に注目すると、くわすりと同様牛房餅も福岡との関連が指摘できる。例えば、前掲した地誌の『筑前國續風土記』に土産として「玉子索麪　牛蒡餅　油堆《ひりやうす》、右三品、博多に古来伝へて製す、他邦になし、長崎又他国より習て製するといへとも当国の製に及はす」とある。併記された玉子素麵とひりょうずは外来菓子であり、残る牛房餅もその可能性が高い。ごぼうも同じく土産に記されており(116)、第一章で前出した明和二年（一七六五）の『明和武鑑』以降継続して福岡藩黒田家の一二月の時献上でもあった。

そして、福岡藩では饗応や献上における牛房餅の事例が確認されている。前出した「寛永十四丁丑年肥前嶋原一揆起候節御出陣中御台所日記」には、家臣から藩主の黒田忠之へ「牛蒡餅こつぼ壱ツ」が進上されたことがみえる(117)。同藩家老久野家の「一通公御代、一誠公御代、御自分吉事輯録」には、延宝七年（一六七九）八月「おかね様吉田又助様江御婚礼被為整候ニ付、前以齋藤甚右衛門様迄被仰合之御書付左記」とあり、久野一通の養女おかねと吉田又助治年の婚礼において、奥御献立の後菓子に、「小茶わんぬり小足付　一牛房餅」が供されている(118)。

また、天和二年（一六八二）の朝鮮通信使来朝時、同藩主黒田光之が、通信使に同行した対馬藩主宗義成を藍嶋の御茶屋で饗応した際、後之御菓子として牛房餅を瓜や干菓子とともに供している(119)。さらに考古資料として、同じく黒田家の檀那寺である高野山塔頭正智院へ、博多の末寺から献上した「牛房餅」の箱蓋が、同寺の江戸時代の層から発掘されている(120)。これらの事例から牛房餅は同地の土産として重視されていたことが窺える。

以上より、牛房餅の起源がくわすりである可能性はあるといえる。くわすりの伝来後に材料の小麦粉が米粉に置換され、さらに古来より食習慣のあるごぼうが加えられたのではないだろうか(121)。この事例と同様、朝鮮菓子との関連を指摘できる菓子はほかにもある。例えば、第三章で朝鮮飴の起源としての可能性を指摘した、ようひである。前出した饗応の事例では、くわすりとともに供され、特に朝鮮通信使への朝鮮膳では高盛の「ヤウヒ」がくわすりと併置されていた（図5）。またようひ単独で記載された事例も、その史料の種類や時期がくわすりとほぼ同じであり、朝鮮菓子の可能性が高い(122)。

この時期において朝鮮に対する認識が、中国との混同や誤認を受けた背景としては、一六世紀の南蛮文化との接触による影響も考えられる。初の欧州由来の異文化であった南蛮文化との接触に際し、既存の東洋由来の異文化が統合され対置されたと考えられる。

おわりに

くわすりは朝鮮菓子・油蜜果の一種の薬果である。朝鮮では高麗時代より宮中で重視され、贈答・饗応儀礼に用いられた。日本には一五～一六世紀に、主として対馬経由で伝来したと考えられる。

日本の食文化史におけるくわすりに注目すると、一六世紀には領主の関与した饗応・茶会で重視され、本膳料理の菓子の盛り合わせに用いられた。菓子は木菓子が主流だった当時、外来の造菓子として重視されていた。しかしその価値認識は一七世紀以降弱くなる。

一方対馬では、近世を通し朝鮮人への饗応（朝鮮膳）や進物として用いられ、朝鮮同様に作る技術、互いに供し贈る様式を日朝外交の実務上必要な文化として成立させていた。くわすりは、対馬固有の地域性を有していたといえる。しかし近代以降は、日朝外交の実務を離れた対馬においても不要となり、消失する。くわすりが、対馬の名菓として展開しなかった一因は、対馬においてくわすりが異文化であり続け、くわすりに内在する対馬の地域性が認識されてこなかったことにあると考えられる。

また、くわすりに対する異文化認識に改めて注目すると、古来より交流のある朝鮮・中国では、共通の使用食材や調理法が多く、両者の文化も混同されやすかったと推測される。加えて、異文化としての価値観が諸要因により変化した影響も考えられる。まず、日朝間における互いの対外意識の変化による影響である。一四世紀末以降日本では朝鮮へ大蔵経を求めて使節を派遣したり[123]、茶湯では高麗茶碗が流行した。近世においても、朝鮮通信使来聘時に学者が交流を求めたという記録から、朝鮮の文化は憧憬の対象であったことがわかる。しかし一方で、倉地克直によれば、豊臣秀吉の朝鮮出兵や、一七世紀東アジアの国際秩序で日本が「中国から相対的に自立」した外交関係の形成により、一七世紀後半には朝鮮を軽視する意識が知識人の間で共有されるようになっていたとされる[124]。また池内敏によれば、近世の日本人の朝鮮に対する認識は多様で幅広く、階層や地域よって異なり、同一階層・地域間でも一様ではないが、一七世紀には日本・朝鮮それぞれが自らを中心に位置づけ相手を見下す「小中華意識」を有し、一八世紀にはそれが強くなったとされる[125]。

もう一つは欧州由来の異文化の影響である。まず一六世紀、初めての接触においては、目新しい欧州の文化がより強く重視され、朝鮮の文化は中国の文化と混同されながら埋没していく。結果としては東洋由来の既存の異文化は統合され、南蛮に対置されたと考えられる。さらに近代以降における西洋文化の積極的な受容により、異文化としての貴重性が低下していったと考えられる。朝鮮由来といわれる飲食物の多くが朝鮮出兵にまつわるものとされ、検討が充分になされていない理由もここにあるのではないだろうか。実際は一五世紀初頭から約二〇〇年の交流期間があり、さらにそれ以前にも中央政権とは異なる外交姿勢をとった周縁の多彩な貿易商人が、西日本各地から交易のために朝鮮へ渡っていたといわれる[126]。この時代にこそ、より活発な文化交流があったと考えられる。食文化史における朝鮮菓子の伝来及び受容の実態が解明されれば、対馬を中心とする日朝交流の歴史や、朝鮮をブランドとする認識を、対馬の地域性として価値創造へつなげる展開も期待できるかもしれない。

（1）例えば青木直己『和菓子の今昔』（淡交社、二〇〇〇年）一四頁、中山圭子『和菓子ものがたり』（新人物往来社、一九九三年）一〇頁等。

（2）田代和生『新・倭館――鎖国時代の日本人町』（ゆまに書房、二〇一一年）、同前『倭館』（中央公論社、二〇〇二年）、同前「近世倭館の食生活」（『vesta』二六、味の素食の文化センター、一九九六年）六二～七〇頁。

（3）高正晴子『朝鮮通信使をもてなした料理――饗応と食文化の交流』（明石書店、二〇一〇年）、同『朝鮮通信使の饗応』（明石書店、二〇〇一年）、同「朝鮮通信使の饗応について――大坂における饗応」（『日本家政学会誌』四九、一九九八年）一〇一一～一九頁、同「朝鮮通信使の饗応について――新井白石の聘礼改変とその後の変容」（同前四六、一九九五年）一〇六三～一〇六八頁。大坪藤代・秋山照子「江戸時代の朝鮮通信使饗応の研究」（『日本家政学会誌』五〇、一九九九年）三四九～五九頁等。

（4）村岡安廣「九州の伝来菓子」（『MUSEUM KYUSHU』七一、二〇〇二年）二〇～二七頁、同「九州と朝鮮の餅文化」（『高麗美術館』四五、二〇〇一年）二～五頁。鄭大聲『食文化の中の日本と朝鮮』（講談社、一九九二年）、同前「朝鮮半島の菓子、その特徴」（虎屋文庫編『和菓子』八、二〇〇一年）一三～二〇頁。

（5）尹瑞石『韓国食生活文化の歴史』（明石書店、二〇〇五年）、同前『韓国の食文化史』（ドメス出版、一九九五年）。なお前書では、「正倉院文書」にみえる種々の餅や醤等を三国時代朝鮮から伝来したものとしている（二七七～二九八頁）。

朴容九『朝鮮食料品史』（国書刊行会、一九九七年）。姜仁姫『韓国食生活史』（藤原書店、二〇〇〇年）。
（6）「萬菓子作様并香物漬様薬酒造様之事」九州歴史資料館蔵高畠文書、史料番号：二。著者は第七章で前出した福岡藩士高畠由壽の次代当主。以下に全文翻刻を所収。橋爪伸子「「萬菓子作様并香物漬様薬酒造様之事」について――「くわすり」および「やうひ」に関する一考察」（『香蘭女子短期大学研究紀要』四五、二〇〇三年）一～二四頁。
（7）京都大学文学部国語学国文学研究室編『交隣須知』（京都大学国文学会、一九六六年）八八頁。
（8）以下の文献と合わせて田代和生氏のご教示による（二〇〇三年六月一二日）。小倉進平『朝鮮語方言の研究』下（岩波書店、一九四四年）五六三頁。
（9）前掲姜仁姫『韓国食生活史』一四七、一五五、一八一頁。前掲尹瑞石『韓国の食文化史』九四～九六頁。前掲朴容九『朝鮮食料品史』一〇七～一〇九頁。
（10）「高麗史節要」巻一三（学習院大学東洋文化研究所編刊『高麗史節要』、一九八七年）三五三頁。「高麗史」巻八五志三九刑法二禁令にも同じ令がみえる（朝鮮総督府『朝鮮史』第三編第三巻、一九三三年）三六四頁。
（11）また高麗時代の税制で特産物を徴収する「別貢」には、米、粟、塩、油蜜菓、油、蜂蜜、果物、生姜等が含まれている（前掲姜仁姫『韓国食生活史』一六四頁）。
（12）「高麗史」巻三二（前掲朴容九『朝鮮食料品史』一〇七～一〇八頁）。
（13）前掲尹瑞石『韓国食生活文化の歴史』三三三頁。
（14）韓福麗『餅と菓子』（Daewonsa、一九八九年）九五～一〇六頁。韓福麗「韓国の伝統餅菓」（日韓菓子交流シンポジウム実行委員会編『九州の朝鮮文化――菓子の交流を探る――』二〇〇二年）七一頁。
（15）前掲姜仁姫『韓国食生活史』一八一頁。
（16）大阪外国語大学朝鮮語研究室編『朝鮮語大辞典』上巻（角川書店、一九八六年）。
（17）前掲鄭大聲「朝鮮半島の菓子、その特徴」一四頁。
（18）前掲尹瑞石『韓国の食文化史』二〇〇頁。鄭大聲編訳『朝鮮の料理書』（平凡社、一九九六年）一八八～一八九頁。
なお饅頭菓については、訳者註に油蜜果の一種とある。
（19）前掲尹瑞石『韓国の食文化史』九五頁。

(20) 前掲鄭大聲「朝鮮半島の菓子、その特徴」一四～一五頁。
(21) 前掲尹瑞石『韓国の食文化史』九六頁、前掲韓福麗「韓国の伝統餅菓」七一頁。
(22) 朝倉敏夫『世界の食文化』一（農山漁村文化協会、二〇〇五年）一五五～一七五頁。
(23) 成話会編『目でみる韓国の産礼・婚礼・還暦・祭礼』（国書刊行会、一九八七年）七〇～七七、一一〇～一一三頁。
(24) 聴取調査：尹瑞石氏、二〇〇六年八月三〇日。
(25) 聴取調査・研修：社団法人宮中餅菓研究院（韓国、ソウル特別市鍾路区嘉会洞）、鄭吉子氏（通訳・朴卿希氏）、二〇一四年九月二六日。なお、本研修は中小企業庁の地域産業資源活用事業として認定された、株式会社ウエハラ（対馬市厳原町、代表上原正行）による平成二五年度第一回認定事業「日本ミツバチのはちみつを使った幻の菓子「くわすり」の再現、試作開発、販路開拓」の一環である。筆者は本事業の監修者として企画・参加した。
(26) ただし同院における現在のレシピでは、生地の材料として蜂蜜は必須ではなく、代わりに砂糖と水飴を用いる。蜂蜜の香りに対する現在の嗜好性の低下に合わせているという（前掲聴取調査：鄭吉子氏）。
(27) 千宗室編『茶道古典全集』九（淡交新社、一九五七年）。
(28) 千宗室編『茶道古典全集』七・八（淡交社、一九七七年）。
(29) 千宗室編『茶道古典全集』一〇（淡交社、一九七七年）。
(30) 今日庵文庫茶道文化研究編集委員会編『茶道文化研究』七（今日庵文庫、二〇一五年）二七三～三三七頁。なお、同史料の「宗湛日記献立（影印本）」上下（西日本文化協会編刊『宗湛茶湯日記』一九八四年）については、今日庵文庫本を翻刻した本書との照合により、複数箇所の乱丁が確認された。
(31) 千宗室編『茶道古典全集』六（淡交新社、一九五八年）。西山松之助校注『南方録』（岩波書店、一九九一年）二八～五七頁。なお、両史料の成立には不詳な点が多く、偽書とされる議論がある（「利休百会記」については『茶道古典全集』六、四七〇～四七一頁の末宗広・永島福太郎の解題、「南方録」については西山松之助による同書三六二～三七七頁の解説による）。
(32) 前掲『茶道古典全集』七、一八一頁。
(33) 前掲『茶道古典全集』七、一八九頁。

(34) 前掲今日庵文庫茶道文化研究編集委員会編『茶道文化研究』七、三一一〜三一二頁。
(35) 筒井紘一『懐石の研究』(淡交社、二〇〇二年)一二〇頁。
(36) 茶会記における初出は天文六年(一五三七)の「松屋久政会記」で、唐物に代わって主流になるのは天正一四年(一五八六)以降とされる(小田榮一『茶道具の世界』二、淡交社、一九九九年、一二四頁)。
(37) 「豊臣秀吉土佐元親亭江御成献立記」宮内庁書陵部蔵二〇九・四二一。
(38) 秋山照子「『松屋会記』・『天王寺屋会記』・『神屋宗湛宗湛日記』・『今井宗久茶湯日記抜書』にみる中世末期から近世初頭の会席(第一報)会席の菓子」(『日本家政学会誌』五一、二〇〇〇年)八〇七、八〇一頁。
(39) 江後迪子・山下光雄「一六世紀から一七世紀における菓子について」(『日本家政学会誌』三〇—二、一九九七年)一一〇頁。
(40) 前掲『茶道古典全集』九、三四九、三五四頁。但し寛永一五年一〇月二日朝は「菓子　ホウロカケテ小豆粉ノ餅一山芋一」とあり、この「ホウロ」の実態については不詳である。
(41) 「寛永十四丁丑年肥前嶋原一揆起候節御出陣中御台所日記」馬奈木家蔵。
(42) 橋爪伸子「島原の乱、福岡藩本陣における藩主の食にみる機能と食文化——御台所日記をとおして——」(『経済史研究』一七、二〇一四年)八一〜一〇二頁。
(43) 千宗室編『茶道古典全集』五(淡交新社、一九五八年)。
(44) 粟田添星『酒井宗雅茶会記』(村松書館、一九七五年)。
(45) この四会記の分析結果については、谷昇「茶会記にみる菓子」(虎屋文庫編『和菓子』六、一九九九年)六〜一四頁による。
(46) 熊倉功夫・原田信男編『日本料理秘伝集成』一一(同朋舎出版、一九八五年)七〜二〇八頁。
(47) 鈴木晋一・松本仲子編訳注『近世菓子製法書集成』一(平凡社、二〇〇三年)。
(48) 前掲江後迪子他「一六世紀から一七世紀における菓子について」一一〇頁。
(49) 前掲鈴木晋一他編訳注『近世菓子製法書集成』一、三九九〜四一六頁。ほかに鶏卵羹(ゆでた卵黄の裏漉を砂糖液と煉混ぜ寒天で固めた羹)も鶏卵と砂糖を使用するという点で南蛮菓子の影響を受けているといえる(三七七頁)。

(50) 関周一『中世日朝海域史の研究』(吉川弘文館、二〇〇二年) 二六一～二六三頁。
(51) その後も特定の場面や用途では使われていた少数の事例を確認している。例えば、弘化二年に四条流の料理人飯尾宇八郎より小宮山又七へ伝授された同包丁流派の伝書「四條家正流要顕秘録」には、七五三膳の献立で六角縁高に九種盛の菓子が記されたなかにくわすりがみえる(「四條家正流要顕秘録」東北大学図書館蔵狩野文庫、配架番号：6-19637)。
(52) 「明曆元乙未年信使来聘記於対府御振廻膳部組」大韓民國國史編纂委員會蔵「信使記録」二四(以下、國史と略す)、「明曆信使来聘記従壱州大坂迄所々御振廻献立」(國史二八)。「天和信使記録参向船中所々ニ而膳部献立」(國史一五三)、「天和信使記録佐須奈対府大坂江戸ニ而此方屋鋪江信使招請之献立并対府ニ而招請之規式江戸ニ而通イ方之次第」(國史一五八)。田代和生・李薫監修『マイクロフィルム版対馬宗家文書朝鮮通信使記録』(ゆまに書房、一九九九年)を利用した。
(53) 福岡藩と同じ九州の平戸藩による壱岐風本の饗応では、くわすりを供した事例はみられない。福岡では中世の博多商人以来の日朝交流の歴史が、関係しているのかもしれない。
(54) 前掲「天和信使記録　参向船中所々ニ而膳部献立」(國史一五三)、前掲「天和信使記録　佐須奈対府大坂江戸ニ而此方屋鋪江信使招請之献立并対府ニ而招請之規式江戸ニ而通イ方之次第」(國史一五八)。
(55) 鈴木晋一・松本仲子『近世菓子製法書集成』二(平凡社、二〇〇三年)、六〇、四〇一頁。本史料の成立時期については編者の解説によった。
(56) 対馬藩邸での朝鮮膳の内容を確認した事例は、寛永度(「信使来聘記　寛永十三年入船之時御振舞」東京国立博物館蔵徳川本五二五五、前掲『マイクロフィルム版対馬宗家文書朝鮮通信使記録』)、明暦・天和度(前掲國史二四、一五八)、享保度(前掲高正晴子『朝鮮通信使の饗応』一二四頁)。
(57) 「寛永十三丙子年信使来使記」東京国立博物館蔵。
(58) 「享保四己亥信使記録八十八」慶應義塾大学図書館蔵、宗家記録享保第一七。
(59) 『通航一覧』二(国書刊行会、一九一二年)三九三頁。
(60) 前掲田代和生『倭館』二〇八～二一四頁。
(61) 聴取調査：あかだ屋清七(愛知県津島市祢宜町)六代当主岡田貞雄氏、二〇〇五年一〇月二二日、二〇一七年四月一

九日。包装は二〇一〇年頃から若干変えているという。
(62) 土井忠生・森田武・長南実編訳『日葡辞書邦訳』(岩波書店、一九八〇年) 八三六頁。なお「あかだ」の名は万病を治す霊薬の意の梵語「阿伽陀 (agada)」に由来するとされる (津嶋神社社務所編刊『張州雑志』一九三四年) 七一四、七一七~七一八頁。
(63) 姜在彦訳注『海游録』(平凡社、一九七四年) 二六五頁。
(64) 前掲田代和生『新・倭館』四二、四三頁。
(65) 高島淑郎訳注『日東壮遊歌――ハングルでつづる朝鮮通信使の記録』(平凡社、一九九九年) 三六三頁。
(66)『海行摠載』四 (朝鮮古書刊行会、一九一四年) 三九一~四〇二頁。前掲高島淑郎訳注『日東壮遊歌』二四六~二四七頁。
(67) 長崎近世文書研究会編『長崎史料叢書』六 (朝鮮通信使日記) (長崎近世文書研究会、一九九六年) 二一、四〇、七六頁。宝暦一四年 (一七六四) 正月の滞在地については、宝暦一三年朝鮮通信使の書記として来日した金仁謙の日本滞在中の記録『日東壮遊歌』による (前掲高島淑郎訳注『日東壮遊歌』二四五~二四六頁)。
(68) 辛基秀・仲尾宏『大系朝鮮通信使』八 (明石書店、一九九三年) 一七二頁。
(69) 前掲田代和生『新・倭館』二二、二二一頁
(70)［茶礼之節他膳部書付］長崎県立対馬歴史民俗資料館蔵宗家文庫記録類Ⅱ朝鮮関係J二一。
(71) 前掲田代和生『新・倭館』二二一~二二二頁。
(72)「図書相換使記録　第七」長崎県対馬歴史民俗資料館蔵宗家文庫記録類Ⅱ朝鮮関係B二三。
(73) 関西大学東西学術研究所「日中文化交流の史的研究」歴史斑編『芳洲外交関係資料・書翰集　雨森芳洲全書』三 (関西大学出版部、一九八二) 九五~九六、二四三、二四九、二五二頁。他に享保二一年 (一七三六) 二月二日、天明七年 (一七八七) 一〇月二日等にも同様の記録がある (「裁判記録」国立国会図書館蔵宗家文書四一―八一、一六一―二〇〇)。
(74) 池内敏『薩摩藩士朝鮮漂流日記――「鎖国」の向こうの日朝交渉』(講談社、二〇〇九年) 一八三頁。史料は安田義方著、高木元敦編『朝鮮漂流日記』文政七年 (一八二四) 稿本 (神戸大学附属図書館住田文庫蔵)。著者の解説には

「米粉をこねて油で揚げて清蜜をかけた薬果」とある。
(75)『象胥紀聞拾遺』下、厳原地区公民館蔵、前掲田代和生『新・倭館』二一九頁。
(76)「干菓子調法記」長崎県立対馬歴史民俗資料館蔵宗家文庫和書N六（宗家文庫調査委員会編『宗家文庫史料目録』記録類四・和書・漢籍、厳原町教育委員会、一九九〇年）。
(77)永留久恵『対馬の歴史探訪』（杉屋書店、一九八五年）三二一頁。
(78)長正統解題、秀村選三・細川章編『影印本津島日記』一（西日本文化協会、一九七八年）三一A頁。文化八年信使来聘に際し対馬へ行った佐賀藩多久の儒学者草場佩川の見聞記。渡海途中の文化八年五月朔日、壱岐勝本浦の発船から起筆され、使命を終えて同年七月四日対馬府中を発船し、再び壱岐勝本へ帰着するまでの記録。
(79)橋爪伸子「「萬菓子作様并香物漬様薬酒造様之事」について二――くわすり、牛蒡餅、玉子素麺、博多練酒――」（『香蘭女子短期大学研究紀要』四七、二〇〇五年）二六頁。
(80)今村英明「徳川吉宗と『和蘭問答』――オランダ商館長日誌を通して――」（『日蘭交流史』思文閣出版、二〇〇二年）一二三～一四二頁。上野晶子「江戸時代の阿蘭陀菓子にみる「異国」」（虎屋文庫編『和菓子』一七、二〇一〇年）四一～五三頁。
(81)島田勇雄訳注『本朝食鑑』二（平凡社、一九七七年）一五一頁。対馬人は鶴を釜山浦で捕え、江都にも貢献しており、これを朝鮮鶴というとある。
(82)「菓子商売（享保六年正月一五日条）」長崎県立対馬歴史民俗資料館蔵宗家文庫。本史料は山口華代氏のご教示による。
(83)山口華代「対馬藩における表書札方の設置と記録管理」（国文学研究資料館編『幕藩政アーカイブズの総合的研究』思文閣出版、二〇一五年）三八八頁。
(84)伊東尾四郎校訂『筑前國續風土記』（文献出版、二〇〇一年）六六一頁。
(85)長谷川強・江本裕・渡辺守邦・岡雅彦・花田富二夫・石川了校訂『嬉遊笑覧』四（岩波書店、二〇〇五年）二九八頁。
(86)井上忠『貝原益軒』（吉川弘文館、一九九四年）九四～九八頁。
(87)倉地克直『近世日本人は朝鮮をどうみていたか「鎖国」のなかの「異人」たち』（角川書店、二〇〇一年）八五頁。
(88)橋爪伸子「名菓成立の要因と背景」（『平成一八年度日本食生活文化財団調査研究助成報告書』二〇〇七年）四二～四

七頁。
(89) 前掲村岡安廣「九州の伝来菓子」二三頁。同様の製法の菓子は「村雨」、「時雨」、「湿粉」等の別称で、全国で作られている（前掲中山圭子『和菓子ものがたり』一一三〜一一四頁）。
(90) 前掲日韓菓子交流シンポジウム実行委員会編『九州の朝鮮文化』九〇〜九七頁。朝鮮の餅では蒸餅または甑餅に分類される。
(91) 江後迪子・岩田恭一『かるかんの歴史』（明石屋菓子店、一九九九年）九五〜九七頁。
(92) 金城須美子『宮良殿内・石垣殿内の膳符日記』（九州大学出版会、一九九五年）二三三、三〇八、三〇九、三一七、四〇一頁。
(93) 「調味雑集」（東京都立中央図書館蔵加賀文庫）では「一小豆能湯煮仕候テ能シボリ擂潰シ蒸籠ニ敷布仕候テ厚サ右敷布不見程ニ並ミ置、白米粳洗粉ニ仕候テアラキ水ノウニテフルイ其後ハラハラトコね候テ右蒸籠ノ内ニ並ミ置候（後略）」、「料理集」では「かうらい餅　一ほしい、をいり粉にてむし　同粉をうちこにしてうどんのごとくうち延　いろ〳〵切にして茶請　重箱ものによく候」とある（松下幸子他「古典料理の研究七」、『千葉大学教育学部研究紀要』三〇―二、一九八一年、四二〇頁）。また『餅菓子即席手製集』（一八〇五年）にも収録されている（前掲鈴木晋一他編訳注『近世菓子製法書集成』一、二四三頁）。
(94) 前掲姜仁姫『韓国食生活史』一六九頁。
(95) 延禧大學校東方學研究所編『韓漢清文鑑』（延禧大學校出版部、一九五六年）三八〇頁。
(96) これに関連して「外郎餅」についても高麗餅との関連が指摘できる。江戸時代の料理書では外郎餅の製法には二系統あり、一方は今日の外郎同様蒸羊羹の類であるが、もう一方は現存の高麗餅またはシルトック同様米の粉をこねずに蒸す。また雪餅もこれに類する菓子である（松下幸子『図説江戸料理事典』柏書房、一九九六年）三〇六、三三四頁。従って外郎と朝鮮菓子との関連についても検討する必要がある。
(97) 前掲秋山照子「『松屋会記』・『天王寺屋会記』・『神屋宗湛宗湛日記』・『今井宗久茶湯日記抜書』にみる中世末期から近世初頭の会席（第一報）」八〇四頁。
(98) 岡本彰夫『大和古物拾遺』（ぺりかん社、二〇一〇年）一〇八頁。

(99) 虎屋文庫校訂「史料翻刻『数寄の友』」（虎屋文庫編『和菓子』一、一九九四年）五一頁。
(100) 『日本国語大辞典』「油物」。経尊撰、北野克写『名語記』（勉誠社、一九八三年）五七八頁。
(101) 水野忠央編『丹鶴叢書』故実（国書刊行会、一九一四年）四七一頁。
(102) 「天王寺屋会記」は前掲『茶道古典全集』八、一八八、二〇六、二一二、一九九、二一六、二一七、二二一、二二三、二二四、二二八、二三七、二四二、二四四、二四五、二四九、二五〇、二五二、二五五、二六〇、二七一、二九三、三〇〇頁。「松屋会記」は前掲『茶道古典全集』九、一六六頁。「利休百会記」は前掲『茶道古典全集』六、四四二、四四四頁。
(103) 前掲今日庵文庫茶道文化研究編集委員会編『茶道文化研究』七、二七六、二八九、二九八頁。
(104) 前掲鈴木晋一他編『近世菓子製法書集成』二、二七頁。
(105) そうめんの油物は、前掲『茶道古典全集』八、一八八、二三七、二四二頁等、「瓜のあふら物」は同書二〇二頁。
(106) 前掲「豊臣秀吉土佐元親亭江御成献立記」。
(107) 前掲秋山照子「『松屋会記』・『天王寺屋会記』・『神屋宗湛日記』・『今井宗久茶湯日記抜書』にみる中世末期から近世初頭の会席（第一報）」八〇五頁。
(108) 青木直己「近世の唐菓子」（虎屋文庫編『和菓子』一二、二〇〇五年）六五頁。
(109) 『食物知新』一、国立公文書館蔵、内閣文庫一八四―〇一四〇。
(110) 泉澄一『対馬藩の研究』（関西大学出版部、二〇〇二年）三四九頁。
(111) 各製法記録は以下にまとめている（前掲橋爪伸子「「萬菓子作様并香物漬様薬酒造様之事」について二」七頁）。
(112) 智子ドゥアルテ『ポルトガルのお菓子工房』（成星出版、一九九九年）五四～五七頁。
(113) 熊倉功夫『日本料理文化史』（人文書院、二〇〇二年）九頁。
(114) 石毛直道・鄭大聲編『食文化入門』（講談社、一九九八年）七三～七五頁。
(115) 前掲千宗室編『茶道古典全集』九、二五五頁。
(116) 前掲『筑前國續風土記』六六〇、六八一頁。
(117) 前掲「寛永十四丁丑年肥前嶋原一揆起候節御出陣中御台所日記」。

(118) 久野家所蔵の史料を福岡文化会館が昭和四八～四九年に調査した福岡県立図書館蔵資料（久野文書三九）によった。

(119) 「天和二壬戌年朝鮮人来朝記録第二」（福岡地方史研究会古文書を読む会編『福岡藩朝鮮通信使記録』四、福岡地方史研究会、一九九五年）五三頁。

(120) 木下浩良「高野山出土の博多牛房餅蓋」（『九州考古学』八一、二〇〇六年）九七～一〇〇頁。

(121) 古来ごぼうを栽培化し根菜として食用とするのは日本のみとされる（青葉高『日本の野菜』八坂書房、二〇〇〇年、二六二頁）。またその医薬的な効用が民間に伝承されている（冨岡典子「ゴボウの薬効と栄養――民間伝承と本草書を中心にして」（『畿央大学紀要』創刊号、二〇〇三年、三九～四七頁）。

(122) 前掲橋爪伸子「「萬菓子作様并香物漬様薬酒造様之事」について」七～八頁。

(123) 村井章介『東アジア往還』（朝日新聞社、一九九五年）二七五～七七頁。

(124) 前掲倉地克直『近世日本人は朝鮮をどうみていたか』二三八～二五〇頁。こうした異国認識における地域や階層による違いについても指摘している。村井章介によれば中世の日本人特に貴族は「中心に浄らかな都、外縁に穢れた異域を置く同心円構造として自己を取り巻く世界」を認識しており、加えて中国と対等という主観的な自己意識が、中国の冊封を受けていた朝鮮に対し蔑視感を抱かせ、朝鮮を下位におきたいという願望を持っていたとされる（前掲『東アジア往還』二三七～二四二頁）。

(125) 前掲池内敏『唐人殺しの世界』二、一三四～一五五頁。前掲池内敏『薩摩藩士朝鮮漂流日記』一〇～二三頁。朝鮮の日本への認識は、特に学術・文化に対しては蔑視観が強かったとされる（三宅英利「朝鮮王朝後期官民の日本観」、『アジアのなかの日本史』V、東京大学出版会、一九九三年、一八三～一八四頁）。

(126) 前掲村井章介『東アジア往還』二四二～二四四頁。

終章

本書では、近世に完成した日本固有の菓子が、近代以降に社会変動、異文化接触の影響を受けて変容、展開していく様相を検討し、現在日本の菓子の主軸であり全国的な広がりと多様性をもつ「地域名菓」が、近代において成立したことを、近世からの連続性に注目しつつ検証した。地域名菓の成立は菓子の枠組を広げ、新たな機能をもたらし、菓子の歴史上主要な画期となっていた。各章のまとめは章末で述べたので、ここでは本書の成果を課題ごとに記し、明らかとなった論点と現状の見通しを述べたい。

第一節　激動期における菓子と菓子屋の軌跡

(1) 近世から近代の転換期における菓子の変容と菓子屋の対応

序章で設定した三つの課題設定について、明らかになったことを以下に整理しておきたい。第一の課題は、近世から近代の転換期における菓子の変容と展開を、地域性に注目して検証することであった(第二〜八章)。近世の菓子の地域性は、主として幕藩体制下で献上・贈答儀礼等領主の需要を中心とする国元産物と、領主領民に需要された諸国名産として認められた(第一章)。近代において、政治社会的変動に伴う影響を受け、前者は主要な需要層を失い、一般需要者に向けた商品化が必要となる。後者は主な需要者は継承されたが、交通網の発達に伴う旅みやげの多様化のなかで対応が求められる。また砂糖の輸入自由化に伴う供給量増大により、菓子の新たな需給者が拡大する。こうした状況下、菓子に生じた変容を以下①〜⑥にまとめるが、これは同時に菓子屋の対応の結果でもある。

①多様化、多岐化

材料については洋糖の多用に加え、各地の特産物、香料・色素・乳・珈琲等近代以降の新材料の採用、製造工程では機器の導入を指摘できる。菓子名・意匠には、各地域の地理や歴史に因む特産物・名所旧跡・人物、体力増進・保全の効用に因む滋養・衛生・養老・養生のほか、西洋文化に因むことが題材とされていた。そのうち地域の歴史に因む題材の採択には、同時代的な価値観、例えば皇国史観の反映がみられた。また用途としては、近世以来の旅みやげ・贈答用が需要層の拡大に合わせて展開し、新たに輸出用、酒肴用、鑑賞用（飾菓子）が加わった。こうした用途の展開に伴い、容器・包装についても、ブリキ・硝子・紙等材質及び形の多様化や、レッテル及びそのデザインの発達が認められた。

②枠組の拡大

近世の菓子の特別性の主体であった砂糖の自由化と、主な需要者だった特権階層の崩壊は、菓子の枠組や価値観にも影響を与えた。近世の菓子（＝上菓子）と、その枠組外にあった飴、おこし、煎餅、あられ、豆等が同じ菓子とされ、菓子の枠組が拡大した。そのなかで白砂糖を軸として、それを使用する上菓子、それ以外を雑菓子または駄菓子とする従来の上下観が希薄化した。

③地域性の表出

①の共通する一つの方向性として、拡大した枠組の菓子に（②）、特産の材料への活用、地理や歴史に因む菓

子名及び意匠・由緒の付加によって固有の地域性が表出された。

④全国的な発生と地域別の分類視点の成立

②③の結果として地域性を特徴とする多様な菓子が全国的に出現した。また後述する通り内国博における府県別の出品・展示・評価等を通して、菓子を地域別に分類する視点が生じた。

⑤情報媒体としての新機能

③によって菓子は地域性を表現する媒体となり、地域性を情報として発信し、移動により伝達する新機能を有した。同時に、近世には主として仮想によっていた地域性の認識は、需要者が実物の実見・実食を通して体験的になされるようになった。

⑥特別性の更新

②〜④は、地域性が菓子の価値基準の一つになったことを示す。これについては後述するが、近世には白砂糖を主とする外来の食物に重心がおかれていた菓子の特別性は、ものとしての希少性を主たる根拠とし、地域性についても同様に希少性が重視されていたと考えられる。近代以降、特権階層の崩壊、砂糖の輸入自由化、物流の発達の影響を受け、菓子に対する価値観が更新されていくなかで、新たな特別性の根拠となったのは地域性であり、そこでは実物の実見や実食の体験を通した評価にもとづく個性が重視されるようになった。

(2) 内国勧業博覧会の意義——地域名菓の基盤整備

◈百菓繚乱の菓子屋

第二の課題は、前記のような菓子の変容・展開に影響を及ぼした要因として内国博に注目し、転換期における意義を明らかにすることであった（第三、五〜八章）。内国博全五回の経時的な出品動向には、出品物と出品者の質的変化が現れていた。

第一・二回は、明治二二年大日本帝国憲法発布までの国家体制整備期に当たり[1]、社会が近世からの移行に伴う混乱にある最中、菓子を出品できたのは限られた一部の菓子屋だった。第一回の出品解説で「尋常ノ物産ニシテ一年所産ノ価額十円以上」として表示された出品製造者の開業年暦をみると、計二三七名中約六割の一三四名が近世以前に創業していた。また、その出品者は主に各地の御用商であり、出品物は近世以来の御用品で各地の土産や名産、国元産物であった[2]。本書でとりあげた事例では、熊本の朝鮮飴の毛利安次郎・園田政次郎、岡山津山の初雪の八木熊助、新潟の飴の高橋孫左衛門・大杉九郎治、富山礪波郡今石動の薄氷の笹川吉兵衛、京都の岡本善吉・和歌山の岡本善右衛門・愛媛松山の崎山龍太郎（いずれも羊羹）のほか、例えば愛媛川之江から花砂子を出した柴田辨治、山梨から月ノ雫を出した武藤太郎右衛門等である[3]。また、そこでは表示されていないが、栃木の塚原半平（羊羹）、長野の桜井政七（栗落雁）、石川の森下森八（干菓子）、岡山の三宅弥兵衛（柚餅子）や、第二回では福岡博多の松江利園（玉子素麺）、同小倉の玉江彦右衛門（行司飴）も該当する。現在に続く代表的な地域名菓とその主要な製造者で、すでに百「菓」繚乱の様相である。

第三回には新規の菓子屋の出品や、近世以来の菓子屋による新たな出品物がみえ始める。その一部には地域性の表出も認められるが、依然として前回までの状況と大きく変わりはない。また、この回までは東北からの出品が少ない。

第四・五回になると、出品府県、出品者・出品数が大幅に増大し、出品者は明治期に開業した菓子屋が増え、前回までの出品者及び出品物に消長、新旧交代がみえる。前半期以来の菓子には追随する新規の製造者が参入し、類似品の出現と、それを排除し差別化を図る動きも起きる。例えば第二章の朝鮮飴と第四章の初雪の事例でみた同業者組合の成立や、商標の登録、元祖や根元等の語の表記である[4]。なお、同地域の複数の製造者によって同じ菓子が作られるというこの動向は、それ自体が地域名菓としての名を高める側面ももつ。一方、各地域で近代以降の新たな需要に応じた菓子が創出された。そこでは前述の通り枠組が拡大した多様な菓子に、地域性がさまざまな方法で表出されていた。この動向を主催者側でも肯定的に評価した。結果として種類の多様化・多岐化を導き、共通する一つの傾向として、地域的な特徴を有する個性的な菓子が各地に出現した。

以上の経緯から、内国博は全五回の前半と後半で異なる二つの機能が主体となり、菓子の展開において次のような意義を有したといえる。

①近世以来の菓子の全国一斉収集

前半の第一・二回は、政府が当時の国内産物を把握するために一斉調査する収集の機能が主体だったといえる。[5]その結果、近世以来の御用商による献納品を中心に、主要な産物が一堂に集結した。

②菓子の分類と枠組の更新

前半の内国博における菓子の位置づけは、全産物の中の「製造飲食品（食品加工品）」類の一種であり、評価の基準は物産としての有用性であった。結果として近世の上菓子を中心とする分類は適用されることなく統合されて枠組が拡大し、近世以来の白砂糖と京都を「上」とする価値観の主軸が更新される契機となった。

③地域を主軸とする骨子の形成

また全国から一堂に収集された産物は、種類別に分類された後、府県単位で調査、展示され、審査結果も府県単位で出された。これは全国的な枠組と地域別の分類からなる骨子の形成を全国一斉に導き、地域名菓の体系的な基盤を整えた。

④地域名菓成立の場

後半の第四・五回になると、内国博の機能の重心が、主催者による収集から製造者による積極的な出品または発表の場へと移行する。結果として前半に出品され高評を得た菓子の価値を認識し追随する、あるいはそれに対抗し得る別の価値を付加した菓子を創出する製造者が現れた。同時に出品物の性格も変わり、製造者の意図や価値観が反映される菓子となった。

その際、内国博は比較・評価の場としても機能した。一堂に集められた多くの菓子の府県別の展示、全国共通の価値基準にもとづく審査を通し、参加者は実物の実見による体験的な評価を行った。そこでは従来の上下によらない価値観でさまざまな菓子の全体像をとらえ、並列された菓子同士を比較する客観的な視点を得た。こうした場は近世には成立し得なかった。それは固有の地域性を認識する視点を養い、価値として可視化する工夫（表出）を促し、菓子は意図的に地域性が付される方向で多様化していった。また、審査結果の等級化は出品者の競争心を誘発した。その結果、地域それぞれの歴史的地理的個性が価値として付加された特徴的な菓子が各地に成立し、第五回には地域性を軸とする全国的な展開が出現した。すなわち内国博は地域名菓の基盤が成立する場として機能した。

⑤移動性を有する菓子の発達

また、出品物に求められる開催地への輸送及び一定期間の展示という条件は、常温下で品質保持性が高い菓子の発達と、それを保持する容器や包装の工夫を導いた。これは他地域への移動を前提とする地域名菓の質的条件にも直結し、その発達を促した。

⑥情報伝達・交流の場

内国博は、出品物の展示を通し出品者の技術を参加者に情報として伝達した。また全国から菓子屋を集結させ、情報交流の場となった。すなわち内国博はひと（菓子屋）を動かし、同業者ネットワークの基盤を整えた。同業者の交流は、近世以来の職種別境界の希薄化、上下・和洋等の価値認識の再編成を促し、地域名菓の全国的な成立の原動力となった。
その出品者は、開催地からの距離や財力等の諸条件を満たした一部の菓子屋だったが、ほぼ同時期の明治一八〜二九年に起きた菓子税反対運動では各地の主導者となり、内国博と連動して同業者組織の拡充や情報交流の活発化を導いた。また、後世まで各地の代表的な名菓となる菓子を考案した者も多い。内国博はそうした人材を輩出した場ともいえる（第二章）。

⑦地域名菓発展の場の再生

菓子屋の交流は内国博の諸機能とともに、明治四四年に内国博を規範として開催されるようになった産業別博覧会の一つ、全国菓子大博覧会へと継承される。同博覧会は太平洋戦争による中断を経て、現在開催各地の菓子工業組合の主催により存続しており、同組合はその後も現在に至るまで、地域単位で菓子の発展を促す主要な原動力となっている。地域を軸とする展開は、現在へと連続する菓子の歴史の主流と位置づけられる。内国博は、国主導で整えた地域名菓の基盤を菓子屋組織へ引き継ぎ、それをさらに発展させていく場を再生したといえる。

以上より内国博は、地域名菓の体系的な基盤の成立を導いたといえる。明治期にそれが可能だったのは内国博のみである。さらに内国博は菓子屋を動かし、情報伝達・交流の場として機能し、菓子屋主導での地域名菓発展の場の再生を導いた。なお、内国博の歴史的な位置づけについては批判も必要であるが、それについては今後の研究に期したい。

（3）異文化との接触による影響——価値観の変動とカテゴリーの再編成

第三の課題として、新たな異文化との接触が需要者の価値観を動かし、既存の菓子に及ぼした影響について考察した。

①南蛮文化との接触の影響

一五〜一六世紀に伝来した朝鮮菓子は、一六世紀までは領主を中心とする饗応・茶会において外来の造菓子として重視されていたが、一七世紀以降衰退する。背景には一六世紀に渡来した南蛮文化の影響があった。南蛮菓子は珍重され、朝鮮菓子より上位の価値で受容され、一七世紀後期には上菓子として菓銘を有し日本文化に同化される。対する朝鮮菓子は、中国伝来の食物類と混同されていく。欧州文化との初めての接触で、既存の異文化認識に再編成が生じ、朝鮮と中国は対欧州として統合されたと考えられる（第九章）。

南蛮文化との接触はまた、南蛮菓子の主材料であった砂糖の受容を通し、従来の菓子の概念と飴の位置づけにも影響を与えた。甘味が菓子の特別性の主体となり、さらに輸入の白砂糖を頂点とする価値序列と、それを材料とする菓子を「上」菓子とする分類が生ずる。一方同じく甘味食物である既存の飴は、他材料を加えて随意な成形が可能となった豆飴を通して菓子と認識され始める。一七世紀後半には、砂糖を主材料とする造菓子である求肥飴の副材料に用いられてその呼称となり、同時に甘味食物としては白砂糖の下位に位置づけられ、飴及び国産砂糖を材料とする雑菓子・駄菓子という分類が生ずる（第五章）。

②西洋文化との接触の影響

一九世紀に欧米由来の異文化との接触により生じた西洋という認識は、初めて日本を対置させ、従来の諸分類からなる菓子を「和（日本）」菓子として統括した。これにより菓子における地域観が、近世の「諸国」における特定地域から、中央に統制された「日本（全国）」の並列的な一構成要素へと変わり、同時に対全国、対他地域との客観的な比較の視点が生まれ、地域の個性が注目される契機となった。

その際、近世以前の南蛮文化は「和」に組みこまれたとされてきたが、実態は必ずしもその通りではなく、菓子の種類によって和洋両属の位置づけが認められた。例えば金平糖、有平糖は、近世に上菓子として定着したまま和菓子へ移行したが、かすてらは起源を同じくする洋菓子のスポンジケーキに読みかえられていた。そこでは「洋（西洋）」を、同じ欧州の南蛮よりも上位とする意識が窺えた。こうした意識の違いと菓子の種類との関係については充分な検証ができなかったが、かすてらに関しては卵の多用による滋養性が、同じく西洋由来の医学に裏づけられる新たな価値観によって重視され、最新の異文化として認識された「洋」と結びついた可能性もある（第七章）。

なお異文化を表す「唐」、「朝鮮」、「高麗」、「南蛮」、「蘭」、「洋」等の語は、特定の国をさす語ではなく概念としての側面が大きい。その認識は時代や地域によっても変動するため、慎重な分析が必要である。すなわちこうした問題は、その時々の需要者による異文化理解であり、価値観の変動を伴いながら菓子の概念編成に関わってきた。そして近代以降次第に、異国に対する認識が遠い未知なる仮想世界から身近な現実世界となり、異文化認識が変容していくなかで、「和」も菓子の特別性の一つと位置づけられ、視線が地域に向けられていく。その際普遍的ではないものと認識された地域性も異文化といえる。価値と認識される異文化が必ずしも異国ではなくなり、多様化する方向に向かう。地域名菓の成立の背景にはそうした需要者の価値観の変動があった。

第二節　地域名菓の特別性

（1）上菓子からの展開

地域名菓は、一九世紀末～二〇世紀初頭に成立した。それは「日本文化を具象化」したものとされる近世の上菓子に対し、(6)「地域文化を具象化」し、各地域の歴史において成立してきた個性（地域性）を、菓子名や意匠、材料、製造方法、由緒を通して表現する。またそれらを情報としてまとい、発信する。需要者はそうした情報を組み合わせて特定の地域を連想し、またそこからものがたりを読みとり、味わう。

このように菓子名と意匠による表現機能を持つ点では、地域名菓は近世に完成した上菓子の、近代の展開の一つのかたちとして成立したものともいえる。ただし、そこには近世の上菓子との違いが認められる。以下三点にまとめる。まず一点は菓子の枠組の更新、拡大である。地域名菓は、近世において上菓子に対置された雑菓子や、近代の新しい洋菓子をも含む更新された枠組をもつ。二点目は、菓子名と意匠で表現される題材である。上菓子の題材は、主として特権需要層に限定的に共有された古典文学の世界だったが、地域名菓の題材は、拡大した一般階層に広く共有される多様な地域性となった。三点目は、情報媒体としての新機能である。菓子は製造者が採択する題材に因む地域性をまとうことにより、それを情報として発信し、移動により伝達する。また需要者が菓子を持ち運び贈ることにより、地域と贈り主との関係性（例えば「故郷」、「旅先」等）もともに伝達される。その際、菓子及び地域に対する価値観が需給者間で共有されることが肝要で、そこにズレが発生すると特定の地域が連想されなくなる。採択される地域性の題材には社会的時代性が反映され、地域名菓はそれが成立した時代において共有された地域観をも発信する媒体といえる。以上の特徴は近世の菓子にはみられない。地域名菓は近代に更新された菓子の枠組、需要のなかで生じた新しい菓子といえる。

（2）可視化された地域の個性

◈希少性から個性へ

序章で確認したように菓子は特別な食べもので、菓子の歴史では「特別な」という本質は変わらず（連続性）、そのように認識される対象、根拠の更新に伴い枠組が動き、分類が再編成されてきた（不連続性）。画期に生じる分類は新たな特別性を表し、特別性の変遷は菓子の歴史の主軸でもあった。

そこで近世以前の菓子の特別性を考えてみると、餅団子類については、神にささげるために特別に調製された通常とは異なる味や形であり、唐菓子・点心・南蛮菓子では異国性に加えその材料・製造方法による特別な味や形であった。上菓子の特別性は砂糖と、菓銘と意匠で表現される形であった。それらを特別と認識する根拠の重心はものとしての希少性にあり、加えてそれに起因する高級性や付随する権威であったといえる。近世以前の名産において地域性が重視された根拠も、同じくこうした希少性の一つだったと考えられる。希少性は菓子の起源とされる「諸国貢進菓子」にも遡る、長い間続いた特別性の根拠であったといえる。

一方、近代以降の地域名菓は、各地の菓子屋により、商品とする菓子の付加価値として着目された地域性が、主な需要者や用途に応じて意図的にデザイン（名菓化）されたものである。[7] その特別性とは地域性であり、根拠の重心は個性にある。地域自体が個性の集まりであり、個性としての地域性が特別とされる価値創造へとつながった一つのかたちともいえる。この点が近世の菓子における地域性との違いである。例えば近世の国元産物や時献上の地域性は、その希少性に価値があったが、近代においては歴史的地理的個性の一つになった。由緒の題材として、近世の事実以上に特定人物に因むものがたりが重視される理由もここにある。

そして、同じく地域性を特徴とする他の名物（例えば酒や郷土料理等）にはみられない展開を可能にした菓子固有の特徴の一つは、個性を可視化する意匠（地域性を意図的に表現する特別なかたち）である。菓子の起源の一つである餅について、柳田國男が「餅の効用」として、他の多くの食物にはない「味よりもさらに形」であり、思いのままの成形によって「神にも捧げ人にも進めるのに、これを供するものの心持が自由に現れる」と述べている。[8] それは菓子と位置づけられる食べものが生じて以来、時代を超えて通ずる特別性の主体といえる。

◈「和（日本）」の登場と地域へのまなざし

地域性を菓子の特別性とする価値観が生じる背景としては、地域が個性と認識される条件として、普遍としての「日本」の認識が必要となる。そこで、個性としての地域と普遍としての日本の認識を、近世から近代の菓子における地域観に探ってみる。近世の名産における地域観は、それが俳諧書に載っていたことからもわかるように、うたや文学の題材としての特定の地域であり、その全体像は「諸国処々」で日本全体という統一的な意識は未確立だったと思われる(9)。

近代以降、菓子の歴史において西洋に対置されて「和」という分類が初めて生じた。それは日清・日露戦争という対外戦争を通じて「日本文化」が確定されていく過程に位置づけられる(10)。そこでは日本全体を一つの共同体とし、また普遍とする意識と同時に、それを構成する地域に対し、「日本（普遍）」や他地域とは異なる個性を求める視点が生じていったと考えられる。また地域自体が、固有の価値観を基盤とする完結した地域文化圏から、中央に統制された「日本」の一部へ変化したともいえる(11)。

その背景としては、國雄行が内国博の効果・機能の一つと指摘する天皇を中心とする国民統合（第二章）(12)は、主要な一つの潮流であったといえる。高木博志によれば、明治二二年の大日本帝国憲法発布で、「万世一系」の天皇が「神聖不可侵」な存在となり東京を帝都とする意識が定着していくなかで、地方城下町の藩祖や旧藩を顕彰する「お国自慢」が成立し、日露戦争後に国家のナショナリズムと地域のアイデンティティが「重層的に進行」したとされる(13)。菓子の地域性が表出されていく時期において、その題材として重視された歴史的地理的個性は、ともにこの流れにそっていたことがわかる。

また、ひと・ものの移動の本格的な拡大に伴い人びとに生じた、自身の地域に対する客観的（対他地域）、相対的（対都市、中央）視点は、地域性に個性としての価値を認識させる一つの契機となったと考えられる。明治二一年の市町村制公布以降、市町村に伴う地名の消失も、地域性の価値を強めていった(14)。

(3) 地域名菓の現状と菓子の本質

◈地域性の価値の高まり

これまで述べてきたように、菓子は変遷する。地域名菓についても、内国博を通して基盤が成立した後、包装材料・技術、流通技術、マスメディアの発達等々さまざまな要因に応じて変化し続けている。例えば、移送可能な菓子の種類が大幅に増え、従来の地域名菓の多様化の一環としての生菓子化や、新たに生菓子の地域名菓化も進んでいる（第六章）。また和洋の区分を越えた多様な材料、意匠、菓子名の採用も散見され、なかには洋菓子の地域名菓化も散見される。[15] これは洋菓子に地域という価値を付加するというある種の和風化といえ、明治大正期においてしばしばみられたような、既存の和菓子に当時新しい価値であった洋を付加した和洋折衷菓子とは異なる。これはつまり、既存の菓子に付加する新たな価値が「洋」から「地域」へ更新されたことを示している。

さらに情報交流の全国的な活発化のなかで、例えば第五章でみた大松下の飴のような唯一の製造者による手技や、特定の地域の行事でのみ作られる[16]、これまで知られていなかった希少な菓子が、地域性を意図的に表出せずに地域名菓として認識されている。こうした動向において重視される希少性は、近世以前の菓子のそれとは異なる。高級性や需要者の権威は必ずしも付随せず、近代以降において特別性の根拠の中核をなす個性の一つといえる。また、新潟県立歴史博物館は二〇一六年に夏季企画展「お菓子と新潟」を行い、県内の菓子の歴史を紹介するとともに、「お菓子の名前からみた新潟県の様々な地域性」を探るとして、県内各地の特色を表す多様な菓子を全県、考古、人物、産業、祭り・芸能・習俗各編五点の「新潟県お菓子マップ」で示した。[17] これは、菓子の地域性がより微細な視点で注目されている動向といえ[18]、菓子における地域性の価値認識の高まりが窺える。[19]

◈つながりを実感するかたちと味

以上より、地域名菓の成立を、菓子の歴史上、その後の動向にも影響を及ぼした近代の主要な画期と位置づけることができる。地域名菓とは、ある時代の人びとに意識される「地域」を包摂する地域アイデンティティそのものである。その名称・かたち・味・由緒を通して地域の歴史・地理・文化を知り、菓子が作られた時代の人びとの生きざまを探ることができる。地域そのものを贈り、味わい、万人で共感することを可能にする、唯一の食べものである。

本書では時代を通底する菓子の連続性を「特別な」食べものと定義して論述してきたが、その意味を菓子の起源とされる「日常とは異なる」という位置づけでとらえると、現在は日常的なありふれた菓子もあり、必ずしも当てはまらない。特別というより「時代によって変わる」とする方がむしろわかりやすいかもしれない。しかし「菓子」と認識される食べものは、現在に至るまで確かに存続してきた。そこにはほかの食べものにはない、菓子ならではの特別な何かがあるはずである。最後に改めてこの問題を、時代を通底する特質として考えてみたい。

繰り返しになるが、菓子は意図的に作られたかたちを有する固形食物であり、完結した食べもの（手を加えずそのままで食べることを前提とする、また食事を構成する料理のように組み合わせを必要としない）である。この二つの特質により、可視化された表現機能と移動性とを合わせもち、ほかの食べものにはない機能がそなわった。それは、思いや力、情報の媒体となって、人と人、現在地と旅先、現在と過去・未来、現実と仮想とをつなぎ、「心の栄養素」として心と体をもつなぐ機能である。例えば、贈りものとして祝賀や哀悼の思いを、参詣みやげとして神仏の霊力を、旅みやげとして見知らぬ土地のものがたりを伝え、人と人とをつなぐ。また、幼少期に食べた菓子から思い出を回想して現在と過去を、菓銘と意匠で文学の世界を仮想して現実と仮想世界をつなぐ。

いつの世にも重視される、目には見えないこうしたつながりを、かたちと味で実感できるという菓子固有の特質は、時にそれ自体が心身を癒やし、薬の機能にも重なる。こうした媒体としての多様な機能が、神に供え祈るものとして始まり、存続してきた菓子の、特別な食べものとしての本質ではないだろうか。

（1）『日本史事典』（平凡社、一九八三年）九〇頁。

（2）『明治十年内国勧業博覧会出品解説』二頁（『発達史』第七集四）。

（3）『明治十年内国勧業博覧会出品解説』三八二〜四〇六頁（『発達史』第七集五）。柴田辨治については以下で報告している。橋爪伸子「瀬戸内海地域における名菓の成立——内国勧業博覧会記録にみる香川、愛媛の事例——」（『民俗と風俗』二一、二〇一一年、五四〜五五頁）。

（4）小川望「はじめに——江戸時代の名産品と商標——」（江戸遺跡研究会編『江戸時代の名産品と商標』吉川弘文館、二〇一一年、三〜四頁）、同前「「鳥犀圓」の銘をもつ合子蓋と商標・薬名」（同前、一九五頁）。

（5）國雄行『博覧会の時代——明治政府の博覧会政策——』（岩田書院、二〇〇六年）七四頁。

（6）青木直己『図説和菓子の今昔』（淡交社、二〇〇〇年）七四〜七六頁。

（7）序章で前出した全国の菓子を都道府県別に分類する初の刊本で、著者の序文にも「諸国名物菓子は土地の産物をうまく菓子に応用したものも多く、種々なる考案によって地方色が現はれています」とある（鈴木宗康『諸国名物菓子』改訂版、河原書店、一九五〇年、序）。

（8）柳田国男『木綿以前の事』（岩波書店、一九七九年）八八頁。

（9）倉地克直によれば、ナショナリズムは「身分・階層・地域を越えた普遍的な価値や共通感覚の形成」を伴うが、近代以前の「日本」「日本人」の範囲は時代によって一様ではなく、近世「日本」は「両属的であいまいな境界領域が存在」し、「日本人」の内実は「単一均質」ではなく「民族や国民としての集団的な一体感は未成熟」で、異国に対する意識も地域、階層よる違いが大きかったとされる（『近世日本人は朝鮮をどうみていたか 「鎖国」のなかの「異人」たち』角川書店、二〇〇一年、一六〜一七、二四九頁）。

（10）高木博志『近代天皇制と古都』（岩波書店、二〇〇六年）序七〜八頁。日清・日露戦争という対外戦争を通じてアジア、欧米という「他者」と向き合うなかで「日本文化」が確定され、国語、「武士道」や国宝の概念、「国民的神道儀礼」等が生成したとされる。

（11）『朝日新聞』「「地方《ちほう》」ではなく「地方《じかた》」の再生を」二〇一六年九月二九日付、夕刊、五頁。鷲田清一が、「地方《じかた》」の参考として幕末の藩を取りあげ「独自の価値観を持ち完結した地域文化圏」としている。

(12) 前掲國雄行『博覧会の時代』二七六〜二七七頁。

(13) 高木博志「「郷土愛」と「愛国心」をつなぐもの――近代における「旧藩」の顕彰」(歴史科学協議会編『歴史評論』六五九、二〇〇五年、二一〜一八頁)、前掲同『近代天皇制と古都』(序七〜八、一二五六頁)、同「伝統文化の創造と近代天皇制」(大津透・桜井英治・藤井讓治・吉田裕・李成市・編集委員『岩波講座日本歴史』一六、岩波書店、二〇一四年、六三頁)、同「第一次世界大戦前後の日本の文化財保護と伝統文化」(山室信一・岡田暁生・小関隆・藤原辰史編『現代の起点第一次世界大戦』三、岩波書店、二〇一四年、二四一〜二六五頁)。ナショナリズムを支える地域社会の創出において神社祭祀や学校行事等の「生活文化に関わる統制や画一化」が進行し、第一次世界大戦後には、地域社会で府県が主体的に関わる新たな文化財行政が模索され、「国民道徳に資する名教的な」、「皇室を戴き精神性を重んじ自然と共存する「日本らしい」」史蹟名勝の顕彰・保存が始まったとされる。文化財行政については、一九一九年の史蹟名勝天然記念物保存法制度に関わった黒板勝美が、その方法論に関わる欧州視察(一九〇八〜一九一〇年)で得た、ドイツの「多様な地方色を基礎にしてナショナリズムを積みあげる国家形成」の思想を模範にしたとされる。

(14) 成田龍一『「故郷」という物語　都市空間の歴史学』(吉川弘文館、一九九八年)二〜三、一四〜二三頁。さらに高度経済成長以降、都市への大規模な人口移動も、都市対地方の対比意識や郷土意識を強めていったとされる。

(15) 一例をあげると、パティスリー・カラン(京都市北区西賀茂坊ノ後町)では、京都五山送り火の「舟形」を意匠化した「おふねのマドレーヌ」や「舟山サブレ」を製造販売している(二〇一七年四月一日調査)。

(16) 全国各地の行事や習慣に因む菓子を紹介する主な文献は例えば以下。亀井千歩子『縁起菓子・祝い菓子――おいしい祈りのかたち――』淡交社、二〇〇〇年。溝口政子・中山圭子『福を招くお守り菓子　北海道から沖縄まで』講談社、二〇一一年。

(17) 新潟お菓子プロジェクト実行委員会・新潟県立歴史博物館編刊『お菓子と新潟』(二〇一六年)二二〜二九頁。

(18) こうした傾向を、前述した「異文化」の一つとしての地域性とみると、そのように認識される基準は、まだ知られていない、意外性のある「個性」といえる。それがより小さな範囲で共有され、概念化されていく傾向は菓子を含み料理全般において認められる。例えば「知育菓子」(「おやつの時間に夢中で作る、そんな楽しい体験を通して子どもの成長に大切な力を育むお菓子」「知育菓子®について」クラシエホールディングス株式会社〈http://www.nerune.jp/about/〉、最終閲覧日：二〇一七年六月二九日）、「マンガ飯」（漫画に登場する料理。増淵敏之監修『きょうのごはんは〝マンガ飯〟』旭屋出版、二〇一六年）、序章で前出した「歴食」等。

(19) 他に製菓企業の動向として、一九九〇年代前半からみられる「地域限定菓子」（鍛冶博之「土産物としての地域限定菓子」、市場史研究会『市場史研究』二七、そしえて、二〇〇七年、八四～八五頁によれば、全国市場に販売網を展開する大手製菓企業が原材料には主に地域を表象するものをとり入れて商品化し、原材料との関連が深い地域で限定販売され、観光客にその土地を象徴する土産物として認識されている菓子）も、この流れに位置づけられる。

成稿初出一覧

本書のもととなった既発表論文の初出は次の通りである。第一章は②（部分）、第三章は③、第四章は②（部分）及び④（部分）、第五章は⑤及び⑦（部分）、第六章は⑧、第七章は④（部分）及び⑥、第八章は⑦（部分）、第九章は①の再録を含むが、いずれも本書に収めるにあたり大幅な加筆修正・再構成を行い論題も改訂している。なお、そのほかについては新稿である。

①「埋もれた朝鮮菓子――「くわすり」を事例として――」（『風俗史学』三三、二〇〇六年）
②「時献上から名菓への変遷――熊本のかせいたを事例に――」（『香蘭女子短期大学研究紀要』四九、二〇〇六年）
③「内国勧業博覧会と名菓の成立――熊本の朝鮮飴にみる変容と展開――」（『会誌食文化研究』三、二〇〇七年）
④「名菓成立の要因と背景」（『日本食生活文化調査研究報告集』二四、日本食生活文化財団、二〇〇七年）
⑤「近世から近代にいたる飴の変容――内国勧業博覧会を中心に――」（『香蘭女子短期大学研究紀要』五〇、二〇〇七年）
⑥「近世長崎の年中行事記録にみる菓子の実態――かすてら、桃饅頭を中心として――」（『和菓子』一六、虎屋虎屋文庫、二〇〇九年）
⑦「瀬戸内海地域における名菓の成立――内国勧業博覧会記録にみる香川、愛媛の事例――」（『民俗と風俗』二一、衣の民族館、二〇一一年）
⑧「津山藩御国元の軽焼から津山名菓初雪へ――名菓の成立にみる菓銘の意義――」（『会誌食文化研究』八、二〇一二年）

あとがき

本書は二〇一六年に奈良女子大学に提出した学位請求論文「日本の菓子の近世から近代における変容と展開――地域名菓と内国勧業博覧会――」を加筆修正し、再構成したものである（二〇一六年三月学位取得）。主査の武藤康弘先生（奈良女子大学大学院人間文化研究科比較文化学専攻文化史論講座）を始め、副査の山辺規子先生（同前）、矢島洋一先生（同前）、的場輝佳先生（奈良女子大学名誉教授）に多くのご指導やご指摘をいただき、本書としてまとめることができた。特に武藤先生には激務のなか一年間、論文の構成はもとより用語に至るまで丁寧なご指導をいただいた。山辺先生には欧州の菓子に関する貴重なご教示をいただいた。心からお礼を申しあげたい。

大学、大学院では食物学を学び、修士論文は米の調理科学に関するものであった。食文化史の研究を始めたのは修士課程を修了後、福岡の短大教員になってからで、主なきっかけの一つは原田信男先生の『江戸の料理史』（中央公論社、一九八九年）である。近世江戸の食文化が、ブリア・サバランの『美味礼讃』が出版された時期には「爛熟の極み」にあったことを初めて知り、筆者にとって江戸時代の日本は、行ってみたい異国のような興味関心の対象となった。以来、くずし字の辞典と首っ引きで料理書を中心に読み始めた。文字の判読が難しいだけではなく、当時の食物・料理名や料理用語には現在は使われていない語句も多く、一字一句調べながらの解読は大変な時間がかかったが、そこには異文化の魅力に溢れた世界があった。同時に関連する先行研究を勉強するうち、史料の網羅的調査・分析により、人びとの行動の背景にある意識まで実証していく歴史学の研究に惹かれていった。しかし一方で、そのための素養をまったくそなえていないことにも気がついた。そこで思いついた精一杯の対策が、社会人向けの歴史学講座を受講することであった。秀村選三先生（九州大学名誉教授）と故細川章先生（多久古文書の村）の地域史講座で学びの機会に恵まれて、地域史への視点を得た。またその研究では史料を読むだけでなく、現地を歩き、現場で見聞することが重要であると教わった。

本研究は、そうした数年間を経て出会った福岡藩士の手控えに始まる。こよりで綴られた一六丁に、なじみ深い同地の名菓「玉子素麺」の製法が記されていた。もと福岡藩御用商だった菓子屋を訪ね、ご主人にお店と菓子の継承の過程について伺い、不変にみえる老舗の伝統的な菓子にも、実際には変遷があることを知った。特に近世から近代の転換期における菓子と菓子屋の実態に興味をもち、九州を中心に調査を進めた。またその頃より、日本家政学会食文化研究部会での大会報告や投稿を通し、故石川松太郎先生、石川寛子先生、江原絢子先生を始め諸先生方からご指導をいただいた。和仁皓明先生の西日本食文化研究会では、食は科学的並びに文化的な両視点から総合的に学ぶ必要があることを学んだ。和仁先生からは食生活史懇話会での報告の機会とともに、同会の原田信男先生、故松下幸子先生をご紹介いただき、両先生にはこれを機にご教授を仰ぐ恩恵にあずかった。

二〇〇八年に京都へ転居すると、秀村選三先生が、大阪経済大学の徳永光俊先生、同志社大学の西村卓先生にご紹介くださり、両先生が所属する関西農業史研究会へもお誘いいただいた。以後毎月の例会では、さまざまな分野の研究者の報告を聴き、自由闊達な議論の場に身をおく幸運に恵まれた。そこで繰り広げられる多角的な視点による質疑応答は、ただ理解しようとするだけで精一杯で、参加しているとはいえない状況だったが、得がたい学びの場となった。自身の研究が小さく浅い枠組に固定され、限られたある一つの側面しかみていないことを毎度痛感した。

菓子の研究は、京都と、瀬戸内を中心とする中国四国地方へと対象地を広げて進めた。そのなかで目に映る菓子全体の動向としては、多様化がますます進展し、世界中の菓子や新しい創作菓子で溢れ、一見はなやかな様相を呈しているが、近世以来、地域で継承されてきた伝統的な菓子は、産地・菓子の種類ともに画一的な方向へと集約されながら、次第に衰退しつつあるのが現状である。地域名菓としては、主として県庁所在地の百貨店や新幹線の駅売店への出店等、大量需要に対応できる大規模な菓子屋製が中心となり、小規模な個人経営の店では商売を縮小し、さらには後継者問題に直面し存続が危ぶまれるところも多い。こうした状況も含めて菓子の歴史ではあるが、心から残念に思う。研究をさらに進め、その小さな成果が地域の豊かな菓子文化の記録として、将来に向けて活用されることを願うばかりである。その際、各店に伝来する史料は極めて重要であるが、近世はもとより近代の史料でも、現存するものは少ない。今後は調査を通して、史料のより適切な整理・保存・活用についても所蔵者とともに考えていきたい。

本研究はここに記すことができないほど多くの方にお世話になった。菓子製造業者の皆様には、お仕事の手をとめ調査にご協力いただき、また、お店や商品の歴史に関わる貴重なご教示をいただいた。心からお礼を申しあげたい。ただ筆者の力が及ばず、残念ながら本書ではその一部しか紹介することができなかった。研究を進め、改めてその機会に恵まれることを切に願うが、ここでは皆様のお店のお名前をあげることで感謝の意を表したい。

北海道江差の五勝手屋本舗、青森弘前の大阪屋、東京の萬年堂、富山の五郎丸屋、島川製飴、岐阜大垣の槌谷、滋賀彦根のいと重菓舗、愛知津島の総本家あかだ屋清七、京都の東屋、植村義次、老松、亀屋良長、亀屋陸奥、京都鶴屋鶴壽庵、桂月堂、塩芳軒、末富、するがや祇園下里、大極殿本舗、竹濱義春老舗、鶴屋吉信、村上開新堂、同宇治の能登椽稲房安兼、同園部のかどや老舗、大阪の末廣堂、鶴屋八幡、岡山の翁軒、廣榮堂、広栄堂武田、同津山のくらや、武田待喜堂　同総社の井上老松園、同落合の古見屋羊羹、同矢掛の佐藤玉雲堂、香川高松の三友堂、くつわ堂、吉岡源平餅、同琴平の池商店、愛媛松山の中野本舗、同川之江の柴田最中、同大洲の稲田菓子舗、ゑみや号菓子店、花月堂、玉井菓子舗、冨永松栄堂、ひらのやしぐれ店、福岡の松屋、石村萬盛堂、同柳川の大松下のあめ本舗、佐賀の北島、鶴屋、長崎の松翁軒、梅寿軒、同平戸の蔦屋、熊本の香梅、園田屋、大分中津の栗山堂、宮崎都城の祝古屋、鹿児島の明石屋、韓国ソウルの宮中飲食研究院（地域ごとに屋号の五十音順、敬称略）

また研究の一部は、一般財団法人日本食生活文化財団の平成一八年度日本食生活文化調査研究助成、財団法人福武学術文化振興財団の平成二〇年度第四回瀬戸内海文化研究活動助成、乳の社会文化ネットワーク及び一般社団法人Ｊミルクの平成二七年度乳の社会文化学術研究助成を受けて実施した成果である。同二四年度には大洲市から依頼を受けた公益財団法人えひめ地域政策研究センターの委託により「大洲名菓志ぐれの歴史に関する調査」及び研究を行った。その結果は具体的には本書に反映できなかったが、本研究の一部をなしている。記して謝意を表したい。

史料所蔵者及び諸機関には史料の調査閲覧、リファレンスでご協力をいただいた。特に九州大学附属図書館付設記録資料館九州文化史資料部門・梶島政司氏、福岡県地域史研究所（現、九州歴史資料館県史史料閲覧室）・久恒真由美氏、長崎歴史文化博物館・岡本健一郎氏（現、京都鉄道博物館）、長崎県立対馬歴史民俗資料館・山口華代氏（現、同教育委員会）、熊本県立大学・米谷隆史氏、熊本大学附属図書館内永青文庫・川口恭子氏、健康食品株式会社内ケンショク「食」資料室・吉積二三男氏、京都府立京都学・歴彩館の松田万智子氏、同若林正博氏には、貴重な資料のご教示もいただき大変お世話になった。表紙図版の絵図史料の使用に際しては、所蔵元のライデン国立民族学博物館並びに同館のダーン・コク氏、インヘボルフ・エヒンク氏に大変お世話になった。その手続きについては、安原美帆氏に親切なご助言をいただいた。

中山圭子氏、青木直己氏からは、近世の菓子や資料についてたびたびご教示をいただいた。外国語の文献については田代和生先生、板元葉子氏、カパッソ・カロリーナ氏、朴卿希氏、橋本周子氏に、有用なご教示や翻訳でお世話になった。

本書のもととなる博士論文に取り組むにあたっては、冨岡典子先生、中田理恵子先生、東あかね先生にご相談させていただき、的場輝佳先生には武藤康弘先生をご紹介いただいた。江原絢子先生、原田信男先生、水本邦彦先生には、テーマや姿勢について意義深いご助言をいただいた。

本書をまとめるにあたっては、関西農業史研究会で報告の場を与えられ、徳永光俊先生、大島真理夫先生を始めとする多くの方々から、構想から細部にわたるまで極めて重要なご助言をいただいた。特に本書の出版は、徳永先生に思文閣出版へご推薦いただき叶うところとなった。秀村先生は折りにふれ、厳しくもあたたかい叱咤激励を送ってくださった。

思文閣出版には刊行をお引き受けいただき、ご担当いただいた田中峰人氏、井上理恵子氏には、編集や校正で終始きめ細やかなご指導と的確なご助言をいただいた。

手探りの歩みを支え、導いてくださった全ての方々へ心からお礼を申しあげるとともに、そうした方々との出会いと縁に深く感謝したい。

最後に私事ながら、常に幸せを祈ってくれる親と、大小の壁にぶつかるたびに動揺のたえない私を適度な位置で見守り、適当な塩梅で励まし、適切なタイミングで助言を与え、支え続けてくれる夫に感謝したい。

二〇一七年一一月

橋爪伸子

索　引

【事項】

あ

か

さ

な

は

ま

や

ら

わ

【人名】

あ

か

さ

た

◎著者略歴◎

橋爪　伸子（はしづめ　のぶこ）

奈良女子大学大学院家政学研究科修士課程修了．博士（学術，奈良女子大学）．現在，同志社大学経済学部非常勤講師，京都府立大学非常勤講師，同大学京都和食文化研究センター共同研究員．

〔主要著書・論文〕
上田純一編『京料理の文化史』（共著，思文閣出版，2017年）
江原絢子・石川尚子編著『日本の食文化 「和食」の継承と食育』（共著，アイ・ケイコーポレーション，2016年）
『熊本藩士のレシピ帖』（監修・著，熊本城築城400年記念事業実行委員会，2008年）
「近世京都における禁裏御所の玄猪餅にみる菓子の機能――霊力が宿る媒体」（『会誌食文化研究』12号，2016年）

地域名菓《ちいきめいか》の誕生《たんじょう》

2017(平成29)年11月25日発行

著　者　橋爪　伸子
発行者　田中　大
発行所　株式会社　思文閣出版
〒605-0089 京都市東山区元町355
電話 075-533-6860(代表)

装　幀　白沢　正
印　刷
製　本　亜細亜印刷株式会社

　ISBN978-4-7842-1900-1　C3021

橋爪伸子（はしづめ　のぶこ）…同志社大学非常勤講師、京都府立大学非常勤講師、
同大学京都和食文化研究センター共同研究員

地域名菓《ちいきめいか》の誕生《たんじょう》（オンデマンド版）

Digital Publishing

2018年6月29日　発行

著　者　橋爪　伸子
発行者　田中　大
発行所　株式会社 思文閣出版
〒605-0089　京都市東山区元町355
TEL　075-533-6860　FAX　075-531-0009
URL　http://www.shibunkaku.co.jp/
装　幀　上野かおる（鷺草デザイン事務所）
印刷・製本　株式会社 デジタルパブリッシングサービス
URL　http://www.d-pub.co.jp/

AK256

ISBN978-4-7842-7039-2　C3021　Printed in Japan